思想与文化 第三十四辑

Thought & Culture No.34

杨国荣　主编

古典之智与现代之思

GUDIANZHIZHI YU XIANDAIZHISI

华东师范大学中国现代思想文化研究所　主办

华东师范大学出版社
·上海·

图书在版编目(CIP)数据

思想与文化.第三十四辑,古典之智与现代之思/杨国荣主编.—上海:华东师范大学出版社,2024.
ISBN 978-7-5760-5174-2

Ⅰ.C53

中国国家版本馆 CIP 数据核字第 2024NU5996 号

古典之智与现代之思
思想与文化(第三十四辑)

主　　编　杨国荣
执行主编　朱　承
责任编辑　吕振宇
特约审读　王莲华
责任校对　陈　易
装帧设计　刘怡霖

出版发行　华东师范大学出版社
社　　址　上海市中山北路 3663 号　邮编 200062
网　　址　www.ecnupress.com.cn
电　　话　021-60821666　行政传真 021-62572105
客服电话　021-62865537　门市(邮购)电话 021-62869887
地　　址　上海市中山北路 3663 号华东师范大学校内先锋路口
网　　店　http://hdsdcbs.tmall.com

印　刷　者　上海昌鑫龙印务有限公司
开　　本　787 毫米×1092 毫米　1/16
印　　张　23.25
字　　数　377 千字
版　　次　2024 年 6 月第 1 版
印　　次　2024 年 6 月第 1 次
书　　号　ISBN 978-7-5760-5174-2
定　　价　88.00 元

出版人　王　焰

(如发现本版图书有印订质量问题,请寄回本社客服中心调换或电话 021-62865537 联系)

华东师范大学中国现代思想文化研究所 主办

主　　编：杨国荣
副 主 编：陈卫平　王家范
执行主编：朱　承

学术委员会（以姓氏拼音为序）
　　　　　陈思和　葛兆光　黄　勇
　　　　　茅海建　王论跃　王中江

目录

古典思想新诠

陈　焱：元哲学视阈下的先秦属性式空间观研究 / 3

陈慧贞："无用之用"的批判与转化
　　　　——对《庄子》"自然"的跨文化思考 / 16

陈迎年：荀子之学的情感治理维度脞说 / 34

谷继明：梁武帝与南朝的义疏易学 / 51

李　彬："流于异学而不自知"：论朱子对象山之学的批
　　　　判 / 67

孔文清：王阳明知行合一的三重意蕴 / 86

郭高军：同中有异：朱子学与阳明学之比较
　　　　——以心理关系为中心 / 101

朱伟芹　张新国：退溪哲学的体用论 / 115

史海钩沉

何　丹：海昏侯墓《衣镜赋》"蜚虡"神兽实为神化"麒麟"的
　　　　身份 / 133

成积春　王　凯：国家、社会与宗族：1928—1930 年拥孔
　　　　派对曲阜林庙改革的回应 / 149

哲学与诗学

杜　梅：从性情之正到性情之真
　　　　——江右王门诗学思想的嬗变 / 179

付健玲：论船山诗学"神理"说的哲学意涵 / 195

叶　玲：苏渊雷"诗化哲学"探论 / 211

人伦与价值观

梁　山：墨子的"天下之利"观及其现代价值 / 233

刘　佳：普遍安全观的历史底蕴及其思想渊源 / 247

王哲毅　文碧方：从"民吾同胞"到"四万万同胞"
　　　　——略论"同胞"观念的人伦
　　　　　重构 / 266

现代学思
杨泽波　葛领童等：十力学派"一体两现"十五问 / 285
何小平　姚婷婷：从自由主义到马克思主义
　　　　——论新中国成立后沈从文思想
　　　　裂变的历史与逻辑 / 305

青年学者论坛
王　婷：探析"沉思传统"对本质主义人性观和技术观的影响 / 331
王钧哲：真理与真诚
　　　　——论苏格拉底的哲学教育学 / 347

Contents

Chen Yan, Research on the Pre-Qin Attribute-style Space View from the Perspective of Meta-philosophy / 15

Chen Huizhen, The Critique and Transformation of "the Use of Useless": A Cross-Cultural Reflection on "Nature" in *Zhuangzi* / 33

Chen Yingnian, The Emotional Governance Dimension of Xunzi's Doctrine / 49

Gu Jiming, Emperor Wu of Liang and the Yishu School of the *I Ching* in the Southern Dynasties / 66

Li Bin, "Flowed into the heretical learning without self-awareness (流于异学而不自知)": Zhu Zi's Criticism of Lu Xiangshan's Learning / 84

Kong Wenqing, On Wang Yangming's "the unity of knowledge and action" / 100

Guo Gaojun, Identical and difference: a compare between Zhu zi's study and Yangming's study / 114

Zhu Weiqin Zhang Xinguo, On Toegye (退溪)'s Philosophy in the perspective of Substance and Utilities / 130

He Dan, The tomb of Marquis Haihun's "Yi Jing Fu" described the mythical beast "FeiJu" actually is the deified "Qilin" / 147

Cheng Jichun Wang Kai, State、Society and Clan: The response of Confucius supporters to the reform of Qufu Lin Temple from 1928 to 1930 / 174

Du Mei, From "Correctitude of Disposition" to "Truth of Disposition" —— The Poetics Theory Evolution about Yangming School of Jiangyou / 194

Fu Jianling, The Philosophical Characteristics of "Shen-li" in Wang Chuanshan's Poetics / 209

Ye Ling, On Su Yuanlei's Poetic Philosophy / 229

Liang Shan, Mozi's View of "The Benefits of the World" and its Modern Value / 246

Liu Jia, The Historical Connotation and Ideological Origins of the Universal Security Concept / 264

Wang Zheyi Wen Bifang, From "People are our brethren" to "Four hundred million brethren": a brief discussion on the reconstruction of human relations in the concept of "brethren" / 281

Yang Zebo Ge Lingtong, et al., Fifteen Questions on "One Body and Two Manifestations" of Shi-li School / 304

He Xiaoping Yao Tingting, From Liberalism to Marxism
—— On the History and Logic of Shen Congwen's Thought Fission After the Founding of New China / 328

Wang Ting, Exploring the Impact of the Tradition of Contemplation on Essentialist Views of Human Nature and Technology / 345

Wang Junzhe, Truth and Sincerity: On Socrates' Philosophical Pedagogy / 363

古典思想新诠

元哲学视阈下的先秦属性式空间观研究

陈 焱[*]

[摘　要]　当代人的空间观源自康德式的、以背景与形式化为主要特征的绝对空间。相对地,先秦哲人给出了一个完全不同的属性式空间观范式,并在此基础上通过道的非空间性与器的空间性之间的差别,揭示了道器二元、形之上下的宇宙结构。比起当代人源自欧洲哲学传统的背景式空间观,就元哲学的视阈来看,先秦哲学中的属性式空间观揭示了更为宽广的意义世界。

[关键词]　先秦哲学;空间观;道;器;形

　　作为人类最基础与最普遍的认识形式之一:空间,它是所有思想者在沉思终极时所必须面对的问题。从对最细微之物的定义,到建构最为宏阔的宇宙模型,进而到如何去安放人在宇宙中的位置——这些问题的答案最终都可以归结到对人类最直接与当下的空间经验的诠释之中。不论思考着的人们用何种哲学进路来追问这个杂多的世界,他们的诠释与追问皆绕不开对空间经验的认识

---

[*]　陈焱(1984—　),男,浙江镇海人,哲学博士,上海财经大学人文学院副教授,主要研究领域为先秦哲学、船山哲学。

与省察,并以之作为思考的基础预设。可以说,空间何谓?构成了一个跨越古今中西的元哲学(Metaphilosophy)问题。

因此,我们有必要问:先秦时代的中国哲人(尽管他们可能不会直接使用空间一词来进行表述与发问)抱有怎样的空间观念预设或隐喻?空间在他们对世界的诠释中占据怎样的位置?他们的想法与我们在当下一般所抱有的相关认识立场有着怎样的不同?并且通过回答上述元哲学问题,来揭示轴心时代的中国哲学相对当代人在空间观上所具有的差异性与原创性。

就此言之,本文不是一篇单纯地讨论先秦哲学空间观的中国哲学史论文,而是力图借助先秦哲学文本中的相关空间隐喻,来展开空间观这一跨越古今中西的元哲学问题,并力图在此基础上与西方哲学传统展开论衡。

一、当代背景式空间观溯源及其批判

基于普遍的中学义务教育,当代人一般所抱有的空间观主要来自笛卡尔(René Descartes)的三坐标空间与牛顿(Isaac Newton)物理学中的绝对空间预设。在哲学上,这两者又可统摄于康德(Immanuel Kant)的背景式先验空间观。① 其核心要义是:空间可以与在空间中的具体对象相分离,它是使经验得以可能的先验感性直观形式之一。康德指出:"对于空间不存在,我们永远不能形成一个表象,虽然我们完全可以设想在空间中找不到任何表象。"②这即是说,我们可以想象没有事物的空间,却不能想象没有空间的事物。这是一个基于直观的证明,它是主客认识的前提,也是当代人普遍抱有的背景式与形式化空间观在欧陆哲学传统中的经典表述。

根据法国哲学家列斐伏尔(Henri Lefebvre)的总结,这种背景式空间观是:"一种纯粹的形式,是透明的、清晰的。……在这一假设中,空间的纯形式,被掏空了所有的内容(感性的、物质的、真实的、实践的),而只是一种本质,一种绝对的理念,属于柏拉图(Plato)哲学。笛卡尔哲学和康德的批判哲学保留了这一观念。"③今人吴国盛则将这种空间观概括为:"我们把空间想象成某种与物体

---

① 康德空间观的主观性源于莱布尼茨,但那种背景式与绝对性则来自牛顿与笛卡尔。
② 康德:《纯粹理性批判》,邓晓芒译,北京:人民出版社,2004年,第28页。
③ 亨利·列斐伏尔:《空间与政治》,李春译,上海:上海人民出版社,2015年,第21页。

不同的东西,即它是独立的,但它首先是所有物体运动的参照背景,所有的运动都在空间中进行,空间为之提供一个参照系。"①

诚如列斐伏尔与吴国盛所言,笛卡尔—康德式的空间作为一种永恒不动的背景,相对于空间中的万事万物是绝对的。它构成了一种当代常识性意义上的、在初等数学与经典物理学基础上所构造的空间性认识。通过学习欧氏几何、牛顿力学与笛卡尔的解析几何坐标系统,人们今天惯于以这种空间观为基础来认识世界。如我们给地球划分经纬度、使用方向箭头来标识地图的东南西北,用钟表盘以自身作为原点来指示方位等。它已成为当代人认识世界、把握宇宙的底层思想预设之一。

但这也带来了一种遮蔽,因为它只代表西方的哲学传统在空间经验上的看法,却未经批判就被认作是所有文明传统与文化背景之心灵皆有的普遍预设。

正如德国历史学家斯宾格勒(Oswald Arnold Gottfried Spengler)所指出的那样:"无穷的空间正是西方心灵一直在寻找、一直想在其周围世界中来看到其直接得以实现的理想……康德以人类的名义、满怀本身就具有象征意义的热情来处理那个'永恒的问题'是纯粹西方的问题,这个问题是其他文化的才智之士根本提不出来的。"②

同样,对于这一背景式空间观带来的遮蔽,马克思(Karl Marx)也从生产实践的角度对其抽象性提出过批判。他说,空间不仅是抽象的,还是"一切生产和一切人类活动所需要的要素。"③换言之,空间应该是人类具体的、现实的物质实践的一部分。而那种抽象的、形式化的、均匀的空间概念只是一种纯粹观念性的产物。

上承马克思的这一批判,列斐伏尔进一步指出:"这种形式化的空间观是一种抽象的精神性意义上的空间。而基于马克思的问题意识,应该还存在一种物质生产层面的空间概念,即社会空间。"④

综上所述,对于空间经验,我们显然不能囿于背景式、数学式的均质抽象空间观,不同文化与哲学的视角会带来非常多样的空间诠释进路,这构成了一种

---

① 吴国盛:《希腊人的空间概念》,《哲学研究》,1992年第11期,第67—75页。
② 斯宾格勒:《西方的没落》第1卷,吴琼译,上海:上海三联书店,2006年,第168—169页。
③ 中共中央编译局:《马克思恩格斯选集》第2卷,北京:人民出版社,1995年,第573页。
④ 亨利·列斐伏尔:《空间与政治》,第32页。

对于当前人们经由中学教育所抱有的常识性空间思维的解蔽。从元哲学的视阈来看,针对空间经验的诠释,在今天这个各种文明与哲学传统交流融合的时代,应该是多元化的而不能以源自欧陆哲学传统的背景式与形式化、均质化的空间为唯一答案。

二、道在先秦思想中所揭示的属性式空间观

当我们用背景式空间观去研究先秦哲学时①会发现:在对空间经验的理解上,"道"概念正对应康德背景式空间观所无法设想的那种东西——没有空间的事物——先秦哲人对道在空间方面的论说与当代人的背景式空间观矛盾。譬如,庄子认为,道在世界之中,同时它的位置又不确定——是"无所不在"(《庄子·知北游》)的。而从康德哲学的角度说,上述对"道"的非空间性描述只能表明它是永不可知的"物自体"。但庄子认为,道缺乏可在空间直观下被把握的确定性并不意味着它不能被进行某种知识性的传达。庄子曰:"夫道,有情有信,无为无形;可传而不可受,可得而不可见。"(《庄子·大宗师》)所以,空间的去除(无形)并不妨碍我们对道的认识与把握。

换言之,空间在庄子的思想预设中并不被视作一种永恒在场的背景或形式,其更多地意味着一种认识对象所附属的性质(形)。甚至在去除了这种属性后,道才会被揭示出来并为人所认识。依康德,若去除空间形式,则认识对象会被划入"物自体"。但在庄子看来,"去除空间"却有着相反的意蕴——道似乎正因其非空间性而具有了普遍性("无所不在")并构成了具有空间性之物(在空间中之物)的意义根源。

当然,或许有人会说,道之所以具有普遍与根源性意义,是因为这一概念蕴含着规则或法则义。它在概念上可以等同于"理"并在这个意义上被表述为万物的基础。譬如,有当代学者指出,先秦儒家之"道"概念可以被理解为"超越具体器物的宇宙人生的普遍原理;道路指引方向,明确目标,'道'由此引申为表示理想的价值之道"②。

---

① 既往学界对先秦至西汉初思想中空间问题的研究,多注重于具体文本与材料的审美想象所带来的空间意象的解读。
② 陈卫平:《论儒学之"道"的哲学品格》,《哲学研究》,2017年7期,第43页。

但这一说法是片面的。先秦哲人确实将规则或法则称作"理",可它并不等于"道"。韩非曰:"道者,万物之所然也,万理之所稽也。理者,成物之文也;道者,万物之所以成也。……宇内之物,恃之以成。凡道之情,不制不形,柔弱随时,与理相应。"(《韩非子·解老》)相对于法则性的理,道是时刻与万物(包括理在内的)在一起并使之成立(之所然、所以成)的根据与基础。同庄子一样,韩非强调了道的非空间性——"不制不形"。并且,除了道之外的万物,都有"制形"(空间性)。

在笔者看来,依韩非的上述论说,理(成物之文)可以被理解为形式逻辑规则在空间上的表述。所谓的空间上的形式逻辑规则是指:若甲与乙是不同的二物,则甲与乙不可能同时在同一个空间坐标位置上,否则甲与乙就无法区分,而只能作为同一物。所以,若"道"作为认识对象与万物一样具有空间性(制形),那么它就不可能满足上述庄子"时刻与万物在一起的"的定义——假如"道在空间中"(有空间性),则其就不能同时既在甲处又在乙处,或者说无处不在。所以,韩非指出"万理稽于道"——这意味着不具空间性的道(不制不形)带来了作为"成物之文"的理——并且道本身是实在的而非法则性的,这使其得以作为"宇内之物,恃之以成"的根据并派生了法则(理)的普遍性。

同样,道的这种可以作为认识对象却无法进行空间性把握的特质也被老子概括为:"道之为物,唯恍唯惚。"(《老子·二十一章》)"恍惚"一词表明其作为认识对象,却无法通过视觉获得空间性上的凝定(无形状、无形象)的状态——"无状之状,无物之象,是谓惚恍"(《老子·十四章》)。不过,虽然无法凝定,但我们依然可以通过非空间、非视觉性方式去把握这个对象。反之,这种认识又会带来空间上的视觉矛盾与错乱。所以老子说它"迎之不见其首,随之不见其后"(《老子·十四章》)。

另一方面,老子对"道之为物"的"无状之状,无物之象"诠释与韩非子的"不制不形"一样,又都暗含着一种可被去除的属性式空间观——在这一比喻性的意义之下,道可以被理解为一种去除了空间性的"物"。① 所以,上述"道之为物"与"不制不形"的隐喻表明,空间在先秦哲人的思考中其实不是背景式与永恒在场的,而是一种可被加之于物亦可被去除的属性。空间(形)如"白马""红马"之

---

① 当然去除了空间性之后其实不成其为"物",所以只是比喻意义上的。

"白"与"红"一样,是可以作为一种属性在思考中被去除的。只是"白马""红马"之"白"与"红"去掉后,我们在思想中获得了"马"这个抽象概念,而去除了"马"的空间性(形)之后,我们收获的就是与万物同在并作为万物之意义归集的道。但从根本上说,这还是一种带有还原性的归纳。当我们去除万物的空间性时,就同时去除了其与他物相区别的个体性(器性)并获得了其背后更为基础与普遍的道。这种指向道的否定还原之进路被老子称作"损"——老子曰:"为道日损。"(《老子·四十八章》)

以属性式空间观作为划界,相对于不具空间性的恍惚之道,具有空间性的对象一定是一个确定的、在视觉上可被把握的东西。依上述韩非的概念说,一个具有空间性的对象显然应该有固定的"制形",而有形的东西在先秦哲学中又被称作"器"。《传》曰:"形乃谓之器。"(《易·系辞上》)从器的角度说,先秦属性式空间观的空间性可以被化约为凝定性、制形性或器性。相反,道作为"不制不形"(非空间性)的对象,则正与"器性"相反对。① 所以,除了恍惚外,《老子》中对道的另一个常见隐喻是水。老子曰:"上善若水。水善利万物而不争,处众人之所恶,故几于道。"(《老子·八章》)显然,老子认为,水的非凝定性与流变性状态是近于道之意象与隐喻的。同时,水在先秦的语境中还指流变不息的时间(道体)——子在川上曰:"逝者如斯夫,不舍昼夜。"(《论语·子罕》)因此,除了恍惚外,对于道的水与时之隐喻也展现着道的动态生成性。所以,道与器在有形与无形(形之上下)之间的矛盾,本质上是空间(静)与时间(动)之间的矛盾,也是既成凝定之绝对性与生成流变之可能性之间的矛盾。空间性(既成凝定)的破缺与消逝(可朽性)昭示着时间层面的流变性(动态生成)。而从凝定与制形的空间层面说,道与逝水(时间)一样都是无法以一种凝定的方式来把握的。

三、基于触觉的属性式空间观下的先秦宇宙论与人性论

从认识论层面来看,形是由视觉所带来的。同样,《老子》中的"恍惚"概念亦由此着眼。视觉空间之想象是背景式空间观背后隐藏着的基础预设。自康德以降的西方背景式空间观认为:这种基于视觉或视觉想象的空间概念是绝对

---

① 道因其在先秦哲学中的基础性与普遍性特质,却不可谓之"道性"。

的先验形式,去除的话会导致经验世界本身的意义崩溃。我们也默认存在一个形式化的三维空间,进而通过坐标系统对其进行认识(计算、思考)以获得知识。这是非常典型的当代人在中学所学到的自然科学与数学式的思维方式。

而对于道,这种基于数理方式给出的空间经验描述与想象却只会带来矛盾。如前述庄子之言,道"无处不在,无时不在"。换言之,道是另一意义层次的东西。所以,在先秦文本中,对空间的否定与去除背后指向的是那被空间性所遮蔽的形上宇宙维度,它揭示着形下凝定之器背后的普遍。换言之,去除空间不会如康德所理解的一般导致经验世界本身的意义崩溃,反而可以揭示经验世界的真正渊薮。另一方面,不仅道家,儒家在这个问题上也有类似的关于意义世界的非空间性表述。或云:"道也者,不可须臾离也,可离非道也。是故君子戒慎乎其所不睹,恐惧乎其所不闻。莫见乎隐,莫显乎微。"(《中庸·一章》)既然"不可须臾离也"(当然须臾是个描述时间的词语,表示片刻不可离开),那么在康德意义上的背景式的空间观前提下,又如何可能将道在制形层面与自我进行分殊,进而作为一个客体来认识与理解呢?毕竟背景式空间要求一个绝对空寂的空间,而如果道在其中就违背了这一预设。

如前所述,在康德意义上的背景式空间观中,认识主体作为观察者是在这个空间之外的,主客之间通过视觉性想象与设定来构成认识——当下所需要思考的东西会被放入这个想象中的三坐标空间来进行观察与思考。这是一种典型的主客二分思考模式,而如果"道也者,不可须臾离也",则其就不可能在这种康德意义上的永恒在场的主客二分背景式空间观中获得意义,因为自我与道是分不开的。

但对先秦哲人来说,这一点恰恰能揭示深层次的意义世界。就先秦哲学的视角来看,即便空寂的空间也并不是纯粹的虚空,虚空也存在着无形之质("气")的絪缊流变。从道的角度出发,相比器所凝定的既成性与现实性,道所隐喻的虚空之气本身昭示了一种待填充的生成性与可能性——气也者,虚而待物者也,唯道集虚(《庄子·人间世》),道即意义世界的归墟。因此,先秦的属性式空间观念与现代源自西方哲学的背景式空间观相比,给我们带来了全新的空间诠释与隐喻。

同时,从每个人直观的生活现实与经验出发也并不存在那种数理式样的三坐标虚空的当下直接性。解析几何坐标系意义上的背景式空间不是当下现实的,它是间接的,正如器(形、物)相对于道只能是次要与派生的一样。所以,对这一问题,先秦哲学中的属性式空间观之理解与本文开头部分以马克思与斯宾格勒为代表的西方哲学家对于背景式空间观的批判具有相似之处。对此,一些近现代西方哲学家也有类似的批判性论述。如胡塞尔(Edmund Hussel)认为,对于空间经验,首先要做的是:"以日常世界的直观的解释彻底变革哥白尼学说。原—方舟大地并不运动。"①并且"几何空间需要建基于知觉空间之上,这体现在几何学空间的观念化和形式化过程之中"②。有当代学者指出,在空间经验的直接性与始源性方面,胡塞尔更多地强调了触觉而非视觉在人类空间经验构造上的优先地位。③ 同时,还有学者认为:"'空间'观念在胡塞尔意向分析中始终与'事物'概念联系在一起,'空间之物'与'事物'在他那里基本是同义词。"④可见,胡塞尔基于其现象学视角在知觉空间经验上所强调的这种当下直接性及其相对于几何空间的基础性,它同先秦属性式空间观的思想进路是一致的。当然,因为先秦哲人根本不知欧氏几何空间为何物,自然也就不会受其影响,所以他们对于空间的理解天然具有上述胡塞尔所要求的直接性与始源性。

　　贝克莱(George Berkeley)是另一个关注到这一问题的欧洲哲学家,他对视觉性空间观也有类似的批判。贝克莱认为:"他(任何人)所见的东西只在他的理解中暗示说,在经过身体运动(这是触觉所能知的)所能计算出的某种距离以后,他将要看到和那些视觉观念常相联系着的一些可触的观念。"⑤因此,在人们对空间性对象的把握上,最为当下切近的直接性与始源性是触觉而非视觉。

　　如果说视觉性(旁观)对象被给予方式是整体而既成的,它是被瞬时性地一起给出、同时出场并永远在场的;那么触觉性(摸索)对象的被给予方式则是在一段时间里逐渐展开的,它是当下生成中的。⑥ 正如盲人摸象需要一个由局部而至整体的过程一样。

　　所以,视觉性观察是一个第三人称的,这是背景式几何空间的视角,而触觉

---

① 胡塞尔:《自然空间性的现象学起源的基本研究》,单斌译,《中国现象学与哲学评论》,2016年第2期,第238页。
② 钟汉川:《胡塞尔的空间构成与先验哲学的彻底性》,《哲学研究》,2017年第3期,第99页。
③ 王继:《触觉与空间——以心灵哲学为参照的一种现象学进路》,《哲学研究》,2021年第6期,第126页。
④ 倪梁康:《胡塞尔现象学概念通释》(修订版),北京:生活·读书·新知三联书店,2007年,第393页。
⑤ 贝克莱:《视觉新论》,关文运译,北京:商务印书馆,2017年,第20页。
⑥ "不可须臾离"的道支撑了这种当下生成性。

性把握才是更为当下切身的第一人称的视角，这就超越了背景式空间观所带来的认识上的主客二分问题——在触觉摸索中，天人主客还是浑融为一的。所以，康德所设想的无事物的三维空间从认识方式上并不是最当下切近的人类空间经验，同样也不是最本真的人类对世界在这方面的意义赋予模式。

而回到先秦哲学，关于触觉在空间经验上的基础性意义，我们也能找到类似的说法。公孙龙曰："天下无白，不可以视石。天下无坚，不可以谓石。"(《公孙龙子·坚白论》)当公孙龙分离坚白二属性的时候，他将坚硬与不可透入的触觉性作为意义赋予的基础。颜色所暗示的视觉性维度只是让我们看不见石头(石头依然在)，而坚硬所暗示的触觉性维度却能决定我们对石头的赋义(谓石)之成立与否。换言之，即便我可以用背景式空间观的视觉想象构造出一块处于三维空间中的石头，但却不能使石头的意义(谓)确立起来。"石之谓石"从根本上依赖于触觉性(坚)所指向的空间性之确认。公孙龙认为，具体对象物在空间上的意义赋予(谓)来自触觉性，这一触觉性及其带来的属性(坚)是决定事物意义(石之谓石)的关键。

因此，康德"可以想象无事物的三维空间"的说法，其实依赖于理性的二次建构。这种主客二分的建构基于一种以视觉性为底本的想象，想象者(坐标系构图者)在世界之外进行观察与反思并将事物"纳入其中"，它不是直接的与具体的，而是形式化的与抽象化的。但正如前述所列举的从马克思到列斐伏尔的一系列西方空间批判所指出的那样：在日常生活中，我们并不时刻进行这种第三人称主客二分的视觉性观察与想象，但却时刻地以自身为零点进行第一人称的触觉性感知与展开。① 换言之，即便我们清楚地了解地球正以每秒30公里左右的速度绕着太阳转动(源自视觉性想象)而非当下直接的看见，但却也无法否认时刻存在的(须臾不可离)、对大地不动的当下直观经验(其直接源自触觉)的优先地位。因为我并不在世界之外观察，而就在世界之中生活。更进一步地来看，一个天生盲人也能有大地不动的直观经验，但一个具有视力的人对地球绕着太阳转这一点却并不能有直观体验，后者需要在进行系统的知识学习与训练后，才能在脑内建构与想象这一图景，进而构造出太阳系的运动模型。由此可

---

① 有学者研究指出："胡塞尔将零点身体性的'我'视为定向中心(orientierungszentrum)，从定向中心出发构造了空间，即空间原初是以'上下—左右—远近'这样的方向系统相对于定向中心被构造的。"王继：《触觉与空间——以心灵哲学为参照的一种现象学进路》，《哲学研究》，2021年第6期，第125页。

知,触觉相对于视觉在空间经验上更具基础性与直接性。虽然经过几何知识的学习,完成中学基础教育的人们可以脱离具体对象,轻而易举地在脑中想象一个背景式、形式化的三维空间以及各种抽象的几何形状;但我们却始终无法脱离具体对象对触觉进行同样的背景式与形式化构建与抽象。对触觉对象的回忆与想象一定是与现实中的触觉经验对象紧密相连的,它所预设的空间观是属性式的而非背景式的。

因此,基于触觉的空间概念(坚)的认识形式,显然不是一种永恒在场的背景式样。坚和白一样,都是一种可以去除的、关于事物的属性。从上述公孙龙"离坚白"之说可知,先秦的属性式空间观贯彻了贝克莱在空间上的触觉优先原则:空间与颜色一样作为属性是附属在事物(器)上的。

如此,基于更为优先的触觉进路,脱离事物的那种纯粹背景式的笛卡尔—康德意义上的空间并不具有基础性。同样,先秦哲学对于空间属性的取消则指向了一种触觉(坚)的无效化,前文中提及的道的时(逝者)与水之隐喻(无坚)正展现了这种触觉(坚)的无效化。但伴随着这种无效化,我们只是失去了这一对象在器层面的意义把握,道的表象与隐喻(水、逝者)则依然可以传达。

同时,正是从道的时(逝者)、水之喻(无坚)中,我们可以认识到:人们是能够以去除"空间性"的方式来破除"器"的"形名"限制并把握"道"的。空间性(形)被去除的时候,同时破除的还有"器"的既成与凝定所造成的个体性(名)遮蔽。如此,剩下来的就是某种非空间性与非个体性的东西(无名无形)——其表现为某种空间性上的形式逻辑矛盾(譬如:无所不在或恍惚)以及流变性或变化性(逝水),这就是道。

因此,前文中韩非子对空间的表述——制形,就触觉的空间性进路看,应该被理解为可分离性、凝定性。"可离"(有形的)意味着它不是瞬息变化着的,而是具体的、可数的、凝定的器。因为在时间之中能有凝定的形状才可分离(可被触摸的坚),而可分离意味着有可以确定此物(甲)与彼物(乙)间的边界的存在——"形"。而只有"有形",我们才能在视觉上将"此物"由恍惚之道明晰为"此物"并使之区别于"彼物",这就划定了此物之名(定义)并确立起它的实在性与定义。

公孙龙子曰:"夫名,实谓也。知此之非此也,知此之不在此也,则不谓也。知彼之非彼也,知彼之不在彼也,则不谓也。"(《公孙龙子·名实》)而当第一个形名(定义)被确定下来之后,不可数之道也就成了可数之器。所以"道生一,一生二,二生三,三生万物"(《老子·四十二章》),形下世界由此被赋义并诞生。但同时,"此物"与"彼物"乃至万物(万器)都无法与(无形、不具凝定性的)道相区分,它们时刻不可离,正如万物无法与时间相分一样。所以,在器的层面就只能见凝定之器(形式),而"道隐无名(无形)"(《老子·四十一章》)。

所以,与器的"有名有形"相对,作为万物(万器)基础的道是"无名无形""不制不形"的。正如老子所言:"大象无形,道隐无名。"(《老子·四十一章》)所以,相对于由"道生一、一生二、二生三"派生而来的"制形之器",老子说道的"无形无名"所揭示的就是道相对于器的基础性与普遍性。因此,当我们对万物的属性(赋义)不停地进行抽离,去除其各种不同的属性(颜色、数量、种类等等),以至于最后抽出其作为事物(器)之基础赋义(名)与凝定之关键的空间性(形)之时,一方面抽离了(去除了)使得万物(万器)得以相分并成其为自身独特性(得以命名)的"制形",这样它在空间中也就不存在了(无),另一方面则同时得到了(剩下来了)不具有空间性的、不可数的、普遍的作为万物之根据的道。既然无名无形之道相对于可以名言的器来说要更为基础,那么要把握道,在方法论上就只能用否定性的"损"。老子曰"为道日损"(《老子·四十八章》),而"损之又损"就是最后对于器之空间性的否定,进而达成"无为"。这意味着,甚至"损"本身也是一种"有为"而"道常无为"(《老子·三十七章》)。所以,当器之空间性(形、坚)被去除、其个体性被消灭不再有任何属性定义(无名)时,它就成了无法再损的"朴"(没有任何属性或规定性,包括空间性)。朴是可以被触摸出"形"与"坚"的器的反面,因此,再反过来说"朴散则为器"(《老子·二十八章》),而器毁则自然又归于朴。道的非空间性与非定义性及其对世界的基础性意义及其划界,也就在"朴"与"有名有形之器"相互之间的否定中被揭示出来了。

所以,在先秦哲学中,形(空间性)之有无意味着一种宇宙论意义上的道—器结构划分——具有空间性的"有"与不具有空间性(与空间逻辑及空间直观矛盾)的"无"、有边界的"有"与无边界的"无"、可以名言的"有"与不可以名言的"无"共同构成了意义世界。前者是个别的、具体的维度,后者是普遍的、一般的维度。个别即有形的、可见的、具有空间性的、凝定的、可以触摸到的器,普遍即无形的、不可见的、基础的、流变不息的无法触摸到的道。——"形而上者谓之道,形而下者谓之器"(《易·系辞上》)。

同时,这种空间性的有无(道器)之别又可落实为先秦语境中对人禽之辨的本质性定义——性。《传》曰:"一阴一阳之谓道,继之者善也,成之者性也。"(《易·系辞上》)道成者——性,此具体的、凝定的、生来既有而可朽的器性就不可能是人性的全部,子曰:"君子不器"(《论语·为政》)。换言之,若器是人性的全部,则人性就应是生来凝定既成而与禽兽无别。所以孟子反问道:"生之谓性也,犹白之谓白与?……然则犬之性,犹牛之性;牛之性,犹人之性与?"(《孟子·告子上》)

先秦儒家通过"人禽之辨"指出,人可以对自身的动物之凝定既成之性(器之性)进行超越。因为人性中除了既成的、告子意义上的生之谓性外,还有来源于道的时间性与生成(继之、成之)之能力。《书》曰:"习与性成"(《尚书·太甲上》)。因此,人之所以能够把握非空间性的恍惚之道,依赖的就是其在时之川流中对自身本质(道成之性)的展开与生成的把握。先秦哲人认为人的这种成性的潜能是天赋(道赋)的,并且可以通过教化与学习(修道)在自身的生命历程之中进行体认、展开与把握。或曰:"天命之谓性,率性之谓道,修道之谓教。"(《中庸·一章》)总之,在元哲学视阈之下,先秦哲人的属性式空间观与上述马克思主义、现象学等西方哲学流派对背景式空间观的批判一样,是不能离开人的某种当下现实切近的生存状态而言的,它不是第三人称视觉性的而是第一人称触觉性的。在先秦哲学中,这不仅是一个宇宙论问题,也是一个人性论或生存论问题。通过率性之道的非空间性,先秦属性式空间观揭示了道在人性本质中的体现——生成性,或云:"道不远人。"(《中庸·十三章》)

四、小结:先秦属性式空间观所确立的更为宽广的意义世界

对当代人来说,康德的"没办法设想不具有空间性的事物"论断是很容易理解的。同时,这也是自牛顿—笛卡尔以来的数学与自然科学对于空间经验的基本预设。但在先秦哲学的语境中,因其未受源自欧氏几何以笛卡尔—康德为代表的背景式空间观的影响,人们将空间认作是一种事物的基础属性,它是构成事物(器)自身获得凝定(形)并是其所是(名)的关键,它指向意义世界的界限并可以在认识中被去除。以是否具有空间性作为划界,宇宙在先秦哲学中被划分成"道-器"二元——具有普遍与根源性的道以及作为个别与派生性的器。同

样,人性也被划分为既成的器性(动物性)与动态生成之无限可能性(率性之谓道)的道性,儒家的德性在本体上的确立从根本上说仰赖于后者。

依康德,"没办法设想"意味着"无法认识"或"没有意义"。因此把握"物自体"(的知识)不可能,空间作为感性直观形式与一个永恒在场的背景,其先验性笼罩一切。但从先秦的视角来看,"没办法设想"只意味着"不可名言"(无形则无名),不意味着"没有意义",最多只是"没有形器层面的意义"。这一看法在元哲学层面,可以作为对当代人所抱有的康德意义上的背景式空间观的一个具有中国哲学之民族性与原创性的理论回应。

贡言之,空间性只是"形下、名言、器世界"的界限而非"意义世界"的界限,除了"器"之外的"意义世界"还有更为基础的"道"维度。就此言,相对于牛顿—笛卡尔以降由康德哲学所确立的当代人的背景式空间观,元哲学视阈下的先秦属性式空间观及其相关论述所指示的意义世界要更为广阔。

Research on the Pre-Qin Attribute-style Space View from the Perspective of Meta-philosophy

Chen Yan

Abstract: Now, people's view of space originates from Kant's absolute space, which is characterized by a background and formalization. In contrast, Chinese pre-Qin philosophers gave a completely different attribute-based view of space. On this basis, through the difference between the non-spatial nature of Tao and the spatiality of utensils(器), they revealed the dualistic, metaphysical universe of Tao and physical concrete utensils. Compared with the contemporary background space view derived from the Western philosophical tradition, from a meta-philosophical perspective, the attributive space view in pre-Qin philosophy reveals a broader world of meaning than Kant's theory.

Keywords: pre-Qin Philosophy, view of space, Tao, utensils, shape

"无用之用"的批判与转化
——对《庄子》"自然"的跨文化思考

陈慧贞*

[摘　要]　《庄子》以"无用之用"作为一种思考方法与处世态度,对处于宰制关系当中的现实存在,展开了批判性思考。"无用之用"不仅蕴含着主体的自我转化,也为理解"自然"的包容与敞开提供了多重视角。首先,本文从对自然/物与主体、有用性与无用性之辩证转化的理解,探讨《庄子》所显明的超人类中心主义和主体"内在自然"的超越性。其次,希望通过与海德格尔"无用之用"的跨文化对话,彰显《庄子》之"自然"批判技术思维与治疗现代性危机的潜力。

[关键词]　庄子;无用之用;自然;主体转化

人类文明发展的历史进程,也是一个征服自然、控制自然甚至破坏自然的对抗历程,启蒙理性带来对自然的"祛魅",同时也朝向着某种全面追求客观化、

---

* 陈慧贞(1992—　),女,广东广州人,文学博士,华东师范大学哲学系博士后,主要研究领域为先秦思想、道家与跨文化哲学。

普遍化的思考方式。对科学技术无止境的追逐扩张,让现代人服膺于科技思维所带来的支配与变化,对大数据时代的高度依赖与盲目崇拜,使得主体也被一种形式化、机械性的生活方式所绑架。以宋灏的批判,即是"各个脉络下的人生均匀地被一种无所不在的、全面化的测量技术所控制规训"①,被量化思维所宰制的生命价值与生活态度,也离"自然性"越远。如果对《庄子》之"自然"的思考,不只是从传统所理解的作为一个超越、对反于人文/伦理的客观性存在角度出发,而是发现、承认"自然"就在万物之中、就在人间世当中,那么在古典新义的跨文化视域下,庄子之自然及其所揭示的人与自然、人与天地万物的关系性存在,是否会促使我们进一步去思考"自然"对于我们的现代性处境,可以产生某种特殊的救治力?

在《庄子》的文本叙述中,作为一个模糊的背景存在,而实质上充斥着规训、暴力甚至杀伐的人间现实/政治空间,对外物的宰制、役使无所不在,也带来人性悖离自然天性的危机,主体如何能在其间保持"虚以待物"的修养与自处之道?对此,《庄子》提出了以"无用之用"这一吊诡的思考方法与处世态度,以"无何有之乡"作为一个充满叙事想象力的"异托邦"空间,对照处于宰制关系当中的现实存在,就此展开视角转换的批判性脉络。它同时要求/蕴含了主体的自我转化,以及对一个包容敞开、气韵生动之自然的迂阔想象。以此而言,主体的自由与自然之获得,不必然是彻底逃逸于政治/社会结构脉络之外,寻求对一个纯粹自然的彻底回归和解放,主体性当中的"内在自然"(同一性/非同一性力量的共在)以及修养转化,也让主体的游化之道、即物逍遥(关系性逍遥)成为一种全新的回应方式。

在此,本文亦将联结海德格尔对"无用之为用"/"自然"的辩证思考,以进入"无用之用"思想的跨文化脉络。本文认为,庄子与海德格尔的"无用"之思,都触及人类被工具性、有用性价值与技术思维所束缚,而只能采取单向性的待物方式与生存困境。"无用之用"的思想主张,放在自然观的思考脉络中,不仅促成主体待物视角转化的伦理态度,也促使主体反思在技术思维与宰制下造成的关系异化,从而转向与展开物我之间的关系性自由。

---

① 宋灏:《落实在身体运动上的质:讨论尼采的"大肯定"》,《政治大学哲学学报》,2017年第37期。

一、无用之"人":从"用物"到"游物"的主体转化

《庄子》以充满想象力和细腻的观察和书写,示现了一个物化存有、自然而然的天地。在《逍遥游》是"野马也,尘埃也,生物之以息相吹也"①的惊奇和感叹,万物皆在这个气化流行的世界当中彼此应和交融,相即相入;在《齐物论》则是"夫吹万不同,而使其自己也,咸其自取,怒者其谁邪!"②"天籁"之交响正是对一个历历万物、千姿百态风格世界的肯定与赞赏,万物各在其自己,自生自长,它们开启了一个具有自由向度的自然之世界。从自然界大而无当或微不足道之"物"(如鲲鹏、蜩鸠、野马、尘埃、蟪蛄、大椿等等),到内篇中各种无用边缘或奇形怪状之人(支离疏、哀骀它、闉跂支离无脤、瓮㼜大瘿等),他们共同构成、贯穿了《庄子》的游观美学态度,也引发了对于物我关系的全新理解。而主体对待"外物"的态度,进一步地,实际上牵涉到如何理解主体自身的价值和处境。

《骈拇》篇曾尖锐地批判道:

> 自三代以下者,天下莫不以物易其性也。小人则以身殉利,士则以身殉名,大夫则以身殉家,圣人则以身殉天下。③

"以物易性"深刻地揭露出一种逐物而不返的身心情状。对外物的狂迷与追求,追求被世俗价值肯定的名利/齐家/治国等理想抱负,这些都是对主体"有用性"的价值规范,也无时无刻不牵引着主体的意志与行动。但对《庄子》而言,这样的主体迷失了自身本然的存在,无论阶级还是身份地位的差别,实质上都是以身殉物,丧失了自我的主体性,逍遥、自由于其而言,更相去甚远。在《齐物论》当中,这样的存在状态亦被深刻地描述为与"物"相刃相靡,彼此割折,疲于奔命。这成为大多数生命无法逃离的生存困境,精神疲弊,却无法停止对外物的汲汲追求,亦无法肯定自身的存在意义。

---

① 郭庆藩:《庄子集释》,北京:中华书局,2013年,第5页。
② 郭庆藩:《庄子集释》,第50页。
③ 郭庆藩:《庄子集释》,第293页。

这正是一种僵化、固我、刚强的主体状态，将自身存在也当成有用性、工具性的延伸。若从《庄子》身体工夫的角度而言，相比较于技艺达人或真人所表现出忘我、出神而流动的身体状态（"卮身"），以身殉物的主体状态则近似于"机身"①（"有机械者必有机事，有机事者必有机心"）。"机身"所追求的是功效利益的最大化，追求单向性的因果脉络和手段——目的论，因此，在对待物或者技术的态度上，都是从"以我观物"的工具价值出发衡量，机巧权谋之心亦由此滋生。处于这样的情境脉络当中，生命终究难逃"不见成功""苶然疲役"的困顿与悲剧。

倘若从"以物观物""游心于物之初"的主体视角出发，《庄子》所描述的另一种"游化主体"之身心情状，则打开了对物我关系的全新理解。② 真人在与自然/物的交往互动过程中，呈现出柔软而敞开的主体状态："若然者，其心志，其容寂，其颡頯；凄然似秋，煖然似春，喜怒通四时，与物有宜而莫知其极。"③真人所传递出的风貌、情绪与四季流变自然而然地相感通融，参与着万物之化。真人之"精神四达并流，无所不极，上际于天，下蟠于地，化育万物，不可为象，其名为同帝"④，正是表达其出神入化，含纳万物的包容。在这里，通达而敞开的真人更似一个"无用之人"，能"无知无欲"而因循任让。由于放下对物用的执着与利害关系，对天地万物敞开，真人的"与物有宜"、往来互动正是一种能"与物为春"的主体状态与回应模式。同时，"不以心捐道，不以人助天"⑤的反思觉察，也意味着真人并不是彻底地被笼罩在天/自然底下，主体被绝对的力量消融或超越。相反，应当理解为真人始终处于"与物具化"的关系性当中。在此，真人与真知实则代表着一种精神状态与生存处境的吊诡性，具有在人与天、知与不知间自由流动的开放性。⑥ 这毋宁是一种与自然和解的美学状态。真人的工夫

---

① 从身体现象学与存有论角度讨论两种身体感的差异，参考钟振宇：《道家的气化现象学》，台北："中研院"文哲所，2016年，第76页。
② 关于《庄子》主体之身心气象与柔软情状，可以通往一种逍遥美学与自然美学的跨文化对话讨论。参考赖锡三：《当代新道家·多音复调与视域融合》，台北：台大出版中心，2011年，第173—223页；以及赖锡三：《〈庄子〉的自然美学、气化体验、原初伦理：与本雅明、伯梅的跨文化对话》，《文与哲》，2015年第26期。
③ 郭庆藩：《庄子集释》，第211页。
④ 郭庆藩：《庄子集释》，第483页。
⑤ 郭庆藩：《庄子集释》，第210页。
⑥ 参考任博克：《论玄知：道家的朴》，《商丘师范学院学报》，2015年第5期。

修养看似充满神秘色彩，但其柔软而圆转的身体感通能力与身心气象（钟振宇称之为"自然身体"①），正是对庄子所批判的刚强、固我之社会性身体的转化。对于规范性与工具性价值的追求，让本来自然而然的"气身"逐渐异化为"形身"，而真人之神妙转化着身体的工具性价值，对此有着解构和批判治疗之效果。当以"神行"的通达作为主体的观照与修养工夫，身体的自我虚化与气感流通，具有源源不绝的创造力，对自然的体悟与"应化解物"，让主体得以贯穿、参与着一个更大脉络的宇宙之流。此亦是《庄子》所主张的"反其真"。②

就上文所展开的主体状态与关系性处境而言，"游化主体"不仅是真人独有的身体气象，"游"更应被视为无所逃于人间世之悠游。因此《庄子》所思考的是，作为独特的生命存在，要如何面对一个被"有用性"所笼罩的世界？《山木》篇记载了庄子与其弟子关于"有材"与"无材"的对话：

> 庄子行于山中，见大木，枝叶盛茂，伐木者止其旁而不取也。问其故。曰："无所可用。"庄子曰："此木以不材得终其天年。"夫子出于山，舍于故人之家。故人喜，命竖子杀雁而烹之。竖子请曰："其一能鸣，其一不能鸣，请奚杀？"主人曰："杀不能鸣者。"明日，弟子问于庄子曰："昨日山中之木，以不材得终其天年；今主人之雁，以不材死。先生将何处？"③

在这则故事里，"无所可用"之木，因其"不材"得以自我保全，不能打鸣的雁，因其"不材"而先丧失了存活的机会，这似乎带来了故事的尴尬和不能自圆。以"有材"/"无材"作为事物是否得以自我保存的评判标准，显然连结了一个以"有用性"为价值归依的社会结构，然而在不同的处境脉络下，会得到不一样的结局，大树与大雁的不同命运，也正暗喻着人生总要面临两难选择、进退维谷的生存困境。④ 面对可能陷入自我矛盾的窘境，庄子却给出了一个具有反讽意味

---

① 参考钟振宇：《道家的气化现象学》，第79页。
② "何谓天？何谓人？"北海若曰："牛马四足，是谓天；落马首，穿牛鼻，是谓人。故曰：无以人灭天，无以故灭命，无以得殉名。谨守而勿失，是谓反其真。"郭庆藩：《庄子集释》，第524页。
③ 郭庆藩：《庄子集释》，第591—592页。
④ 参考林明照：《〈庄子〉论处世的两难困境与因应之道》，《东华汉学》，2007年第6期。

的幽默回答：

> 周将处乎材与不材之间。材与不材之间，似之而非也，故未免乎累。若夫乘道德而浮游则不然，无誉无訾，一龙一蛇，与时俱化，而无肯专为；一上一下，以和为量，浮游乎万物之祖，物物而不物于物，则胡可得而累邪！此神农、黄帝之法则也。若夫万物之情，人伦之传，则不然。合则离，成则毁；廉则挫，尊则议，有为则亏，贤则谋，不肖则欺，胡可得而必乎哉！悲夫！弟子志之，其唯道德之乡乎！①

面对两难处境，选择将自身处于"材与不材之间"，是一个看似狡黠，似是而非的吊诡回答。"之间"意味着什么？如何成为既有用又无用之人？真的有这样的空间存在吗？成玄英对此疏曰："言材者有为也，不材者无为也。之间，中道也。"②此说甚妙。无论是主观选择有为还是无为，都未免是一种执累，摆荡于价值取舍的二元对立之两端，而"为无为"的"中道"实则意味着一种不偏不倚、吊诡两行的自我修养与转化，涉及一种非同一性的"去主体化"思考。③ 对于事物之有用/无用性的价值判断，让主体也难逃视自身为有用/无用的二元对立式划分，而执着于对有用性的自我追求，使得生命意志背负着过多的欲望思虑。以《庄子》的思维，面对事物之利弊、毁誉等外在的价值规范，无论主体做何抉择，可能都无法获得最满意的回报，只能时时刻刻处于"合则离，成则毁；廉则挫，尊则议，有为则亏，贤则谋，不肖则欺"的无常变化当中。然生命却以此积重难返，形塑、固化为执于为己所用的单一价值取向。此亦是钟泰所云："人之有恒，己自用而生，而其用愈来大斯其为己也亦愈坚。固必肯自居于无用，而后己始可得而无也。"④只有转化自我的"是非之心"，不再将自身视为工具价值评判下的对象物，不再将自身命名定义为"有材"或"无材"，而是自居为"无用之人"，思考一个处于"之间"的空余地带，才能离开对于己/物是否有用的窘迫困境，不

---

① 郭庆藩：《庄子集释》，第592—593页。
② 郭庆藩：《庄子集释》，第593页。
③ 王夫之云："有所辨则有所择，有所择则有所取，有所舍，取舍之情，随知以立辨，辨复生辨。"参考王夫之：《船山全书》第13册，长沙：岳麓书社，1993年，第85页。
④ 钟泰：《庄子发微》，上海：上海古籍出版社，2002年，第22页。

因化约为"有用性"的单向机制自我消耗。①

以"物物而不物于物"的方式,平等而随顺地看待物我关系,是既不执着于物之有用/无用,不被物之有用/无用的规范价值所束缚,也不耽溺于物的功效之用,或在逐物之欲望中被"异化"为物的奴隶。"无誉无訾"即是主体能够以自我虚损的修养,松解对于毁誉名声的价值标榜,心无好恶、得失、福祸等是非分辨,而以"与时俱化"的态度来顺应时势与变化,"行事之情而忘其身"。如此,人与物得以各尽其性,逍遥自得。因此,在这个故事脉络底下,"游化"不只是一己的绝对超越或彻底摆脱条件、局限的限制性,而恰是表达着,主体无论处在有用或是无用的处境性中,都能够因循着各种视角、处境和脉络的转化,以中道两行("游")的方式解放有用/无用的价值绝对二分,建立起一种新的物我关系,并且赋予主体本身新的存在意义。

二、无用之"物":从用无用到无用之无用

对于"有用"/"无用"的思考,庄子与其好友惠施亦曾数次交锋,留下数个经典的论辩场景。如《逍遥游》篇,在"乘天地之正,而御六气之辨"的主体游化历程之后,笔锋一转,回到人间,借由庄子与惠施关于大瓠之用的对话,开启了对"有用"与"无用"性的反复论辩和思考,其可供解读的角度也有多重面向。② 在庄子眼中,人的自我偏执往往出自固而不化的成心,并落入"师心自用"的自以为是,惠施在此即代表着一种由成心而形构的是非之见,对大瓠之无所可用作出了确定性的价值判断。究其缘由,是惠施之心为效益所蒙蔽,而执着于物之"有用",容不下任何看起来对自己无益的"无用"之物。同样在下面的对话中,惠施亦以无用之大瓠为喻,讽刺庄子之言"大而无当,无所用之"。

不难看出,惠施对人与对物的方式,均采取一种粗暴而简单的实用主义价值判断,并以此而对其所认定的无用之物,采取否定与破坏的方式(掊之)。③

---

① 关于物的"有用性"机制分析及主体转化,参考陈赟:《"无用之用"与"至人无己"——以〈庄子·逍遥游〉为中心》,《哲学与文化》,2017年第2期。

② 原文参考郭庆藩:《庄子集释》,第37页。

③ 关于惠施与庄子两种待物方式背后的思维差异性分析,参考赖锡三:《论惠施与庄子两种思维差异的自然观》,《台湾东亚文明研究学刊》,2011年第2期。

而庄子认为其被蒙蔽之心亦若蓬草,暗示着作为名家的惠施采取本质主义的角度看待事物,以为凡物必有其固定本质,掌握了事物的本质,也就正确认识了事物,是非之见亦由此而形成了固我的判断。在理解"瓠"这一事物时,由"瓠是装水的容器"这一定见,惠施以"容器"定义"瓠"之本质,并认为掌握了瓠之用,才是掌握了瓠的真正本质。这就是以固定本质观点看待事物,依据惯常思维而给出有用与无用之成见,并将其彻底对立起来,而忽略了物之用的丰富与诸多可能性。庄子的应对化解之道,则是由一则小寓言出发,把故事中的"不龟手之药"从定用(小用)化为妙用(大用),以此来辩驳惠施的"拙于用",从侧面角度提供了一个关于物用范畴之活用的思路。

就此也可以说,庄子在这里所主张的"无用之用",并非强调物的"无用"来证明其存在意义,实则是在强调对物之"无用"价值的灵活翻转,主体待物之视角的转变与松解,方为其中关键。更进一步地,从"不龟手之药"的妙用转化,回到惠施关于"大瓠"的问题,如庄子所言,"无用"之大瓠亦可作为系在腰间的大葫芦,浮游于江海之上。对照于由"物用""役物"所引发的机心、机事,"浮游于海"的描述与"乘道德而浮游"一样,将主体身心置于一个广阔无拘的天地之间,在与物同游共在的处境性气氛当中,实则隐涵着人与物、人与自然之紧张关系的松解,而复归于一种原始伦理的亲密关系,建立其人与自然/物之间的互动基础。这种悠游与敞开,离不开一个气感互通的氛围情境,因此"江海"在此实则象征着空间的敞开性存在。以宋灏的观点:"互动之先在条件不在于互动者双方的实体存在,反而在于流变的呼应、感应发生本身。每个人未尝是孤立行动者,反而在遇及他者之前,他势必借由其身体自我和情态已经嵌入了一种呼应、感应氛围而存在。是因为人业已是敞开着这样的周遭世界,他才能向着共在于此周遭之中他人开放,而具体与之互动。"①换言之,"悠游江海"不意味着对人间尘世的远离和绝弃,而是强调一种物我之氛围感通与伦理关系的自觉转化。海德格尔对在乡间小路上散步的一段描述,以语言游戏的方式将"道"与"无用"的视野开启连结起来,而"无用者"的形象也与一种充满感通性的敞开气氛有关:

---

① 参考宋灏:《逆转与收回——〈庄子〉作为一种运动试验场域》,《中国文哲研究通讯》,2012年第3期。

在郊道上随着季节变换的风,赐予了一种可知的明朗,其神色经常显现为忧郁的。这种明朗的知是 Kuinzige。不拥有它的人,不获得它;那些获得它的人,只在田野小道上获得它。①

漫步于田野小道上,作为"无用"的等待者无所期待,其不指向任何对象性或者有用性之物,亦没有一个确定的目标所在,而只是感受着季节变化、感受着风的明朗、忧郁或者来去无名的情绪,将自身向着具有存有之深度的空间完全敞开。对于漫步着的海德格尔而言,只有在此一感通性情境,在一种日常性行为而又充满美学式的唤醒当中,以"无用"的姿态等待事物的到来或成长,感受万物对其所发出的邀请讯息,徜徉其中,不再将自身建立在他人所裁定、划分与评判的价值标准之下,才能获得来自"无用"那不受侵犯与自我保存的力量。这种漫无目的又全身心投入的运动行为,作为一种"任随"与"任让"的思维方式,相对于意向性、扩张性的、有用性的运动行为,其具有"逆转收回"的工夫意涵。以宋灏的分析,"逆转收回"不仅是让存在者透过既有所触动,向着场所敞开,又逆转回自身而进入"属己情境"的吊诡工夫,同时在时间性当中的吊诡性也开启了一种珍贵的存在向度:"透过'逆转收回'的存在运动以及'任让情境',存在者或多或少还是可以对于自身存在'做主'。"②这也就意味着,只有透过"无用与等待"的向自身返回着的过程与活动,自由才有可能被主体思考为一种"属己"状态,回到真正的生活本身当中。

在接下来与惠施关于"无用之树"的论辩中,庄子将那棵对惠施而言"无用之树"栽种于"无何有之乡",人"无为其侧"而得逍遥自在,提供了一个关于"无用之用"的更深层思考。③ 一棵臃肿怪异、无法被加工为木材或器具的无用之树,在木匠是弃之不顾,在庄子眼中却有着"不夭斧斤,物无所害"的生机保存,甚至它还可以提供一片清凉逍遥之场所。王船山对于"无用之用"的理解值得参考:"前犹用其所无用,此则以无用用无用矣。以无用用无用,无不可用,无不

---

① 转引自钟振宇:《无用与机心的当代意涵——海德格对庄子思想的阐发》,《中国文哲研究集刊》,2017年第51期。
② 参考宋灏:《以"逆转收回"论海德格"时间性"与"任让情境"思维》,《中山人文学报》,2020年第49期。
③ 原文参考郭庆藩:《庄子集释》,第41—42页。

可游矣。"①在此,"无用之为用"的意涵以吊诡的"无"之方式被揭露出来。不又是"无用"可以在另一种视角和脉络底下被灵活转化为"妙用",甚至"无用"本身也是一种彻底的"用"之显现。"以无用用无用"是一种对物之用/无用性的反讽之说。无论在何种处境底下,"用"在发挥功效的时候,其实都意味着一种自我的耗损和损害。而"以无用用无用"让一切的"用"在"无"之思维转化中,开显其自身的本然之性,也使得"无用"的主体(人)不再拘泥于"用"(物)的工具价值,正视"无用"所带来"无所不用"的自由与开放视角。"无不可用,无不可游"就是在各种情境的"大用"当中解放物我关系,人与自然不是对立性宰制/实用的方式,而是可以实现彼此的互转互化。

如同《庄子》描述庖丁解牛、梓庆削木的工夫技艺通达于"道"的境界,"用"在此意味着物/我、自然/主体之间的穿透和融会。透过"虚而待物""丧我"的"无"之修养进入"用"的方式,人为的意志与改造行动在"用物"的同时亦被物所转化,人与物性/自然之间,存在着"恢恢乎"的间隙和空余,朝着开放和流动性来回运动,以此营造出能解放彼此的关系性互动情境。这就是以"无为"的方式而能"无不为"。因此,主体毋须执着脱离于有用/有为的具体性、情境性脉络,刻意寻求绝弃或超越性的彻底无用/无为,陷入某种价值的虚无主义,庄子在那些具体细节、生活化的技艺工夫与修养之道,即展现出了"无用"的吊诡之用。

在《逍遥游》篇末,"无所用之"亦连结着一个处境性——"无何有之乡",一个不存在的所在,这又是一个吊诡的表达。就《庄子》的论述脉络而言,让无用的大树得以存活、万物在其间悠游的"无何有之乡",正代表着一种"异托邦"②空间的开启。在"物无所害"与"物莫之伤"的双重松解当中,庄子消解了一种充满同一性暴力的宰制关系,让惠施关于"有用"/"无用"的评判标准不再有效,人与物之间的互相苦役亦不复存在,而一个自然悠游、气韵生动的美学空间就此生成。对读者而言,"无何有"到底是意味着一个根本不存在之地?抑或作为一个超越性的象征?还是,正如前文所言,因为"用"的无所不在,以"无用用无月"

---

① 王夫之:《庄子通·庄子解》,台北:里仁书局,1984年,第8页。
② "异托邦"(Heterotopia)概念来自傅柯(Michel Foucault),结合了异质性(hetero—)以及空间(—topia)两种意涵,其作为一种异质空间而真实存在,有别于乌托邦的虚拟性质,在此异质空间,作为对照主流现实的一面"镜子",其为被权力支配下的主体提供一种对抗与省察的力量,具有积极的批判意义。参考 M. Foucault, "Of Other Spaces," Diacritics, Vol.16. No.1(1986):22–27.

亦无所不在,"无何有"实则是在以否定的表达方式,肯定了一个可以无所不在的自然世界?

可以说,在《庄子》借由叙事的想象力开启对"无用之树"的描述中,我们发现了关于生命最本真的生存态度,其不来自外在的伦理规范/二元价值和计算性思维控制下的"物尽其用",对有用性的解构,也促成着主体理性意识的自我解放。同时,因为以"无用"对"有用"性的价值进行了吊诡性的消解与转化,这一视角下的"自然"不再是可由人类意志强而为之,进行宰制的对象性存在,其在此具有其自发、自生、自长的"无用"之意涵。具体而言,此一自发性,让生命得以"逍遥寝卧",柔软敞开,因而亦可将其视为人得以实现"自由"的基础。

"无何有之乡"与"无用之树",看似遗世而独立,浩渺无人烟,但我们亦不能忽略,此一"无用"之树,正是如同海德格尔所言及的"根基持存性"①那般,串连起树的根茎与生长的枝叶,既牢牢地扎根于大地之下,也如垂天之云般向着天空舒展。此自然之树与"自然"已连成了一个活泼的有机体,由庄子所栽的那棵树中延伸发出,与万物存在构筑起一个逍遥自在的乐园,一个对照于有用性的世界而具有反抗力度的异托邦。顺其故事脉络的描述,庄子所言的"自然"实则是一个不被人的是非之心、物的工具价值所捆绑,万物在此能共享物化流行之天真活力、气韵生动的世界。"无用"之树之于此生长,不受斧斤之夭,也意味着"用"的自我保存以及自由开放。② 进一步言之,此"自然"也必须与主体自我转化而产生内在的呼应,才有自由的可能。亦即对"自然"的转化涉及主体的"内在超越性",主体能处于既不受限于自然控制、陷入神话的狂迷,而又自我觉醒其不离于自然的存在状态。何乏笔即以"体思主体中的自然"思考这样一种去同一性主体化的主体性,其自由在此意味着,"不再单单等于摆脱冲动能量或身体活动,不再等于理性的自我控制。自由现在便包含一种能力,即体认自我控

---

① 关于海德格尔对技术的批判思考与召唤一种基于自然的"根基持存性"演讲稿,参考孙周兴选编:《海德格尔选集》下,上海:上海三联书店,1996年,第1231—1241页。
② 赵汀阳以"渔樵耕读"作为中国历史文明的发源基础,而象征着与山水同在的"渔樵"意象,倾向于道家的精神传统,从青山流水之永恒与变化共在的角度,对充满变化、转折、无常和奇迹的历史进行无穷言说,而拒绝定论式的说明,以此使得其历史哲学论述连结起永远具有当代性的意义和问题。就一种处于边缘观察者的"边界"位置而言,其"山水""渔樵"的意象亦蕴含着某种"在世超越性",然其历史哲学仍充满形而上的超越意味。详细论述,参考赵汀阳:《历史·山水·渔樵》,北京:生活·读书·新知三联书店,2019年。

制的强制性,以及让冲动能量及身体活动的内在动力发生的能力"①。

三、"无用之为大用":自然的开显和遮蔽

在《庄子》的另一则故事中,被木匠视为"散木"的无用之树,也承担起这样一个警醒世人的角色:

> 匠石归,栎社见梦曰:"女将恶乎比予哉?若将比予于文木邪?夫柤梨橘柚,果蓏之属,实熟则剥,剥则辱;大枝折,小枝泄。此以其能苦其生者也,故不终其天年而中道夭,自掊击于世俗者也。物莫不若是。且予求无所可用久矣,几死,乃今得之,为予大用。使予也而有用,且得有此大也邪?且也若与予也皆物也,奈何哉其相物也?而几死之散人,又恶知散木!"②

在木匠徒弟看来甚美的大树,木匠却以其为不材散木,不具备功能性的作用,目不斜视之。而以栎社树入梦自道其"无用之大用",实则隐含着从物自身角度对人的转化,更是对一种人与自然/物之间原初伦理关系重新建立的唤醒。栎社作为祭祀的特殊场所,社树承担着让世人供奉、祈祷的功能,从另一个角度来说,此一社树即是《逍遥游》篇末那棵参天大树的具现,往来之人皆可游可观,甚至成为庇佑一方的象征。它不仅是自求其无用来保全自身,甚至借入梦之言,犀利地批判了匠人实则也是散人,不过也是被利用之"物"的一环,又何必如此轻待他物?可以说,社树的"无用之大用",正是《庄子》极具反讽与质疑精神的再次体现。它让木匠从"以我观之"的固有计算性思考中解放出来,让木匠正视作为无用、边缘、异质之物的大有可用、大有可为,承担起教化世人的角色。某种程度而言,这是《庄子》借"无用之物",对人类的文明建构以及自然之道进行省察。从不同寓言中屡次出场的大树来看,无用之大树实则在不断地变换着它的

---

① 参考何乏笔:《身体与山水——探索"自然"的当代性》,《艺术观点》,2011 年第 45 期。同时,何乏笔亦将美学修养与主体的内在性、超越性联系起来,参见何乏笔:《(不)可能的平淡:试探山水画与修养论》,《艺术观点》,2012 年第 52 期。
② 郭庆藩:《庄子集释》,第 307 页。

位置、价值、功用乃至自我认同。固有的待物之"用"不再有唯一的标准回答,而是在不断质疑和转化的过程当中,随时发现、生成物的神妙之"用"、未知之"用"。换言之,此处对"无用之为大用"的强调,意味着"大用"并不天然地具有一本质性/超越性的规范价值,也不代表对现有之用进行全盘的否认与颠覆,而是对用的无所不在加以揭示。在这些吊诡表达、物之游戏乃至现身说法当中,让"无用之大用"成为一个全然开放的立场与态度,一种自然而自由的关系性存在。

回到庄子与惠施所谈的大瓠、大樗之寓言,从世俗的计算性实用思维(惠施)来看,大瓠、大樗因其"大而无当"无所可用,但从庄子以"道"的角度观之,却开发出另一种"用"的可能——"浮游江海""树之无何有之乡"。大樗之用在其本身,即虽然它不能符合人对树的实用性要求,却因其"无用"避免了斧斤之夭,获得了自由自在的生长,这是从万物自身内在的价值而言。另一个无法被惠施所用的大瓠,当选择换一个价值视角,以非工具性思维观之,不能当作瓢(工具)来舀水的大瓠能随人一跃而纵身入浩瀚的江湖,浮游于江海之中。看似无用之物,看似无所作为,实质上达成了对物自身的解放以及物我关系的解放,借此视角而观,也让世人意识到对待大樗、大瓠如此,对待其他事物亦应如是。以海德格尔的理解,物的自行解蔽与敞开,也即是人的自由通达之可能。对照于惠施待物的"物化"之弊病,在庄子所描述的"无何有之乡"这个非对象化、非实用主义的"场所"(共处的生活世界),物不断涌现自身之用,物我相游无害,成为一个充满游戏性、诗意性的情意共感之世界。此一立场,不仅让人重新认识物之价值,也是任物之自然,让万物自是其是,并连结起物之敞开,让人得以与自然(更大意义上的万物)建立多样性与可能性关系的生存美学。

如果上述理解可以成立,那此种美学精神实与海德格尔所言"自由"有着可以对话的空间。《庄子》透过对"无用"之思批判反省人们的自我偏执,主张从"无用之为大用"的角度观照物之所用所然,解放物之用与无用的界限,也使人得以从各自主体所执的遮蔽状态中解放出来,此时所有的"存在者整体自行地揭示为自然"。这里的"自然"则不单是客观意义下的万物,而是更深层次地指向"存在者之为存在者整体,而且是在涌现着的在场"[①]的状态,而人在此具备了整体性关联,具备了历史性的存在意义。在这里,"去蔽"即类似于

---

① 海德格尔:《路标》,孙周兴译,北京:商务印书馆,2014年,第222页。

《齐物论》所言的"莫若以明",这一敞开与去蔽的过程,已实现了从自然而达自由的跃进。

据张祥龙先生的分析,海德格尔在《论真理的本质》第六节"作为遮蔽的非真理"的初稿中曾经写道:"自由是(出自存在者本身的)去蔽着的让存在;它将自身揭示为真理的本质。现在它将自身显示为:此作为真理本质的自由在其本身中就是向神秘的补充性的开启。那知光亮者,将自身隐藏于黑暗之中(老子)(Der seine Helle kennt, sich in sein Dunkel hüllt —— Lao-tse)。"①在西方哲学脉络里,真理与必然性、客观性相关,具有本质规定上的意义确定性,海德格尔在这里却明确地把"自由"视为真理的本质。海德格尔把可敞开的存在者开放自身,即自己给予自己以自由,"只有作为向敞开之境的可敞开者的自由存在才是可能的。"②换言之,人向存在者的自我开放之行为就是"自由存在",这种"自由"也就是上述的"让存在者成其所是"。以《庄子》所言,此即为"虑以为大樽,而浮乎江湖""彷徨乎无为其侧,逍遥乎寝卧其下"。作为参与的方式,它同时包含了参与到存在者那里,参与到敞开领域与敞开状态之中去。从这个角度而言,《庄子》的"自由"并不由绝对的人为主观意志所决定,而是涉及参与、听任于物的关系之中,是一种把人自身及其行为置于"敞开领域"的自由,这才是彻底的"无待而待"。而这样的自由状态,是通过作为无蔽的真理(存有)所开显得来,"让存在"实际上乃是存有之真理(无蔽)的运作和发生,并且"人并不把自由'占有'为特征,情形恰恰相反:是自由、即绽出的、解蔽着的此之在((Da-sein)才占有人)"③。同样的,对《庄子》而言,"无用之用"不是为了对抗某种世俗之用,而是能通过对"固着之用"进行不断的辩驳以及变形,在其所言"无何有之乡""无用之大地"这一意味着敞开的领域,人与显现着的自然万物(如大树、大瓠)相遇,以开放自身的方式(自由)解放物之定用,并能从物自身和物的诸因缘面向,以虚化自身、尊重万物的态度而与之打交道,参与到自然的展开或揭示状态

---

① 此一段在正式出版中被删去,但张祥龙先生分析认为,海德格所引用的这段话应当是《老子》第28章"知其白,守其黑"。详细讨论参张详龙:《海德格尔论老子与荷尔德林的思想独特性——对一份新发表文献的分析》,《中国社会科学》,2005年第2期。
② 参考海德格尔:《路标》,第214页。
③ 在《论真理的本质》中,"此之在"的意义指"敞开域的敞开状态"(Offenheit des Offenen),自然在此作为"涌现着的在场",而存在者自行揭示自身。(后来在《关于人道主义的书信中》,"此之在"中的Da亦叫作存在的"林中空地"或"澄明"。)参海德格尔:《路标》,第221页。

之中来,由此则有获得自由的可能性。

同时海德格尔更进一步表达的是,自由同时存在着被揭示和被遮蔽的状态。如果说存在者的"解蔽状态"是"真理",那么存在者的"遮蔽状态"可以说就是"非真理",而在海德格尔看来,非真理与真理一样植根在自由之中。因此,其中所包含的更复杂表述是,"让存在"本身也是一种遮蔽行为——在解蔽个别具体存在的同时,遮蔽了存在者之整体。由于这种整体的遮蔽状态在解蔽之先,比"让存在"本身更古老,因此"解蔽"是显现,而"遮蔽"则是隐藏,并且先有"遮蔽"这一更为隐藏性的"神秘"(Geheimnis)作为源头,才有显之光明(这也正是海德格尔借老子"知其白,守其黑"所道出的真理与自由之意义)。① 这很容易让我们联想到,在《外物》篇中,庄子如此指出广大而无用之地与人所立足之地之间的关系:

> 惠子谓庄子曰:"子言无用。"庄子曰:"知无用而始可与言用矣。夫地非不广且大也,人之所用容足耳。然则厕足而垫之,致黄泉,人尚有用乎?"惠子曰:"无用。"庄子曰:"然则无用之为用也,亦明矣。"②

在这个隐喻里,人所立足之位置与大地的关系正是"隐"与"显"的关系。人知道自己所站立的位置,此一立足之地,可谓是"定用"(解蔽状态)。而立足之外的广袤大地,与人所立足之地并不能二分切割,并且此看似无所可用之"大地",实际上对人而言始终处于"遮蔽"状态。但此"遮蔽"之物无法被舍弃,否则人的下一步便是万丈深渊,因此"无用之为用亦明矣"。借用惠庄对话中关于"大地"作为"无用之物"的必然性,海德格尔也思考过将广阔"大地"视为立足之地的根本来源,于1945年德意志的战败时刻,写下《在俄罗斯战俘营中一个较年轻者与一个较年长者之间的晚间谈话》同时引用一则《庄子》中关于大地与无用的寓言,借以表达"无用与等待"的哲学立场。并在其思想转向的关键时刻,

---

① 这个"非真理性"不是对真理的否定,而是指尚未得到澄明或揭示的源始境域,同时是一切解蔽或澄明的基础和背景,正如海德格指出的,我们总是固执于解蔽了的东西("显者"),真正源始的遮蔽状态("神秘")却被遗忘了,遗忘了"神秘"也就是遗忘了自己的"家"。
② 郭庆藩:《庄子集释》,第821—822页。

将之视为化解二战历史灾难危机的可能方式之一。① 对海德格尔而言,或许"无用"与"任让"一样,都意味着面对技术世界所采取的反抗性的态度。基于由计算性思维带来的世界荒芜化,基于技术对生命本质的压迫、扰乱和荒芜,人类需要一种对技术(物)"同时说不与说是"的吊诡修养。因此,海德格尔提出对物的"泰然任之",既能让技术栖身于自身,同时又是无关于内心和本真的东西。这显示出对于物之"用"与"无用"的吊诡思考。而在《庄子》关于"无用之树""无用之大瓠"的寓言翻转中,"用"是存在者已"解蔽"的状态,在《齐物论》当中,"用"则再度被《庄子》表述为"为是不用而寓诸庸,此之谓以明"②。这里更进一步表述的是那个被遮蔽之源始境域,并且它吊诡地隐藏在"用"之中,作为隐藏着的"非真理性"的角色,同时向自由发出召唤。

相对于人以"用"的效益性来判定物的性质、类别与价值,"寓诸庸"意味着对物本然之性的保存,揭示出在被遮蔽与忽视的日常生活当中,让物自如其是地显示自身,"因是因非"地促成转化,无所不用。因此,物与自然既是被遮蔽的"虚"又是开显着的"有"。此一自然与地带的关系,亦如《逍遥游》中的无何有之乡、无何有之树,自然以其广阔的"无何有""无用"的"虚空"而应物(于主体修养而言则是"虚以待物"),然在此一敞开的自然地带,万物聚集于此,不受夭害,人物相游的持续互动在发生,自然亦因而涵养容纳着一切生机活力。

连结海德格尔去思考《庄子》"无用之用"所蕴含之"自然开显与遮蔽"的双重意涵,是对将物简单地视为对象性存在,拥有一个确定性、本质化规定的内容的反省和挑战。《庄子》所言的"无用""无何有"让虚空、不可见与自然空间相联结,成为物之有用的根源与基础。或许可以说,就"用"与"无用"呈现出"即开显即遮蔽"的角度而言,"寓诸于庸"正是"寓诸无竟"的另一种表述。而最终能"忘年忘义,振于无竟,故寓诸无竟"③,就意味着在这种人与物、与自然乃至人与人的关系性交往中,人对万物的知识性理解从"大而无用"到"知无用之为用"的历程性转化,此一充满辩证的物用之转换过程,本身已蕴含着一更广阔浩瀚的自由之境的敞开。

---

① 原文参考海德格尔:《海德格尔文集·乡间路上的谈话》,北京:商务印书馆,2018年。
② 郭庆藩:《庄子集释》,第73页。
③ 郭庆藩:《庄子集释》,第102页。

四、结语

从《庄子》关于"无用之用"的思考,可以发现其对于主体的待物之道以及笼罩在工具化、技术性之下思维的本质有着深刻批判。在多则故事寓言中,从"无用之用"的批判性视角,不仅蕴含着主体自我转化的工夫修养,通过"无用"与"无何有"的巧妙转化,庄子更进一步揭示出"用"的无所不在,是更基源的以"无用用无用"的无所不在。同时,"无何有"实则是在以否定的表达方式,肯定了一个可以无所不在的自然世界,并且为主体与物之存在,敞开了一个自由而自然的向度。

关于《庄子》的"无用之用"思想与海德格尔之间隐秘又不容忽视的跨文化连结,两者看似遥远,实则又切近现实。亦即,在当下面对一个复杂而充满差异多元性的社会,如何理解被抛掷的个体对有用/无用之人(之物)的评价?借助和理解《庄子》所传达的"自然"及其救治之力,或许依然需要更复杂的思想图像呈现,本文只是尝试提出,"无用之为大用"的自然立场亦提供了对现代性批判与拯救的可能性图景之一。

从生命独特性与丰富性的角度来说,"人们在放逐了自然之后又把自然赋给我们的想象放逐,并在一种新的仰赖情结中,沉入拟真的现实而愈来愈远离原真的世界、远离我们生命原真的状态。"①诸如此类现代性病征,都违背了中国传统"人法自然"的美德。对此,叶维廉先生也提出从传统文化(主要是道家思想)中寻求解困的能力,认为"人法自然"的思想在此可以提供一种文化的救治之道。《庄子》所提供"无用之用"的转化与逆反性视角,正代表着一种"反者道之动"的智慧。强调一种道家精神的回归,也意味着对西方文明以及现代化进程的反思与批判。有别于西方文化以自我为中心的思维方式,思考《庄子》"自然"的思想如何可能提供一种非单一中心、非同一性的主体与文化想象,从一种"宰制性"的待物思维当中解放出来,肯定个体多样性与文明形式的多元化,亦相当具有启发性。总的来说,从传统道家思想资源取径而促进中西文化的对话,亦正是本文关怀之所在。

---

① 叶维廉:《道家美学与西方文化》,北京:北京大学出版社,2002年,第160页。

The Critique and Transformation of "the Use of the Useless": A Cross-Cultural Reflection on "Nature" in *Zhuangzi*

Chen Huizhen

Abstract: *Zhuangzi* interprets the concept of "the use of the useless" as both a cognitive approach and a fundamental stance towards the world, prompting a critical examination of the existence of reality within the context of prevailing power dynamics. This notion of "useless" not only implies the self-alteration of the individual but also presents diverse perspectives for comprehending the comprehensive and unrestricted essence of "nature". Primarily, this paper delves into the domains of transhumanism and the transcendence of the inner nature of the individual, as articulated in *Zhuangzi*'s philosophy. It does so by analyzing the discursive evolution of the constructs of nature/objects and the subject, alongside an exploration of the nuances of usefulness and uselessness. Furthermore, the study engages in a cross-cultural discourse, drawing parallels with Heidegger's notion of "the useless", thus emphasizing the potential of *Zhuangzi*'s concept of "nature" to critique technological ideation and reconcile the contemporary predicaments of modernity.

Keywords: *Zhuangzi*, the use of useless, nature, subject transformation

荀子之学的情感治理维度脞说[*]

陈迎年^{**}

[摘　要]　与资本主义发生过程中"利益"(interests)逐渐取代"激情"(passions)成为社会主导情感的现象相对参,荀子之学可以被理解为一种讨论如何依情感治理及在治理中实现人的情感的情感治理学。荀子对人之性的理解,让其承认了物质利益(interests)在人的情感中的基础地位,所谓"正理平治""化性起伪"等不过是经济计算的历史性过程。在此基础上,荀子强调情感的多样性和人文化成的意义,人类情感的互含作为结果而成为必然,利益与激情相互限定,双双得到了重塑。荀子卑之无甚高论,却也已经在"农业心理学"的条件下早早地揭示了人类情感治理的常道。

[关键词]　荀子;情感治理;激情;利益

横向地说,"情感治理"(emotional governance)可以有多重含义。一是指社会治理的深度,包括正向情感引导、负向情感阻止等情感管控。一是指社会

---

*　基金项目:国家社科基金后期资助项目"国家与心性:牟宗三政治哲学批判"(19FZXB063)。

**　陈迎年(1974—　),男,陕西耀州人,哲学博士,华东理工大学哲学研究所副教授,主要研究领域为中国哲学、中西比较哲学、文明与现代化研究。

治理的柔性维度,包括"送温暖"、领导慰问及精准扶贫等。一是指社会治理的本质界定,包括依情感治理及在治理中实现人的情感等。三者并非一致,有时甚至尖锐冲突。而且,在社会建设、社会治理等名义下,情感治理的手段可以是政治的、经济的或文化的。它常让人感受到权力"自上而下"的运作,但同时又暗示着情感"自下而上"的认同。因此,情感治理这个概念显得尤为纷繁复杂。

纵向地说,伴随着"推进国家治理体系和治理能力现代化"命题的形成和提出,以及对西方资源①的借鉴等,很多学者注意到并讨论了情感治理的问题,认其为大国转型的关键课题②。这似乎意味着情感治理是很晚近的事情。不过,如果说儒家的实质就是情感之学,而又能为制度法律公私生活等提供一个较为稳定的"法典",那么中国的情感治理就有着更为古老的传统。这里以荀子之学为通孔,在传统与现代之间,对情感治理的多重含义进行分析和抉择。

一、何者非情:长虑顾后而保万世

人们常说,儒家的仁爱是一种情感。但什么是情感?或者说情感治理中的情感都包含哪些内容呢?

人们当然可以从外部着眼,划分出作为国民的国家情感、作为人民的政治情感、作为公民的法律情感、作为市民的社会情感、作为中国人的中华文化情感、作为社区居民的社区生活情感、作为家庭成员的家庭情感、作为独立个体的个人情感等。③ 这已经能够说明情感治理中情感内涵的纷繁性和复杂性。不过,既然是外部的划分,那么它的数量就仍然能够扩大下去,增加诸如作为经济主体的经济情感、作为阶级成员的阶级情感、作为宗教成员的宗教情感、作为宗族成员的家族情感、作为党派成员的政党情感、作为世界公民的天下情感等。

---

① 例如 Barry Richards, *Emotional Governance: Politics, Media and Terror*, Basingstoke: Palgrave Macmillan, 2007. David D. Franks & E. Doyle McCarthy, *The Sociology of Emotions: Original Essays and Research Papers*, Greenwich: JAI Press Inc. 1989.
② 何雪松:《情感治理:新媒体时代的重要治理维度》,《探索与争鸣》,2016年第11期。
③ 任文启、顾东辉:《通过社会工作的情感治理:70年情感治理的历史脉络与现代化转向》,《青海社会科学》,2019年第6期。

而且,划分愈繁,已经划分开来的诸情感之间的关系就愈处于隐秘当中。且不说柏拉图著名的灵魂马车说等,想一想康德的情感迷宫吧,第一批判的直觉,第二批判的道德感,第三批判的美感以及第四批判的占有欲和统治欲等,它们似乎都可以被称为情感,那它们又是如何入于一个人当下情感之中的呢?

对于情感的外部划分势必进入对于情感的内在划分,即人的情感与非人的情感的划分。"人以一种全面的方式,就是说,作为一个完整的人,占有自己的全面的本质",这是如何可能的? 按照这种提问方式,人既然是一个整全,并不能靠事后相加的方式获得其总体,那么人的"视觉、听觉、嗅觉、味觉、触觉、思维、直观、情感、愿望、活动、爱"等,也即"人的感觉、感觉的人性",是怎么形成的呢?① 人的生命情感是怎样让自己从野性的、非人的生命情感中挣脱出来,获得自己独特的品格的呢?

马克思给出的答案是人在迄今为止的全部世界历史中通过自己的实践创造出了这样的情感。这是为人所熟知的。这里令人感兴趣的是,如若是荀子,则如何讲清楚这一道理? 但马克思是以资本主义为典型,通过情感与利益的两分来进行论证的,而荀子最多处于农耕文明之中,两者相距遥遥,又如何可能发生关联呢? 不过,先圣后圣其揆一也,东海西海同心同理,荀子性伪之分的世界历史意义或许可能因此问题而得到彰显,初步透露出荀子之学的情感治理维度。

首先,工业作为"心理学"如此基础②,金钱多寡如此重要,情感不再神圣,现代社会的突出特征就是把"情感"纳入"利益",让"利益"的计算取代"情感"的浓淡成为核心概念。"它无情地斩断了把人们束缚于天然尊长的形形色色的封建羁绊,它使人和人之间除了赤裸裸的利害关系,除了冷酷无情的'现金交易',就再也没有任何别的联系了。它把宗教虔诚、骑士热忱、小市民伤感这些情感的神圣发作,淹没在利己主义打算的冰水之中。它把人的尊严变成了交换价值,用一种没有良心的贸易自由代替了无数特许的和自力挣得的自由。"③

――――――――――
① 马克思:《1844年经济学哲学手稿》,《马克思恩格斯文集》第1卷,中共中央马克思恩格斯列宁斯大林著作编译局编译,北京:人民出版社,2009年,第189—191页。
② 马克思:《1844年经济学哲学手稿》,第192页。
③ 马克思、恩格斯:《共产党宣言》,《马克思恩格斯文集》第2卷,中共中央马克思恩格斯列宁斯大林著作编译局编译,北京:人民出版社,2009年,第34页。

表面看来,这是在为良心唱挽歌,哀叹人不再拥有任何"神圣的激情"。实则不然,这是在为人的"卑劣的情欲"唱赞歌,表彰利益计算的"非常革命的作用"。无须过多引证,这段著名的话便是明证:"资产阶级在它的不到一百年的阶级统治中所创造的生产力,比过去一切世代创造的全部生产力还要多,还要大。自然力的征服,机器的采用,化学在工业和农业中的应用,轮船的行驶,铁路的通行,电报的使用,整个大陆的开垦,河川的通航,仿佛用法术从地下呼唤出来的大量人口——过去哪一个世纪料想到在社会劳动里蕴藏有这样的生产力呢?"①

这里有一个情感谱系的纯化过程。一方面,从17世纪到19世纪,与资本主义的发展相伴随,在神学的、世俗的或科学的概念中,有一个从"激情"(passions)到"情感"(emotions)一统天下的演化过程。前者属于一个有"价值"高低判别的,由灵魂、良心、堕落、罪恶、恩典、圣灵、撒旦、意志、食欲不振、自爱等词组成的网络。后者则从一开始就与之不同,属于一个"客观"描述性的,由心理学、法律、观察、进化、有机体、大脑、神经、表达、行为、内脏等术语构成的网络。② 另一方面,与之相应,"利益"(interests)由最初的对政府管理质量的关注,到获得了涵盖人类的全部欲求的关心、渴望和好处之类的含义,再到仅限于人类物质方面的经济利益的专指,而且,作为新范式,利益仿佛是温和的、无害的,它的可预见性和恒久性,让它取代了荣誉、光荣之类的充满了激情的概念,把人类引导向世俗的、和平的发展道路上来了。③

这仿佛就是一场伦理学的革命。利益学说作为一种新的救世福音而被传播开来。赚钱、贪财、贪心甚至贪得无厌等情感不再显得那么低俗和违反理性,相反,"利益不会撒谎",它兼具了欲望和理性两者的优良成分,当利益统治了世界,世界便不再容易因受大人物的荣誉感、事业心等诸多神圣的激情的左右而显得夸张和任性。大人物的荣誉感、事业心等之所以受到揭露和反对,是因为

---

① 马克思、恩格斯:《共产党宣言》,第36页。
② Thomas Dixon, *From Passions to Emotions: The Creation of a Secular Psychological Category*, New York: Cambridge University Press, 2003.
③ Albert O. Hirschman, *The Passions and the Interests: Political arguments for capitalism before its triumph*, Princeton: Princeton University Press, 1977. 艾伯特·奥·赫希曼《欲望与利益——资本主义走向胜利前的政治争论》,李新华、朱进东译,上海:上海文艺出版社,2003年。

这类激情野心勃勃、缺乏对手、能力超群,而又毫无规律可言,狂乱不安、桀骜不驯、反复无常,历史常常证明它们对于世界的破坏作用是远远超乎常人的俗心俗情的。也就是说,伴随着荣誉概念的衰落与英雄的黯然离场,俗心对俗心、俗情称俗情,世界开始捉对厮杀,但恰恰因为利益并不因时因地而异,而是具有着不可消除性、同一性和稳定性,因此它可以从众多的激情中脱颖而出,鹤立鸡群,反而抑制了激情,改善了社会政治秩序,可以让人们的"战争"成为散文化的、冷静的、可计算的和和平的。

分别言之,由此就有了两个原则或两个事实。一是每个人的经济利益、客观情感受到了或应该受到正视和承认。西方在此说人的"interests"或"emotions",荀子则说人的"性"。"若夫目好色,耳好声,口好味,心好利,骨体肤理好愉佚,是皆生于人之情性者也,感而自然,不待事而后生之者也。"(《荀子·性恶》)"凡人有所一同:饥而欲食,寒而欲暖,劳而欲息,好利而恶害,是人之所生而有也,是无待而然者也,是禹、桀之所同也。目辨白黑美恶,耳辨音声清浊,口辨酸咸甘苦,鼻辨芬芳腥臊,骨体肤理辨寒暑疾痒,是又人之所常生而有也,是无待而然者也,是禹、桀之所同也。"(《荀子·荣辱》)这里的"感而自然""有所一同"等所强调的正是人的"客观情感"的基础地位。

二是每个人的经济利益、客观情感不能被克制或消灭,除非这个人的另一种物质利益、客观情感获得了肯定或满足,因此冷静甚至冷酷的计算就显得尤为必要。斯密的"看不见的手",康德"非社会的社会性",黑格尔"理性的狡计",弗洛伊德的"升华"等,都是在诉说着这个道理。孟德斯鸠用了一句话把这个道理隽永地表达了出来:"幸运的是,人们处于这样的情境中:虽然其激情(passions)可能会促使他们做坏人,然而其利益(interest)却阻止他们这样做。"①荀子则更加隽永,强调"长虑顾后而保万世"(《荀子·荣辱》)的"欲恶取舍之权":"见其可欲也,则必前后虑其可恶也者;见其可利也,则必前后虑其可害也者,而兼权之,孰计之,然后定其欲恶取舍,如是,则常不失陷矣。"(《荀子·不苟》)

断定荀子所谓的人之"性"就是人的"interests"或"emotions",荀子的兼权

---

① Montesquieu, *The Spirit of Laws*, Trans. by Thomas Nugent, Kitchener: Batoche Books, 2001, p. 392. 中译本参阅孟德斯鸠:《论法的精神》(上册),许明龙译,北京:商务印书馆,2012年,第447页。

孰计就是物质利益的精确计算,这仿佛让荀子直接具有了"现代"的观念,因而显得多少有些危险。不过,如果考虑到西方中世纪宗教传统的强大惯性与中国人文主义的绵长传统之间的异同、荀子性恶论在中国普遍性善论传统中的隐性地位,以及中国哲学中不变的与可变的成分等,这样的比较还是值得的。西方需要费力走出中世纪,走出神的荣耀和荣光,成就"作为真实的自我"的人。中国宗教传统的不张,似乎让中国人在走向现代的道路上少了许多羁绊。然而,长期的"封建意识形态"却同样让中国人受苦不少,在"人民意识"(popular consciousness)习惯歌颂雄主圣王的神圣激情的情况下,荀子考虑俗心俗情的性恶论若受到待见,那反倒是特别奇怪的事情了。诸多因素交织在一起,让通过荀子来为中国的现代化贡献一分心力的希望,成为可理解的和可能的。

二、化性起伪:足以为天下法则

"宗教虔诚、骑士热忱"等这类"神圣的激情"也许是"伟大的人物"成就"伟大的事业"的必需品,但却未必有利于芸芸众生,后者的"伤感"似乎也是某种神圣的激情,但究其实不过是"天然尊长""羁绊"下的无奈呻吟。这也就是王夫之痛彻心扉的领悟:"其教佛、老者,其法必申、韩……其上申韩者,其下必佛老。"(《读通鉴论·卷十七·梁武帝》)

但是,如果人类真没有了激情,情况又如何呢?没有了伟大人物的作为意识形态的激情,普通民众的真实的激情或许才可能普遍生发,这应该是工业心理学的"非常革命的作用"。或者说,对利益的渴望、追求和计算,已经成为一种新的激情,即那种有普遍群众基础的、对"人的感觉"(feelings)有本质意义的激情。因此,马克思又把人定义为"一个有激情的存在物"(a passionate being),强调激情"是人强烈追求自己的对象的本质力量"。① 在这里,通过工业,一体两面,形成的是"真正的,人本学的自然界"和"人的激情的本体论本质"。② 前者作为人的利益的物质承担者,作为属人的财产,是可预期的、可计算的、真实的、丰富的和和平的,让人的激情区别于易操弄的神圣激情。后者是对神圣的伟大人

---

① 马克思:《1844年经济学哲学手稿》,第211页。
② 马克思:《1844年经济学哲学手稿》,第193、242页。

物的进一步批判,资产阶级同其"封建"前辈等一样不能独占激情,每一个人都是拥有激情本质的大写的人、真正的人,是真正的伟大人物。

这是激情的辩证法,一种被独占、易操弄的神圣激情消失了,另一种普遍的利益激情生成了,人人超凡入圣,人类解放了自己。一个神圣的伟大人物倒下了,万万千千个普通的伟大人物站起来了,用中国的老话说,就是"群龙无首"。因此,马克思在表彰了资产阶级的非常革命的作用之后,马上又揭露了资产阶级的独占性质,批评资本主义的压抑和异化特征严重阻碍了"人类个性"的充分发展,从而宣告了其灭亡。"从来就没有什么救世主,也不靠神仙皇帝!要创造人类的幸福,全靠我们自己!"直到这个时候,激情才真正远离了意识形态,成为人类自己的激情。

需要强调的是,经由普遍利益而消除激情的独占并非是马克思的个人观点。黑格尔也曾经指出:"假如主角方面没有利害(interest)关系,什么事情都不能成功。假如把这种对利害关系的关心称为激情(passion),我们简直可以断然声称,假如没有激情,世界上一切伟大的事业都不会成功。"这里的激情,正是"从私人的利益,特殊的目的,或者简直可以说是利己的企图而产生的人类活动"①。

"古板"的康德也不能不讨论激情。他区分了"审美的激情"(affect, Affekt)与"理性的热忱"(enthusiasm, Enthusiasmus)、"感性的热情"(passions, Leidenschaften)的不同,强调人们通常都预先规定"没有它任何伟大的事情都不可能完成"②。这里的"affections"(美感)是"enthusiasms"(理性)与"passions"(感性)的中间环节,它保持了行动的动力,但却既不根据原理又不是欲望本身,康德是想证明虽然群龙无首,但所有人的情感还是能够和平共处的。康德的策略是把人类历史积淀下来的天人合一的、无利害的"审美共通感"(工业心理学的结果)作为标志或典型,来激发现实感性的、自由的人的永久和平。在对上引文字的注释中,康德指出 affections 与 passions 有特定的区别:"前者仅仅关系到情感;后者则属于欲求能力,并且是使任性凭借原理的一切可规定性变得困难或者不可能的偏好。前者是猛烈的和非蓄意的,后者是持久的和深思熟虑的,这样,不满作为愤怒就是一种激情(affection);作为仇恨(复仇

---

① Hegel, *The Philosophy of History*, Trans. by J. Sibree, Kitchener: Batoche Books, 2001, p.37. 中译本参阅黑格尔:《历史哲学》,王造时译,上海:上海书店出版社,1999年,第24页。
② 康德:《判断力批判》,《康德著作全集》第5卷,李秋零译,北京:中国人民大学出版社,2006年,第283页。

欲)却是一种热情(passion)。"①

　　人类既需要情感的力量,又害怕其泛滥流行。在康德这里,"passions"虽然不属于"理性的愉悦",也少了审美的愉悦中的"英雄性质",但毕竟"是持久的和深思熟虑的"。这一特性让康德对 passions 很是防范,担心它把人类引向持续的战争。这也就是荀子所说的"知而险,贼而神,为诈而巧,言无用而辩,辩不惠而察,治之大殃也。行辟而坚,饰非而好,玩奸而泽,言辩而逆,古之大禁也。知而无法,勇而无惮,察辩而操僻淫,大而用之,好奸而与众,利足而迷,负石而坠,是天下之所弃也"(《荀子·非十二子》)。不过,"理性的热忱"也可能不过是对"高贵"的"卖弄"②罢了。按照康德人类"非社会的社会性"的说法,关键并不在避免或消灭战争,而在让"战争"非武力或温和起来。在这个意义上,"持久的和深思熟虑的"的 passions 就并非只是一个恶坏的"易之失贼"("白专"),反而超过了一切理性的 enthusiasms 或审美的 affections 的那种与其完美性无法分割的虚玄性和易变性,变得最具操作性和最为平顺。

　　后面的这层意思,被海德格尔接续并强调。他说:"仇恨决不盲目,而是目光尖锐;唯愤怒才是盲目的。爱情决不盲目,而是目光尖锐;唯热恋才是盲目的、易逝的、不堪一击的,才是一种情绪,而非激情。""情绪(affections):使我们盲目地激动的突发。激情(passions):目光尖锐地聚集着伸展到存在者之中。"③海德格尔抬高激情的关联性,正是要强调此在"在世界之中存在"的那种关联性整体,也即"人的激情的本体论本质"(心)和"真正的,人本学的自然界"(物)的那种一体两面。"激情(passions)中包含着远远地伸展的东西,自行开启的东西;在仇恨中也发生着这种伸展,因为仇恨不断地到处纠缠着仇人。但是,激情中的这种伸展并没有使我们简单地超出自身,而是把我们的本质聚集到其本真的基础之上,把这个基础首次在这种聚集中开启出来,以至于激情就成了那个东西,通过这个东西并且在这个东西中,我们才得以扎根于自身,并且目光

---

① 康德:《判断力批判》,第283页。李秋零将两者译为"激情与热情",邓晓芒译为"激情和情欲",宗白华译为"情操和癖性"。热情、情欲与癖性,刚好形成一个系列,可以见出人们对于 passions 的价值判断上的变化。癖性是不好的,情欲是中性的,热情正面的意义则要多一些。对于荀子所谓的"人之性",似乎也可以如此观。参阅康德:《判断力批判》,邓晓芒译,北京:人民出版社,2002年,第112页;康德:《判断力批判》(上卷),宗白华译,北京:商务印书馆,1996年,第113页。
② 康德:《判断力批判》,第284页。
③ 海德格尔:《尼采》,孙周兴译,北京:商务印书馆,2002年,第50—51页。

尖锐地掌握住在我们周围和在我们自己之中的存在者。"在海德格尔看来,在激情这种情感中恰恰可以发现人的本质:"激情把我们置回到我们的本质之中,把我们解放和释放出来,使我们回到我们的本质基础之中,因为激情同时也是那种进入存在者之广阔境界中的伸展。"①于是世界从审美共通感的"静"中转出来而复归于在世生存的"动",这似乎直接就是回归马克思了。

消灭了神圣的激情,生成了众人的激情,这便是荀子的"正理平治""化性起伪"。但这必然招致疑问。"圣人化性而起伪,伪起而生礼义,礼义生而制法度。然则礼义法度者,是圣人之所生也。"(《荀子·性恶》)荀子似乎恰恰相反,是在论证伟大人物的神圣激情的合理性,其所谓的"先王之道,仁义之统,《诗》《书》《礼》《乐》之分"(《荀子·荣辱》)、"圣也者,尽伦者也;王也者,尽制者也"(《荀子·解蔽》)与"尽善挟治之谓神,万物莫足以倾之之谓固,神固之谓圣人。圣人也者,道之管也"(《荀子·儒效》)等,难道不正是"把人们束缚于天然尊长的形形色色的封建羁绊"?"居如大神,动如天帝"(《荀子·正论》)的描写,"持宠处位终身不厌之术"及"君虽不知,无怨疾之心;功虽甚大,无伐德之色;省求,多功,爱敬不倦:如是则常无不顺矣。以事君则必通,以为仁则必圣,夫之谓天下之行术。少事长,贱事贵,不肖事贤,是天下之通义也"(《荀子·仲尼》)等说法,难道不就是明显的证据?"圣人纵其欲,兼其情"(《荀子·解蔽》),难道还不是露骨的特权意识和封建意识形态?且不要奢望打破独占激情的状况而让常人共享激情,它哪里又给普通的民众留下哪怕一丝丝的活路呢?

必须承认,就历史形态的荀子而言,这样的怀疑是极其有价值的。毕竟,荀子尚未经过"工业心理学"的洗礼,还处在"农业心理学"之中。但是,就荀子的现代转化而言,则或有他解。

首先,除了上述"神圣"系列讲法,荀子还有其他的讲法。荀子并非单向度的,而是多维的,如《荀子·正论》篇既讲"居如大神,动如天帝",又说"桀、纣无天下而汤、武不弑君"②。

其次,荀子严分性伪,伪生于圣人,因而有很多学者注意到了"第一个圣人"是如何诞生的问题。实际上,这个问题需要放在人创造人自己的"循环"中来理

---

① 海德格尔:《尼采》,第50—51页。
② 参阅拙著:《能定能应,夫是之谓成人——荀子的美学精神》,上海:上海三联书店,2013年,第63—130页。

解。荀子既严格区分了圣与非圣,又强调"君子小人之所同""禹桀之所同""涂之人可以为禹"等,这等于已经否定了所谓的"第一个圣人"的问题。"先王之道,仁之隆也,比中而行之。曷谓中?曰:礼义是也。道者,非天之道,非地之道,人之所以道也,君子之所道也。"(《荀子·儒效》)没有"第一个圣人",没有现成的圣人,圣人是个行为物,谁能体现或应和"正理平治""化性起伪"的历史潮流,谁便是"圣人",谁一旦离开了"正理平治""化性起伪",谁便是"小人",哪怕前一刻这个人还是"圣人"。这便是上引《荀子·儒效》篇的下段联用三个"俄而"这个文学性词汇的真正原因。"俄而"看起来似乎非常短暂,但它却需要人类用自己的整个历史活动来证明,证明人类可以走出独占的中世纪,走进普遍占有的世界历史。此所谓"天下之人,唯各特意哉,然而有所共予也"(《荀子·大略》)。

"荀子心目中之君,实只是一个道。""天子者,道之象征也。"①君、天子、元首等都不必然表示封建意识形态或特权。"一切规模较大的直接社会劳动或共同劳动,都或多或少地需要指挥,以协调个人的活动,并执行生产总体的运动——不同于这一总体的独立器官的运动——所产生的各种一般职能。一个单独的提琴手是自己指挥自己,一个乐队就需要一个乐队指挥。"②用荀子的话来说,那个"指挥"的实指不能不是"明分使群""群居和一"的"道"与"理"(《荀子》富国、荣辱与礼论篇等)。

第三,且不论解释学的看法,在马克思主义的视野里,文化也并非固定不变的。"'文化'最先表示一种完全物质的过程,然后才比喻性地反过来用于精神生活。""文化的观念意味着一种双重的拒绝:一方面是对有机决定论的拒绝,另一方面则是对精神自主性的拒绝。"③因此,所谓对荀子"原义"的追寻,必须考虑到或者说立足于追寻者自己的物质境遇,在古今之间达到一种平衡。

就此而言,荀子揭示了人类社会普遍的法则,化性起伪、正理平治是人类自己趋向文明的过程。"以人度人,以情度情,以类度类,以说度功,以道观尽,古今一度也。""度己以绳,故足以为天下法则矣。接人用抴,故能宽容,因求以成天下之大事矣。"(《荀子·非相》)每一个时代都可以"部分"实现化性起伪,正理

---

① 牟宗三:《名家与荀子》,《牟宗三先生全集》第2册,台北:联经出版事业股份有限公司,2003年,第200页。
② 马克思:《资本论》,《马克思恩格斯文集》第5卷,中共中央马克思恩格斯列宁斯大林著作编译局译,北京:人民出版社,2009年,第384页。
③ 伊格尔顿:《文化的观念》,方杰译,南京:南京大学出版社,2006年,第1、4页。

平治的"理想"又总如太阳一样照亮指引着每一个时代人们前进的道路。具体就群龙无首以生成众人的激情而言,荀子所谓的"礼义法度""圣王之制""明分使群""修正治辨""虚壹而静"等,在"农业心理学"下只是初级形态,在"工业心理学"下才是典型形态,确定的、有度量分界甚至数字化的情感治理成为了可能。

三、义利两有:舍是而天下以衰矣

封建主义成就了伟大人物的神圣激情,资本主义成功地让利益变成了激情。对于情感治理而言,这样的转变之所以是"进步"的,是因为前者容易簸弄精神、气魄承当,后者则无独有对,相互克制驯化,利于觌体承当。君不见,荣誉、光荣之类神圣激情和优越意识常常是藏在伟大人物的野心背后的心理原动力,往往导致伟大人物成为暴君、独占利益,同时使其他人成为奴隶。"政治本来就是凡夫俗子所作的事情,非凡人物想在这里出花样、出精彩、出噱头,老百姓一定遭殃!"[1]就此而言,以和平的世俗物质生活来换取有"气魄"的骄傲生活便是一个非常不错的选择,自利成为摆脱神圣激情的邪恶影响的一种重要方式,可计算的激情才是世界历史永恒发展的发动机。

现代世界驱逐气魄,物质利益战胜神圣激情成为情感治理的原则,这似乎为资本主义提供了一种实质性的辩护。于是,有人在黑格尔世界历史的意义上说"历史的终结与最后的人"[2]。

必须承认,以经济计算为基础的情感治理,比以神圣激情为基础的情感治理确实相对显得可预见、恒久、无害和温和。[3]但是,国际政治中国家的利益往往是尖锐对立的,残酷的原始积累,以及人类历史上迄今为止规模最大的两次世界大战,难道不同样是出于经济利益的考虑吗?[4] 这个时候,赚钱和商业的

---

[1] 牟宗三:《汉、宋知识分子之规格与现时代知识分子立身处世之道》,《牟宗三先生全集》第23册,台北:联经出版事业股份有限公司,2003年,第266页。
[2] 福山:《历史的终结与最后的人》,陈高华译,桂林:广西师范大学出版社,2014年,第17章"激情兴衰"。
[3] 米塞斯:《社会主义:经济学与社会学的分析》,王建民、冯克利、崔树义译,北京:商务印书馆,2018年。
[4] 例如海耶克就似乎把问题的解决推给了战争、侵略等交往形式。按他的词语,这叫文明"向外扩张"或"严酷的必然"。面对这样的扩张必然,人与人的关系又哪里是"最大的限度内利用分散的知识"所能涵盖的呢!我们能说海耶克宁要战争也不要社会主义吗?参阅海耶克:《不幸的观念——社会主义的谬误》,刘戟锋、张来举译,北京:东方出版社,1991年,第107页。

无害与温和等,又在哪里呢?

如果说,上节主要是站在"功利主义"角度,从"物质"到"精神",先部分后整体,"自下而上"地讲明"化性起伪""正理平治"的可能性和必要性,那么本节就要承认,这还不够,还需要站在"超越主义"角度,从"精神"到"物质",先整体后部分,"自上而下"地讲明"正理平治""化性起伪"的可能性和必要性。①

首先,荀子有许多"君子养心莫善于诚"(《荀子·不苟》)之类跟孟子性善论毫无分别的言语。或者说,儒家本就有观念论的传统,荀子同样继孔子之统而不能有悖。在这个地方,前人已有定论,孟子性善论与荀子性恶论虽有异,却也是相成的异,而不是对反的异。比如牟宗三与冯友兰,在很多大的判断上水火不容,但对此却契合无间。后者强调:"孟子代表儒家的理想主义的一翼,稍晚的荀子代表儒家的现实主义的一翼。"②前者认为:"荀子之所重,固孟子之所略;而孟子之所立,正荀子之所不可顷刻离。"③

其次,对于亚当·斯密问题(Adam Smith problem),即《道德情操论》与《国富论》如何协调的难题,一种意见认为,它实际上是由于误解而产生的,前者并非讲"研究道德世界的出发点是同情心",后者亦非说"研究经济世界的出发点是利己主义",两者"都涉及人的本性是利己的"。④ 不过,如果认为"利己主义"能够解决一切问题,特别是通过经济增长就能够解决伟大人物的野心、权力欲及荣誉感等神圣激情对于人类社会的破坏问题,那就意味着经济利益的激情不再独立存在,而成为了达到道德激情的工具;道德激情同样也仅仅强化了经济利益的激情,而丧失了其昔日的独立状态。这样的理解对通过"看不见的手"而以利益来对抗激情的理论来说,是一个釜底抽薪式的破坏,让斯密的整个理论体系即便不立即陷入荒谬的话,那也马上显得不可理解。

其实,斯密对"一条鞭式"的"利己主义策略"的有效性实在是有所限定的。"很幸运,在中等和低等阶层中,取得美德的道路和取得财富的道路在大多数情

---

① 参阅拙著:《能定能应,夫是之谓成人——荀子的美学精神》,第三章"感而自然:伟大的情欲"与第四章"感而不能然:伟大的清醒"可以分别对应这两节。
② 冯友兰:《中国哲学简史》,涂有光译,北京:北京大学出版社,1985年,第79页。
③ 牟宗三:《名家与荀子》,第188页。
④ 亚当·斯密:《道德情操论》,蒋自强、钦北愚、朱钟棣、沈凯璋译,胡企林校,北京:商务印书馆,2010年,第19—20页。

况下是极其相近的。……不幸的是,在较高的阶层中情况往往并非如此。"[1]法律通常吓不住那些宫廷大人物,无知、专横、傲慢才是他们通行无阻的"美德"。面对这样的"呆霸王",经济利益毫无用处,斯密似乎也只好寄希望于作为非经济利益激情的"道德情操"了。

同样,荀子的化性起伪有着对"目欲綦色,耳欲綦声,口欲綦味,鼻欲綦臭,心欲綦佚"(《荀子·王霸》)等人之情性的肯定,但却并非一味"顺是"。"人情甚不美",如果一味"从人之性,顺人之情",特别是一味顺从那些呆霸王大人物的"性情",也就无所谓正理平治,而不能达致"上下俱富""兼足天下""兼利天下"的境况了,因此还需要物质利益算计之外的知、虑、辨、心等,"以矫饰人之情性而正之,以扰化人之情性而导之也"(《荀子·性恶》)。如果说,"顺"是人类自己的行为和创造,那么"逆"同样也是,两者都根本没有任何其他的来源。这里需要树立"自然界的和人的通过自身的存在"的观念,而与一切"靠别人恩典为生"且"把自己看成一个从属的存在物"的"人民意识"(popular consciousness)有自觉和清晰的区分。[2]

第三,"义与利者,人之所两有也"。"不富无以养民情,不教无以理民性。"(《荀子·大略》)好利作义,是文明的进程;以义制利,是文化的必然。前者是基础,工具本体,人本学的自然界,生存第一;后者是圆圈最后的完成,情本体,人的激情的本体论本质,和平万岁。"始则终,终则始,若环之无端也,舍是而天下以衰矣。"(《荀子·王制》)

换言之,工业文明与农耕文明相代兴,工业心理学却也可以延续农业心理学的某些内容,荀子卑之无甚高论,却已经早早地揭示了人类情感治理的常道。公共利益与私人利益或集团利益之间的复杂关系不再容易被系统性地无视,追逐经济利益有了人性论上的合理性,受到利益驱动而非激情驱动的行为更容易达成共识,特别是治理者的激情也不该再天马行空,而必须在不同的被治理者利益的计算和实现中来限定、显现自己。"圣王之制"中不能有救世主,其主要内容不能不是人们发展生产,自裕、自富、自养(《荀子》王制、富国篇等)。"既醉既饱,福禄来反",此之谓也。

---

[1] 亚当·斯密:《道德情操论》,第74页。
[2] 马克思:《1844年经济学哲学手稿》,第195页。

四、情感互含：不全不粹之不足以为美

情感治理需要阻止某些情感，引导或驯化某些情感，却绝不是为了管控，消灭情感更是不对的和不可能的。① 子曰："君子惠而不费。"（《论语·尧曰》）把人的情感当成可有可无的"花边"，以为情感治理就是"锦上添花"，那只能是可笑复可怕的"惠而不知为政"（《孟子·离娄下》）。真正的情感治理，就是让每个人的情感都是他自己的情感，保证人类能够情感互含。情感治理必须对于这中间的层次有清楚的认知。

第一层，就"工业心理学"而言，无论是表彰资产阶级经济利益打算的"冰水"对于中世纪神圣激情的"非常革命的作用"，还是批评资产阶级唯利是图的激情所招致的社会灾难并宣布这一阶级的自取灭亡，其背后的原则都是反对情感特权，坚持每个人情感的自主性和独立性。换言之，单纯的物质利益与神圣激情都可能成为排他性的"隶属原则"，从而让某些人独占主人的情感而另一些人只有奴隶的情感，而对于"人的感觉、感觉的人性"的坚持却必须承认"对列原则"，在这里"每个人的自由发展是一切人的自由发展的条件"。荀子当然没有如此明晰的观念，但其性伪之别、天人相对、明分使群等，又处处透露着这种观念的讯息。

---

① 即以空想社会主义为例，管控情感成为一件非常矛盾的事件。一般说来，空想社会主义者认为必须避免"一个人享乐纵欲，周围却是一片呻吟哀号"的现象，而欲达到"共有共享"的"普遍幸福"。前者是一个人或少数人的快乐，后者是所有人的快乐。为此，空想社会主义者对衣食住行进行了全面的计划和安排。但是，这样的计划和安排怎样才是合理的、可计算的和可操作的呢？比如说，在乌托邦中，允许喝酒还是不允许喝酒？如若允许，在某时某地，喝多少酒、喝多少度的酒才是可接受的呢？这个问题甚至成了一些人，比如魏特林"和谐与自由的保证"是否真切有效的试金石。魏特林一方面认为喝酒之利与乐是每一个人的自由权利，另一方面又认为必须管控喝酒，因为人们可能不知道自己真实的利与乐在何处。魏特林的这种矛盾，可以上溯至莫尔对于精神快乐与肉体快乐的分类、对于食色的全面管控，以及康帕内拉为了达到这种目的而预设的那个管控者，即那个获得了"知识"/"智慧"和"爱"的名义的"三位一体"的"太阳"。在这里，一个人的情感似乎既是可以自作主张的，又是不能自作主张的。而这样的全面管控，甚至可以上溯至柏拉图的《理想国》，但在孔孟荀中似乎难以看到。参阅威廉·魏特林：《现实的人类和理想的人类——一个贫苦罪人的福音》，胡文建、顾家庆译，北京：商务印书馆，2018年，第40、198页；托马斯·莫尔：《乌托邦》，戴镏龄译，北京：商务印书馆，1996年，第78、64、88页；康帕内拉：《太阳城》，陈大维、黎思复、黎廷弼译，北京：商务印书馆，1995年，第51页。

第二层,就各种情感的排序而言,基础性情感只能是物质利益的情感,也即荀子的"性情"。化性才能起伪,礼义法度是性情开出的花朵,高居人类文化的顶峰,但不能不扎根于性情。用休谟的说法,"情感(A passion)是一种原始的存在","除了相反的冲动而外,没有东西能反对或阻挡情感(passion)的冲动。……理性是,并且应该是情感(passions)的奴隶,除了服务和服从情感之外,再不能有任何其他的职务"。① 换言之,虽然经济利益与神圣激情都可能成为排他性的"隶属原则",但经济利益导致的"战斗",与神圣激情导致的"战斗",毕竟还是不同的。就情感治理而言,获得认可的激情即和平的争执,只能在前者,而不可在后者。天才、圣人、神圣激情等尽可以在科学研究、文学创作、道德修养等领域自由挥洒,却独独不能在情感治理处大展雄风。或者说,当伟大人物再也无法仅凭借其神圣激情就可以干涉法律的执行、扰乱社会的治安的时候,当每个普通人凡俗的情感有了保障,而无需生活在对他人的依附状态中的时候,每个人便可以发挥他的天性,每个人的一切情感也才都成为可尊重的。情感治理的目标,就是在彻底的人生经济化、无处不在的平等意识等条件下,实现人的自由情感的可能性。

当然,如此言说已经隐含了世界历史的条件。因为"合成的谬误"(Fallacy of Composition)已经雄辩地证明,经济扩张似乎又容易导致灾难性的后果。如果人人都排他性地沉浸在追求自身的经济利益的战斗之中,那么很容易便为一个具有神圣情感且诡计多端的伟大人物提供了可乘之机,对内的专制或对外的侵略政府几不可免。这个时候,任何"部分"都不能避免这种灾难。"永久和平"需要消除内外之别,需要有数量众多且大致旗鼓相当的参与者,需要有一个"整体"的先在保证。但在民族国家的现状下,"整体"却是无法经验地获得的,人们又都普遍希望从商业的扩张中取得"全赢"的结果,因此康德才需要在"理性"的旁边把"共和国的强制力"设为先验前提。②

第三层,就作为一种有限存在物的人而言,人情是如此地美丽,又是如此地

---

① 休谟:《人性论》,关文运译,北京:商务印书馆,1997年,第453页。
② 康德:《实用人类学》,《康德著作全集》第7卷,李秋零译,北京:中国人民大学出版社,2008年,第326页。而米塞斯之所以可以一条鞭地强调市场价格在经济计算中的核心作用,把是否能够进行经济计算作为试金石,来评判某个社会最终必将成功或失败,就是因为他预设了一个和平的整体环境。换言之,当历史未能前进至和平的整体环境的时候,经济计算一直杀人盈野、杀人盈城。

丑陋。"人的激情的本体论本质"的占有或获得,并无法、不能也不该消除人与人之间的情感纠缠。永久和平并非情感的千篇一律,人成为机械,也非情感的毫无关联,人成为动物。情感纠缠必然意味着冲撞,甚至获得认可的激情之间的获得认可的战斗将更加激烈,但人们却可能因此更加享受人生。这个时候,我们祈求于传统的,或者说回望荀子"农业心理学"的点点滴滴,要求建立一种情感治理学,其目的并"不是消除争议,而是提高争论的水平"①。

最后需要指出的是,当我们从"工业心理学"回望荀子"情感治理学"的时候,一种可能是,因为事先充满的太多"好意",反而让我们拔高并远离了荀子。但也有可能,我们本以为已经达到了天花板的"充满好意",实际却连荀子的脚底板还没有摸到。我们无法起荀子而与之语,因而争论究竟何者才是荀子的"原义"或"真荀子"等,似乎已经不可能了,唯一能做的便是理智地辩说一二。"君子知夫不全不粹之不足以为美也,故诵数以贯之,思索以通之,为其人以处之,除其害者以持养之。"(《荀子·劝学》)荀子的化性起伪正理平治,养情欲而定情欲,实在只能是情感的互含。一方面,情感是自然感发的情感,唯色声味有天下等世俗利益为好。一方面,情感又是得到规定的情感,非礼而无见闻言虑欲等。前者不是情感的任性泛滥,后者不是情感的意识形态。唯其如此,利益得到了肯定,激情重获新生。故荀子《劝学》顺上"不全不粹"句而结语曰:"生乎由是,死乎由是,夫是之谓德操。德操然后能定,能定然后能应,能定能应,夫是之谓成人。天见其明,地见其光,君子贵其全也。"

The Emotional Governance Dimension of Xunzi's Doctrine

Chen Yingnian

Abstract: In contrast to the phenomenon of capitalism, in which interests gradually replaced passions as the dominant emotion in society, Xunzi's study can be understood as a study of emotional governance that discusses how to govern by emotions and how to

---

① Albert O. Hirschman, *The Passions and the Interests: Political arguments for capitalism before its triumph*, p135. 艾伯特·奥·赫希曼:《欲望与利益——资本主义走向胜利前的政治争论》,第125页。

realize human emotions in governance. Xunzi's theory of human nature allows him to recognize the fundamental position of material interests in human emotions, and that his "correctness, accord with natural principles, peacefulness, and order" and " by transforming his original nature develops his acquired nature" are nothing more than a historical process of economic calculation. On this basis, Xunzi emphasized the diversity of emotions and the significance of human culture, and the mutual influence of human emotions became a necessity, and the interests and passions were limited to each other, and both of them were reshaped. Xunzi's argument seems to be a commonplace one, but it has already revealed the common way of human emotional governance under the conditions of "agricultural psychology".

Keywords: Xunzi, emotional governance, passions, interests

梁武帝与南朝的义疏易学

谷继明

[摘　要]　梁武帝对南朝经学、玄学、易学的发展有重要作用。他不仅仅因其经学和玄学政策推动了易学的发展,其本人亦是《周易》诠释的爱好者。作为义疏易学的代表者,他常常讲论《易》义,与其臣子一起撰制了颇为繁多的义疏。其书虽亡佚,就其残存数条来看,仍可解读出不少有价值的信息,主要包括:文言是文王所制,人更七圣,妙体殊用,以及对郑玄爻辰说的反驳。以上这些皆可用于理解南朝易学之诠释特色及其思想特点。

[关键词]　梁武帝;体用;人更七圣;义疏学

一、梁武帝之经学政策及其时代之易学家

南朝经学(包括易学)之繁荣,就其政治因素来讲,梁武帝毋庸置疑是其中

---

* 基金项目:国家社科基金后期资助项目"王船山解易研究"(23FZXA003)阶段性成果。
** 谷继明(1986—　),男,山东济南人,哲学博士,同济大学人文学院教授,主要研究领域为易学哲学、宋明理学、经学史。

的关键。《梁书·儒林传》序文称:

> 以迄于宋、齐,国学时或开置,而劝课未博,建之不及十年,盖取文具,废之多历世祀,其弃也忽诸。乡里莫或开馆,公卿罕通经术。朝廷大儒,独学而弗肯养众;后生孤陋,拥经而无所讲习。三德六艺,其废久矣。
>
> 高祖有天下,深愍之,诏求硕学,治五礼,定六律,改斗历,正权衡。天监四年,……以平原明山宾、吴兴沈峻、建平严植之、会稽贺玚补博士,各主一馆。馆有数百生,给其饩廪。其射策通明者,即除为吏。十数年间,怀经负笈者云会京师。又选遣学生如会稽云门山,受业于庐江何胤。分遣博士祭酒,到州郡立学。七年,又诏曰:……于是皇太子、皇子、宗室、王侯始就业焉。高祖亲屈舆驾,释奠于先师先圣,申之以宴语,劳之以束帛,济济焉,洋洋焉,大道之行也如是。①

《梁书·武帝本纪》亦概述其儒学政策说:

> 修饰国学,增广生员,立五馆,置《五经》博士。天监初,则何佟之、贺玚、严植之、明山宾等覆述制旨,并撰吉凶军宾嘉五礼,凡一千余卷,高祖称制断疑。于是穆穆恂恂,家知礼节。大同中,于台西立士林馆,领军朱异、太府卿贺琛、舍人孔子袪等递相讲述。皇太子、宣城王亦于东宫宣猷堂及扬州廨开讲,于是四方郡国,趋学向风,云集于京师矣。②

萧衍曾从学于刘瓛,对经学有兴趣,建立梁朝之后,有意标榜文治。他对经学比较重要的影响一是恢复经学教学系统,包括国子学、太学的恢复,五经博士、士林馆的建立等;二是自己作为表率,又诏皇太子等行释奠礼,讲论经典。当然,就精神皈依而言,梁武帝"舍道事佛",是有名的崇佛帝王;但在南朝三教

---

① 姚思廉:《梁书》,北京:中华书局,1973年,第661—662页。
② 姚思廉:《梁书》,第96页。

会通的风气之下,他对儒家经典的讲论、扶持也确实较之宋、齐帝王要多。①

从易学来看,褚仲都即是因梁武帝天监四年(505年)立五经博士的诏书而后任教,周弘正是在梁武帝时期成长为大儒,张讥则是在梁武帝时期受到教育。不过当时《周易》既是五经之首,又是三玄之主,故其解说不免有玄学风格。《颜氏家训·勉学》谓:

> 洎于梁世,兹风复阐,《庄》《老》《周易》,总谓"三玄"。武皇、简文,躬自讲论。周弘正奉赞大猷,化行都邑,学徒千余,实为盛美。元帝在江、荆间,复所爱习,召置学生,亲为教授,废寝忘食,以夜继朝,至乃倦剧愁愤,辄以讲自释。吾时颇预末筵,亲承音旨,性既顽鲁,亦所不好云。②

这里提到了讲三玄的四个人物:梁武帝、简文帝、梁元帝、周弘正。因为梁武帝的影响,萧统、萧纲、萧绎皆酷爱艺文及讲学,周弘正则是在梁武帝复兴儒学时期担任关键的职务。据此,说整个讲经风气是由梁武帝推动的也不为过。

齐代的易学家,除了刘瓛外,尚有伏曼容、沈麟士,惜二人著作也仅留下数条。天监元年(502)伏曼容卒,天监二年(503)沈麟士卒,标志着南齐易学的结束。

天监四年(505),梁武帝诏开五馆,建立国学,设置五经博士各一人。据《南史》,人选为平原明山宾、吴郡陆琏、吴兴沈峻、建平严植之、会稽贺玚。③ 至于五博士各主一馆还是各主一经,无法确认。五人似皆长于礼学。唯明山宾为明僧绍之子,《释文序录》载明僧绍注《系辞》。④

天监七年(508)朱异二十一岁,为明山宾所举荐,在梁武帝前说《老子》《周易》,获得梁武帝赏识,从此成为梁朝重臣、权臣,后来又被认为是侯景之乱的罪

---

① 潘桂明甚至认为:"梁武帝毕生的思想倾向,是儒学重于佛学,国事大于佛事。"(潘桂明:《中国佛教思想史稿》第1卷,南京:江苏人民出版社,2009年,第494页。)此论虽然激进,但也展现出梁武帝思想中的复杂面相,不可简单地以"梁武帝佞佛"一言蔽之。
② 王利器:《颜氏家训集解》,北京:中华书局,1993年,第187页。
③ 李延寿:《南史》,北京:中华书局,1975年,第1730页。
④ 陆德明:《经典释文》,上海:上海古籍出版社,1985年,第24页。

人。朱异有《集注周易》,或是为梁武帝搜求旧说助其撰《周易讲疏》的成果;朱异又不断宣讲梁武帝的《周易大义》,亦当有自己的讲疏。另有孔子祛亦是梁武帝御用经学家,为梁武帝写作、讲论,①有续朱异《集注周易》一百卷。朱、孔之《易》解今皆不传。

天监中可确定为讲《易》大家者,为褚仲都。《梁书》中无褚氏专门传记,《储修传》谓:"父仲都,善《周易》,为当时最。天监中,历官《五经》博士。"②又《陈书·儒林传》谓:"(全缓)幼受《易》于博士褚仲都,笃志研玩,得其精微。"③是天监幼年学《易》时,褚仲都为五经博士。天监四年设五经博士时,全缓七岁,此年即或褚仲都未膺其选,而云"幼年",则褚仲都任五经博士亦当在天监七年(508),即全缓十岁以内。天监九年(510),周弘正十五岁,进入国子学学习。可知褚仲都于周弘正而言实为前辈。

褚仲都有《周易讲疏》十六卷,已亡佚,见于《周易正义》及《周易口诀义》中有数条。就残存内容来看,与周弘正、张讥相比,褚仲都对王注的疏释相对较多,尽管如《正义》所指出有背离王注的地方。《正义》所引褚氏、庄氏、周氏、何氏诸条,褚氏对王弼的诠释最多。就思想主旨来看,褚仲都活动于"玄儒"之学风行前期,其讲疏尚未如周弘正、张讥那般以境智、六门等方式诠解,更与刘瓛相对质朴的讲疏之风接近。褚仲都的弟子全缓则已加入三玄讲说的风气中:"缓治《周易》《老》《庄》,时人言玄者咸推之。"④

以上诸儒鲜有著作留下,而真正代表梁、陈义疏易学特色的,为梁武帝、周弘正。故自梁武帝至陈朝前期的易学可称为"梁武帝与周弘正时代"。

二、梁武帝的易学著述及其讲经活动

梁武帝不仅是经学复兴政策的制定者,他自己也对易学、礼学颇有研究。其讲经活动,推动了梁代义疏易学的发展。《隋志》载梁武帝有《周易大义》二十

---

① 《梁书》卷四八《孔子祛传》:"高祖撰《五经讲疏》及《孔子正言》,专使子祛检阅群书,以为义证。事竟,敕子祛与右卫朱异、左丞贺琛于士林馆递日执经。"(姚思廉:《梁书》,第680页。)
② 姚思廉:《梁书》,第657页。
③ 姚思廉:《陈书》,北京:中华书局,1972年,第443页。
④ 姚思廉:《陈书》,第443页。

一卷、《周易讲疏》三十五卷、《周易系辞义疏》一卷,《唐书·经籍志》还载其《周易大义疑问》二十卷。

梁武帝的本纪并未载其《周易大义》,只说:"造《制旨孝经义》《周易讲疏》及六十四卦、二《系》《文言》《序卦》等义,《乐社义》《毛诗答问》《春秋答问》《尚书大义》《中庸讲疏》《孔子正言》《老子讲疏》,凡二百余卷。"①其中的《周易讲疏》及二《系》义可与《隋志》对应。但《周易大义》不知为何。

按《陈书·周弘正传》曰:"弘正启梁武帝《周易疑义》五十条,又请释乾、坤、二《系》。"②周弘正上表称:"自制旨降谈,裁成《易》道,析至微于秋毫,涣曾冰于幽谷。臣亲承音旨,职司宣授,后进诜诜,不无传业。但《乾》《坤》之蕴未剖,《系》表之妙莫诠,使一经深致,尚多所惑。"③梁武帝答谓:"近搢绅之学,咸有稽疑,随答所问,已具别解。"④按《请右将军朱异奉述制旨易义表》,可知所谓"制旨降谈",即此《制旨易义》,亦即《周易大义》。又《梁书·张绾传》出现的《制旨礼记正言义》即对应《隋志》"《礼记大义》十卷",《艺文类聚》卷五五提到的《制旨毛诗义》即对应《隋志》"《毛诗大义》十一卷",皆可与此《制旨易义》即《隋志》所载《周易大义》的判断相发明。

周弘正"启梁武帝《周易》疑义五十条",则是对《周易大义》(《制旨易义》)的提问,梁武帝的答复既云"随答所问,已具别解",则疑其回答即《周易大义疑问》。但此《疑问》不应二十卷之多。颇疑《隋志》著录《周易大义》二十一卷者,包括二十卷《制旨易义》(《周易大义》)及一卷的《疑问》。此后是书流传或有增损分合,其并行者又称《周易大义疑问》。《旧唐书》作者但据毋煚《古今书录》记载,而《古今书录》亦未必逐本考核其同异,因将题名有别实为一书者著录为两种。从"制旨降谈,裁成《易》道",亦可知《周易大义》为问答体。此义疏学当时的常见体式。

梁武帝钟情艺文,好讲学、好谈辩。一经疏出,群臣辄云集响应。他对于五经皆有讲疏,在五经之外又撰《孔子正言》,甚至为此专门立正言博士,又撰《孔子正言章句》,是欲其撰述与五经同尊。姚振宗考述其事谓:

---

① 姚思廉:《梁书》,第96页。
② 姚思廉:《陈书》,第307页。
③ 姚思廉:《陈书》,第307页。
④ 姚思廉:《陈书》,第308页。

是(《孔子正言》)删次起于大同六年(540),庚申之岁;至明年辛酉杀青,虽有到溉、贺琛表立博士。至八年(542),又为《章句》,下国学宣讲。当时与《制旨孝经义》并重,皆立学,置博士生徒。终武帝之世,为是学得选举因而起家者,不知若干人。张讥、袁宪、戚衮其最著者。①

于《周易》而言,梁武帝先有《制旨易义》。此事大概在大同七年(541)。因《梁书·朱异传》记载:"时城西又开士林馆以延学士,异与左丞贺琛递日述高祖《礼记中庸义》,皇太子又召异于玄圃讲《易》。"②此事厕于七年至八年间。又据《武帝纪》,大同七年十二月丙辰,于宫城西立士林馆,延集学者。是朱异讲梁武帝的《礼记中庸义》必在此后。朱异于玄圃讲《易》亦在此期间。

《艺文类聚》卷五五载有简文帝萧纲的《请右将军朱异奉述〈制旨易义〉表》《请尚书左丞贺琛奉述〈制旨毛诗义〉表》及周弘正《请梁武帝释乾坤二系义表》。其中《请右将军朱异奉述〈制旨易义〉表》曰:

> 臣闻仰观俯察,定八卦之宗;河图洛书,符三易之教。譬彼影圭,居四方之中极;犹彼黄钟,总六律之殊气。疑关永辟,逾弘农之洞启;辞河既吐,迈龙门之已凿。臣以庸蔽,窃尚名理,钻仰几深,伏惟舞蹈。冒欲请侍中右卫将军臣异,于玄圃宣猷堂,奉述《制旨易义》,弘阐圣作,垂裕蒙求,谨以表闻,伏原垂允。③

玄圃即太子之东宫,建康的玄圃创于刘宋,梁时重修。④昭明太子卒后,萧纲立为太子居住于此。"疑关永辟,逾弘农之洞启;辞河既吐,迈龙门之已凿。臣以庸蔽,窃尚名理,钻仰几深,伏惟舞蹈",是萧纲读完梁武帝《制旨易义》的读后感。为了使梁武帝的奥义能进一步得到阐发,太子即请当时协助梁武帝完成《制旨易义》的朱异作为宣讲专家来东宫讲述。

---

① 姚振宗:《隋书经籍志考证》,北京:清华大学出版社,2014年,第355页。
② 姚思廉:《梁书》,第538页。
③ 欧阳询:《艺文类聚》,上海:上海古籍出版社,1999年,第989页。
④ 郭黎安:《六朝建康园林考述》,《学海》,1995年第5期。

梁武帝是"圣人",圣人法天,"天何言哉",不能随便讲述义理、宣发德音。五经所载圣人都是有问而答,应机而发;佛陀宣法,也是因病发药,对根而说。梁武帝解经,也需要臣子一步步地启请,臣子则表现出"不愤不启,不悱不发,举一反三"的样态。如前所述,周弘正在阅读了《制旨易义》后,即"启梁武帝《周易》疑义五十条",请教其中的疑问,希望圣人能给臣子进一步的"开示",并请武帝进一步解释乾坤、二《系》。其上表曰:

> 臣闻《易》称"立象以尽意,系辞以尽言",然后知圣人之情,几可见矣。自非含微体极,尽化穷神,岂能通志成务,探赜致远。而宣尼比之桎梏,绝韦编于漆字;轩辕之所听莹,遗玄珠于赤水。伏惟陛下一日万机,匪劳神于瞬息;凝心妙本,常自得于天真。圣智无以隐其几深,明神无以沦其不测。至若爻画之苞于六经,文辞之穷于两《系》,名儒剧谈以历载,鸿生抵掌以终年,莫有试游其藩,未尝一见其涘。自制旨降谈,裁成《易》道,析至微于秋毫,涣曾冰于幽谷。臣亲承音旨,职司宣授,后进诜诜,不无传业。但乾坤之蕴未剖,《系》表之妙莫诠,使一经深致,尚多所惑。臣不涯庸浅,轻率短陋,谨与受业诸生清河张讥等三百一十二人,于《乾》《坤》、二《系》象爻未启,伏愿听览之闲,曲垂提训,得使微臣钻仰,成其笃习,后昆好事,专门有奉。自惟多幸,欢沐道于尧年,肄业终身,不知老之将至。天尊不闻,而冒陈请,冰谷置怀,罔识攸厝。①

周弘正"亲承音旨,职司宣授"可知他也是梁武帝经学的宣讲人员之一。如本章第一节所述,《制旨易义》即《周易大义》,乃是就问题展开,不随顺经文而释。周弘正由此启请梁武帝进一步对《周易》作诠释。从可行性角度来说,先讲解乾、坤两卦及《系辞传》。

梁武帝答复称:"随答所问,已具别解。知与张讥等三百一十二人须释《乾》《坤》《文言》及二《系》,万机小暇,试当讨论。"②所谓"已具别解",即对周弘正五

---

① 姚思廉:《陈书》,第307页。
② 姚思廉:《陈书》,第308页。

十条疑义的解答。至于"万机小暇,试当讨论",梁武帝后来也有讲论和成书。周弘正启请梁武帝解《易》,是代表"受业诸生清河张讥等三百一十二人"。《陈书·张讥传》载:

> 梁大同中,召补国子正言生。梁武帝尝于文德殿释《乾》《坤》《文言》,讥与陈郡袁宪等预焉。敕令论议,诸儒莫敢先出,讥乃整容而进,咨审循环,辞令温雅。梁武帝甚异之,赐裙襦绢等,仍云"表卿稽古之力"。①

梁武帝果真应周弘正之请,在文德殿②讲《乾》《坤》《文言》。六朝讲经必有问难。然皇帝讲经,群儒们不能发出过分的质疑,其间分寸拿捏极具技术含量,是以"莫敢先出"。此时张讥不到三十岁,年轻敢言,得到梁武帝赏识。此次讲经的内容,当与《周易系辞义疏》一致。

三、梁武帝的易学主张

(一)"《文言》是文王所制"

梁武帝易学著述皆已亡佚。《经典释文》中唯存四条,且三条为音注,只有一条为义解,即《释文》引梁武帝曰:"《文言》是文王所制。"③此盖其《周易乾坤二系义疏》中的文字。

此论点似乎大谬不然:历来相传孔子作《十翼》,《文言传》为《十翼》之一,其作者甚至晚于孔子,显非文王所作。故黄庆萱极力驳之。但梁武帝精于坟典,岂会犯如此明显的错误?此因《释文》止截取其一语,而现代学者误解梁武帝之意。惠栋注"文言"曰:"文言,乾坤卦爻辞也。文王所制,故谓之《文言》。孔子为之传。"而后疏曰:

---

① 姚思廉:《陈书》,第443页。
② 郭湖生以为文德殿即梁朝帝寝,梁武帝亦终于斯。(郭湖生:《台城考》,载《中华古都》,北京:中国城市出版社,2018年,第196页。)
③ 陆德明:《经典释文》,第74页。

《文言》一篇,皆夫子所释。乾坤二卦,卦爻辞之义,故云"卦爻辞也"。梁武帝云:"《文言》是文王所制。"案"元者善之长也"一节,鲁穆姜引之,在孔子前,以故为文王所制。然则初九以下著答问而称"子曰",岂亦文王所制耶?是知"文言"者,指卦爻辞也。以卦爻辞为文王制,故谓之《文言》。孔子为之传,故谓之《文言传》,乃《十翼》之一也。①

惠栋臆补了梁武帝认为《文言传》为文王作,并虚构了梁武帝的理由而后反驳,仍是错会了梁武帝。但惠栋所认为的正确理解,恰恰是梁武帝的意思:"文言"为"文王之言",即《周易》卦爻辞;《文言传》为孔子作,是对"文王之言"的传说。

总体而言,诸儒解"文言"有二种。刘瓛以"文言"为"依文而言其理",《正义》以为"释二卦之经文",皆是以文言之"文"为"经文"。又庄氏及《讲周易疏论家义记》以"文"为"文饰"。《释文》特别揭出梁武帝以为"文王所制",则仍是非常特别的理解。由此可见,梁武帝在讲经过程中对于出人意表、标新立异的追求。

(二)"人更七圣"说

又梁武帝答周弘正之文谓:

> 设卦观象,事远文高;作《系》表言,辞深理奥。东鲁绝编之思,西伯幽忧之作。事逾三古,人更七圣。自商瞿禀承,子庸传授,篇简湮没,岁月辽远。田生表菑川之誉,梁丘擅琅邪之学,代郡范生,山阳王氏,人藏荆山之宝,各尽玄言之趣,说或去取,意有详略。近搢绅之学,咸有稽疑。随答所问,已具别解。知与张讥等三百一十二人须释乾、坤《文言》及二《系》,万机小暇,试当讨论。②

黄庆萱据此认为:"梁武易学,远祧梁丘,近宗王氏,师承家法,可以略知。"③

---

① 惠栋:《周易述》卷十九,乾隆间雅雨堂刻本,第1页。
② 姚思廉:《陈书》,第307—308页。
③ 黄庆萱:《魏晋南北朝易学书考佚》,上海:华东师范大学出版社,2013年,第583页。

然此段文字对易学源流的叙述,主要综合诸《儒林传》而成,当时讲《易》的注本主要是王弼注,自然关注王弼较多,但若说他"远祧梁丘",则是武断之论。此段值得关注的是所谓"七圣"说,与三圣说不同。《汉书·艺文志》有一个非常著名的判定:"《易》道深矣,人更三圣,世历三古。"韦昭注解释三圣说:"伏羲、文王、孔子。"孟康亦曰:"《易·系辞》曰'易之兴,其于中古乎?'然则伏羲为上古,文王为中古,孔子为下古。"①梁武帝所谓七圣是不是讹误呢?梁元帝的《洞林序》亦谓:"爻通七圣,世经三古。"②可知不误。七圣如何称数?按黄庆萱谓:"七圣未闻,或并神农、黄帝、夏禹、周公而数之与?"③但为何数神农、黄帝、夏禹?如果说神农、夏禹是因为历史上有人怀疑其重卦,那么黄帝为何又在其中?故其猜测难以成立。梁武帝父子注重典据,则七圣之说合当于五经中有本。本书认为是根据《系辞》下的称数。观象制器一章列举了伏羲、神农、黄帝、尧、舜五圣人与《易》的关系,若再加文王系辞、孔子作传,则为七圣。又皇甫谧《帝王世纪》亦据《系辞》下论《易》谓:"庖牺氏作八卦,神农重之为六十四卦。黄帝、尧、舜引而伸之,分为二《易》。至夏人因炎帝曰《连山》,殷人因黄帝曰《归藏》,文王广六十四卦,著九六之爻,谓之《周易》。"④亦可证成本书对"七圣"的推测。⑤

《易》之作者除七圣说之外,又有九圣说。《抱朴子·释滞》曰:"九圣共成《易经》,足以弥纶阴阳。"王明《校释》以九圣为"伏羲、神农、黄帝、尧、舜、夏禹、商汤、文王、孔子"⑥,非是。所谓九圣,《系辞下传》提到的伏羲、神农、黄帝、尧、舜五位,文王、孔子也必然有,剩下两位一位当是大禹,因"河出图,洛出书,圣人则之",最后一位王明认为是商汤,但汤与《易》的关系并不见记载。按孔颖达《周易正义序》有"业资九圣,时历三古"之说,其卷首《八论》又以为周公作爻辞,陆德明也以为周公作爻辞,是六朝时以周公作爻辞为主流。若具体到"九圣",周公当在其中。所以九圣当即伏羲、神农、黄帝、尧、舜、夏禹、文王、周公、孔子。"七圣"则是减去夏禹与周公。

---

① 班固:《汉书》,北京:中华书局,1962年,第1704页。
② 欧阳询:《艺文类聚》,第1286页。
③ 黄庆萱:《魏晋南北朝易学书考佚》,第582页。
④ 徐坚:《初学记》,北京:中华书局,1962年,第497页。
⑤ 七圣虽可以据经典数出,但历来儒者只说三圣(四圣),未有"七圣"成说。颇疑梁武帝父子除了标新立异外,意在使之与佛教"七圣"事数相比较。
⑥ 葛洪著,王明校释:《抱朴子内篇校释》,北京:中华书局,1985年,第161页。

(三) 妙体殊用

梁武帝《天象论》，引"易有太极，是生两仪"及"大哉乾元""至哉坤元"之文，似祖述先儒之说，其实该文引述《易》文后，有"四大海之外，有金刚山，一名铁围山，金刚山北，又有黑山，日月循山而转"之文，则是用佛教的世界观来解释天象。不过此文仍可反映梁武帝对《周易》乾坤与天地的基本看法，其文谓：

> 《系辞》云："易有太极，是生两仪。"元气已分，天地设位，清浮升乎上，沈浊居乎下，阴阳以之而变化，寒暑用此而相推，辨尊卑贵贱之道，正内外男女之宜。在天成象，三辰显曜；在地成形，五云①布泽。斯昏明于昼夜，荣落于春秋，大圣之所经纶，以合三才之道。清浮之气升而为天，**天以妙气为体**，广远为量，弥覆无不周，运行来往不息，一昼一夜，圜转一周，弥覆之广，莫能测其边际，运行之妙，无有见其始终。不可以度数而知，不可以形象而譬，此天之大体也。沈浊之气下凝为地，**地以土水为质**，广厚为体，边际远近，亦不可知，质常安伏，寂而不动，山岳水海，育载万物，此地之大体。**天地之间，别有升降之气，资始资生，以成万物**。《易》曰："大哉乾元，万物资始。""至哉坤元，万物资生。"资始之气，能始万物，一动一静。或**此乃天之别用，非即天之妙体**。资生之气，能生万物，一翕一辟，或**此亦地之别用，非即地之妙体**。②

此段提出了"妙体"与"别用"的概念，在中国哲学的体用范畴史中具有标志性的意义。朱伯崑认为："此是说，天地各有其体用，乾元资始之气为天之体，动静为其用；坤元资生之气为地之体，翕辟为其用。……所谓妙体，指内在的本质；别用，指外在的表现和作用。"③并认为："王弼于《老子注》中亦提出体用范畴，但没有用来解释《周易》中的义理。以体用解释乾坤卦义，就现传下来的资料看，较早见于萧衍的著作。"④朱先生又指出此种体用观来自佛教哲学，并举

---

① "云"，疑当作"行"，传抄致讹。
② 瞿昙悉达：《开元占经》，北京：九州出版社，2012年，第16—17页。
③ 朱伯崑：《易学哲学史》第1卷，北京：昆仑出版社，2009年，第386页。
④ 朱伯崑：《易学哲学史》第1卷，第386页。

《立神明成佛义记》为例。胡勇据沈绩注指出:"沈绩把梁武帝的'本一用殊'明确为'体一用殊'。因此作为'心'之体的'无明神明'是无生灭的'一',而有生灭的殊多则是此体之用。体无生灭而用有生灭,故称'异用'。"①

毋庸置疑,梁武帝解《易》的"妙体殊用"说与其佛学思想中的"体一用殊"说是一致的,但以往的研究仍有可检讨者。换言之,《天象论》和《立神明成佛义记》仅仅是在体用思维方式上的一致,但它们处理的是不同的哲学问题,故不可混同。《立神明成佛义记》关注点在于佛性之有无以及成佛之可能性。故其体用义在于由用复体。潘桂明指出:"作为本体的性是与无明联系在一起的,相当于无明之体的神明,无明与神明统一本体。这里的体并非严格意义上的本体,因为它与用始终联系在一起,构成即体即用的思维定式。……成佛的关键是在'一本之性'上破无明而复神明。"②《义记》从心性角度立论,强调神明与生灭之相即。《天象论》则不同,它是强调天地与乾坤含义的不同。天地有其"妙体",其意义在于天、地之"本然"。而所谓殊用,梁武帝举"大哉乾元""至哉坤元"为说,是以乾、坤即资始之气、资生之气,是别用。资始、资生之气与天地之妙气有何区别?万物之生化,正是依靠此"别用"。《月令》曰:"孟春之月,天气下降,地气上腾,天地和同,草木萌动。"天自在上,地自在下,各有其"妙体";至于天地生物,则各自出气,天气下降,地气上腾,二气交通,产生世间各种生死流转,是为"别用"。天地之"妙体",恐非朱伯崑先生所谓"本质",而是"本然之体"的意思,不过这个"妙体"肯定也不是"苍苍之天"和"块然之地"。

易言之,梁武帝"妙体殊用"之说固与佛学有关,其实也受《周易》文本语境的制约。一个旁证是《周易正义》:

此既象天,何不谓之"天",而谓之"乾"者?天者定体之名,乾者体用之称。故《说卦》云:"乾,健也。"言天之体,以健为用。圣人作《易》本以教人,欲使人法天之用,不法天之体,故名"乾",不名天也。③

此段语言未必非孔氏所撰,但讨论方式于六朝义疏当有传承。《正义》的

---

① 胡勇:《中国哲学体用思想研究》,博士学位论文,南京大学哲学系,2019年,第146页。
② 潘桂明:《中国佛教思想史稿》第1卷,第479—480页。
③ 王弼注,孔颖达疏:《周易正义》,北京:北京大学出版社,1999年,第1页。

"体用"思维与梁武帝"妙体殊用"之说有别,价值观亦不同。但以体释天,以用释乾,则是《易》之通义。

(四) 对爻辰说的反驳

梁武帝还有《钟律纬》一文,虽然主要论述音律的问题,但其中涉及对爻辰配卦的批评。首先是上生、下生问题。梁武帝谓:

> 案律吕,京、马、郑、蔡,至蕤宾,并上生大吕;而班固《律历志》,至蕤宾,仍以次下生。若从班义,夹钟唯长三寸七分有奇。律若过促,则夹钟之声成一调,中吕复去调半,是过于无调。仲春孟夏,正相长养,其气舒缓,不容短促。求声索实,班义为乖。①

按郑玄在注《周礼·太师》时论述三分损益及配卦曰:

> 黄钟初九也,下生林钟之初六,林钟又上生大蔟之九二,大蔟又下生南吕之六二,南吕又上生姑洗之九三,姑洗又下生应钟之六三,应钟又上生蕤宾之九四,蕤宾又上生大吕之六四,大吕又下生夷则之九五,夷则又上生夹钟之六五,夹钟又下生无射之上九,无射又上生中吕之上六。②

所谓上生、下生者,《吕氏春秋·音律篇》谓:"三分所生,益之一分以上生;三分所生,去其一分以下生。"③亦即前一律的长度乘以三分之四为上生(益),乘以三分之二为下生(损)。郑玄在述及蕤宾到大吕时是"上生"。然《汉书·律历志》谓:"三分应钟益一,上生蕤宾。三分蕤宾损一,下生大吕;三分大吕益一,上生夷则。"④推此文本之意,应钟生蕤宾既是上生,则蕤宾继生大吕则应下生,交替进行故也。但三分损益不是这个逻辑,它其实是分成两截,一是从黄钟到蕤宾,一是从蕤宾到仲吕。故《汉书》这个文本是错误的,梁武帝指出来,不仅根

---

① 魏徵:《隋书》卷十六,北京:中华书局,1973年,第389页。
② 郑玄注,贾公彦疏:《周礼注疏》卷二三,北京:北京大学出版社,1999年,第607—608页。
③ 吕不韦:《吕氏春秋集释》卷六,北京:中华书局,2009年,第135页。
④ 班固:《汉书》卷二一,第965页。

据其原理,又验之于律管制作的实践,是非常有道理的。

梁武帝的第二个问题则直接批评了郑玄的爻辰法:

> 郑玄又以阴阳六位,次第相生。若如玄义,阴阳相逐生者,止是升阳。其降阳复将何寄?就筮数而论,乾主甲壬而左行,坤主乙癸而右行,故阴阳得有升降之义。**阴阳从行者,真性也;六位升降者,象数也。**今郑乃**执象数以配真性**,故言比而理穷。云九六相生,了不释十二气所以相通,郑之不思,亦已明矣。①

梁武帝肯定了京房的六十律,而否定了郑玄之爻辰。其实郑玄之爻辰恰恰本于京房六十律。京房爻辰亦可归纳为"隔八相生"之法,其与京房六十律的区别在于:京房仅仅以三分损益生出的十二律与十二支、十二月份相配;郑玄除此之外,还要与卦爻相配,确切地说,即与乾坤十二爻相配。郑玄相配之原则,可见如下爻辰图:

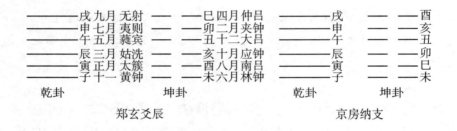

梁武帝所反对的,恰恰是郑玄以乾坤十二爻与十二律配合。但他反对的立场却是京房的纳支法。所谓"就筮数而论,乾主甲壬而左行,坤主乙癸而右行,故阴阳得有升降之义",乃指京氏纳支中,乾卦自初至上纳子寅辰午申戌,顺行;坤卦自初至上纳未巳卯丑亥酉,逆行(见上图)。两图对比,可知郑玄和京房阴支的运行恰恰是相反的。京氏纳支阳支左行,阴支右行,故有升降。郑玄虽将对面的未位作为阴的起点,却仍顺阳而行。阴从阳行,即所谓"阴阳从行",这是阴阳的本性,所谓"真性";而阴阳相对而行,有升有降,这是数术运行中的状况,

---

① 魏徵:《隋书》卷十六,第389页。

所谓"象数"。在梁武帝看来,郑玄不免"执象数以配真性"。按郑玄的配卦之说来源于《三统历》术。《三统历》术的考虑在于使天地人的要素皆体现在律数中:

> 三统者,天施,地化,人事之纪也。十一月,乾之初九,阳气伏于地下,始著为一,万物萌动,钟于太阴,故黄钟为天统,律长九寸。九者,所以究极中和,为万物元也。……六月,坤之初六,阴气受任于太阳,继养化柔,万物生长,茂之于未,令种刚强大,故林钟为地统,律长六寸。……正月,乾之九三,万物棣通,族出于寅,人奉而成之,仁以养之,义以行之,令事物各得其理。……故太族为人统,律长八寸,象八卦,宓戏氏之所以顺天地,通神明,类万物之情也。……"后以裁成天地之道,辅相天地之宜,以左右民。"此三律之谓矣,是为三统。①

在这种配比中,乾之初九(乾天)在子,坤之初六(坤地)在未,乾之九三(君子终日乾乾,故为人,寅亦为人)在寅,是"三统"、律数皆统一于易卦中。梁武帝的变革性恰恰在于,他处在经学衰歇的时代,不再关心这种统一性的建构,转向"自然之理"和实际制作的本身,郑玄之爻辰说自然会被其驳斥。另外,梁武帝还指出京房六十律的不合理之处(三分损益所得为不平均律),其实刘宋历学家、易学家何承天亦指出其问题,还专门作了十二平均律的求法,②因与易学无直接关系,姑从略。

四、结语

梁武帝是一位精力旺盛、爱好广泛的帝王,他对于三教都有自己的理解,且热衷于表达自己的理解。虽然他的讲经行为不免有文化正统性的诉求等另外的目的,但不可否认他在两个意义上推动了义疏学的发展:一是他奖掖儒学、躬自讲经对于讲经活动本身有巨大的推动作用;二是他本人的义疏学著作本身就成为南朝"玄儒之学"的一大部分。他有意融通三教,提倡三玄经典与佛教经典

---

① 班固:《汉书》卷二一,第961页。
② 参见王光祈:《中国音乐史》,桂林:广西师范大学出版社,2005年,第43—47页。

的相互诠释,已成为当时一种重要的诠释路向,周弘正、张讥等莫不承此风而起,这极大地拓展了易学的诠释空间。可以说,他是义疏易学传承中的重要人物。我们也可由梁武帝的易学来窥见南朝义疏易学的诠释风格和义理倾向。

Emperor Wu of Liang and the Yishu School of the *I Ching* in the Southern Dynasties

Gu Jiming

Abstract: Emperor Wu of the Liang Dynasty played an important role in the development of Confucian classics, metaphysics, and *I*-studies in the Southern Dynasties. He not only promoted the development of *I*-studies through his Confucian classics and metaphysics policies, but also himself was a fan of the interpretation of the *I Ching*. As a representative of the *I*-studies, he often talked about the meaning of the *I Ching* and wrote numerous commentaries with his officials. Although his books have been lost, from the few remaining pieces, we can still interpret a lot of valuable information. Firstly, *Wenyan* was created by King Wen. Secondly, there are seven authors of the *I Ching*. Thirdly, the body was wonderful and had different uses. Lastly he refuted Zheng Xuan's *Yao Chen* theory. All of these can be used to understand the interpretation characteristics and ideological characteristics of *I*-studies in the Southern Dynasties.

Keywords: Emperor Wu of the Liang Dynasty, body and its uses, seven authors of the *I Ching*, Yishu School

"流于异学而不自知"：论朱子对象山之学的批判*

李 彬**

[摘　要]　朱陆之辩是宋明理学史乃至中国哲学史上的重要学术话题。近代以来，牟宗三基于心学立场，扬陆贬朱。但基于朱子学立场，不应忽视的是朱子对象山之学全面、深入而系统的批判。首先，朱子认为象山之学在风格和本质上都"近禅"。其次，朱子认为象山之学"似告子"而有"义外"之弊，挥斥意见和议论。最后，朱子认为象山之学"不识性"，进而亦忽视气禀对成德的负面影响。总之，象山虽以圣学自期，但由于其心学的学术立场，脱略文字、直趋本根，否定师友载籍的必要性，有流于异端之学而不自知的问题，对当时和后世学风之崩坏有推波助澜的作用。朱子为挽世风而极力批判象山心学，乃出于学术之公心而非意气之争。

[关键词]　朱子；象山；朱陆之辩；近禅；告子；义外；心学

---

* 基金项目：河南省哲学社会科学规划青年项目"洛学工夫论研究"（2023CZX011）。
** 李彬（1988—　），男，山东临朐人，哲学博士，郑州大学哲学学院讲师、洛学研究中心研究员，主要研究领域为宋明理学。

引言

朱子的思想包括他的伦理学、政治哲学主张,除了经由对经典的诠释而建构,也有赖于与同时代学者的往复讨论或辩难。比如在"中和"问题上由"丙戌之悟"转向"己丑之悟",即得益于与湖湘学者的讨论。与陈亮的"王霸义利"之辩,在后世也激起关于功利论与道义论的诸多争执。但是,与这些辩论相比,朱熹与陆九渊的争辩在当时和后世儒学思想史上都具有更大的影响力和意义,直接开启了"理学"与"心学"的对立。[1] 甚至章学诚认为"朱、陆之同异乃天地间不可无之问题"[2]。因此,对"朱陆之辩"或曰"朱陆异同"的考察是我们深入理解朱子哲学,乃至整个宋明新儒学所绕不开的。

当代新儒家的代表人物牟宗三深刻地认识到"朱陆异同"的重要性。在作为《心体与性体》之续篇的《从陆象山到刘蕺山》一书中,牟宗三着重论述了"朱陆异同",并认为"象山所有话头大部皆对朱子而发"。[3] 牟宗三基于象山心学的立场,批评朱子失"端绪"而"不见道",贬朱扬陆。[4] 牟宗三对朱子的批评乃是系统而一贯的。但必须指出的是,作为彼此最大的学术论敌,朱子也在其漫长的学术生涯中对象山之学有着深入而全面的批判。因此,要进一步厘清牟宗三对朱子的批评,以及"朱陆异同"的实情,就不得不回到朱陆之辩,深入辨析二者理论之异同,尤其要系统考察朱子对象山之学的系统批判。后者也是目前学界研究相对不足,有待进一步挖掘之处。

---

[1] 如冯友兰先生指出:"朱子言性即理。象山言心即理。此二言虽只一字之不同,而实代表二人哲学之重要的差异。""若以一二语以示此种差异之所在,则可谓朱子一派之学为理学,而象山一派之学,则心学也。"(冯友兰:《宋明道学中理学心学二派之不同》,《清华学报》,1932年第8卷第1期。)

[2] 转引自牟宗三:《从陆象山到刘蕺山》,上海:上海古籍出版社,2001年,第12页。牟先生此处为意引,章氏原文为:"宋儒有朱、陆,千古不可合之同异,亦千古不可无之同异也。"(参见《文史通义》卷三《朱陆》,章学诚著,叶瑛校注:《文史通义校注》,北京:中华书局,2014年,第245页。)

[3] 牟宗三:《从陆象山到刘蕺山》,第4页。

[4] 参见牟宗三:《从陆象山到刘蕺山》,第4页。

一、"合下有些禅底意思"——朱子对象山之学"近禅"的批评

朱子对象山之学最核心或根本的批评即在于其学近"禅"——"合下有些禅底意思"①"不免有些禅底意思"②,甚至"全是禅学"③。考虑到朱子对禅学的态度,这无疑是一个相当严厉的批评。④

朱陆初识于淳熙二年鹅湖之会。而早在朱陆相识之前,朱子对陆氏之学已有风闻,且当时对之已有近"禅"的印象。先是二陆至婺州访吕祖谦,随后吕祖谦在与朱熹信中对陆子寿颇为称道,朱熹则答书云:"子澄云其议论颇宗无垢,不知今竟如何也?"⑤"无垢"即张九成,其始学于杨时,后则受大慧宗杲影响颇深。朱子对之屡斥之,所作的《杂学辨》其中之一即辨《张无垢中庸解》。⑥ 受刘子澄影响,以陆子寿之学为"颇宗无垢",可见朱子对陆氏之学的第一印象,已与禅学脱不开干系。其后在与吕祖谦之弟吕祖俭的书中对象山即有"脱略文字、直趋本根"⑦的评价。朱子对象山之学的这一评价几乎终身未变。吕祖谦为调和二人而组织鹅湖之会,却因各执己见不欢而散。吕祖谦认为象山之病在于"看人不看理",朱子则认为其病根不在此,而在于"渠合下有些禅底意思"。⑧ 因此,虽然后来朱陆之间关系缓和且多有书信往来,但朱子依然屡屡指出象山之学中的禅学倾向,如在给刘子澄的一封信中指出"子静一味是禅"⑨。又批评陆

---

① 朱熹:《答吕伯恭》,《文集》卷三十四,《朱子全书》第21册,上海 & 合肥:上海古籍出版社 & 安徽教育出版社,2010年,第1515页。
② 朱熹:《答刘子澄》,《文集》卷三十五,《朱子全书》第21册,第1549页。
③ 朱熹:《答吕子约》,《文集》卷四十七,《朱子全书》第22册,第2191页。
④ 在朱子看来,当时的"异端"之害中尤以"禅学"为甚:"禅学最害道。……禅最为害之深者。"甚至"禅学"之于释门亦是一大反动,其简易乃至"粗暴"的学风也使原来"细密"的"佛氏之说大坏"。(参见黎靖德:《朱子语类》卷一百二十六,北京:中华书局,1986年,第3014页。黎靖德:《朱子语类》卷一百二十四,第2977页。)
⑤ 朱熹:《答吕伯恭》(便中辱书教),收入顾宏义主编:《朱熹师友门人往还书札汇编》,上海:上海古籍出版社,2017年,第2052页。
⑥ 参见朱熹:《杂学辨·张无垢中庸解》,《文集》卷七十二,《朱子全书》第24册,第3473页。黎靖德:《朱子语类》卷一百二十六,第3037页。
⑦ 朱熹:《答吕子约》,《文集》卷四十七,《朱子全书》第22册,第2190页。
⑧ 朱熹:《答吕伯恭》,《文集》卷三十四,《朱子全书》第21册,第1515页。
⑨ 朱熹:《与刘子澄》,《文集》卷三十五,《朱子全书》第21册,第1546页。

九渊奏对之语"不免有些禅底意思""恐是葱岭带来"。①

复斋去世之后,象山更无忌惮,②象山门下之徒亦猖狂无状:"陆门流传狂言,如包显道'读书讲学,充塞仁义'诸语,则实有不可置之不辨者。"③朱子对陆学"诵言攻之",正因见陆门如傅子渊辈之"狂妄凶狠",故深忧之。其《与程正思》一书云:"盖缘旧日曾学禅宗,故于彼说虽知其非,而不免有私嗜之意。亦是被渠说得遮前掩后,未尽见其底蕴。……去冬,因其徒来此,狂妄凶狠,手足尽露,自此乃始显然鸣鼓攻之,不复为前日之唯阿矣。"④如钱穆所云:"朱子于二陆,向有调护诱进之意,绝少排击呵斥之辞。此书谓有私嗜,又未尽其底蕴,殆委曲言之耳。云'去冬其徒来此',即谓傅子渊。陆门之不平于朱子者在《曹表》,而朱子之深忧于陆门者在子渊。"⑤故朱子针对象山门人,亦力辟之。如批评傅子渊"气象言语,只似禅家",甚至"张皇斗怒","殊无宽平正大、沉浸浓郁之意。荆州所谓有'拈槌竖拂'意思者,可谓一言尽之"⑥。在《与刘子澄》书中对建昌人傅子渊痛斥之:"近日建昌说得动地,撑眉努眼,百怪俱出,甚可忧惧。"⑦在《答包敏道》一书中,朱子将导致陆门乱象的根源归咎于象山,称其为学"窃取禅学之近似者","高自标致,乱道误人"。⑧

但对于朱子对其"近禅"的批评,象山并不心服口服。象山亦以儒家正统自居,也有种种辟佛的言论。⑨象山以"公私义利"判儒释,其观点最集中地体现在《答王顺伯论佛书》之中。简言之,在象山看来,"从其教之所由起者观之",则吾儒"惟义惟公,故经世",而释氏则"惟利惟私,故出世",故"儒释之辨,公私义利之别,判然截然"。甚至由于儒家之"教化"在于"惟公惟义"之"经世"立场,则

---

① 朱熹:《与刘子澄》,《文集》卷三十五,《朱子全书》第21册,第1549页。朱熹:《寄陆子静》,《文集》卷三十六,《朱子全书》第21册,第1564页。
② 参见王懋竑:《朱子年谱考异》卷二,《朱熹年谱》,北京:中华书局,2001年,第341、351—352页。
③ 钱穆:《朱子新学案》第3册,北京:九州出版社,2011年,第343页。
④ 朱熹:《与程正思》,《文集》卷五十,《朱子全书》第22册,第2327页。
⑤ 钱穆:《朱子新学案》第3册,第370页。
⑥ 朱熹:《答傅子渊》,《文集》卷五十四,《朱子全书》第23册,第2556页。
⑦ 参见朱熹:《答刘子澄》,《文集》卷三十五,《朱子全书》第21册,第1549页。
⑧ 朱熹:《答包敏道》,《文集》卷五十五,《朱子全书》第23册,第2618页。
⑨ 参见陆九渊:《陆九渊集》卷三十四,北京:中华书局,1980年,第399—340页;《陆九渊集》卷三十五,第464、467、474页。

"儒者虽至于无声、无臭、无方、无体,皆主于经世";反之,释氏之"教化"则在于"惟利惟私"之"出世"立场,故"释氏虽尽未来际普度之,皆主于出世"。① 可见,与孟子所批评的"不揣其本而齐其末"的评价方式不同,象山则是只"揣其本"而不较其末之同异。或者说,在象山看来,儒释之间作为教化之出发点的"本"之不同已然决定了作为"末"的学说义理上的公私义利之异。即禅学因其"惟利惟私"的"出世"立场导致其理论学说皆不是:

> 定夫举禅说:"正人说邪说,邪说亦是正,邪人说正说,正说亦是邪。"先生曰:"此邪说也。正则皆正,邪则皆邪,正人岂有邪说? 邪人岂有正说? 此儒释之分也。"②

可见,象山乃完全以儒释之立场或动机之是非来断其义理之是非:"吾儒止是全在义",即吾儒所言所为无论如何玄妙皆因其"经世"立场而得到"惟公惟义"的评价;释氏则"全是利",因此即便所言所行有可取或合乎理义之处,亦因其"出世"之立场而被斥之为"邪说"。此种观点无疑为朱子所不许:

> 向在铅山得他书云,看见佛之所以与儒异者,止是他底全是利,吾儒止是全在义。某答他云,公亦只见得第二著。看他意,只说儒者绝断得许多利欲,便是千了百当,一向任意做出都不妨。③

此种观点推到极致,即可得出,只要站在儒家立场,则"便是千了百当,一向任意做出皆不妨",而释老则即便所言合乎义理,却因立场问题而被排斥。此种观点一方面并不能使释老心服,另一方面以立场或动机定言行之是非,亦不符合圣人"不以人废言"之训。事实上,程朱皆有取于"庄老之学",并不以其"为异端而不讲之",关键是能够"自有所主"且能"识其意所以异于圣人者"。④

---

① 参见陆九渊:《陆九渊集》卷二,第17页。
② 陆九渊:《陆九渊集》卷三十五,第460页。
③ 黎靖德:《朱子语类》卷一百二十四,第2977页。
④ 参见黎靖德:《朱子语类》卷九十七,第2498页。

其实，象山亦非不认同"不以人废言"之圣训，如其有言曰："凡事只看其理如何，不要看其人是谁。"①因此，他亦承认佛老之言有可取之处："诸子百家，说得世人之病好，只是他立处未是。佛老亦然。"②换言之，诸子百家甚至佛老，除"立处未是"之外，其所言之义理未必不是，甚至多有好处。如此一来，象山岂不是自相矛盾？上文所谓"正则皆正，邪则皆邪，正人岂有邪说？邪人岂有正说？此儒释之分也"③的观点即不攻自破了。因此，象山虽然务"揣其本"而不务"齐其末"，但其于本末之际则是断裂的。

因此，在朱子看来，象山实际上并不能识得儒佛之根本第一义的差异所在，象山认为儒释的根本差别在义利公私之间，但在朱子看来，这只是"第二著"，④而非根本差异，根本差异还是"源头便不同"，所谓"圣人本天，释氏本心"⑤。或者用此处朱子的话说："儒释之分，只争虚、实而已。"⑥具体而言，"释氏之言见性，只是虚见；儒者之言性，止是仁义礼智，皆是实事"⑦。故朱子强调"吾道虽有'寂然不动'，然其中粲然者存，事事有"，故见得此"实事""实理"而非"虚见"，⑧故能识得人性气禀物欲之实，实下得下学上达的工夫，实安排得其间节目次第。

象山亦认为儒之不同于释老在于前者所言皆"实理"。⑨但相比朱子，象山对佛老的态度比较暧昧。⑩象山甚至认为："异端非佛老之谓。异乎此理……便是异端。"⑪因此，在象山看来，相比作为"异端邪说"的"禅学"，却是各种"闲言语"更"害道"，此说显然主要针对朱子。⑫但站在朱子的立场上，"惮繁难"而"好

---

① 陆九渊：《陆九渊集》卷三十五，第468页。
② 陆九渊：《陆九渊集》卷三十五，第454页。
③ 陆九渊：《陆九渊集》卷三十五，第460页。
④ 参见黎靖德：《朱子语类》卷一百二十四，第2977页。
⑤ 程颢、程颐：《二程集》，北京：中华书局，2004年，第274页。朱子对此亦有引述："前辈有言，圣人本天，释氏本心。"（朱熹：《答张钦夫》，《文集》卷三十，《朱子全书》第21册，第1314页。）
⑥ 黎靖德：《朱子语类》卷一百二十四，第2975页。
⑦ 黎靖德：《朱子语类》卷一百二十四，第2975页。
⑧ 黎靖德：《朱子语类》卷一百二十四，第2975页。
⑨ 陆九渊：《陆九渊集》卷三十五，第464页。
⑩ 参见陆九渊：《陆九渊集》卷三十四，第423页。
⑪ 陆九渊：《陆九渊集》卷三十五，第443页。
⑫ 参见陆九渊：《陆九渊集》卷三十五，第402、437页。

简易",此正朱子所批评的"好径欲速之心",而释老之学正以其简易且见效快而取信于学者。①因此,在朱子看来,象山虽然口口声声说其学乃"因读《孟子》而自得之"②、言谈亦不离儒家经典,但"据其所见,本不须圣人文字得"③,也就是说将其理论推到极端,象山之学并不依赖圣人言语和圣经文字。④

有学者指出:"朱子之攻象山虽语词、气态刚厉凌逼,但其如此主张实非说象山之学之本质为禅学,多是指其在为学教人的方式上似禅。"⑤但根据我们上文的讨论,朱子之批评象山之学为"禅",并非只是因其教学或言说方式,而就是针对其学之"本质"。换句话说,为学或教学方式与学问本质之间,乃是内在统一的,而不是外在的手段与目的关系。因此,正如钱穆先生所指出的,朱子批评象山之学"近禅",并非"有意欲与象山相争","亦是出于忧道之公心而已"。⑥

二、"其学正似告子"——朱子对象山之学"义外"的批评

除了批评象山之学"近禅",朱子对象山还有一个颇为著名的批评,即认为"其学正似告子"⑦。告子乃孟子的同时代学者,因与孟子往复辩论,故其主要的思想观点都保留在《孟子》一书中。其标志性命题有"生之谓性""义外""不动心"等。理学家重四书,且孟子地位在唐宋间逐渐"升格"。⑧故在讨论《孟子》一书时,不可避免地要涉及对告子的讨论,因此,理学家对告子的讨论也颇为丰富,对告子所主张的一些命题,也给予了应有的重视。

告子最著名的命题是"生之谓性",根据牟宗三的看法,告子此语乃是以中国思想史上"性者生也"这一"老传统(古训)"为背景提出的。⑨二程皆以告子所

---

① 参见朱熹:《答汪尚书》,《文集》卷三十,《朱子全书》第21册,第1299—1300页。
② 陆九渊:《陆九渊集》卷三十五,第471页。
③ 黎靖德:《朱子语类》卷一百二十四,第2978页。
④ 如象山在《语录》中直承:"若是圣人,亦逞一些子精彩不得"等。(陆九渊:《陆九渊集》卷三十五,第449页。)
⑤ 参见东方朔:《"两头明,中间暗"——朱子对象山心学的批评及其蕴含的理论问题》,《孔学堂》,2022年第3期。
⑥ 钱穆:《朱子新学案》第3册,第363页。
⑦ 黎靖德:《朱子语类》卷一百二十四,第2971页。
⑧ 参见徐洪兴:《思想的转型——理学发生过程研究》,上海:上海人民出版社,1996年。
⑨ 参见牟宗三:《心体与性体》第2册,台北:正中书局,1987年,第148页。

云"生之谓性"具有一定的合理性。明道从"生生之谓易"或曰"天只是以生为道"的角度,肯定"生之谓性"的合理性。① 伊川则从"气禀之性"与"天命之性"二分的角度,肯定"生之谓性"在属于"气禀之性"一面的合理性。② 但对告子"义外"之说,二程则断然否定之。③

象山自诩其学"因读《孟子》而自得之"④,故其对告子亦极为熟悉。首先,象山认为告子在当时与孟子"并驾其说于天下",孟子专就"杞柳""湍水"之喻以及"生之谓性"与"义外"上"破其说"。⑤ 其次,象山基于孟子的立场,判告子与杨、墨、许行等皆属于"异端"之说。⑥ 但相比杨、墨,象山对告子又给予了更高的评价,认为其属于"孔门之别派",因此,"将来也会成,只是终不自然"。⑦ 其"不自然"乃是指相较于孟子"不动心"乃是"明道之力",告子之"不动心"则只是"外面硬把捉"或"操持坚执做"而"直到不动心处",故虽亦"难事",且"其效先于孟子",但由于"学问须论是非,不论效验",故其"依旧不是"。⑧ 事实上,在对孟、告"不动心"之间区别的认识上,朱、陆之间可以说是若合符节,即不同于孟子之"不动心"乃"明理合义"之效,告子之"不动心"乃是"硬把捉"或"硬把定"。⑨

朱、陆此处之关键性的差别在于:在象山那里,孟、告二者之间的"不动心"似乎只有"效验"发生的先后之异而无质的差别,故象山强调"学问须论是非,不论效验";⑩但在朱子看来,孟、告之"不动心"本身即具有质的不同:"孟子是活底不动心,告子是死底不动心。"⑪

因此,一方面是未窥破孟、告之间的实质性差别,另一方面也是为了与时

---

① 参见程颢、程颐:《二程集》,第120页。
② 程颢、程颐:《二程集》,第63页。
③ 参见程颢、程颐:《二程集》,第11页。
④ 参见陆九渊:《陆九渊集》卷三十五,第471页。
⑤ 参见陆九渊:《陆九渊集》卷三十四,第426页。
⑥ 参见陆九渊:《陆九渊集》卷十九,第231页。
⑦ 陆九渊:《陆九渊集》卷三十五,第445页。
⑧ 陆九渊:《陆九渊集》卷三十五,第421—422、443、445、472页。
⑨ 参见黎靖德:《朱子语类》卷十七,第373、1233页。
⑩ 陆九渊:《陆九渊集》卷三十五,第472页。
⑪ 黎靖德:《朱子语类》卷五十二,第1261页。

儒立异,故象山又要说"告子论性强孟子"①"孟子无奈告子何"②"告子强似孟子"③。并且盛称告子之"质",强调"告子之不动心实先于孟子"。④ 后象山见朱子于南康,指责后者所解告子"不得于言,勿求于心"一章非是。⑤

但在朱子看来,象山之所以称许告子,一方面因"其学正似告子",另一方面则因其工夫修养可能"尚不及告子":"告子将心硬制得不动,陆遇事未必皆能不动。"⑥象山认为告子"不得于言,勿求于心"之弊在于"只靠外面言语,更不去管内面",但在朱子看来,恰恰相反,告子最大的问题在于"只是守著内面,更不管外面"。⑦ 在象山看来,世人"不识"告子之"高"或其"好处",乃因"只去言语上讨不著"。朱子指出,也正是在"不著言语"这一点上,"陆子之学与告子相似",故象山"主张他",且"大段称告子所见高"。⑧ "不著言语"的具体表现即"不甚教人读书看文字":

  至云:"陆氏之学不甚教人读书看文字,与告子相似否?"先生曰:"便是。"⑨

象山之所以戒人"去言语上讨""不甚教人读书看文字",乃因其认为后者有"义外"之弊。但在朱子看来,恰恰相反:"如子静不读书,不求义理,只静坐澄心,却似告子外义。"⑩

可见,朱陆在何者为"义外"的问题上有最为尖锐的矛盾。在朱子看来,象山那种只认自己胸中流出才是"内",而一切他人之见甚至圣人言语和圣经文字

---

① "江西士风好为奇论,耻与人同,每立异以求胜。如陆子静说告子论性强孟子。"(黎靖德:《朱子语类》一百二十四,第2971页。)
② 黎靖德:《朱子语类》卷一百二十四,第2971页。
③ "大概江西人好拗、人说臭,他须要说香。如告子不如孟子,若只恁地说时,便人与我一般。我须道,告子强似孟子。"(黎靖德:《朱子语类》卷二十,第455页。)
④ 陆九渊:《陆九渊集》卷三十,第347页。
⑤ 陆九渊:《陆九渊集》卷二,第25页。
⑥ 黎靖德:《朱子语类》卷一百二十四,第2971页。
⑦ 参见黎靖德:《朱子语类》卷五十二,第1236页。
⑧ 参见黎靖德:《朱子语类》卷五十二,第1236页。
⑨ 黎靖德:《朱子语类》卷五十二,第1236页。
⑩ 黎靖德:《朱子语类》卷五十二,第1264页。

都是"外"的观点,恰恰是告子"不得于言,勿求于心"的"义外"之见。①

为学固须"自得于己",但为学之初亦须借助师友载籍,象山则必欲学者"自得,自成,自道,不倚师友载籍"②。可见,象山之学实有告子"不得于言,勿求于心"之弊病,以一切非由我内心所出之物,不管是非对错,皆以"义外"视之:"今陆氏只是要自渠心里见得底,方谓之内;若别人说底,一句也不是。才自别人说出,便指为义外。如此,乃是告子之说。"③但在朱子看来,"人心知此义理,行之得宜,固自内发",但因人非皆圣贤,有"气禀之杂"导致"性质有不同",故"人心所见不同","或有鲁钝,一时见未到得",则需要借助于师友载籍,"反之于心,见得为是而行之,是亦内也"。④

象山门徒如包敏道辈乃以"袭义"来解孟子的"集义",其弊至于"自以为是,自以为高",轻视乃至糠秕先儒之说。⑤ 但在朱子看来,孟子并不言"袭义",以"袭义"解"集义"正象山之学与告子之学同处。⑥ 此"袭义"亦即孟子所批评的"义袭而取之"之意。⑦

究其根本,此是象山心学简易直接之病痛作祟,与孟子所言"集义"不合:既非"生知"则须"学知",而"凡事有义,有不义",则"须是一一见得合义而行",于是"今日行一义,明日行一义,积累既久,行之事事合义,然后浩然之气自然而生"。⑧ 因此,告子"义外"之说固然有问题,但若"谓义专在内"事实上"更不是"。⑨ 可见,朱子看到了告子"义外"之说的合理性。即"义"无疑具有客观性和超越性,而非完全主观和内在的。孟子在与告子辩论的时候,为了强调"义内"而有意无意混淆了"义"的"主观义和客观义",即未能区分"作为道德判断的'义'和作为'天理之宜'和'事物之宜'的'义'"。⑩

---

① 参见黎靖德:《朱子语类》卷一百二十四,第2977页。
② 陆九渊:《陆九渊集》卷三十五,第452页。
③ 黎靖德:《朱子语类》卷一百二十四,第2976页。
④ 参见黎靖德:《朱子语类》卷一百二十四,第2976页。
⑤ 参见黎靖德:《朱子语类》卷一百二十四,第2975、2976页。
⑥ 参见黎靖德:《朱子语类》卷五十二,第1263页。
⑦ 黎靖德:《朱子语类》卷五十二,第1263页。
⑧ 参见黎靖德:《朱子语类》卷五十二,第1263页。
⑨ 参见黎靖德:《朱子语类》卷五十九,第1379—1380页。
⑩ 参见张汝伦:《义利之辨的若干问题》,《复旦学报(社会科学版)》,2010年第3期。

朱子亦意识到孟子对告子反驳有含混甚至"不是"之处。① 但朱子并未超出孟子的"仁义内在",而是始终圆融地强调"义"乃是内外、主客的合一:"义者,心之制、事之宜也。"②

总之,虽然象山颇为自负地说:"窃不自揆,区区之学,自谓孟子之后,至是而始一明也"③。但在朱子看来,象山只是以孟子的术语装点门面,④其基本的思想倾向却更近于告子。朱子于象山死后,说"可惜死了告子",无异于一条盖棺论定式的评价。⑤

三、"不识气禀之杂"——朱子对象山"不识性"的批评

根据上文讨论,朱子对象山有两个基本评价,一是其学"近禅",一是其学"近告子"。在朱子看来,禅学与告子之学相似的地方在于,二者皆"不识性",或者说二者皆从"作用是性"或"生之谓性"的气性一路认识"性",而不识"性即理"之"性"。因此,与义理上"不识性"相关,在工夫上,一方面,二者皆忽略了"气禀之杂"对成德的负面影响,另一方面,二者都有不重视读书或不重视"集义"的倾向。

朱子论学尤其重视论性,在其看来,是否识"性"乃是圣学与异端的差别所在:"圣人只是识得性。百家纷纷,只是不识'性'字。"⑥而朱子对象山之学的批评亦集中于后者"不识性"之上。

象山"不识性"的表现,首先是"不喜人说性"。⑦ 如其徒李伯敏问"如何是尽心?性、才、心、情如何分别?"象山斥其言为"枝叶",继而说"情、性、心、才,都只是一般物事,言偶不同耳","不须得说,说着便不是",甚至说"如吾友适意时,即今便是"。⑧ 并告诫学者对《孟子·告子篇》中孟、告二人"论性处""不必深考",

---

① 黎靖德:《朱子语类》卷四,第72页。黎靖德:《朱子语类》卷五十九,第1375页。
② 朱熹:《四书章句集注》,北京:中华书局,1983年,第201页。
③ 陆九渊:《陆九渊集》卷十,第134页。
④ 参见黎靖德:《朱子语类》卷一百二十四,第2978页。
⑤ 参见黎靖德:《朱子语类》卷一百二十四,第2979页。
⑥ 黎靖德:《朱子语类》卷五,第84页。
⑦ 黎靖德:《朱子语类》卷一百二十四,第2974页。
⑧ 陆九渊:《陆九渊集》卷三十五,第444页。

避免因"力量未到"而"反惑乱精神"。① 又如有学者问"如何是穷理尽性以至于命",象山不去回答问题,却泛泛地说:"吾友是泛然问,老夫却不是泛然答。老夫凡今所与吾友说,皆是理也。穷理是穷这个理,尽性是尽这个性,至命是至这个命。"② 此无怪乎学者叹"每闻先生之言,茫然不知所入"③。这种对理论问题大而化之的回应不足以餍服学者之心,亦使学者无下手做工夫处,无怪乎阳明虽尊象山,仍称其"只还粗些""有粗处"。④

在朱子看来,象山之"不喜人说性"实是因其自己于理、气、心、性诸问题"理会不曾分晓"的缘故。⑤ 首先,宋代学术度越汉唐之处,即在于其理学:"惟本朝理学,远过汉唐。"⑥ 故朱子讥象山"学而不论性,不知所学何事"亦非无据。⑦

其次,象山认为"告子论性强孟子",又说"荀子'性恶'之论甚好"。⑧ 象山在以《天地之性人为贵》为名的一篇程文中高度赞扬了告子与荀卿之性论,但并未辨析告子、荀卿与孟子论性之是非同异,而只是以"笃敬之心,践履之实"教诲学者,⑨ 此意虽好,但终究逃不过朱子"不识性"之讥。

朱子继承张、程,对"性气关系"的解析极其精微。在朱子看来"生之谓性"描述出了人来到世间之后的基本生存论处境:"生下来唤做性底,便有气禀夹杂,便不是理底性了。"那是否可以据此论性,而以人之性为"恶"或"善恶混"呢?朱子认为,倘若如此论性便是"不曾识性"⑩,或曰"认气为性"⑪,后世纷纷,论性

---

① 陆九渊:《陆九渊集》卷七,第92页。
② 陆九渊:《陆九渊集》卷三十四,第428页。
③ 陆九渊:《陆九渊集》卷三十五,第439页。
④ 王阳明:《传习录》,《王阳明全集》,上海:上海古籍出版社,1992年,第92页。关于王阳明对象山之学的评判,读者可参考东方朔:《王阳明对象山之学的批评及牟宗三的诠释》,《思想与文化(第五辑)》,上海:华东师范大学出版社,2005年,第219—236页。
⑤ 黎靖德:《朱子语类》卷一百二十四,第2874页。
⑥ 陆九渊:《陆九渊集》卷一,第14页。
⑦ 参见黎靖德:《朱子语类》卷一百二十四,第2974页。
⑧ 黎靖德:《朱子语类》卷一百二十四,第2971页。
⑨ 参见陆九渊:《陆九渊集》卷三十,第347—348页。
⑩ 参见黎靖德:《朱子语类》卷九十五,第2425页。
⑪ 参见黎靖德:《朱子语类》卷五十九,第1375页。

不明，即根源于此。唯伊川"性即理"一句"断得定"①"这一句便是千万世说性之根基"。② 因此，在这个意义上，孟子说"性善"即是说"理善"。恶或不善则来源于"气禀"或"气质"。③

朱子尤其欣赏程子"论性不论气，不备；论气不论性，不明，二之则不是"之说，称赞其"所以发明千古圣贤未尽之意，甚为有功"。具体而言，"若不论那气，这道理便不周匝，所以不备。若只论气禀，这个善，这个恶，却不论那一原处只是这个道理，又却不明"。④ 朱子尤重"论气"，即重视气禀对于成德的负面作用。⑤ 若不论气或者说若不识气禀之杂，而只是一味强调"本心即理"，强调"当恻隐即自恻隐"，则容易落入"认气为性"或"认欲为理"。⑥ 因此，与其说象山"不识性"，不如说其实际上乃是"不识气"，或者用朱子批评象山的话来说乃是"不知有气禀之杂"。⑦ 如此不流于人欲者"几希"。如门人李伯敏自称"别事不管""只理会我亦有适意时"，象山称赞他"此便是学问根源"，甚至说"能尽我之心，便与天通"，"当吾友适意时，别事不理会时，便是'浩然'"。⑧ 这岂不是如朱子批评的，"只我胸中流出底是天理，全不著得些工夫"，"把许多粗恶底气都把做心之妙理"。⑨ 如此教学者，不"发颠发狂"、不"悖慢无礼"或"不逊无礼"者，未之有也。⑩ 而其根本"错处，只在不知有气禀之性"⑪。

可见，朱子当时对象山心学所导致的学风之弊体会甚深，至云"世道衰微，千变百怪如此"⑫。牟宗三为象山解之曰："象山之提撕振拔，自感动得人。后生

---

① 黎靖德：《朱子语类》卷五十九，第1375页。
② 黎靖德：《朱子语类》卷九十三，第2360页。
③ 参见黎靖德：《朱子语类》卷四，第67页。
④ 黎靖德：《朱子语类》卷四，第66、70页。
⑤ 参见黎靖德：《朱子语类》卷四，第70页。黎靖德：《朱子语类》卷一百二十四，第2977页。
⑥ 正如郭晓东教授指出的："在朱子看来，如陆象山所说的那样，在工夫上只强调人的良知良能，以为从大处着手而慨然自任就可以臻于至善境，结果却很有可能与之恰恰相反，以至认理为欲。"（郭晓东：《善与至善：论朱子对〈大学〉阐释的一个向度》，《台大历史学报》，2001年第28期。）
⑦ 黎靖德：《朱子语类》卷一百二十四，第2977页。
⑧ 陆九渊：《陆九渊集》，第444、445页。
⑨ 黎靖德：《朱子语类》卷一百二十四，第2977页。
⑩ 黎靖德：《朱子语类》卷一百二十四，第2982—2983、2970、2978、2979、2982页。
⑪ 参见黎靖德：《朱子语类》，卷一百二十四，第2977页。
⑫ 黎靖德：《朱子语类》卷一百二十四，第2978页。

为其所感动者,稍有洞悟,张皇不逊处自不能免。此非朱子所能堪也。"①可谓牵强。

象山之学"不识性"的另一个后果是其亦不识"心"。只笼统地讲个"本心即理",却忘记了此心"一边属人心,一边属道心"②,如果不施以省察涵养之工夫的话,为善是此心,但为恶的也可能是此心。③

因此,"心"不仅是一个灵明至善的"本体",其中亦包含着情、欲、意等诸多因素,亦形成了道德主体为善去恶的"动机"结构。④ 故在朱子看来,工夫的要旨即在于通过读书为学、格物穷理以去恶为善,"古人学问便要穷理""下工夫消磨恶去"。可见,朱子深刻认识到心之复杂,即便说"心之本体未尝不善",但人之恶亦不能不归咎于心:"人心亦兼善恶。"⑤

职是之故,朱子虽然也认可陆象山"本心""良知良能"等说法,但并不认可其简易直接的工夫路径。⑥ 朱子并不否认象山所言吾心本体之"虚灵不昧",甚至认为"便教至恶之人,亦时乎有善念之发"⑦。但在现实世界的日常生活中,人的存在和行为并不能出乎纯然至善之天理。"本心"或"心之本体"虽然至善,但这道德"本体",并不能够像象山以为的那样,在道德实践中,作为道德行为的动机,能够自然地呈现,本体洞然,随感随应,发为道德行为而无不善。虽然"本心"必然要在人们日常生活中时时发现,如孟子描绘之"乍见孺子将入于井","恻隐之心"随时发见,此即朱子所谓"介然之顷,一有觉焉"。⑧ 但"心之本体"一旦"堕在气禀中",就必然有偏,这是朱子所深刻认识到的人生在世实际的生存论境况。况且,即使"本心"能够当下呈现,也未必就能够产生道德行为,现实情况往往是,"四端"之心能够发见呈现,但由于意志软弱或气禀薄弱问题,不

---

① 牟宗三:《从陆象山到刘蕺山》,第123页。
② "陆子静说,只是一心,一边属人心,一边属道心,那时尚说得好在。"(黎靖德:《朱子语类》卷一百二十四,第2972页。)
③ 黎靖德:《朱子语类》卷五,第86页。
④ 参见东方朔:《朱子的道德动机及结构——以朱子对〈孟子·告子上〉的诠释为线索》,收于郑宗义主编:《中国哲学与文化(第十四辑)》,桂林:漓江出版社,2017年。
⑤ 参见黎靖德:《朱子语类》卷五,第86页。
⑥ 黎靖德:《朱子语类》卷一百二十四,第2969页。
⑦ 黎靖德:《朱子语类》卷十四,第264页。
⑧ 黎靖德:《朱子语类》卷十七,第376页。

管是"为善"还是"去恶"都未能做到"心肯意肯",故未能将善良意志转为道德行动。①

朱子固然也有"性识明底,合下便是"之言,但那是对于"有那地位"的圣人而言,②故朱子又强调"便是生知安行"的圣人"也须用学"。③ 儒家之圣人罕言"性与天道",而多言"孝悌""忠信笃敬""下学上达"。相比"不立文字"的象山,吾儒则"头项多",甚至"思量著得人头疼"。"不立文字"不读书固然"省事",但却问题多多,毕竟书中所讲的并非是与我无关的"分外底物事",而"都是说我这道理",皆是"为己之学"之节目次第。因此,为学须"从头理会过"。④ 若不读书、不做工夫,尤其是不给学者指点为学入手的路径,只一概挥斥否定之,必然使学者"茫然不知所入"⑤,"无个下手处"⑥。

象山每每对学者言"汝耳自聪,目自明,事父自能孝,事兄自能弟,本无少缺,不必他求,在乎自立而已",⑦而当学者问"如何自立"的时候,象山则如禅宗之当头棒喝地说:"立是你立,却问我如何立? 若立得住,何须把捉"⑧。此言固能震动警发人,但仍然没有在理论和实践上彻底解决学者的疑问。如有学者指出的,象山心学"为学重个人的自得自悟,故不事言说讲论",如此一来,"为学进德全在个人的觉悟和顿悟上,没有'如何'的过程,不注意客观理论的建构,更不能示人以确定的轨范和规则"⑨。

象山明知"人气禀清浊不同"⑩,要抵挡流俗,自立于世,"岂小廉曲谨所能为","必也豪杰之士",⑪而普通人多是"骨凡"者,为学往往"不知要领所在"。⑫

---

① 参见黎靖德:《朱子语类》卷十六,第355页。
② 参见黎靖德:《朱子语类》卷一百二十四,第2980页。
③ 黎靖德:《朱子语类》卷一百二十四,第2970页。
④ 参见黎靖德:《朱子语类》卷一百二十四,第2974页。
⑤ 陆九渊:《陆九渊集》卷三十五,第439页。
⑥ 陆九渊:《陆九渊集》卷三十五,第440页。
⑦ 参见陆九渊:《陆九渊集》卷三十四,第399、408页,凡两见。
⑧ 陆九渊:《陆九渊集》卷三十五,第443页。
⑨ 参见东方朔:《"两头明,中间暗"——朱子对象山心学的批评及其蕴含的理论问题》,《孔学堂》,2022年第3期。
⑩ 陆九渊:《陆九渊集》卷三十五,第458页。
⑪ 陆九渊:《陆九渊集》卷三十五,第442页。
⑫ 陆九渊:《陆九渊集》卷三十五,第477、478页。

因此,从指导和教育学者的角度,若不能深刻洞察人性之弱点,从道德动机方面找到道德软弱的症结所在,因材施教地引导学者为学向善,而只是棒喝激勉,则往往成效甚微,难以持久。如说"人无不知爱亲敬兄,及为利欲所昏便不然。欲发明其事,止就彼利欲昏处指出,便爱敬自在"①,成德成人若是如此轻易,也不用圣人千言万语,谆谆告诫了。因此,在朱子看来,象山以"良知良能""四端"等兴发学者为学之志,"不可谓不是",但"说人便能如此,不假修为存养,此却不得"。② 在朱子看来,象山之学,正是所谓空言无施,躐等妄求,学者本无"资送",象山又不明示人回家之路,让其人如何能够回得去?③ 人们往往知道应该为善去恶,但受气禀物欲影响,无法切实地去为善去恶。象山只告诉学者明心见性、本心即理,当下认取,不假外求,自能恻隐羞恶,实在是搔不到痒处。甚至当学者提问如何做"惩忿窒欲,求其放心"的工夫时,象山竟说"但惩忿窒欲,未是学问事",④无怪乎朱子批评其说"怪"⑤、好"立异以求胜"⑥。

象山之学固执"本心"的另一大表现是对一切议论、意见皆加以排斥。⑦ 这一观点无疑直接针对以朱子为代表的程朱理学。但在朱子看来,象山对意见与议论一概挥斥的态度,贻害无穷,故对其痛加针砭。朱子指出,"邪意见不可有,正意见不可无","闲议论不可议论,合议论则不可不议论",或者说"偏议论、私意见则可去,不当概以议论意见为可去","除去不好底意见则可,若好底意见,须是存留"。因此,朱子直斥象山"除意见""三字误天下学者"。考象山之排斥议论和意见的根源,仍然是尚简易和畏繁难,故朱子直言"安知除意见之心,又非所谓意见乎",只此一句,可以尽破象山"除意见"之谬说。从为学角度来说,象山之学追求"除意见"或"无意见",实质是"不理会理,只是胡撞将去"。⑧

象山之学"人同则喜,异之则怒",不许学者议论讲学,即使是正确的谈论亦

---

① 陆九渊:《陆九渊集》卷三十五,第453页。
② 参见黎靖德:《朱子语类》卷一百二十四,第2970页。
③ 参见黎靖德:《朱子语类》卷一百二十四,第2970页。
④ 陆九渊:《陆九渊集》卷三十五,第461页。
⑤ 参见黎靖德:《朱子语类》卷一百二十四,第2975页。
⑥ 黎靖德:《朱子语类》卷一百二十四,第2971页。
⑦ 陆九渊:《陆九渊集》卷三十五,第398、437页。
⑧ 参见黎靖德:《朱子语类》卷一百二十四,第2972—2973页。

斥之为"闲言语",①以"除意见"之姿态挥斥一切议论讲学。这种拒绝批判的态度,正是告子式的"不得于言,勿求于心",导致将一切议论讲学、圣贤言语都看成与"本体"无关的"义外"之物,而加以排斥和拒绝。

但在朱子看来,人非圣贤,不能纯乎天理:"人之喜怒忧惧,皆是人所不能无者,只是差些便不正。所以学者便要于此处理会,去其恶而全其善。"不能"理会一个心"或"识得一个心",就声称"万法流出,更都无许多事",这种想法被朱子形容为"想像饮酒便能醉人"的不切实际的空想。在现实的政治与道德实践中,需要"下学上达"之工夫。儒家之圣人亦皆就实处教人下手做工夫,强调要做"贴实底圣贤"而非"癫狂底圣贤"。陆氏之学则是"使人先见得这一个物事了,放下来做工夫,却是上达而下学",显然与圣人之教不同。②

小结

综上所述,站在朱子的角度,象山之学无疑存在诸多问题,最主要的问题是强执"心体",而忽视道德实践主体由于受气禀物欲之杂影响而导致的成德的艰难,一味拒斥读书讲学、议论、意见,导致其在理论上独断、在实践中不能落实。朱子对象山之学的批判,并非如后世学者所认为的那样,是出于意气之争,乃是出于学术之公心。正是在理论上对象山之学之流弊洞若观火,朱子才在反复调和、辩论、接引不成之后,对象山之学痛加拒斥。

首先,象山之学试图直趋本根、简易直接,用这种思路授徒教学,必然导致无穷流弊,学者"才见了,便发颠狂,岂肯下来做?若有这个直截道理,圣人那里教人恁地步步做上去?"③

其次,正是由于"不识气禀之杂",故象山之学极易将"私意"认作"天理",而其学风流弊所至则"空腹高心,妄自尊大,俯视圣贤,蔑弃礼法",凡此皆为"学者心术之害"。④ 在朱子看来,一种学问,即便在"心地工夫"上有所见,但若无"穷

---

① 陆九渊:《陆九渊集》卷三十五,第437页。
② 参见黎靖德:《朱子语类》卷一百二十四,第2982页。
③ 黎靖德:《朱子语类》卷一百二十四,第2982—2983页。
④ 朱熹:《答赵几道》,《文集》卷五十四,《朱子全书》第23册,第2573页。另详参牟宗三:《从陆象山到刘蕺山》,第124、125页。

理细密功夫"为之灌溉培养,反而恃其所见"陵跨古今""高谈大论",甚至流于认"人欲"为"天理"而"不自知觉",则"卒并与其所得者而失之"。①

最后,象山之学既难以在理论上服众,又使学者难以在实践中入手做工夫,闻之足以"耸动""感发"人之意志,却难以使学者切身着实用功,持续地进行"下学"之工夫,且难免其进"甚锐,然其退亦速"之弊。②

也正是洞察到象山心学对当时之学风和士人心术所造成的恶劣影响,以及对后世学风所可能造成的负面影响,朱子才对象山心学极力批判,甚至径斥象山之学为"异端""曲学""非圣人之道"。③

但即便朱子慧眼如炬,仍然未能煞住此风,其后阳明继起,心学大盛,明末则流于"狂禅"。④ 但朱子对象山心学的深刻批判及其对读书穷理、下学上达工夫的提倡,无疑对我们今天重振笃实的学术风气仍然具有深刻启发和巨大的现实意义,值得我们重新发掘和提倡。⑤

"Flowed into the heretical learning without self-awareness (流于异学而不自知)": Zhu Zi's Criticism of Lu Xiangshan's Learning

Li Bin

Abstract: The debate between Zhu Zi and Lu Xiangshan is an important academic topic in the history of Neo Confucianism in the Song and Ming Dynasties and even in the history of Chinese philosophy. Since modern times, Mou Zongsan has promoted Lu and demoted Zhu based on his Xinxue(心学) stance. However, based on Zhu Zi's academic stance, what should not be ignored is his comprehensive, in-depth, and systematic

---

① 参见朱熹:《答赵子钦》,《文集》卷五十六,《朱子全书》第23册,第2645页。
② 参见黎靖德:《朱子语类》卷一百二十四,第2975页。
③ 参见黎靖德:《朱子语类》卷二十七,第683—684页。
④ 嵇文甫指出:"当万历以后,有一种似儒非儒似禅非禅的'狂禅'运动风靡一时。这个运动以李卓吾为中心,上溯至泰州派下的颜何一系,而其流波及于明末的一班文人。他们的特色是'狂',旁人骂他们'狂',而他们也以'狂'自居。"(参见嵇文甫:《晚明思想史论》,北京:东方出版社,1996年,第50页。)
⑤ 朱子对读书工夫的讨论,进一步参见拙作:《即内圣以达外王:论朱子读书工夫的多维面向》,《原道》第46辑,长沙:湖南大学出版社,2004年,第125—151页。

criticism of Lu Xiangshan's learnings. Firstly, Zhu Zi believed that the study of Xiangshan is "nearing to Zen" (近禅) in both style and essence. Secondly, Zhu Zi believed that the study of Xiangshan was "similarly to Gaozi" (近告子) and had the drawbacks of "Yi Wai" (义外), and rejected any opinions and discussions. Finally, Zhu Zi believed that the study of Xiangshan was "incognizance of Xing" (不识性), and thus ignored negative influence of Qi on the development of virtue. In short, Although Xiangshan also claims to pursue the sacred learnings of Confucianism as his own responsibility, due to his scholarly position of Xinxue, which skip the texts and go straight to the root, and denied the necessity of teachers and books, and eventually had the drawback of "flowing into the heretical learning without self-awareness", which also had a great impact on the collapse of the learning style at that time and in future generations. Zhu Zi's strong criticism of Xiangshan Xinxue for the sake of saving the world's culture that values reading and learning was out of the academic public spirit, not out of a dispute of temper.

Keywords: Zhu Zi, Lu Xiangshan, Zhu Lu's Debate, Near to Zen, Gaozi, Yi Wai, Xinxue

王阳明知行合一的三重意蕴

孔文清

[摘 要] 王阳明的知有认识能力的知、认识活动的知和作为认识活动结果的感知、理论知识和实践智慧等五种含义,行也有见诸形体的行和不见诸形体的行两种含义。知行合一也就有三种含义:一是知本身是行意义上的知行合一。二是知依赖于认识活动的行来获得意义上的知行合一。三是内蕴了情感的知必然能引发行动意义上的知行合一。王阳明的知行合一系统地探讨了认识人性,通过内蕴动力的知来引发道德践履,习以成德成己的完整过程,具有认识论、行动哲学和伦理学三重意蕴。

[关键词] 知行合一;道德感;认识论;行动哲学;成己

"吾平生讲学,只在致良知三字。"[①]王阳明的致良知内在地包含着知行合

---

* 基金项目:国家社科基金重大项目"中华优秀传统文化与科学社会主义价值观主张高度契合性研究"(23ZDA009)。

** 孔文清(1970—),男,湖北浠水人,法学博士,华东师范大学马克思主义学院教授,主要研究领域为伦理学与道德教育。

① 王守仁:《王阳明全集》,上海:上海古籍出版社,2011 年,第 1091 页。

一,知行合一在王阳明的思想中占据着重要的位置。

王阳明的知可以指人的认识能力和认识活动。"知是心之本体。心自然会知;见父自然知孝,见兄自然知弟,见孺子入井自然知恻隐。"①知是心的本体的意思是心具有认识能力,这一认识能力就其是人生来就有的而言,它是心本来就有的。有了具备这一认识能力的心,自然会知。人的认识能力的发用就是人的认识活动。而作为认识活动的结果,也可以被称为知。作为认识活动结果的知又有三种含义。首先,王阳明作为认识活动结果的知的一种含义是感知。人们对外在世界的认识无疑都是要通过感官来获得的。"故大学指个真知行与人看,说'如好好色,如恶恶臭'。见好色属知,好好色属行。……闻恶臭属知,恶恶臭属行。"②见好色、闻恶臭,是对形色与气味的感知。其次,王阳明的作为认识活动结果的知,也有知识的含义,即关于人性、天理等的系统性知识。儒家的思想体系即是这一意义上的知。最后,王阳明的作为认识活动结果的知还有实践智慧、能力之知的含义。"朝朔曰:'且如事亲,如何而为温凊之节,如何而为奉养之宜,须求个是当,方是至善;所以有学问思辨之功。'"③王阳明并不否认温凊奉养是需要学习的知。而温凊之节、奉养之宜,是如何行动的实践智慧。

与知有多种含义不同,王阳明的行只有一种含义。但是这一含义以今天的眼光看,却又有两种不同的含义。什么是行? 王阳明说:"此事吾已言之屡屡。凡谓之行者,只是着实去做这件事。"④和当今仅仅将见诸形体的才叫行不同,王阳明认为只要是着实去做就是行,着实地去做是指发生在心里、并未运用形体的活动是行,发见于外、运用了形体的活动也是行。

由此,王阳明的知行合一也就有三种含义。知行合一的第一种含义是作为认识活动的知本身就是行。按照王阳明对行的界定,如果人是着实去认识的话,这一知无疑就是行了。人的认识活动并非只是镜照物般的被动过程,也可以是日照物那样的主动行动。"譬如日未尝有心照物,而自无物不照。无照无不照,原是日的本体。"⑤求知是人们着意去做的事情,认识活动本身是行。王

---

① 王守仁:《王阳明全集》,第7页。
② 王守仁:《王阳明全集》,第4页。
③ 王守仁:《王阳明全集》,第3页。
④ 王守仁:《王阳明全集》,第232页。
⑤ 王守仁:《王阳明全集》,第124页。

阳明知行合一的第二种含义是指作为认识活动结果的知识依赖于人的认识活动,知离不开行。王阳明这一意义的知行合一可以用他的"行之明觉精察处即是知"来概括。王阳明第三种意义上的知行合一是指作为认识活动结果的知能够引发行动,知行之间是一贯的。这一意义上的知行合一是王阳明知行合一最主要、也是最重要的含义。"见好色属知,好好色属行。只见那好色时已自好了,不是见了后又立个心去好。闻恶臭属知,恶恶臭属行。只闻那恶臭时已自恶了,不是闻了后别立个心去恶。"① 对好的形色有所感知,就会对这一好的形色有好的意。好好色属于着实去做的行。知好色和好好色是贯通的,在知的时候已经好了,二者不是先后分开的两件事。闻恶臭是知,闻了恶臭就已经恶了,知和行也是贯通的、一体的。

王阳明的知行合一蕴含着丰富的内容,就其所涉及的内容看,既涉及到认识、认识活动及其结果,又涉及行动是如何被引发的。而他讨论知行合一的主旨是要为善去恶,成就有道德的人,具有认识论、行动哲学和伦理学三重意蕴。

一、知行合一的认识论意蕴

王阳明的知行合一讨论了人生而有之的认识能力及其发用,产生的是对人自身与世界的认识,这些问题属于认识论的范畴。

如前所述,王阳明的知有五种不同的含义。除了作为认识活动的知和认识能力的知以外,王阳明还谈到了另外三种知。在这三种知中,当今学界最熟悉的是作为理论知识的知。西方认识论主要讨论的就是与理性——其实质是理智——相关的知,这一意义的知在赖尔那里被称为命题知识(knowing that)。这种典型意义上的知是与人的感情、欲望等非理性因素无关的。西学东渐以后,中国学界所熟悉的知实际上就是理论知识的知,人们在讨论知的时候有意无意地总是会把知理解为理智活动结果的理论知识。在现今关于王阳明知行合一的讨论中,这是一种常见的现象。但在王阳明那里,这种含义的知实际上并非是唯一的,甚至也说不上是主要的含义。实际上,王阳明所说的不能引发行动、悬空思索的知,恰恰是这种知。与理性有关的知的第二种形态就是实践

---

① 王守仁:《王阳明全集》,第4页。

智慧的知,这种意义上的知并非是理论知识,而是与人的行动有关的知识。王阳明讨论到了人们如何行孝这类知。这种意义上的知在亚里士多德那里被称为实践智慧,而用赖尔的概念来指称的话,就是能力之知(knowing how)。"从内涵上说,赖尔的'knowing how'是指用活动/行动来表达的,体现了智力的能力之知,活动/行动、智力和能力是准确把握赖尔意义上的'knowing how'的三个不可或缺的要素。"①正因为如此,在对王阳明的知行合一和致良知说条分缕析之后,郁振华老师认为王阳明所说的知是一种能力之知。"王阳明的知行合一论和致良知说不仅包含了能力和智力这两个概念,而且两者是相互交织的。"②郁振华老师的这一判断是准确的,王阳明的知确实有实践智慧、能力之知的含义。但是王阳明的知却并非只有这一种含义,而且王阳明也并不将能力之知作为他讨论的重点。

王阳明三种知中的感知,主要是对是非善恶的认识。王阳明认为人可以对是非善恶有直观的认识,就像人们看见红色的东西,能知道它是红的一样,看见善的行动能知道这一行动是善的。这种对是非善恶的感知,就是所谓的道德感。道德感是哈奇逊、沙夫茨伯里和休谟等哲学家使用的概念。在这些英国哲学家看来,人生来拥有五种感官,这五种感官各自对应一种感觉。在哈奇逊(Framcis Hutcheson)看来,除了这五种感觉以外,人拥有一种叫作道德感的内在感觉,就像美感、和谐感一样。"我们所有的观念,或推理和判断的材料,都是通过直接的、内在的或外在的、直接的知觉力量获得的,我们把它们称为感觉。"③五种感官获得的感觉是对事物的颜色、形状、味道的感知,而道德感则是对善恶的感知。"恶与德不是单纯被理性所发现的,或是由观念的比较而发现的,那我们一定是借它们所引起的某种印象或情感,才能注意到它们之间的差别。……道德宁可以说是被人感觉到的,而不是被人判断出来的。"④所谓的印象与情感都是经由感觉所产生的,既然道德感与五种感官感觉类似,那么人们对道德的感知也具有与感官感觉类似的性质,即它们还未经由理性的作用而只

---

① 郁振华:《再论道德的能力之知——评黄勇教授的良知诠释》,《学术月刊》,2016 年 12 期。
② 郁振华:《论道德——形上学的能力之知——基于赖尔与王阳明的探讨》,《中国社会科学》,2014 年 12 期。
③ 转引自 Anna Wierzbicka, "Moral sense", *Journal of Social, Evolutionary, and Cultural Psychology*, 2007, 1(3), 66–85.
④ 休谟:《人性论》,关文运译,北京:商务印书馆,1996 年,第 510 页。

是知觉。因此,哈奇逊认为人们感觉到的善是难以解释的。"这一困难可能产生于感觉这一概念,因此我们不愿意再求助于理论。"①道德感除了这一特征外,它还被认为和五种感官一样,也是人生而有之的。"因为世界上没有任何一个国家、任何一个国家中也没有任何一个人完全没有道德感,没有一个人在任何一个例子中从来不曾对于习俗和行为表示过丝毫的赞许或憎恶。这些情感在我们的天性和性情中是那样根深蒂固的,若不是由于疾病或疯狂使心灵完全陷于混乱,决不可能根除和消灭它们的。"②当代哲学家斯洛特(Michael Slote)继承了哈奇逊、休谟的道德感概念,认为善恶就是人们感觉到的某种情感。"我们将他人的温暖或冷酷无情感同身受为自己心中的温暖或寒冷这一事实,就像我刚刚论证的,可以被看作是我们善恶概念的基础,当我们感同身受地记录下某人态度、行动或品格中的善的时候,我们实际上感觉到(知觉到)了善。而这,可以允许我们说,感同身受就是哈奇逊所说的或想要指向的道德感。"③对于这种对善恶的感觉,斯洛特明确说到了它们还不是知识。"此外,和一般的视觉或听觉一样,对美德和恶德的知觉不必形成任何的命题知识。"④

看到这里,我们不难发现,王阳明所说的对是非善恶的知是一种道德感。哈奇逊等人认为这一道德感是人生而有之的,王阳明也一再强调人们的良知是生而有之的。哈奇逊等人的道德感是与五种感官类似的感觉,而王阳明也用眼睛、鼻子对形色和气味的感知来类比知孝知悌。哈奇逊等人认为道德感还不是知识,不需要经过严格的教育而自然会知,王阳明等儒家一直强调愚夫愚妇和圣人一样可以知善知恶。而事实上,中国人对没有受过教育、无知无识的民众能够识别善恶、能够成为有道德的人从来不曾有过丝毫的怀疑。

而且,王阳明还可以解决困扰哈奇逊等人的一大难题。道德感是与五种感官感觉类似的一种对善恶的感知,但是这一被哈奇逊等人认为是人生而有之的道德感却有着一个致命的缺陷:它没有一个与之对应的感官。⑤ 看见东西自然

---

① 转引自 Anna Wierzbicka, "Moral sense", *Journal of Social, Evolutionary, and Cultural Psychology*, 2007, 1(3), 66-85.
② 休谟:《人性论》,关文运译,第514页。
③ Michael Slote, "The many roles of empathy," *Philosophia*, (2017)45: 843-855.
④ Michael Slote, "The many roles of empathy," *Philosophia*, (2017)45: 843-855.
⑤ Michael Slote, "The many roles of empathy," *Philosophia*, (2017)45.

会知道事物的形色,是因为人们生来就有眼睛这一感官,这一感官的功能就是看。鼻子闻到气味就知道事物的味道,是因为人生有鼻子这一感觉气味的感官,只要这一感官的功能正常,人们就能闻到事物的气味。概言之,没人会怀疑自己获得的感觉,是因为它们有五种感官作为基础。但是,道德感虽然被认为是与五种感觉类似的对善恶的感觉,它却不像五种感觉一样有一个感官作为基础。对于人们提出的道德感是什么感官的感觉这一质疑,主张存在着道德感的哲学家们就无法予以回答了。而这一问题不能得到回答,也就意味着他们所主张的道德感是靠不住的。"经常提到的反驳是,不像我们熟知的五种感觉,道德感不存在身体的基础。"①这一问题同样困扰着想要复兴道德感这一概念的斯洛特。为此,他费尽心机地从现代科学中为道德感寻找身体的基础。斯洛特对道德问题的讨论都绕不过感同身受(empathy)这一概念,道德感也被斯洛特认为是经由感同身受的心理传递机制而产生的。但是,感同身受是一种心理传递机制,而非感官。为此,斯洛特进一步将感同身受的心理机制与人的神经系统联系了起来。"作为道德感的感同身受是由某种镜像神经元的功能为基础的。"②镜像神经元是身体的,这样一来斯洛特似乎为道德感找到了感官的基础。但是,问题依然没有得到解决。因为镜像神经元是不能被称为感官的,它们甚至不能被称为器官。而如果道德感的生理基础是神经元的话,那么鼻、耳、口、舌、身等感官也是需要通过神经系统才能发挥作用的。这样一来,将五种感觉分别归属五种感官就没有意义了。

而在儒家哲学中,这一问题是可以解答的。道德感是心的功能,心就是道德感相对应的感官。在儒家哲学中,心是认识和感知的器官。所谓"知是心之本体"③,说的就是心是能知的,心的这一能知的功能又被称为良知。因此,心是知对应的器官是清楚的。那么,心能不能称为感官呢?如果它能被称为感官,它又是如何感知的呢?将心称为感官面临的问题是心是内脏,并不直接和外物接触。而眼、耳、鼻、舌、身等感官则是直接与外物接触的,因此能感。对于这一问题,王阳明有自己的解答。一方面眼、耳、鼻、舌、身是感官这些感官可以感知外在世界。但是,与西方哲学不同的是,中国哲学并未止步于此,而是在肯

---

① Michael Slote, "The many roles of empathy," *Philosophia*, (2017)45:843-855.
② Michael Slote, "The many roles of empathy," *Philosophia*, (2017)45:843-855.
③ 王守仁:《王阳明全集》,第7页。

定眼、耳、鼻、舌、身是能感知外物的感官之后,接着说这些感官能感知外物还有赖于心的主宰,即所谓"心者身之主也"①。耳、目等感官是在心的主宰下活动的,离开了心的主宰,耳、目等感官就不能感知。"耳、目、口、鼻、四肢,身也,非心安能视、听、言、动?"②因此,人认识外物的过程实质上是心通过耳、目等感官在认识。"心不是一块血肉,凡知觉处便是心,如耳目之知视听,手足之知痛痒,此知觉便是心也。"③如果心在知、在感,就可以说道德感的感官基础就是心。人生而有心,心的功能是知,所以人生而就有道德感。这也就是孟子所说的:"是非之心,人皆有之。"(《孟子·告子上》)当然,道德感固然是和其他五种感觉一样是感官的功能发用的结果,但它们之间又有些区别。其他五种感觉可以被明确地归到某一外在感官,又可以被归到心。但道德感却并不能被归到外在的五种感官,只能被归为心的功能的发用。换言之,道德感并非某一外在感官的功能,而是心主宰五种感官,并对五种感官的感觉进行统合以后才形成的对善恶的感知。

因此,在王阳明这里,困扰西方哲学家的道德感的感官基础这一问题却可以迎刃而解,道德感是心这一内在感官的功能,心通过眼、耳等外感官可以感知、识别善恶,而不需要有关于善恶的理论知识就能知是非善恶。

王阳明的知行合一还讨论了知识如何获得这一认识论问题。王阳明第二种意义上的知行合一所强调的是有些知识需要通过行动来获得,这一意义的知行合一在中国哲学中是常见的观点,但这一观点放到西方哲学的语境中,就会显现它的意义。自古希腊开始,获得知识就是运用理性去认识不变的对象。因此,获得知识主要是个沉思的过程,和身体的行动是无关的。正如郁振华老师所说的:"两个世界的形上学将理论与实践、知识和行动划归在不同的领域之中:理论/知识旨在把握不变的实在世界,而实践/行动则属于变化的现象。"④因此,哲学家的工作是通过沉思而获得知识。而将不变的对象作为认识对象的古典认识论在近代科学革命之后受到了冲击。现代科学想要获得的知识不是关于终极实在世界中不变的、永恒的对象,而是关于变动、流变的现象世界中的

---

① 王守仁:《王阳明全集》,第53页。
② 王守仁:《王阳明全集》,第103页。
③ 王守仁:《王阳明全集》,第138页。
④ 郁振华:《沉思传统与实践转向——以〈确定性的追求〉为中心的探索》,《哲学研究》,2017年第7期。

对象的知识。有鉴于这一变化,杜威提出了所谓的实验探究的认识论。在杜威的实验探究的认识论看来,认识的目的不再是认识不变的对象,而是要认识、探究变化之间恒常的关系,而认识、探究的方式也不再是沉思,而是行动。杜威的实验探究有三个基本特征:"1. 所有实验都包含外在行动,明确地改变环境,或改变我们和环境的关系;2. 实验不是随机任意的活动,它受观念的指导,这些观念必须满足引发积极探究的问题所提出的需要;3. 受指导的活动的结果,是建构一种新的经验情境,其中对象以不同的方式相互关联,因此,受指导的操作的后果构成了知识的对象。"①根据杜威对实验探究特征的刻画,我们不难看出实验探究是一种知行合一的活动。认识是关于变化的对象的,认识是通过活动(doing)来实现的,认识的对象是实验探究的活动所建构的。对此,郁振华老师总结道:"实验探究的认识论以知行合一为基本特点,行动/实践贯穿于整个探究过程:探究从变革环境的外在行动开始;探究是在观念指导下展开的,而观念的本性是操作的;随着研究的完成,公开的、外在的行动的后果建构了知识对象。"②很明显,杜威的模式的知行合一所要弥合的是理智与智力、不变的对象与人的行动之间的分离。通过人的行动——实验探究——人们形成了关于变化的对象的知识。在实验探究的认识论中,知识与行动是不可分离的。

如果说杜威是在现代才提出了实验探究的认识论,将认识活动与知识、知识与行动融为一体,那么中国哲学则一直主张在行中知,王阳明的第二种意义上的知行合一就是对这一主张的表述。

二、知行合一的行动哲学意蕴

王阳明的知行合一的第三种含义是知行一贯、知会引发行动。这里涉及行动哲学。行动哲学讨论的是有意义行动的哲学问题,其中就包含了行动动力的问题。西方行动哲学的主流是休谟主义,认为人的行动涉及两个不可缺少的因素:欲望和信念。在这两个因素中,欲望是动力,信念的作用则是为实现欲望指向的目的找到可行的路径。二者相结合就构成了有意义的行动。按照休谟主

---

① 转引自郁振华:《沉思传统与实践转向——以〈确定性的追求〉为中心的探索》,《哲学研究》,2017年第7期。
② 郁振华:《沉思传统与实践转向——以〈确定性的追求〉为中心的探索》,《哲学研究》,2017年第7期。

义的主张,知(信念)本身不具有动力,无法引发行动。王阳明没有像休谟一样,主张知要在欲望的配合下才能引发行动,而是主张知能引发行动。这一主张要成立的话,就意味着知不是纯粹理性的,而应该是内蕴情感欲望等动力因素的。

在行动的动力问题上,王阳明和孔子、孟子等一样,也把情感看作是行动的动力。"除了人情事变则无事矣。喜怒哀乐非人情乎?自视听言动,以至富贵、贫贱、患难、死生,皆事变也。事变亦只在人情里。"①有了内在的道德情感,自然会去做有道德的事。"譬之树木,这诚孝的心便是根,许多条件便是枝叶,须先有根,然后有枝叶,不是先寻了枝叶,然后去种根。《礼记》言:'孝子之有深爱者,必有和气;有和气者,必有愉色;有愉色者,必有婉容。'须是有个深爱做根,便自然如此。"②

如前所述,王阳明的作为认识活动结果的知中的一种是对是非善恶的感知,即道德感。道德感就其是一种感觉而言,既有感觉的意思,也有感情的意思。因此,道德感并非是与感情割裂的。这也是沙夫茨伯里等人在论及道德感时常常会将之理解为情感的原因。在中国文化中,不存在一个如古希腊那样的灵魂三分的人的图景。中国文化中的人更多的是身心不二、情理交融的。在中国文化中,心既是思想的器官,也是情感(欲望)的器官,心兼具思想与情感的功能。王阳明说:"性一而已,仁、义、礼、智,性之性也;聪、明、睿、知,性之质也;喜、怒、哀、乐,性之情也。"③情和知一样都是对感的应,心是一个心,应是一个应,心的随感而应自然也就是一个,不过这个应从不同的角度可以把它称为意、知、情。见孺子将入井,自然会有怵惕恻隐之心。怵惕恻隐之心是情,而这一情亦即知。王阳明说"见孺子入井自然知恻隐",见孺子将入井而产生怵惕恻隐之心,从认识的角度看,即有怵惕恻隐之情也就是对怵惕恻隐的知。恻隐之情和对这一情的知是一回事。"心一而已,以其全体恻怛而言谓之仁,以其得宜而言谓之义,以其条理而言谓之理。"④恻怛之仁是情,这一情从条理的角度而言就是理了。知与情是一回事,也可以表达为知是与情交融的知,情是含有知(理性)的情。而这也正是中国文化对知与情的一贯理解。对于中国文化的这一特

---

① 王守仁:《王阳明全集》,第17页。
② 王守仁:《王阳明全集》,第3页。
③ 王守仁:《王阳明全集》,第77页。
④ 王守仁:《王阳明全集》,第48页。

点,西方哲学家也日渐认识到了。在谈到西方需要向中国哲学学习时,斯洛特说:"儒家以及一般意义上的中国思想家没有像西方思想家那样很自然地从概念上区分认知和情感。"①

如果知是交融了情感的知,那么知也就具有了推动行动的功能。有了知,也就有了行动的动力。见到父母后,不仅会知道要孝敬父母的道理,也有了孝敬父母的情感动力。知孝也就能行孝。见孺子入井自然知恻隐,看到孺子将要掉到井里,人们不仅能知道这是危险的,还会有相应的恻隐之心油然而生,也就有了伸出援手、救下小孩子的行动。这里面的关键,就在于知蕴含了情感,能够推动行动。而这一动力如果达到了一定强度,就必然会引发相应的行动。王阳明对于蕴含了情感的知能推动人的行动是深信不疑的。"大学言:'诚其意者,如恶恶臭,如好好色,此之谓自慊。'曾见有恶恶臭、好好色而须鼓舞支持者乎?"②对恶臭的厌恶之情足以推动人掩口鼻而避之,对好色的好也足以推动人们亲近好色,不需要额外的力量来推动。

从认识论的角度看,王阳明所讨论的这一意义上的知是提出了一种知的新形态,即蕴含或者交融着情感等非理性因素的知。因为情感(欲望)在西方哲学中被认为是行动的动力,因此,道德感这种感知是内蕴动力的知。有鉴于此,黄勇教授认为王阳明的知是有别于西方认识论中讨论的两种知之外的第三种知:动力之知。"阳明的知行合一之知(良知)既不是命题性知识,也不是能力之知,而是第三种知识:知道去做的知识或动力之知(knowing to)。动力之知具有命题性知识和能力之知都没有的独特特性:具备动力之知(比如,知道去爱父母)的人会做出相应的行动(比如,爱父母),但是,无论是单独的命题性知识(比如,知道一个人应该爱父母)或能力之知(比如,知道怎样爱父母),还是二者相结合,都不会驱使具备这些知识的人做出相应的行动(比如,爱父母)。"③为什么动力之知是第三种知?原因就在于动力之知越出了理性的范围,将情感、欲望纳入其中,而命题知识、能力之知都是理性范围内的。由于它既不能被包含在命题知识之中——因为它不是纯粹理智的,又不能被包含在能力之

---

① 迈克尔·斯洛特:《重启世界哲学的宣言:中国哲学的意义》,刘建芳、刘梁剑译,《学术月刊》,2015年第5期。
② 王守仁:《王阳明全集》,第83页。
③ 黄勇:《论王阳明的良知概念:命题性知识,能力之知,抑或动力之知?》,《中国哲学》,2016年第4期。

知之中——因为它不是纯粹智力的,它只能是第三种知,即动力之知。

对是非善恶的知——道德感——是情理交融的,它既有理性的因素,也有情感这一动力因素,知实际上是休谟意义上的欲望和信念的复合体。"阳明想说的要点在于,信念与欲望,即真正意义上的知与行无法分开来说。这单个心理—身体状态就是信念与欲望、知与行的统一。"①与休谟主义将知识/信念与情感/欲望看作既相互独立又相互配合而引发行动不同,反休谟主义则认为信念和欲望本身是一而不是二,信念(belief)与欲望(desire)的交融就是信欲(besire)。信欲是西方哲学中一个刚刚被创造出来的概念,而其核心含义在王阳明那里已经得到了阐释。可以说,王阳明早就讨论了信欲这一概念。

三、知行合一的伦理学意蕴

王阳明知行合一的另一重意蕴,也是最主要的意蕴是其伦理学意蕴。中国哲学与西方哲学不同,其关注点在于如何为人处事,如何成为人(成人),而不是认识。"大端惟在复心体之同然,而知识技能非所与论也。"②王阳明在讨论知行合一时,虽然涉及了认识论的问题,但他讨论问题的重点也始终是围绕着如何为人处事,如何成人来展开的。

在如何成人这一问题上,儒家注重从两个方面入手。一是发现人能为善成人的基础,即对心中生而有之的人之为人的善端有所认识,认识到这是成人成己的内在依据。二是通过修养工夫将善端扩而充之发扬光大。换言之,要成人成己既需要知,也需要在知的基础上有相应的行动。在儒家的理论中,有道德的人是通过做有道德的事并不断重复而形成的,恶的人是不断地做恶的事的结果。这就是孔子所说的:"性相近也,习相远也。"(《论语·阳货》)因此,(有道德的)行动在儒家思想中就有了重要的地位。而王阳明的知行合一要告诉人们的正是要从知这一行动之"本"、之"始"开始关注有道德的行,通过培养善的意念、去除恶的意念来引发有道德的行动,从而习以成人。

---

① 黄勇:《论王阳明的良知概念:命题性知识,能力之知,抑或动力之知?》,《中国哲学》,2016 年第 4 期。
② 王守仁:《王阳明全集》,第 62 页。

"知是行之始,行是知之成。若会得时,只说一个知,已自有行在;只说一个行,已自有知在"①"知之真切笃实处,即是行"②。在王阳明看来,知行就像本末一样,其实是一物的不同部分或阶段。"夫木之干谓之本,木之梢谓之末,惟其一物也,是以谓之本末。若曰两物,则既为两物矣,又何可以言本末乎?"③知行是心感于外物而有所应的不同阶段。在心随感而应的这一过程中,知是在开始的阶段,即知是行之始。行是这一过程的完成,即行是知之成。那么,这一过程又是如何发生的呢?"身之主宰便是心,心之所发便是意,意之本体便是知,意之所在便是物。"④王阳明的这句话将这一过程描述得很清楚。心是身体感官的主宰,外物作用于人的感官后实际上是心在感知。而心在感于外物之前是寂灭不动的。在感于外物之后才会有所发,有所应,也就是心动。心的随感而应产生了意,"应感而动者谓之意"⑤。而意和知实际上是一回事。因此,也可以说心一动就有知,这也就是所谓的始。而心动产生的意必然要有所着落,这着落之所在就是物(事)。"如意在于事亲,即事亲便是一物;意在于事君,即事君便是一物;意在于仁民爱物;即仁民爱物便是一物;意在于视听言动,即视听言动便是一物。"⑥事亲事君仁民爱物都是见诸形体,运用形体的实践行动。此即所谓行是知之成。不难看出,从心动而有意(即有知),到这一意、知见诸形体而有行动是一个连续的过程,是一而不是二。知行合一、知行一体判然。

但是,是不是心随感而应的知必然会贯通为见诸形体的行动呢?实际上并非如此。王阳明自己也承认,存在着知是知、行是行的情况。"古人所以既说一个知,又说一个行者,只为世间有一种人,懵懵懂懂的任意去做,全不解思惟省察,也只是个冥行妄作,所以必说个知,方才行得是;又有一种人,茫茫荡荡悬空去思索,全不肯着实躬行,也只是个揣摩影响,所以必说一个行,方才知得真。"⑦那么,这是不是和知行合一存在着矛盾呢?对于这一问题,我们只要明白王阳明所说的知行合一是知行的本体,就会知道它们之间并不矛盾。徐爱论

---

① 王守仁:《王阳明全集》,第5页。
② 王守仁:《王阳明全集》,第47页。
③ 王守仁:《王阳明全集》,第1069页。
④ 王守仁:《王阳明全集》,第6页。
⑤ 王守仁:《王阳明全集》,第53页。
⑥ 王守仁:《王阳明全集》,第7页。
⑦ 王守仁:《王阳明全集》,第5页。

述知行是两回事时曾举例说:"今人尽有知得父当孝、兄当弟者,却不能孝,不能弟,便是知与行分明是两件。"对此,王阳明的回答是:"此已被私欲隔断,不是知行的本体了。"①本体,就是本来的样子、最初的样子。也就是说,知行合一是知行本来最初的样子。但这一本来、最初的样子却由于某些原因,不成其为本来的样子了,也就是失其本体了。根据王阳明知行合一的理论,知而不行的原因在于本来应该蕴含、交融了足够推动人的行动的情感的知却没有蕴含、交融足够推动人行动的情感。这又是如何发生的呢? 王阳明认为出现这一情况的原因有两个。一是知得不够真切笃实,所以知中蕴含、交融的情感不够。情是由感而生的,有些东西与感应它的人的关系是疏远的,那么情感很难被唤醒。有些则与人的关系是切近的,情感就容易被唤醒。同一个人对不同的物的感应有切近疏远之分,不同的人对同一个物的感应也有切近疏远之分。一般而言,愈是直接与人的感官直接相连的对象就愈能激发情,而与人的感官的联系愈是疏远就愈难以激发情。二是另有私欲干扰、遮蔽,不能主意。"某尝说知是行的主意,行是知的功夫。"②主意的主是主一的意思,其意或者指心中只有某一意,或者指有一能做主的意。只要这一意蕴含了足够的情,它自然能引发行动。而当心中并非只有一意,还有其他的意,比如私欲、人欲的时候,这个意会被私欲等干扰、遮蔽,就不能引发行动了。

　　正由于意念可能不会立刻化为行动,很多人对于心中还未化为行动的恶念就不加重视,听之任之。王阳明知行合一的宗旨其实就是提醒人们对于刚萌发的恶念要戒慎恐惧。"此须识我立言宗旨。今人学问,只因知行分作两件,故有一念发动,虽是不善,然却未曾行,便不去禁止。我今说个'知行合一',正要人晓得一念发动处,便即是行了。发动处有不善,就将这个不善的念克倒了。须要彻根彻底,不使那一念不善潜伏在胸中。此是我立言宗旨。"③

　　心中恶的意念虽然暂时还未化为行动,但只要这一恶潜伏在心中,就像疾病有潜伏期,虽暂时没发病,但只要病根不除,却终究发病一样。人们心中的恶念往往是人欲,人欲是真切笃实的。刚萌生的恶念可能还没有足够的动力

---

① 王守仁:《王阳明全集》,第4页。
② 王守仁:《王阳明全集》,第5页。
③ 王守仁:《王阳明全集》,第109—110页。

引发人的行动,但只要不被克灭掉,就会不断滋长,终究会化为恶行。王阳明说知行合一,其目的就是要提醒人们及时克灭心中的恶念。王阳明多次强调要在恶念刚一萌生时就将其克灭掉。"无事时将好色好货好名等私,逐一追究搜寻出来,定要拔去病根,永不复起,方始为快;常如猫之捕鼠,一眼看着,一耳听着,才有一念萌动,即与克去,斩钉截铁,不可姑容,与他方便,不可窝藏,不可放他出路,方是真实用功,方能扫除廓清。"①恶念被彻底克灭了,心中也就纯是善,纯是天理了。对心中的恶要警惕关注,也就是儒家所说的慎独。王阳明十分注重慎独。"此独知处便是诚的萌芽;此处不论善念、恶念,更无虚假,一是百是,一错百错,正是王霸、义利、诚伪、善恶界头,于此一立立定,便是端本澄源,便是立诚。古人许多诚身的工夫,精神命脉,全体只在此处,真是莫见莫显,无时无处,无终无始,只是此个工夫。"②概言之,善恶生于心,抓住这一根本就需要慎独,返身向内、反求诸己,通过在内心中做为善去恶的工夫来成就道德。

综上所述,王阳明的知行合一讨论了人如何认识自己人之为人的本性,强调人有生而知之的认识能力——良知,通过认识能力的发用,就能获得对是非善恶和如何对待他人的理或则的认识,此即所谓致良知。人内心中对善恶的知内蕴着情感这一行动的动力,必然会见诸形体而成为行动。要通过道德践履这一"习"来成人成己,就得从行动的"始"入手,正心诚意,戒慎恐惧,使得内心中的意、知、欲都是善而没有恶,然后就能不断行善,习以成人。

On Wang Yangming's "the unity of knowledge and action"

Kong Wenqing

Abstract: Wang yangming's knowledge has five meanings and his action refer to physical activity and also refer to do it mindfully. The unity of knowledge and action has three meanings: one of them is knowing is action. Secondly, it means Knowledge rely on

---

① 王守仁:《王阳明全集》,第18页。
② 王守仁:《王阳明全集》,第39—40页。

knowing activity. Thirdly, it means knowledge could give rise to action. "The unity of knowledge and action" was with the purpose of cultivating the good besire and wiping out the evil besire.

Keywords: the unity of knowledge and action, moral sense, moral cultivation, epistemology

同中有异：朱子学与阳明学之比较
——以心理关系为中心

郭高军*

[摘　要]　心理及其关系是朱子学与阳明学的重要内容。心原指人的心脏，它由气构成并决定身体的一切活动。在自然状态下，人心的活动是不可靠的。为了使人心的活动变得合理，朱熹阳明等理学家提出用天理来制约和规范人心。但心本质上是经验性的气质之物，而天理则是超越的客观实在，要使天理发挥它主宰人心的作用就必须把人心与天理合二为一。在心理未合之前，此时人们需要用心以求理以期引理入心，故朱熹重心。当心理已合之后，此时人们只需致其良知、发明本心，知致则心自正，故阳明重理。在心理关系问题上，朱子学与阳明学的观点大体相同，其差别只是二者对心和理有不同的侧重。

[关键词]　朱子；阳明；人心；天理；心理合一

---

* 郭高军(1991—　)，男，河南鹿邑人，山东大学儒学高等研究院博士研究生，主要研究领域为中国古代哲学、宋明理学。

近代以来,学界普遍倾向于将宋明理学内部的"程朱理学"和"陆王心学"视为相互对立的两套学说体系。冯友兰先生曾说:"二人(二程)之学,开此后宋明道学中所谓程朱陆王之二派,亦可称为心学理学之二派。程伊川为程朱,即理学一派之先驱,而程明道则陆王,即心学一派之先驱也。"①冯友兰先生认为二程之学是后来狭义上的理学(程朱学)和心学(陆王学)产生及对立的源头,后来陈来先生也曾明确指出了二派在思想宗旨上的分歧和对立。在宋明理学史上,朱熹和阳明分别被视为二派之代表,二派之对立也即意味着朱子学与阳明学之对立。然而,自20世纪以来,一些学者对这种传统观点已经开始提出质疑,他们甚至于提出了将理学和心学合流的观点。钱穆先生曾说:"后人言程朱主'性即理',陆王主'心即理',因分别程朱为理学,陆王为心学。此一分别亦非不是,然最能发挥心与理之异同分合及其相互间之密切关系者盖莫如朱子。故纵谓朱子之学彻头彻尾乃是一项圆密宏大之心学,亦无不可。"②以冯友兰先生为代表的学者们主张将程朱陆王分而论之,而以钱穆先生为代表的学者们则主张将二派合流,他们甚至于将朱子学归入陆王心学。但据笔者考察,以往学者们直接地将二派对立或合一的观点都有失偏颇。因为单就朱子学与阳明学的关系而论,二者的关系准确说来应该是"大同小异"或"同中有异"。本文即试图从心理关系的角度对这一观点进行论证。

一、人心:生存之本

心是传统儒家所关注的一个重要对象,它的本义是指人的心脏。许慎曰:"心,人心,土藏,在身之中。"③从生物学的角度讲,心脏是人体最重要的生存器官,它是维持人体正常运转的根本条件,人的一切行为或活动无不由心所决定。一旦心脏停止跳动,则整个人体便会死亡,中医上就常以心脏是否跳动来判断人是否有生命的迹象。《黄帝内经》上说:"心者,生之本,神之变也。"④古人讲心是生之本、神之变化,可见心是人体一切生存活动的根本。人体之中原本有五

---

① 冯友兰:《中国哲学史》,上海:华东师范大学出版社,2015年,第184—185页。
② 钱穆:《朱子新学案》,北京:九州出版社,2011年,第89页。
③ 许慎:《说文解字》,北京:中华书局,2013年,第844页。
④ 王冰注:《黄帝内经素问》,北京:中医古籍出版社,2015年,第56页。

脏六腑,心脏仅为五脏之一,然何以唯独心脏乃为生命之本呢？"五脏所藏:心藏神、肺藏魄、肝藏魂、脾藏意、肾藏志。是为五脏所藏。五脏所主:心主脉、肺主皮、肝主筋、脾主肉、肾主骨。是谓五主。"①原来在五脏之中,唯有心脏能藏神。"所谓神即精神、生命之根本标志,类似于西方哲学中的 soul。有神则生,无神则死。"②故身之有心如同树之有根,树无根必然不活,心死则身必然随之而亡。既然心在人的生存当中扮演着如此重要的角色,那么它是如何形成且又有哪些特征呢？

中国古人认为天地万物生存与活动的本质是气,生为气聚死为气散,总之"通天下一气耳"③。宋明儒者完全继承了这一观点,他们认为心的本质就是气,故人心又常被称为气质心。朱熹曰:"人心者,气质之心也。"④气本身是无形无象、不可捉摸的,所以如果只有气的话,心还不能成为一个具体的存在。所以,朱熹认为人心不仅要有气还要有血。朱熹曰:"所谓人心者,是气血和合做成,(先生以手指身)嗜欲之类,皆从此出,故危。"⑤有气有血方才构成人心。但如果只讲气血,那么人心还只是一块死的血肉。所以阳明曰:"所谓汝心,亦不专是那一团血肉。若是那一团血肉,如今已死的人,那一团血肉还在,缘何不能视听言动？"⑥如果心只是一块死的血肉,那么它就丧失了维持人体生存的基本能力,故心必须还能够活动。阳明曰:"心不是一团血肉,凡知觉处便是心,如耳目之知视听,手足之知痛痒,此知觉便是心也。"⑦因此,判断人心是否正常的一个重要标志便是它是否能够知觉。

知觉是人心最基本的能力。朱熹曰:"人心是知觉,口之于味,目之于色,耳之于声底,未是不好,只是危。"⑧人心有了知觉它才能被外物所刺激,也只有当外物刺激到心之后才能引发它的一系列活动,这些活动主要表现为意、情和志。

---

① 王冰注:《黄帝内经素问》,第 130 页。
② 沈顺福:《人性的历程——中国古代儒家哲学的基本问题及其历史演变》,济南:山东人民出版社,2020 年,第 54 页。
③ 刘文典:《庄子补正》,北京:中华书局,2015 年,第 594 页。
④ 朱熹:《朱子全书》第 16 册,上海 & 合肥:上海古籍出版社 & 安徽教育出版社,2010 年,第 2668 页。
⑤ 朱熹:《朱子全书》第 16 册,第 2674 页。
⑥ 陆九渊,王守仁:《象山语录 阳明传习录》,上海:上海古籍出版社,2000 年,第 204 页。
⑦ 陆九渊,王守仁:《象山语录 阳明传习录》,第 294 页。
⑧ 朱熹:《朱子全书》第 16 册,第 2668 页。

朱熹曰："心者，一身之主宰；意者，心之所发；情者，心之所动；志者，心之所之，比于情、意尤重。"①心是一身之主宰，当人心有了情意志等活动后，这些活动就会相应地表现在身体的视听言动上。阳明曰："这性之生理便谓之仁。这性之生理，发在目便会视，发在耳便会听，发在口便会言，发在四肢便会动，都只是那天理发生，以其主宰一身，故谓之心。"②故心有所动则身有所应，人心的活动必然会通过身体外在的活动表现出来，这些活动可以总称为"事"。朱熹曰："有这个心，便有这个事；因有这个事后，方生这个心。那有一事不是心里做出来底？如口说话，便是心里要说。如'紾兄之臂'，你心里若思量道不是时，定是不肯为。"③人心的一切活动都会集中体现在外部之事上，一切事皆根源于心，故阳明说"心外无事"。阳明曰："夫在物为理，处物为义，在性为善，因所指而异其名，实皆吾之心也。心外无物，心外无事，心外无理，心外无义，心外无善。"④从现代哲学的角度讲，所谓事就是特指人类运用理性进行的一种有目的、有计划的实践活动。人与事是分不开的，心与事也是一体的。杨国荣教授说："在实质的层面，人因事而'在'。这里所说的'事'，泛指人所从事的多样活动。它既关乎日用常行，也涉及更广领域中人与物之间的互动和人与人之间的交往。这一意义上的'事'因人而有，并与人无法分离。"⑤事是人类活动的集中表现，而论其源头当追溯于心。所以，与其说人因事而在，倒不如说事因心而在，没有心的活动便没有"事"在人类实践领域中的展开。

心在人类实践活动中的源初性和决定性表明：人心具有积极的主观能动性。这种积极主动的能力就表现在人心能"思"上面，"思"是人体其他器官所没有的功能。孟子曰："心之官则思，思则得之，不思则不得也。此天之所与我者，先立乎其大者，则其小者弗能夺也。"⑥耳目等器官不思故常被外物障蔽，心之官能思故它能役物而非役于物。朱熹曰："耳司听，目司视，各有所职而不能思，是以蔽于外物。既不能思而蔽于外物，则亦一物而已。又以外物交于此物，其

---

① 朱熹：《朱子全书》第14册，第232页。
② 陆九渊，王守仁：《象山语录 阳明传习录》，第204—205页。
③ 朱熹：《朱子全书》第16册，第2672—2673页。
④ 王守仁：《王文成公全书》，北京：中华书局，2015年，第190页。
⑤ 杨国荣：《事与人的存在》，《中国社会科学》，2019年第7期。
⑥ 朱熹：《四书章句集注》，北京：中华书局，1983年，第335页。

引之而去不难矣。心则能思,而以思为职。凡事物之来,心得其职,则得其理,而物不能蔽;失其职,则不得其理,而物来蔽之。此三者,皆天之所以与我者,而心为大。若能有以立之,则事无不思,而耳目之欲不能夺之矣,此所以为大人也。"①人心因为能思故不会被外物所引之而去,它从而也可以保持自身的独立性,人也因为从此大体方得为大人。

在阳明那里,人心所具备的这种"思"的能力被进一步放大,它被视为人相较于万物所特有的明觉的能力。人不仅因为其心能思而成为大人,而且还因为心之明觉而成为天地之心、万物之主宰。"先生曰:你看这个天地中间,甚么是天地的心?对曰:尝闻人是天地的心。曰:人又甚么叫做心?对曰:只是一个灵明。可知充天塞地中间,只有这个灵明,人只为形体自间隔了。我的灵明,便是天地鬼神的主宰。天没有我的灵明,谁去仰他高?地没有我的灵明,谁去俯他深?鬼神没有我的灵明,谁去辨他吉凶灾祥?天地鬼神万物离却我的灵明,便没有天地鬼神万物了。"②人具有了心的虚灵明觉便具有了挺立于天地之间的勇气和底气,而且他也更能自觉地主宰天地万物以及自己的命运。"王阳明所谓的主宰,包括主宰自身的命运以及主宰宇宙的生存。这个主宰者,准确地说,主要指作为宇宙一分子的人类。主宰者是人类。立命说中的人讲的是人类:人类主宰自己的命运,而不是由天来安排。"③人心具有的那一点"灵明"可谓是自然对于人类的恩赐,人类若能善用其心便有了掌握自身和世界万物命运的能力。

然而,人心虽然对人类的生存具有如此非凡的意义,但它也有其自身与生俱来且无法克服的弊端。朱熹曰:"人心亦不是全不好底,故不言凶咎,只言危。盖从形体上去,泛泛无定向,或是或非不可知,故言其危。故圣人不以人心为主,而以道心为主。盖人心倚靠不得。人心如船,道心如柂。任船之所在,无所向,若执定柂,则去住在我。"④人心之所以不可靠就是因为它的活动完全是由自然的"好恶"所决定。在自然状态下,人心所好的即好之,人心所厌恶的即恶之,心做出的一切活动无不是以好恶为前提。故好恶可以说是人心在自然状态下最基本和普遍的活动原理,人心对"色臭"的好恶便是这种活动原理最集中的

---

① 朱熹:《四书章句集注》,第335页。
② 陆九渊,王守仁:《象山语录 阳明传习录》,第297页。
③ 沈顺福:《阳明心学与人类主体性》,《贵阳学院学报(社会科学版)》,2022年第5期。
④ 朱熹:《朱子全书》第16册,第2663页。

体现。"所谓诚其意者,毋自欺也,如恶恶臭,如好好色。"①好好色与恶恶臭是人心最为自然的活动,它最符合于人类本性。故告子便有食色性也这样的经典命题。

然而,好恶不仅是人天生的本能,动物同样也有。所以,如果人类只按照好恶来活动的话,那么人和动物便没有了差别。所以,在自然状态下人心虽然能够进行积极主动的活动,但由人心所发出的一切行为都是不可靠的,它可能为善也可能为恶。人心缺少了某种制约就像野马没有骑手、行船没有掌舵者,它随时都存在着倾倒覆没的危险。因此,人类要想使其外在的行为活动变得规范合理,则人心就必须接受其他东西的规范和制约。不过在经验世界当中,人心已经是一切行为的源头和最高主宰了,人们在这里已经找不出某种更高的东西能够管束得了人心了,所以他必须将目光投向经验世界之外的超验世界。人心在道德实践上所面临的这一困境已经呼唤着理学的核心概念即"天理"的出场了。

二、天理:行为之正

为了确保人心活动的可靠性和人类行为的正当性,理学家提出了具有超越性的"天理"。那么,什么是他们所讲的"天理"呢?从宇宙论意义上讲,"天理"是超越于人类经验世界之外的客观实在,它是宇宙万事万物存在的终极依据和所以然者。二程曰:"万物皆只是一个天理,己何与焉?至如言'天讨有罪,五刑五用哉!天命有德,五服五章哉!'此都只是天理自然当如此。人几时与?与则便是私意。"②"天理"是世界万物最高的主宰和存在的依据,万事万物的生存与活动都离不开"天理"。朱熹有时也把"天理"称为太极。朱熹曰:"太极只是天地万物之理。在天地言,则天地中有太极;在万物言,则万物中各有太极。未有天地之先,毕竟是先有此理。动而生阳,亦只是理;静而生阴,亦只是理。"③太极即天地万物之理,天地有天地之理,万物有万物之理。故"有此理,便有此天地;

---

① 朱熹:《四书章句集注》,第8页。
② 程颢,程颐:《二程集》,北京:中华书局,2004年,第30页。
③ 朱熹:《朱子全书》第14册,第113页。

若无此理,便亦无天地。无人无物,都无该载了。"①"天理"在宇宙论意义上构成了天地万物存在之本原,天地万物的存在都以"天理"为最终依据,它为天地万物的存在提供了本原性的支撑。若无"天理"便无天地,更没有由万事万物所构成的这个人类面前的经验世界。"天理"虽然是世界万物的本原,但它却不在人类的经验世界之内。所以对于人类而言,"天理"既是本原性的又是超越的,它超越于人类所处的经验世界之外。"天理"对于人类经验世界的关系使它类似但又绝不等同于康德所说的"物自体",因为"物自体"是指经验世界中的某一具体事物的本体,而"天理"则是整个经验世界的普遍本体。

"天理"不仅是天地万物的究竟本原,而且还是它们活动的普遍原理和法则。"万物皆天理"一方面是讲它们在存在上有一个共同的本原,另一方面是讲它们的活动都必然要遵循一个普遍的法则,这个法则就是"天理"。"宇宙的普遍法则,这个意义的理可称为天理。"②如果把这个天地万物都要遵循的"天理"称为总理的话,那么万物自身所遵循的理即为分理,这个分理是由总理分殊而来。朱熹曰:"伊川说得好,曰:'理一分殊。'合天地万物而言,只是一个理;及在人,则又各自有一个理。"③人物自身所具之理即为分理,这个分理便是性。"性者,即天理也,万物禀而受之,无一理之不具。"④如果说"天理"是最高的总理的话,那么性便是次一级的分理,"天理"与性便构成了属与种的关系。以仁与义、礼、智的关系而论,"仁字须兼义礼智看,方看得出。仁者,仁之本体;礼者,仁之节文;义者,仁之断制;知者,仁之分别。犹春夏秋冬虽不同,而同出于春:春则生意之生也,夏则生意之长也,秋则生意之成也,冬则生意之藏也。自四而两,两而一,则统之有宗,会之有元,故曰:五行一阴阳,阴阳一太极。又曰:仁为四端之首,而智则能成始而成终"⑤。在四者关系中,仁为总理,义礼智为分理,而义、礼、智三者又统归于仁。"天理"与性虽有等级上的差别,但二者在本质上还是一个东西。而相比于人物自身所具之"性","天理"始终是天地万物最高的存在依据和最普遍的活动法则。

---

① 朱熹:《朱子全书》第14册,第114页。
② 陈来:《关于宋明理学的几点认识》,《河北学刊》,2021年第5期。
③ 朱熹:《朱子全书》第14册,第114页。
④ 朱熹:《朱子全书》第14册,第232页。
⑤ 朱熹:《朱子全书》第14册,第249页。

所以,在"天理"未被理学家提出之前,心还是人类行为的最高主宰。而当"天理"出场之后,人类行为的最终决定者就由一个变成了两个,即不仅有"心"而且还有"理"。朱熹曰:"心固是主宰底意,然所谓主宰者,即是理也,不是心外别有个理,理外别有个心。"①心有了"理"这个主宰之后,它就不能再随便地活动,而是一心都要在"理"上。阳明曰:"一者天理,主一是一心在天理上。若只知主一,不知一即是理,有事时便是逐物,无事时便是着空。惟其有事无事,一心皆在'天理'上用功,所以居敬亦即是穷理。"②相比于朱熹"理"在心外、"理"在物中的观点,阳明则认为心外无事、心外无理,事只是心之所发、意之所着。故阳明不再像朱熹那样格物穷理,而是遇事存心,存心即是存"天理"。阳明曰:"约礼只是要此心纯是一个天理。要此心纯是天理,须就理之发见处用功。如发见于事亲时,就在事亲上学存此天理;发见于事君时,就在事君上学存此天理;发见于处富贵贫贱时,就在处富贵贫贱上学存此天理;发见于处患难夷狄时,就在处患难夷狄上学存此天理;至于作止语默,无处不然,随他发见处,即就那上面学个存天理。"③"天理"是人类正确行为的法则和原理,只有合乎"天理"的行为才是善的、正当的行为。"只在汝心循理便是善,动气便是恶。"不合于"天理"之公便会沦为人欲之私。④

如果说人心的活动充满了不确定性,它既无定向又忽善忽恶。那么"天理"的出场宛如为人心植入了一根定海神针,这就如同为野马套上了缰绳、为航船安上了船舵。人心从此不仅有"理"可循,而且人类行为的合法性和正当性也得到了保证。当人类不再按照自然的本能而是按照"天理"活动时,他也就实现了从自然的生物性生存向一种具有超越性的生存的转变。"自然人性的活动是不可靠的,它需要某种指南或主宰来超越其自然性,这个主宰者便是普遍天理。普遍天理的出场彻底改变了人类顺从本性的自然行为的本质。"⑤经过此种转变之后,人类不再仅仅满足于物质层面的需求,而是开始追求超越的"天理"。换句话说,对"天理"的遵循和追求才应该是人类生存和活动的态度。

---

① 朱熹:《朱子全书》第14册,第117页。
② 陆九渊,王守仁:《象山语录 阳明传习录》,第201—202页。
③ 陆九渊,王守仁:《象山语录 阳明传习录》,第173页。
④ 陆九渊,王守仁:《象山语录 阳明传习录》,第197页。
⑤ 沈顺福:《天理与儒家人类本质论》,《江淮论坛》,2021年第6期。

相比于人心在自然状态下的"好恶"活动,"天理"主导之后的人心虽然仍会好好色和恶恶臭,但此时决定好色之被好与恶臭之被恶的已不是人心而是"天理"。朱熹曰:"言反诸身,而所备之理,皆如恶恶臭好好色之实然,则其行之不待勉强,而无不利矣,其为乐孰大于是。"①"好色"与"恶臭"本身因为符合于"天理",所以人才会有"好恶"行为的产生。此时,人若无私意掺杂则"好恶"的行为便会自然地发生。"如好好色,如恶恶臭,则如何?曰:此正是一循于理;是天理合如此,本无私意作好作恶。曰:如好好色,如恶恶臭,安得非意?曰:却是诚意,不是私意。诚意只是循天理。"②好好色与恶恶臭不是人欲要如此,而是"天理"当如此。"人但得好善如好好色,恶恶如恶恶臭,便是圣人。"③好善而不待勉强,恶恶而无停滞,这才真正是儒家所说的"率性而为"。

朱熹阳明等理学家提出用作为普遍法则的"天理"来主宰气质人心之后,人类行为的正当性和可靠性便得到了保证。此时,决定人类行为的不再是自然的人心而是超越的"天理",因为只有合理的行为才是正确的行为。然而,理学家提出的"天理"是一种超越的客观实在,而人心则是一种经验性的气质之物。"天理"人心本是两个不同质的事物,那么如何才能使"天理"真正发挥它主宰人心的作用呢?朱熹虽然也主张人心中原有个性,而且这个性就是"理"。但是,这个性因为处于被浊气所遮蔽的状态,故它常常"在如不在",这也就使得它无法发挥主宰人心的作用。朱熹曰:"人性本明,如宝珠沉溷水中,明不可见。"④所以,要使人心中的"性"幽而复明,人就必须做工夫变化气质来使人性重放光彩,变化气质将"性"彰显的过程也就是将超越的"天理"和气质人心合而为一的过程。只有"心理合一"之后,"天理"才能真正发挥它主宰人心及人类行为的功能和作用。

三、心理合一

面对自然人心活动之不可靠性,朱熹阳明等宋明理学家提出了具有超越性

---

① 朱熹:《四书章句集注》,第328页。
② 陆九渊,王守仁:《象山语录 阳明传习录》,第197—198页。
③ 陆九渊,王守仁:《象山语录 阳明传习录》,第269页。
④ 朱熹:《朱子全书》第14册,第367页。

的"天理",其目的便是要用"天理"来主宰和规范人心。所以,理学之核心概念"天理"的提出不是偶然的,它必然有其历史的使命。从存在论的角度讲,"天理"的出场为包括人类在内的宇宙万物提供了本体性的证明。而从人类实践的角度讲,"天理"便成为人类正确而合理活动的普遍法则和根本保障。然而,如何使超越性的"天理"对气质性的"人心"产生其应有的作用呢?这就不得不涉及理学家的工夫理论。朱熹等理学家经常讲人要做工夫来变化气质,其实变化气质只是工夫的外在表现,其本质乃是将超越之"理"与气质之"心"合在一起。"心理合一"之后,"天理"便可以发挥它主宰"人心"的作用了。朱熹阳明在"心理合一"这一最终目标上的观点相一致,但二者对"心"与"理"却有不同的侧重。

为了实现心理的合一,程朱主张向外格物穷理。程朱认为万事万物莫不有理,要穷理就必须做格物致知的工夫。格物便是格外界之事事物物,致知便是明此事事物物所具之理。二程曰:"凡一物上有一理,须是穷致其理。穷理亦多端:或读书,讲明义理;或论古今人物,别其是非;或应接事物而处其当,皆穷理也。"①最高的"天理"只有一个,而万物则是无穷无尽。所以,穷理并不是将万物都理会一番,而是要在事物上坚持不懈地格下去。二程曰:"须是今日格一件,明日又格一件,积习既多,然后脱然自有贯通处。"②人们只要在格物这件事情上积习得足够多,人心便最终会脱然贯通。朱熹曰:"是以大学始教,必使学者即凡天下之物,莫不因其已知之理而益穷之,以求至乎其极。至于用力之久,而一旦豁然贯通焉,则众物之表里精粗无不到,而吾心之全体大用无不明矣。"③当内心豁然贯通之后心与理就不再是对立的二物,而是心完全被理所充满。朱熹曰:"心与理一,不是理在前面为一物。理便在心之中,心包蓄不住,随事而发。"④当心中全是"天理"毫无人欲之后,则人之意自诚、心自正、行为也就自然符合于理。朱熹曰:"为学者须从穷理上做工夫。若物格、知至,则意自诚。意诚,则道理合做底事自然行将去,自无下面许多病痛也。"⑤人们通过不断地格

---

① 程颢,程颐:《二程集》,第 188 页。
② 程颢,程颐:《二程集》,第 188 页。
③ 朱熹:《四书章句集注》,第 8 页。
④ 朱熹:《朱子全书》第 14 册,第 219 页。
⑤ 朱熹:《朱子全书》第 14 册,第 296 页。

物穷理,"天理"便最终进入人心并发挥它主宰人心的作用,人心便能从理而动。

当人在格物穷理的过程中,性始终处于被遮蔽的状态,而理又含于外物而待穷。此时唯有心具有积极主动的认识功能,故朱熹尤为重视心的作用。朱熹曰:"吾辈却要得此心主宰得定,方赖此做事业,所以不同也。如中庸说'天命之谓性',即此心也;'率性之谓道',亦此心也;'修道之谓教',亦此心也;以至于'致中和''赞化育',亦只此心也。致知,即心知也;格物,即心格也;克己,即心克也。……若此心上工夫,则不待商量赌当,即今见得如此,则更无闲时。"①故在朱熹看来,格物穷理的这项事业必须依赖心才得以完成。工夫的对象虽然是外在的事事物物,但其发力点和落足点其实都在心上,工夫其实全在心上做。钱穆先生说:"朱子论宇宙界,似说理之重要性更过于气。但论人生界,则似心之重要性尤过于性。因论宇宙界,只在说明此实体而落到人生界。要由人返天,仍使人生界与宇宙界合一,则更重在工夫,工夫则全在心上用,故说心字尤更重要。"②正因为人心有积极主动的认识功能,"天理"才有了被人类认识和把握的可能。"心是气之灵,惟人类独得此气之灵,故能有此心,能觉此理。……心只是觉。须待此心所觉全是理,满心皆理,始是到了心即理境界。"③如果说理是人类应当追求的目标,心便是达到这一目标的根本保证。所以,"天理"虽然是朱熹思想的标志性概念,但其实他更为看重心在穷理中的功能和作用。故在心理二者之间,朱熹重视的是心。

朱熹认为理须格物方能穷得,其言外之意便是说人们在格物之前心理是相分的。阳明不满意朱熹这种将心理二分的观点,"朱子所谓格物云者,在即物而穷其理也。即物穷理,是就事事物物上求其所谓定理者也。是以吾心而求理于事事物物之中,析心与理而为二矣"④。与朱熹的观点相反,阳明认为"天理"不在外物而是原本就在人的心中。阳明曰:"心即理也,无私心即是当理,未当理便是私心。若析心与理言之,恐亦未善。"⑤不仅理在心中,物也是如此。阳明曰:"身之主宰便是心,心之所发便是意,意之本体便是知,意之所在便是物。如

---

① 朱熹:《朱子全书》第14册,第362页。
② 钱穆:《朱子学提纲》,北京:生活·读书·新知三联书店,2014年,第49页。
③ 钱穆:《朱子学提纲》,第51页。
④ 陆九渊,王守仁:《象山语录 阳明传习录》,第213页。
⑤ 陆九渊,王守仁:《象山语录 阳明传习录》,第194页。

意在于事亲,即事亲便是一物;意在于事君,即事君便是一物;意在于仁民爱物,即仁民爱物便是一物;意在于视听言动,即视听言动便是一物。所以某说无心外之理,无心外之物。"①此即心外无理,心外无物。心中虽然含理,但这个心也可能为道心也可能为人心。阳明曰:"心一也,未杂于人谓之道心,杂以人伪谓之人心。人心之得其正者即道心,道心之失其正者即人心:初非有二心也。"②在阳明看来,道心人心实为一个心,其同处即皆含"天理",其差别处是道心全是"天理"毫无人欲,人心则不免有人欲之间杂。

　　既然"天理"先天地就在人的心中,那么它就不需要人们向外寻求。故阳明认为工夫只需在"心体"上做。阳明曰:"须于心体上用功,凡明不得,行不去,须反在自心上体当即可通。"③在"心体"上用工与在心上用工不同。在心上用工是要发挥人心积极主动的认识功能,而在心体上用工则是发明本心固有之"天理",这个"天理"也叫作良知。良知先天地能知善知恶、知是知非。阳明曰:"知是心之本体,心自然会知:见父自然知孝,见兄自然知弟,见孺子入井自然知恻隐,此便是良知,不假外求。若良知之发,更无私意障碍,即所谓充其恻隐之心,而仁不可胜用矣。然在常人不能无私意障碍,所以须用致知格物之功,胜私复理。即心之良知更无障碍,得以充塞流行,便是致其知,知致则意诚。"④

　　良知既然先天地有此明觉,故阳明后来只以致良知教人。他认为致良知是为学之头脑,教人之第一义。阳明曰:"良知之外,别无知矣。故致良知是学问大头脑,是圣人教人第一义。今云专求之见闻之末,则是失却头脑,而已落在第二义矣。……大抵学问工夫,只要主意头脑是当,若主意头脑专以致良知为事,则凡多闻多见,莫非致良知之功。"⑤只要主意头脑是当,致吾心之良知于事事物物便是心理合一。阳明曰:"若鄙人所谓致知格物者,致吾心之良知于事事物物也。吾心之良知,即所谓天理也。致吾心良知之天理于事事物物,则事事物物皆得其理矣。致吾心之良知者,致知也。事事物物皆得其理者,格物也。是

---

① 陆九渊,王守仁:《象山语录　阳明传习录》,第172页。
② 陆九渊,王守仁:《象山语录　阳明传习录》,第173—174页。
③ 陆九渊,王守仁:《象山语录　阳明传习录》,第182页。
④ 陆九渊,王守仁:《象山语录　阳明传习录》,第173页。
⑤ 陆九渊,王守仁:《象山语录　阳明传习录》,第240—241页。

合心与理而为一者也。"①故相比于朱熹,阳明不再讲格物而后致知,而是反过来讲致知自然能够格物。只要能发明吾心固有之良知,则人心之发动必然就合乎"天理"。心之所发为意,意之所在便是物。人心的活动合乎"天理",则事事物物自然也就能够得其理矣。故在心理之间,阳明更为重视的是心之本体,这个本体便是"天理"良知。

总之,朱熹阳明虽然都以心理合一为工夫之根本目标,但他们对"心"和"理"却有不同的侧重。在心理未合一之前,心中之性被人的气质遮蔽,理藏于外物而待格。此时人们唯有发挥人心积极主动的认知能力,不断地用心向外格物穷理,他才能最终达到引理入心、心理合一的境界。与朱熹析心理为二不同,阳明则认为心即是理、心理原本就是合一的。心中既然有理,故此时只需在心之本体上用工即可。心之本体即是良知,发明本心便是致良知。所以阳明认为,只要致良知这个主意头脑正确,则事事物物亦皆能得理。以已发未发来讲工夫的话,合一之前的工夫是做未发之敬,合一之后的工夫便是已发之敬。未发之敬是涵养此心以求"天理",已发之敬是不断地省察本心、致其良知。未发之时重点在"气质心",已发之时重点便是"本体心",这便是"天理"或良知。朱熹重视用心以明理,阳明重视致知以正心,对心和理功能的不同重视便是二人思想之差异所在。

四、结语

综上所述,朱熹和阳明之学准确说来应该是同中有异。人心是自然的产物,它的活动是不可靠的。为了保证人心活动的正当性,朱熹和阳明等理学家提出用"天理"主宰人心。但"天理"是超越的客观实在,人心是经验的气质之物,因此要使"天理"制约人心就必须做工夫将心理合为一处。心理合一之后,决定人类能够正确活动的就不再是自然的人心而是超越的"天理",人类就从一种生物性生存转变为一种具有超越性的存在。虽然朱熹和阳明都讲心理合一,但是他们对心和理的重视各不相同。朱熹关注于心理合一之前也即心理相分的状态,此时性被遮蔽,故朱熹重视用心来求理。阳明关注于心理已合之后,心

---

① 陆九渊,王守仁:《象山语录 阳明传习录》,第213页。

理既已相合,则此时只需在良知本体上用功即可。只要本体发明则心之活动必然正当,这个本体就是"天理"或良知。总之,朱熹和阳明对心理及其关系的理解基本相同,其差别只不过是二者对心与理的功能和地位有不同的侧重。

Identical and difference: a compare between Zhu zi's study and Yangming's study

Guo Gaojun

Abstract: Heart, Li and their relationships are an important content of Zhu Zi's study and Yangming's study. The heart originally refers to the human heart, which is composed of Qi and determines all the activities of the human body. In the natural state, the activity of the human heart is unreliable. In order to make the activities of people's hearts more legitimate, Zhu Xi, Yangming and other Neo-confucians proposed to use the Li to restrict and regulate the Heart. But the heart is essentially the temperament of experience, and the Li is beyond to the transcendent and objective reality, to make the Li plays its role in dominating the heart of the heart, we must put the heart and Li into one. Before the unity of Heart and Li, now we need to use the heart to pursue Li to unity the Heart and Li, so Zhu Xi attaches great importance to the heart. When the heart and Li have been integrated, then we only need to expand the conscience and invent the original heart, then the activities of the heart will be correct, so Yangming attaches importance to the Li. In terms of the Heart and Li'relationship, Zhu Xi's study and Yangming's study have roughly the same views, and the difference is only that they have different emphasis on Heart or Li.

Keywords: Zhu zi, Yangming, Heart, Tian li, The unity of the heart and Li

退溪哲学的体用论

朱伟芹　张新国[*]

[摘　要]　在退溪看来,"体用"是宋儒理学的基本范畴。相应地,退溪哲学即以明道之体、达道之用以及明心之体、达心之用为宗旨。其思想既以朱子学为学问头脑,同时尤其注重显豁包括"敬"在内的心的工夫,显示出宋元明理学转型时期儒学思想特性,建构出一套融体用合一的、即存有即活动的以及行动主体、价值本体与存在实体合一的"理"论与"心"论哲学体系,解决了朱子学内部遗留的相关理论问题,以现代道德哲学视之,其理论能够更好地阐明人的道德行动动力的根源。

[关键词]　退溪;体用;理;心

"体用"是中国哲学史中的一对基本范畴,其大义有三,即体指形体、形质或实体,而用指功能、作用或属性;体指本质,而用指现象;体指根本原则,而用指

---

[*] 朱伟芹(1981—　),女,浙江新昌人,管理学硕士,江西泰豪动漫学院宋明理学研究中心研究员,主要研究领域为管理哲学、中国哲学与文化。
张新国(1984—　),男,河北邯郸人,哲学博士,华东师范大学哲学系博士后,南昌大学哲学系暨江右哲学研究中心研究员,主要研究领域为宋明理学、中国哲学、中西比较哲学。

具体方法。土田健次郎认为,作为哲学概念的"体用",基本意义为本体及其具体显现以及形体及其机能、属性。① 可以说在中国哲学思想中,"体用"有两种基本用法:在第一种用法中"体"接近于实体的范畴,而"用"则是实体所派生出来的作用或曰功能;在第二种用法中"体"是指内在的深微的东西,"用"是体之外在作用与表现。质言之,宋明儒学中所讲的"体"主要指示的是观念本体、实体,"用"主要指的是作为道德主体的人对此价值本体的应用、运用。中国哲学中素有注重"行"或曰"德行"的精神传统,"用"或曰"显现"实际上还要回到道德践履这一意义上来。退溪先生曾指出:"体用之名,虽未见于先秦之书,而程朱以来诸儒,所以论道论心,莫不以此为主,讲论辨析,惟恐不明。"②退溪先生继承和发展了朱子的体用思想。以体用范畴为视域,可以较好地把握退溪先生关于本体论、心性论与工夫论的哲学要义。

一、理学体用

理学体用思想实际上肇端较早,而真正发展、完成则在程朱理学。退溪先生以朱子理学为宗,在体用思想上有继承、又有发展,他不仅认为万物发育流行是道体之发用,亦且认为学问之道就在于明体达用,即如他主张"讲学穷理正所以明本心之体,达本心之用"③。分析地看,实际上退溪先生主张在本体论上明天道之体、达天道之用,在心性论上明本心之体、达本心之用,而此"明"与"达"即蕴含其工夫思想。

究明道体是宋儒为学的终极蕲向。《论语·子罕》载:"子在川上曰:'逝者如斯夫!不舍昼夜。'"历代注家解说不一。程颐独出心裁地诠释说:"'子在川上,曰逝者如斯夫',言道之体如此,这里须是自见得。"④程颐从浑浑逝水中体贴出"道之体"即道体集中反映了宋儒建构新儒学形上本体的思维路径,"这里须是自见得"还表明程颐主张学者为学应当以心体道的为学方法与目标。儒家

---

① 土田健次郎:《道学之形成》,上海:上海古籍出版社,2010年,第251页。
② 李滉:《心无体用辩》,《退溪先生文集》卷四十一,《退溪全书》上,首尔:成均馆大学大东文化研究院,1958年,第918页。
③ 李滉:《传习录论辩》,《退溪先生文集》卷四十一,《退溪全书》上,第923页。
④ 程颢、程颐:《二程集》第1册,北京:中华书局,1980年,第251页。

讲道之体往往是与道之用凝结在一起的。程颐曾说:"至微者理也,至著者象也。体用一源,显微无间。"①他认为天理是微妙难见的,是无形的,而意象、形象则是可以想见和看见的。在程颐看来,微与著或显对应于体与用,即天理本体是微妙无形的,这一天理本体赋形于具象即万事万物之中,即天理与万物、体与用是合一的。

程颐的这一思想深刻地影响了朱熹。朱子论道之体用集中体现在他《中庸》"君子之道费而隐"章,如其曰:"道之在天下,其用之广如此,可谓费矣;而其所用之体,则不离乎此,而有非视听之所及者,此所以为费而隐也。"②即朱熹认为,日往月来、寒往暑来、水流不息、物生无穷等等这些物象都属于天地自然道体之发用。朱子注此道:"天地之化,往者过,来者续,无一息之停,乃道体之本然也。然其可指而易见者,莫如川流。故于此发以示人,欲学者时时省察,而无毫发之间断也。"③朱子认为天地化育往来不息,道体本来如此。道体本身是形而上的,不可见,善形容这莫如川水流逝。《朱子语类》中可见:

> 问:"伊川曰'此道体也。天运而不已',至'皆与道为体',如何?"曰:"'形而上者谓之道,形而下者谓之器',道本无体。此四者,非道之体也,但因此则可以见道之体耳。那'无声无臭'便是道。但寻从那'无声无臭'处去,如何见得道?因有此四者,方见得那'无声无臭'底,所以说'与道为体'。"④

学生就"道体"和"与道为体"为问,朱子的意思是道本无体以万物流行为体。这里"道本无体"的说法并非否定了程颐的"道体"说,而是侧重强调道本身不是一物,没有形体、方所、无声无臭,道之体只可于万物上求得。换言之,道体是形而上的,具体展现于万物之中,即形而下可见的万物本身就是道体的流行发用,道之体用无间于万物,所以称为"与道为体",即构成道的体质。无声无臭以静存,

---

① 程颢、程颐:《二程集》第1册,第689页。
② 朱熹:《四书或问·中庸或问》,《朱子全书》第6册,上海 & 合肥:上海古籍出版社 & 安徽教育出版社,2002年,第569页。
③ 朱熹:《四书章句集注》,北京:中华书局,1983年,第113页。
④ 黎靖德:《朱子语类》,北京:中华书局,1986年,第975页。

说的就是道,即道体,但一味去往那无声无臭处寻道则是耽空守寂,相反,要往敷施发用的绚烂的、变动的世界当中去追求所谓道体。又及:

> 周元兴问"与道为体"。曰:"天地日月,阴阳寒暑,皆'与道为体'。"又问:"此'体'字如何?"曰:"是体质。道之本然之体不可见,观此则可见无体之体,如阴阳五行为太极之体。"又问:"太极是体,二五是用?"曰:"此是无体之体。"①

在朱子看来,天地日月、寒暑风物都构成道之体质,然道的本然体段不可见,朱子称为"无体之体"。周元兴问太极之体、阴阳五行之用该怎么理解,朱子肯定道,"太极是体"的"体"说的正是所谓无体之体即道体。我们知道,在朱子体系中,太极指的就是"理",以此来看,朱子说的道体指的也就是理或天理,相对地,阴阳五行则是指气,体用无间,所以朱子实际上表达的是理与气的体用无间关系。这里正是退溪理之本体与妙用思想的逻辑起点。退溪认为道体本身虽不可见,但人可以在无处不在的天地万物之上如鸢飞鱼跃、在人伦日用之中感悟道。退溪不唯在本体论上使用体用思想加以阐释,而且也将这一思维模式运用到心性工夫论之中。

陈来认为:"不研究退溪、栗谷、伊藤仁斋的思想,就不能了解朱子哲学体系所包含的全部逻辑发展的可能性,不能了解朱子思想体系之被挑战的所有可能性,以及朱子学的多元发展的可能性。"②理学体用思想亦然,退溪在"论道"即存在论和"论心"即伦理学上的理论是对朱子相关思想的继承与发展。实际上退溪以朱子学术为宗,中年以后尤甚。

二、理有体用

理有体用说是退溪理学思想一个有特色的表现。从直接意义上说,他继承和解决了朱子"理能生气"的理论问题;从根本意义上说,退溪坚持一元的世界

---

① 黎靖德:《朱子语类》,第976页。
② 陈来:《东亚儒学九论》,北京:生活·读书·新知三联书店,2008年,第5页。

观,即主张存在的价值性与价值的存在性的同一不二。

"理有体用"说也是退溪诠释朱子学的主要进路,他曾说:

> 无情意、无造作,此理本然之体也,其随寓发见而无不到者,此理至神之用也。向也但有见于本体之无为,而不知妙用之能显行,殆若认理为死物,其去道不亦远乎?①

自《太极解义》以来,朱子所诠释的理的面相就是复合的,即既有动的、用的一面,又有静的、体的一面,主张体立而用行。历代学者,直到今天仍多从寂静无为的一面来理解朱子的理,有学者认为,朱子的"主要观点还是理'无计度、无造作、无动静'"②。应当说指出这一点并没有明显的错误,而如果仅止于此则无疑有以偏概全之嫌了。退溪在晚年尤其注意不能只是注意到理静的一面,在他看来,更应当注意理的敷施发用即理动的一面。他认为,无情意、无造作是形容理本然的状态,而理的随所寓之万事万物而发见者,更显此理神妙之功用。他说以往的看法多有见于理体之无为而静,而实际上忽略了理体之妙用而动,如果最终认为理不过是僵死不动之物,那就是根本不理解理的特性了。陈来先生认为:"如果仅仅强调理本体的无造作,就不能同时从理的妙用方面说明理是所以能生者,那就'殆若认理为死物'。"③在朱子哲学中,理是否能到、是否能生气等问题一直没有得到真正的解决。退溪先生的理动说,就是直面朱子学的问题而来,为了坚持理动说,他甚至有时不惜修正朱子的相关说法。

我们一般认为,"理动"论应当说是退溪先生最为重要的发明,实际上也是退溪思想最显特色之处。一般来讲,退溪的这一理论来源于《周易》、濂溪先生和朱子。退溪说:

> 朱子尝曰:"理有动静,故气有动静。若理无动静,气何自而有动静乎?"盖理动则气随而生,气动则理随而显。濂溪云"太极动而生阳",是言理动而气生也;《易》言"复其见天地之心",是言气动而理显,

---

① 李滉:《答奇明彦别纸》,《退溪先生文集》卷十六,《退溪全书》上,第465页。
② 金香花:《理心和会——李退溪的道德世界》,北京:中国人民大学出版社,2018年,第36页。
③ 陈来:《东亚儒学九论》,第8页。

故可见也。凡言心者皆兼理气者,二者皆属造化而非二致。①

退溪引用朱子的相关说法,指出理能动静是气能动静的根本原因,否定了气自身能动静。"理动而气随而生,气动而理随而显"是退溪的新说法,意思是在逻辑上理动先于气动,理动是气动的原因,理动而后气随而生,这就等于明白承认朱子的"理生气说"是成立的,同时退溪认为气化、形化之万物正可以显现道理本身。换言之,舍气无以见理。这样来看,气就成了理的表现者、体现者了。换句话说,理气具有了体用关系。这就与宋明理学的理一元论或者气一元论都不一样,而可以成为主理的"理气一元论"。"太极动而生阳"曾是《延平答问》的话题之一,退溪对于延平先生的相关论说持赞同态度。在给郑子中的信中,退溪说:

> 延平答朱子曰:复见天地之心,此便是动而生阳之理。
>
> 按:朱子尝曰:"理有动静,故气有动静。若理无动静,气何自而有动静乎?"盖理动则气随而生,气动则理随而显。濂溪云"太极动而生阳",是言理动而气生也;《易》言"复见天地之心",是言气动而理显,故可见也。凡言心者皆兼理气看,二者皆属造化而非二致。故延平以复见天地之心为动而生阳之理,其言约而尽矣。若朱子所引喜怒哀乐已发未发,虽亦合理气而言,只是就人心言动静,不可与说造化处牵合为说。故延平不以为然耳。此朱子初年所见,后来无此等说。今日朱子似以动以生阳专作气看,故以为已发恐未必然也。又曰所谓一阳生者专指气言。其下系之以见天地之心,然后专是言理,亦恐太分开看了。
>
> 约而言之:动而生阳,主言理而气在其中,此一句极是。未发已发专指气言之。此则不然,当云兼理气浑沦说也。②

退溪先生较为重视道南学派,尤其重视延平先生体验未发前气象与境界。这与他重视先验的理是具有能动性的有关。延平先生尝以动而生阳之理来诠释复

---

① 李滉:《答郑子中别纸》,《退溪先生文集》卷二十五,《退溪全书》上,第608页。
② 李滉:《答郑子中别纸》,《退溪先生文集》卷二十五,《退溪全书》上,第608页。

见天地之心,退溪先生认为此为至理。他认为,濂溪先生"太极动而生阳"说的就是理动而后有气生,《周易》"复见天地之心"说的就是因气动而显理之体。退溪以天地之心与理相互诠释,体现了其思想兼重理与心的复合特性。他认为心是包含理与气的整体和全体。如其曰:"举一心字,而理、气二者兼包在这里。"① 又"故人之心虚而且灵,为理气之舍。"② 退溪主张不能只是将喜怒哀乐未发已发做人心看,要当即人心而认取天地本然之理,如此方是究竟地步。他认同延平先生对年轻时的看法支离的批判。实际上退溪将"动而生阳"理解为理动而气生,即其所言主要说的是理而兼说气。反过来,未发已发不是专说着气,是即气而显理,即其所言气动而理显。

如果说"动"还只是从形式上对理的描述,那么"生"则是兼从实质上对理的把握。退溪以"生"意解理之动,他在解《周易》"生生不穷"义时结合"理"的阴阳两性说:

> 盖此生字,只是生活之生,生生不穷之义,即与天地生物之心,贯串只一生字。故朱子答或问天地生物之心曰天地之心,只是个生。凡物皆是生。方有此物,人物所以生生不穷者,以其生也。才不生,便干枯死了。③

这里的"生活"即"鲜活""活泼""有生机"的意思。退溪认为《周易》理自生生不穷的思想与理学讲的天地生物之心旨意相通,即述说的都是天地之理具有生生不息的特性。以"生"来诠释《周易》的"变"的思想,可以说是退溪理学对易学的新贡献。其实这个"生"蕴含了"仁"的思想在其中,或者说,在退溪思想中,"理""气""生""仁"是内在贯通的范畴。以此观之,退溪认为"生"是理的主要特性。他说:

> 维天之命,于穆不已。天之流行无息上,所以说命字者,与太极之

---

① 李滉:《答金而精》,《退溪先生文集》卷二十九,《退溪全书》上,第679页。
② 李滉:《天命图说》,《续集》卷八,《退溪全书》上,第143页。
③ 李滉:《答郑子中》,《退溪先生文集》卷二十四,《退溪全书》上,第578页。

有动静,是天命之流行,同意。①

按照退溪理气体用的理解和诠释模式,"天之流行无息上,所以说命字"正所谓气动而理随之;"太极之有动静,是天命之流行"正所谓理动而气生。无论前后,退溪皆注意兼说理气,注重气是理的流行表现者,舍气无以见理。诠释之余,退溪也注意回应可能的诘难:

> 朱子云"太极之有动静,是天命之流行也",信斯言也。为天命之图,当始于太极。而今乃始于妙合而凝,何哉? 从人物既生后推而上之,至于妙凝处,已为极致。故以是当图上之,而为天命之际接,其自五行阴阳之上,则固具于天圆一图。而太极之无声无臭,又不待摹写,而艮于穆不已于其中矣。②

意思是如果说太极之有动静是天命之流行,似乎人物应当合凝于太极,为什么又说二五妙合而凝后方有人物之生呢? 退溪认为,从人与物既生之后反溯而上,看似到了妙合而凝处已经是生的过程的尽头了。实则应当继续推进思考以至于天命赋受于气质,即由万物上溯到五行阴阳,再到太极,并领会无声无臭、无形无体之太极就显见于万事万物之中。

总之,在退溪看来:"盖理之与气,本相须以为体,相待以为用,固未有无理之气,亦未有无气之理。然而所就而言之不同,则亦不容无别。从古圣贤有论及二者,何尝必滚合为一说而不分别言之耶?"③退溪说,在存在论上,理气相为体用。理学家理气论的归宿是人性论及其工夫论,退溪的理气论与其心性论也是直接相关的。金香花认为:"对退溪而言,心从构造上说'兼理气',从形式上说'有体用',从功能说上'统性情'。"④分析可见,与其理有体用论相应,退溪主张心有体用说。

---

① 李滉:《答李宏仲》,《退溪先生文集》卷三十五,《退溪全书》上,第806页。
② 李滉:《天命图说后叙》,《退溪先生文集》卷四十一,《退溪全书》上,第913页。
③ 李滉:《答奇明彦·论四端七情第一书》,《退溪先生文集》卷十六,《退溪全书》上,第405页。
④ 金香花:《理心和会——李退溪的道德世界》,第214页。

三、心有体用

与其理有体用论一致的是,退溪先生主张心有体用论。退溪的理有体用论与心有体用论,从其思想实质上看,是同构的,表达的也主要是儒学一元论的世界观和道德伦理学说。如上所述,也就是主张道有体用,其实质是说世界是一元的,气化流行的世界是唯一的存在实体;同理,与所有追求彼岸世界与净土的哲学及信仰不同,退溪的心有体用论实际说的是方寸之心是人思虑知觉的唯一场域,人心之外没有更高的本体和实体。

朱子对张载的"心统性情"说评价极高。二程思想体系中包含着性体心用的意思,关于心的体用论,或者说关于以心为主宰的心、性、情的综合体系论,朱熹认为张载讲的"心统性情"说比较高明。朱子认为:"心统性情,性情皆因心而后见,心是体,发于外谓之用。……仁,人心也,是说体,恻隐之心是说用,必有体而后有用。"①朱熹这里讲的"体"有本体义,也有整体义。他认为性与情,都只有通过心才能被认识。实际上在朱子看来,作为性的道德法则只有通过人心的主体意志作用才能表现和表达出来,具体的情感、情绪就是作为意志的心外显的形态。朱子认为以仁说心是从体上说,这个体就是本体的意思,就是心的本来状态,也就是符合理的状态。他说恻隐之心也就是恻隐之情,是从功用的层面对心的摹状,朱子强调"必有体而后有用"意在强调理的主导性,即道德法则应当成为人的现实情感通过心来发挥作用的主体。换言之,人的道德行动的动机的标准,朱子认为是属于与天理同质的普遍化的人性。朱子曰:"心者,兼体用而言。程子曰,仁是性,恻隐是情。若孟子便只说心。程子是分别体用而言,孟子是兼体用而言。"②可见朱子重视以体用来描述儒家性情理论。同时他认为,心与理是应当合一的,他不认为理是人心之外的实体,也不认为普遍的道理之外还有一个心处于平行世界之中。朱子说:"心是包得这两个物事,性是心之体,情是心之用。"③又:"仁义礼智,性也;恻隐羞恶辞逊是非,情也,用也。统性

---

① 朱熹:《四书或问·中庸或问》,《朱子全书》第6册,第3304页。
② 朱熹:《四书或问·中庸或问》,《朱子全书》第6册,第703页。
③ 朱熹:《四书或问·中庸或问》,《朱子全书》第6册,第3751页。

情该体用者,心也。"①总之,朱子总体上是一元的世界观。在为学工夫论上,朱子主张认识作为形式与内容的人心。朱熹说:"自古圣贤相传,只是理会一个心,心只是一个性,性只有个仁义礼智,都无许多般样。"②这里的"性只有个仁义礼智"与上面朱子讲的"仁,人心也,是说体"是一个意思,即性蕴含在人心之中,性的内容不过是仁义礼智这些普遍化的天理。

可见,在朱子思想体系中,心可以说是包含体用在其中的。与作为道体的变易流行总体之体不同,心之体在朱子思想中多指"系统内在、深微的原理、本质、规律而言"③。对于朱子来讲,心之体就是包含仁义礼智这些德目在内的天理,心之用就是天理通过人心感应外事外物而做出的情感回应。这也正是退溪心有体用论的义理基础和出发点。面对当时心本无体用论的相关说法,退溪力主心有体用论。1564年,退溪先生为驳斥"心无体用"的看法,作《心无体用辩》:

> 滉闻程子曰:"心一而已,有指体而言者,有指用而言者。今既指其有体用者为心,则说心已无余矣,又安得别有无体用之心为之本,而在心之前耶?"④

与其一元论的宇宙论、本体论相应的是,退溪先生主张心的一元论。他认为,心在其实体上只有一个,这个实体的心可从体上说,也可从用上说。换言之,退溪认为从用上说心与从体上说心说的其实只是一个心。他指出有的说法认为心可以指有体有用的心,却又认为在这个有体有用的心之上或之前还有一个心作为前一个心的本体,退溪认为这就是关于心的二元论了,是他所不能同意的。理学一度有性体心用说流行,如在一些湖湘学者中间,退溪的这个批评无疑也指向这一种在心之外和之上寻找本体的主张。退溪认为,心之体用在不同的经典中有不同的称谓,他说:

---

① 朱熹:《四书或问·中庸或问》,《朱子全书》第6册,第2660页。
② 朱熹:《四书或问·中庸或问》,《朱子全书》第6册,第703页。
③ 陈来:《朱子哲学研究》,上海:华东师范大学出版社,2000年,第254页。
④ 李滉:《心无体用辩》,《退溪先生文集》卷四十一,《退溪全书》上,第919页。

> 其以寂感为体用,本于《大易》;以动静为体用,本于《戴记》;以未发已发为体用,本于子思;以性情为体用,本于孟子,皆心之体用也。盖人之一心,虽弥六合、亘古今、贯幽明、彻万微,而其要不出乎此二字。故体用之名,虽未见于先秦之书,而程朱以来诸儒,所以论道论心,莫不以此为主,讲论辨析,惟恐不明。而陈北溪心说,尤极言之,何尝有人说"心无体用"耶?①

《周易》讲寂然不动、感而遂通天下之故。《礼记》讲人心之动,物使之然也。又讲人生而静,天之性也;感于物而动,性之欲也。《中庸》讲喜怒哀乐之未发谓之中,发而皆中节谓之和。孟子讲恻隐、羞恶、辞让与是非之心认为仁义礼智四端发见于外者。退溪认为,以上所论,都是从心之体用说。他说,人的此心虽然弥满宇宙、存在于古今任何时刻、贯通于幽暗与明亮之时以及处于细微的万事万物之中,但要而言之,都是在体用论的意义上对心的摹状。在退溪看来,"体用"之名,虽然未见于先秦思想家那里,但实际上已潜藏此思想在其中,到了宋代程朱诸子那里,论道与论心,都主要是以体用思想为方法和视域。很有意思的是,退溪认为陈淳心为太极说,恰当地反映了程朱理学以体用论来说心说道的精神。以此,他认为,心无体用说是站不住脚的怪论。陈淳说:"'心为太极'者只是万理总会于吾心,此心浑沦是一个理而已,只这道理流行,出而应事物接物,千条万绪各得其理之当然,则是又各一太极。"②退溪继承朱子和陈北溪的说法,认为"心静而太极之体具,心动而太极之用行。故云心为太极"③,意思是说人心处于静止的时候,心中所包含的性命天理是存在的,到了心活动的时候,也就是作为心之体的天理发用流行的时候。他又说:"冲漠无朕者,在乾坤则为无极太极之体,而万象已具,在人心则为至虚至静之体,而万用必备,其在事物也,则却为发见流行之用,而随时随处无不在。"④意思是,事物还没有萌发端倪与征兆的浑沦、冲和状态和阶段,从天地来看便是无形而有理的道之本体,万事万物各正性命的根据已具足于道体之中。由于人心与道体具有同构关系,所以,

---

① 李滉:《心无体用辩》,《退溪先生文集》卷四十一,《退溪全书》上,第918页。
② 陈淳:《北溪字义》,北京:中华书局,1983年,第45页。
③ 李滉:《答禹景善问目(启蒙)》,《退溪先生文集》卷三十一,《退溪全书》上,第731页。
④ 李滉:《心无体用辩》,《退溪先生文集》卷四十一,《退溪全书》上,第919页。

可以说人心之体也是至为虚静且能够随时随处感物而动而发用的,在事事物物之中都有其体现,道体与人心在成住坏空的事物生生变化之中显示自身,舍去万事万物的发育流行,不可在别处发现道体与心体。在退溪思想中,道体与心体是同一的,这也正是退溪赞同北溪的心为太极说的内在逻辑。关于体用,他还说:

> 体用之说,甚善。恻隐,情也。其未发则性也。若所谓性之流行即情,是耳,岂情外别有性之流行耶。①

以上可见,退溪先生以体用来诠释和表达其理学思想,既维护了形而上之理的合理性,又强调了体用的不离,换言之,他反对在用外求体。应当说,这与元明理学的"去实体化"转向是一致的。元明时期理学的去实体化不只是发生在中国,也以一种民族化的形态存在于退溪先生思想之中。体用不离或者说用中见体与认为心是一不是二是退溪心之体用说理论的一体两面。故而退溪说:"心,一而已。心中之'心'字,与一心之'心'字,心先动之'心',安有两个、三个心耶?且凡言心,固皆主方寸而言。然其体、其用,满腔子而弥六合。真西山所谓'敛之方寸,太极在躬,散之万事,其用无穷',当如此活看,不可只认一块血肉之心为心也。"②意思是经典中不同说法的心并非是指人心有多个不同的指代,而只是一个心的体或用。在退溪看来,真德秀"太极在躬"的"太极"指的是太极之体,散之万事则是指心之用无穷。朱子认太极为形而上之理,故在朱子学中"心为太极"的说法面临一些需要说明的问题。如,心之主与太极即理之主的分别问题。张立文先生指出:"心为太极,就是心的体用、寂感、动静、性情、未发已发的统一,即体用一源,显微无间,与朱子同。"③针对心的作用,朱子说:"心,主宰之谓也。动静皆主宰,非是静时无所用,及至动时方有主宰也。言主宰,则混然体统自在其中。心统摄性情,非佗侗与性情为一物而不分别也。"④可见,与湖湘学派只强调在心之已发时做工夫不同,朱子自觉拣择程子思想中重视心之未

---

① 李滉:《答郑子中》,《退溪先生文集》卷二十四,《退溪全书》上,第583页。
② 李滉:《金而精问答》,《退溪先生文集》卷二十九,《退溪全书》上,第680页。
③ 张立文:《李退溪思想世界》,北京:人民出版社,2013年,第54页。
④ 黎靖德:《朱子语类》,第94页。

发涵养工夫的一面,兼重心之体用,不唯如此,实际上朱子也有其重视对未发心体发明的一面。退溪生当理学与心学交汇、和会的思想时代,对心之体用思想都有重视。他说:

> 盖心具此理而能动静,故有性情之名。性情非与心相对而为二物也。既曰二物,则心之动即性之所以然也,性之动即心之所以能然也。然则,何以不可分先后耶? 心非性无因而为动,故不可谓心先动也。性非心不能以动,故不可谓性先动也。①

退溪认为,天理具存于人心,天理有动之性,心之动是理之动的体现,太极即理有动静,故心有动静之体段,心之未发即静而有理之寂,心之已发即动而有理之显。退溪指出,性与情共同构成心的整体,不能说性情与心是不同的东西。虽然如此,在认识的概念范畴上还是不妨将其分开看,他说心之动是性理自身的功能,换言之,性之动是心之所以能动的机制和根源。退溪强调,心动与性动,不可说哪个在先哪个在后,没有性,心之动就没有根源,所以不能说心先于性而动,同时,没有心的话,性就没有动的场域和载体,所以也不能说性动先于心动。退溪亦曰:"心非性,无因而为动,故不可谓心先动也;性非心,不能以自动,故不可谓性先动也。故孟子论四端处,性情皆以心称之。……所谓动底者,即心之所以动之故,非外心而别有性之动也。"②这里退溪的意思就更明白了,他说如果没有性,心就没有活动的原因,所以不能说心先动。反过来,如果没有心,性就失去了唯一的体现和表达的载体,所以不能说性先动。他说孟子论仁义礼智之性与恻隐羞恶辞让是非之情时,都只是用一个"心"的范畴来讲,实际上就是说明性情统摄于心,即心是性情的整体和全体。朱子讲动的是性,退溪维护朱子的观点,认为所谓"动底"者意思是性是心之动的究极原因,但不能说在心之外或之上还有一个性的实体。可见,退溪以上的意思是说心与理、心与性是一体的,是相互成就的。用今天的话可以说,他强调道德原则与包括道德动机在内的道德主体的合一。具体讲到心之体用时,退溪说:

---

① 李滉:《答金而精》,《退溪先生文集》卷二十九,《退溪全书》上,第679页。
② 李滉:《答金而精别纸》,《退溪先生文集》卷二十九,《退溪全书》上,第679页。

> 凡所以统会其性情者,则心也。故其心寂然不动为性,心之体也,感而遂通为情,心之用也。张子曰"心统性情",斯言当矣。心统性,故仁、义、礼、智为性,而又有言仁义之心者。心统情,故恻隐、羞恶、辞让、是非为情,而又有言恻隐之心、羞恶、辞让、是非之心者。心不统性,则无以致其未发之中,而性易凿。心不统情,则无以致其中节之和,而情易荡。学者知此,必先正其心,以养其性,而约其情,则学之为道得矣。①

退溪说主导、承载性与情的主体是心,所谓心之体,指的就是此心寂然不动的体段,心之用指的就是此心感应外物时段,他认为张载"心统性情"的讲法十分恰当。因为心统摄性,所以可以说仁义礼智是性,又可以说仁义礼智之心。心统摄情,所以本来恻隐、羞恶、辞让、是非这些叫作情的东西同时也可以叫作恻隐之心、羞恶之心等。退溪说如果心不统合性,人就不能收情感未发之中正之效,则性就难以显扬。如果心不主宰情,就不能收情感已发之和平之效,人情可能就放荡无归。因此,退溪认为儒家所说的为学之道最终指向端正人心,涵养人性和规约人情。这里值得注意的是,退溪所讲的心统性即其"心不统性,则无以致其未发之中"与朱子的思想是一致的,即"思虑未萌,心为未发,但要有所主宰,即提撕此心,使有所警觉而有非思虑,使心境平静清明而不昏乱,使注意力有所集中而不驰散,这就是所谓未发时的主敬涵养,是保持中的状态的必要条件"②。但是相较于朱子,退溪的说法无疑更为明白直接。张立文先生认为退溪心之体用的思想较之以往"体现了朱子学在明代的发展"③。

另外,在论及心之体用上,退溪不仅以之分析性情关系,还用体用论来分析道心人心问题。道心实际上指的就是人心之中的理性或者说价值理性原则和标准。冯友兰先生认为:"生物之性、动物之性,亦是人所有的,但不是人之性,而是人所有之性。感情欲望等,大概都是从人的所有之性发出的。从人的所有之性发出者,道学家谓之人心。从人的人之性发出者,道学家谓之道心。"④冯

---

① 李滉:《进圣学十图札(十图)》,《退溪先生文集》卷七,《退溪全书》上,第205页。
② 陈来:《朱子哲学研究》,第256页。
③ 张立文:《李退溪思想世界》,第54页。
④ 冯友兰:《新原人》,北京:北京大学出版社,2014年,第53页。

先生曾将"人性"与"人所有之性"做了区分,"人所有之性"就是人自然生就的自然欲求之本性,"人性"则是异于动物性的道德属性。从这个道德的人性出发的人心就是道心。

退溪在批评罗钦顺相关思想时说:

> 若罗氏《困知记》,则又谓"道心性也、人心情也。至静之体不可见,故曰微;至变之用不可测,故曰危",此其为说颇近似,而非湛氏之比,然其为害则为尤甚。夫限道心于未发之前,则是道心,无与于叙秩命讨,而性为有体无用矣。判人心于已发之后,则是人心,不资于本原性命,而情为有恶无善矣。①

明代罗钦顺的思想立场更接近朱子学,而在退溪看来,其道心人心思想正因为属于儒学内部思想,因而危害更大。退溪的理解是,如果把道心限定在喜怒哀乐人情发动之前,那么道心由此以来就成了没有天理属性之体了,换言之,成了无用之体了。而如果将人心限定在恻隐羞恶等人情发动之后,那么由此以来人心就与性命本源的天理没有了关联,人情就只有恶而没有善可言了。可见,退溪以体用为视域,认为道心是人心之本心,这与他论性理与人情的关系乃至理气的体用关系相一致。张立文先生认为:"退溪的'道心''人心'的关系,实蕴含着四端与七情、天地之性与气质之性的相分不离、相合不杂的意味。"②由此来看,体用思想也是退溪用来剖析和诠释道心人心思想的主要进路。

总之,退溪哲学思想是宋明理论转型时期的产物,他一方面坚持朱子学立场,另一方面在这一时期多重思想的影响下特别推重心的作用以及敬的修养。他的理论"在构成上表现为'理心和会',其目的是'以心着理'"③。在这一理论场域中,退溪坚守朱子学重视形而上天理即道德法则的重要性,同时指出,人心是这一道德原则、律令的唯一主体。正如杨祖汉教授所论:"依退溪,由于他认为'理'能发用,即有其活动性;又他所预设的'心',有'心本善''心具理'之意,则在退溪理论中,道德实践之动力是比较充足的,人有不借外缘,不靠外力而自

---

① 李滉:《答友人论学书,今奉奇明彦》,《退溪先生文集》卷十七,《退溪全书》上,第442页。
② 张立文:《李退溪思想世界》,第256页。
③ 金香花:《理心和会——李退溪的道德世界》,第89页。

发地实践道德的可能。"①这种融行动主体、价值本体与存在实体而为一的、即存有即活动的、体用合一的"理"论与"心"论在理学史上具有重要的思想地位。

On Toegye (退溪)'s Philosophy in the perspective of Substance and Utilities

Zhu Weiqin Zhang Xinguo

Abstract: In Toegye's view, Substance and Utilities (体用) are the basic categories of Confucianism in Song Dynasty. Accordingly, Toegye's philosophy regards the clarification of the Tao's substance and realization of the Tao's utilities, as well as the clarification of the Mind's substance and realization of the Mind's utilities as motif. His thought not only takes Zhu Zi's learning methodology, but also pays special attention to the efforts of showing and exempting the Mind including Reverence (敬). It constructs a set of philosophical system of Principle and Mind that integrates the Substance with the Utilities, that is, being is activity, and that integrates the subject of action, the value ontology and the entity of being. Consequently, it shows the characteristics of Confucianism in the transformation period of Neo Confucianism in Song, Yuan and Ming Dynasties, and solves the internal problems of Zhuzixue (朱子学). From the perspective of modern moral philosophy, its theory can clarify the root of human moral action's motivation in a better way.

Keywords: Toegye, Substance and Utilities, Principle, Mind

---

① 杨祖汉:《从当代儒学观点看韩国儒学的重要论争》,上海:华东师范大学出版社,2008年,第347页。

史海钩沉

海昏侯墓《衣镜赋》"蚩虞"神兽实为神化"麒麟"的身份[*]

何 丹[**]

[摘 要] 通过麒麟、蚩虞在身份、形象与人地层面的多角度相合,可以确定海昏侯刘贺墓出土"孔子衣镜"上《衣镜赋》中的"蚩虞"神兽,实质就是神化之后的"麒麟"。"蚩虞"与赋文中的"凤凰""玄武""苍龙""白虎",共同构成了汉人在地为"五灵"、在天为"五星"的"五行"组合。这种"五灵"的组合,渊源于赋文所言"圣人"孔子的"四灵"思想。以仁兽"麒麟"为五灵之首和五星之首中央土星"勾陈"的星象,反映了汉武帝以来儒家学说与五行理论的进一步结合。

[关键词] 海昏侯墓;孔子衣镜;蚩虞;麒麟

依据《海昏侯刘贺墓出土孔子衣镜》有关《衣镜赋》的释读与其载体"孔子衣

---

[*] 基金项目:江西省社科基金一般项目"江西民族交往交流交融史料汇编·秦汉卷"(23WT02)。
[**] 何丹(1986—),女,四川苍溪人,历史学博士,南昌大学人文学院历史系副教授,主要研究领域为先秦秦汉史。

镜"的披露①，笔者通过前期对于《衣镜赋》第二章"蜚廉"的系列考察，意识到这是具有重要学术价值的神兽"蜚虞"。其动物原型则为"麒麟"，并与赋文第三章提到的白虎、苍龙、玄武、凤凰这四方"奇物"共同构成了在地为"五灵"、在天为"五星"的"五行"组合。其在《衣镜赋》的存在，即证实了原本认为晚起的"五灵"概念，及其与"五星"对应关系的生成，可以提前至衣镜主人刘贺所生活与《史记》所成书的西汉中期。"蜚虞"的称谓方式，又是地上"灵兽"麒麟具有天上"神兽"之身份，并匹配为中央土星"勾陈"星象的暗示。只是，"蜚虞"应当以"麒麟"为动物原型的本质，先前碍于篇幅的限制，笔者仅是从其"五行"身份与"五灵""五星"关联的角度予以了论述②，而对其他也能够佐证这一事实的二者相合之处未有阐明。所以，本文便立足笔者前期的相关成果，从"蜚虞"与"麒麟"其余方面的共通之处，来补证笔者有关"蜚虞"原型之说的正确性，并进一步认知其神化形象。

一、"麒麟"与"蜚虞"身份的相合

借助《衣镜赋》"蜚虞"匹配"中央土"的"五灵""五星"身份，与在天为"勾陈""北斗""北辰""镇星"(即"填星")的称谓，以及"猛兽鸷虫"对其"猛兽"性能和如同"鸷虫"那般具有双翼形象的暗示，与"毋凶殃""守户房""辟非常"对其辟邪除凶功用和门户神兽地位的说明，再来比较"麒麟"的相关情况，便可以发现二者在身份层面还具有诸多共通之处。

一者，"麒麟"与"蜚虞"都具有神异灵兽与帝王祥瑞的身份。先就"麟"而言，《礼记·礼运》与《孔子家语·礼运》都记载着孔子"何谓四灵？麟、凤、龟、龙谓之四灵"③的明确观点，《孔丛子·记问》又云："子曰：'天子布德，将致太平，则麟凤龟龙先为之祥。'"④这说明"麟"正是孔子主张的"四灵"之一，"四灵"则是

---

① 王意乐，徐长青，杨军，管理：《海昏侯刘贺墓出土孔子衣镜》，《南方文物》，2016年第3期，第61—67页。
② 何丹：《海昏侯墓〈衣镜赋〉蜚虞神兽兼容黄龙形象的五行必然性》，《原道》，2023年第1期，第245—261页。
③ 郑玄注，孔颖达疏：《礼记正义》，北京：北京大学出版社，1999年，第702页；杨朝明，宋立林主编：《孔子家语通解》，济南：齐鲁书社，2013年，第376页。
④ 白冶钢：《孔丛子译注》，上海：上海三联书店，2014年，第81页。

符应古代帝王施行礼治德政以致天下太平的神灵鸟兽。而且,在孔子的"四灵"概念之中,实际还以先言的"麟、凤"为重。《荀子·哀公篇》提及孔子曰:"古之王者,有务而拘领者矣,其政好生而恶杀焉。是以凤在列树,麟在郊野。"①此处孔子仅举"麟、凤"这二灵的情况,即是将这二灵分别作为兽类与鸟类的代表性灵物,并认为它们是古代圣王"好生而恶杀"的政治祥瑞。所以,孔子的"四灵"概念,总体归属于他以礼制治国的政治理想,与以仁德修身的道德追求,并以"麟"为"灵兽"的代表。

不仅如此,孔子的这种灵物思想,对其之后的历史阶段还产生了深远影响。仅以西汉中期相关于"麟"为灵物的言辞为证。一方面,并举孔子"四灵"的言辞多见。如元光元年五月,汉武帝诏贤良曰:"朕闻昔在唐虞,……周之成康,……麟凤在郊薮,河洛出图书。"②其中,所谓的"河洛出图书",即指"河图洛书"的传说,又称为"龙图龟书",因而汉武帝的这则诏书实则也是以麟、凤、龙、龟这"四灵"为古代"圣王"施行德治仁政的祥瑞鸟兽。另一方面,如同孔子部分列举凤凰、麒麟作为神灵鸟兽之代表的言辞普遍。如董仲舒曰"五帝三王之治天下,……凤凰麒麟游于郊"③;"古以大治,……泽被四海,凤凰来集,麒麟来游"④。可见董仲舒正是延续了孔子以"麟、凤"为古代帝王实现天下大治之代表祥瑞的观念。所以,由西汉中期这对代表性君臣继承孔子"四灵"思想的事实,可知其时的汉人明确以"麟"为"灵兽"代表和帝王祥瑞,因而"麟"也就完全具备位列汉人"五灵"的可能性。

更何况,比较许慎"龙,东方也。虎,西方也。凤,南方也。龟,北方也。麟,中央也"⑤的说法,又可知孔颖达疏杜预《春秋左氏传序》"麟凤五灵"所认为的"麟、凤与龟、龙、白虎五者,神灵之鸟兽,王者之嘉瑞也"⑥,实际便是汉人的"五灵"组合。其中,许慎所言麟配中央、凤配南方、龟配北方、龙配东方、虎配西方的"五方"之位,还指出了它们对应的"五行"属性。具体也即,孔颖达疏《左

---

① 王先谦:《荀子集解》,北京:中华书局,2006 年,第 356 页。
② 班固:《汉书》卷六《武帝纪》,第 1 册,北京:中华书局,1962 年,第 160 页。
③ 苏舆撰,钟哲点校:《春秋繁露义证》,北京:中华书局,1992 年,第 101—103 页。
④ 班固:《汉书》卷五十六《董仲舒传》,第 8 册,第 2520 页。
⑤ 见于孔颖达疏《礼记·礼运》所引。郑玄注,孔颖达疏:《礼记正义》,第 704 页。
⑥ 左丘明传,杜预注,孔颖达正义:《春秋经传集解序》,《春秋左传正义》,北京:北京大学出版社,1999 年,第 27 页。

传·昭公二十九年》提到的:"汉氏先儒说《左氏》者,皆以为五灵配五方,龙属木,凤属火,麟为土,白虎属金,神龟属水。"①基于这种五行属性,孔颖达还将"五灵"与晋史官蔡墨"是谓五官"的"五行之官"联系起来,解释说:"当谓如龙之辈,盖言凤皇、麒麟、白虎、玄龟之属,每物各有其官主掌之也。"②而且,"五星者"又被视为"五行之精",即"历书"所称"木精曰岁星,火精曰荧惑,土精曰镇星,金精曰大白,水精曰辰星"③,这就意味着"五灵"为"五官"分掌的实质,乃"五灵"与"五星"之间由于"五行"属性所形成的匹配关系。所以,在汉人的"五灵"概念之中,"麟"正是"中央土兽",并匹配为中央土星"勾陈"(即"镇星")的星象。

同时,《衣镜赋》第二章的"蜚虞",与第三章西"白虎"、东"苍龙"、北"玄武"、南"凤凰"这四方"奇物"并举的现象,说明"蜚虞"也是与中央方位相匹配的神兽。以此比较汉人的"五灵"组合,即可知"蜚虞"正与具有"中央土兽"之称的"麒麟"身份重合,因而"蜚虞"也就应当与"勾陈"同指,这也恰好符合"蜚虞""勾陈"的形象都被传为"鹿头龙身"的情况。所以,《衣镜赋》"蜚虞"神兽的身份,即在天为"勾陈"、在地为"麒麟",与麒麟"灵兽"及"祥瑞"的身份相应,"蜚虞"也具有辟邪除凶、守卫门户的灵异功用,"勾陈"也同样是汉人眼中的政治嘉祥。如扬雄《长杨赋》描述秦亡汉兴之事,云:"上帝眷顾高祖,高祖奉命,顺斗极,运天关。"④"斗极"即"北斗"所围绕的"北极";"天关"即"北辰""北斗""勾陈",如李善注便提及:"《天官星占》曰:'北辰一名天关。'"⑤可见"勾陈"正是被视为汉高祖建立大汉王朝的祥瑞之星。所以,在"五灵""五星"的"五行"匹配关系之中,"蜚虞"与"麒麟""勾陈"实质相同。

二者,麒麟"仁兽""至德之兽"的身份,与"蜚虞"在天所为"勾陈"的"德星"身份可以呼应。一方面,在孔子儒学的理念之下,汉人视麒麟为"仁兽"的情况多见。如《公羊传·哀公十四年》曰:"麟者,仁兽也。有王者则至,无王者则不

---

① 左丘明传,杜预注,孔颖达正义:《春秋左传正义》,第1508页。
② 《左传·昭公二十九年》记载晋太史蔡墨曰:"五行之官,是谓五官,……木正曰句芒,火正曰祝融,金正曰蓐收,水正曰玄冥,土正曰后土。"左丘明传,杜预注,孔颖达正义:《春秋左传正义》,第1503—1507页。
③ 见于孔颖达疏《左传·襄公二十八年》。左丘明传,杜预注,孔颖达正义:《春秋左传正义》,第1070页。
④ 班固:《汉书》卷八十七下《扬雄传下》,第11册,第3559页。
⑤ 萧统:《昭明文选》第九卷《长杨赋》,武汉:崇文书局,2018年,第281页。

至。"①《说文》曰:"麒,麒麟,仁兽也。"②由于"仁"又是孔子推崇的最高道德理念,"麟"也就被汉人称为"至德"之兽。如扬雄《法言·孝至卷》云:"麟之仪仪,凤之师师,其至矣乎!螭虎桓桓,鹰隼骏骏,未至也。"③可见麟、凤正是被看成"至德"之兽、鸟的形象代表,而与"螭虎""鹰隼"分别代表的猛兽、鸷鸟相区别。与此相应,有关凤凰符合仁道的说法,还有其他诸多汉人言辞可为佐证。如毛亨注《诗·大雅·卷阿》曰"凤皇灵鸟仁瑞也"④;《新书·胎教》《大戴礼记·保傅》皆提到有故言曰"凤凰生而有仁义之意,虎狼生而有贪戾之心,两者不等"⑤。所以,汉人继承孔子"四灵"概念的同时,也延续了他的"仁道"标准,而以符合仁道的仁兽麒麟与仁鸟凤凰作为"灵兽"与"灵鸟"的代表,以及"四灵"之中政治祥瑞的代表。

另一方面,"蚩虞"在天所为的"勾陈",又有"德星"的称谓。如孔子"为政以德,譬如北辰,居其所而众星共之"⑥的说法,便是以"北辰"为"德星"。又如,《史记·封禅书》:"望气王朔言:'候独见填星出如瓜,食顷复入焉。'有司皆曰:'陛下建汉家封禅,天其报德星云。'"⑦的记载,即是以"填星"称"德星"。"北辰""填星"又已知为"勾陈",则"勾陈"也即"德星"。而所谓的"德星",由《史记·天官书》"天精而见景星。景星者,德星也。其状无常,常出于有道之国"⑧的解释,与汉纬书《援神契》"德至八极,则景星见"⑨的言论,可知正是"有道之国"施行德政的符瑞之星。所以,麒麟既然被奉为"仁兽""至德之兽",若"勾陈"以之为星象,则恰是可以相应而有"德星"的称谓,"蚩虞"也便是以"麒麟"为原型。对此关联性,再结合《史记·天官书》以填星"主德"、太白"主杀"⑩的相对之说,以及作为

---

① 何休解诂,徐彦疏:《春秋公羊传注疏》,北京:北京大学出版社,1999年,第619—621页。
② 段玉裁:《说文解字注》,上海:上海古籍出版社,1988年,第470页。
③ 汪荣宝撰,陈仲夫点校:《法言义疏》,北京:中华书局,1987年,第550页。
④ 毛亨传,郑玄笺,孔颖达疏:《毛诗正义》,北京:北京大学出版社,1999年,第1133页。
⑤ 贾谊撰,阎振益、钟夏校注:《新书校注》,北京:中华书局,2000年,第390页;王聘珍:《大戴礼记解诂》,北京:中华书局,1983年,第59页。
⑥ 见于《论语·为政》。其中,"共"即"拱"的本字。何晏注,邢昺疏:《论语注疏》,北京:北京大学出版社,1999年,第14页。
⑦ 司马迁:《史记》卷二十八,第4册,北京:中华书局,2013年,第1680页。
⑧ 司马迁:《史记》卷二十七,第4册,第1592页。
⑨ 见于孔颖达疏《礼记·礼运》所引。郑玄注,孔颖达疏:《礼记正义》,第715页。
⑩ 司马迁:《史记》卷二十七,第4册,第1574、1577页。

"西方金星"的"太白"正是以凶杀之兽"虎"为星象来看,也便可以确定。

三者,麒麟为"五灵"之首的身份,与"五星"之首的"勾陈"正是堪为匹配。一方面,麒麟具有"五灵"之首的地位。这由汉人的"五灵"渊源于孔子的"四灵"可知。以孔子"四灵"的入选标准而言,关键还在于它们都具备类别之长的地位。比如,孔子既云"龙以为畜,故鱼鲔不淰。凤以为畜,故鸟不獝。麟以为畜,故兽不狘。龟以为畜,故人情不失"①,又说"毛虫之精者曰麟,羽虫之精者曰凤,介虫之精者曰龟,鳞虫之精者曰龙,倮虫之精者曰圣人"②。对照之下,即可知孔子谓之"四灵"的"麟、凤、龟、龙"被视为神灵鸟兽、帝王嘉瑞的原因,正是与它们分别为毛虫(走兽)、羽虫(飞鸟)、介虫(甲虫)、鳞虫(鱼鲔)之长的身份相关。而且,虽然都具有类别首领的身份,孔子以"麟、凤"为"四灵"代表的情况,又说明孔子"麟、凤、龟、龙"的"四灵"排序应当并非随意。

其中深意,由位列"五灵"的"白虎"未能入选孔子"四灵"名单的缘由,可以感知。因为在孔子视麒麟为走兽之首的同时,"虎"实际也被赋予类同的地位与身份。司马迁《报任安书》"猛虎处深山,百兽震恐"③的言论,与《说文》"虎,山兽之君"④的表述,即体现了汉人以虎为兽长的意识。而且,江乙回答楚宣王之问而援用的"狐假虎威"的典故之中,"虎求百兽食之"、百兽见虎皆走,与虎"长百兽"为"天帝令""帝命",以及"百兽之畏虎"如人臣之畏"君之威"的说法⑤,说明虎为兽长本是先秦的流行观念,因而孔子对此也理应知晓。所以,孔子以"麒麟"作为走兽之首、王者嘉瑞将其列入"四灵",以及只言"四灵"、不言"五灵"的说法,乃是一种有意为之的倾向性选择,并体现了他对于仁兽"麟"的偏爱。

同时,排除"虎"的做法,则源自他对于代表性凶兽"虎"的厌弃。如《论衡·遭虎》在多次言及"虎食人""野中之虎常害人""虎害人"的同时,还提到孔子路遇一妇人哭诉"去年虎食吾夫,今年食吾子"的事例⑥,而这也即出于孔子之口的"苛政猛于虎"的典故。《礼记·檀弓下》的记载中,妇人之亲死于虎口的,还

---

① 郑玄注,孔颖达疏:《礼记正义》,第702页;杨朝明,宋立林主编:《孔子家语通解》,第377页。
② 王聘珍:《大戴礼记·曾子天圆》,《大戴礼记解诂》,第100页。
③ 班固:《汉书》卷六十二《司马迁传》,第9册,第2732页。
④ 段玉裁:《说文解字注》,第210页。
⑤《新序·杂事二·楚王问群臣章》。刘向编著,石光瑛校释,陈新整理:《新序校释》,北京:中华书局,2017年,第190—192页。
⑥ 黄晖校释:《论衡校释》,北京:中华书局,2017年,第825—829页。

是"舅"(按：夫之父)和"夫""子"三代、三人。① 可见虎的这种凶猛好杀的残暴习性，正与孔子"好生而恶杀"的仁德背道而驰，而相差于"至德"。在孔子看来，同样具有兽长身份的"虎"，却无法与"麟"相提并论，因而以"麒麟"入选"四灵"也就是一种必然结果。至于"麟、凤"之间的地位高下，结合猛兽、鸷鸟杀伤力差异明显的情况，也就可知"仁兽"更能体现孔子的仁道，因而麟、凤即分别位列第一、第二。"龟、龙"之间，"龙"又与孔子排除在"四灵"之外的"虎"同为凶兽。所以，统筹于仁道思想，孔子"四灵"的地位高下，即体现在他"麟、凤、龟、龙"的表述顺序，因而"麟"也就是"四灵"之首。

再以孔颖达"五灵"的组合与顺序比较孔子的"四灵"，则明显可见只是在孔子名单的末尾缀以"白虎"。而且，杜预《春秋经传集解序》虽言"五灵"、却只举"麟、凤"的情况，也说明"五灵"同样是以"麟、凤"为代表。更为具体的地位排列，验证于《衣镜赋》的"五灵"，正是孔颖达所说"麟、凤与龟、龙、白虎"的先后顺序。其中，先以第二章重点描述"蜚虡"，后以第三章并言"四方"之"四灵"，正是突出了"麒麟"在"五灵"之中的首要地位；于"四灵"而言，按照其时以"南北"为君臣方位而优先于"东西"且南尊北卑、东尊西卑的意识，则地位高下依次为凤凰、玄武、苍龙、白虎。所以，《衣镜赋》的"五灵"概念，正是遵循了孔子对于"四灵"的排序及其原则，将"仁兽"之"麟"由"四灵"之首而递进为"五灵"之首，并以麟、凤为"五灵"代表，以凶兽"白虎"位居"五灵"之末。至于汉人提及麟、凤"二灵"时，又存在的先言"凤"、后言"麟"的情况，则应当由先"鸟"、后"兽"的语言习惯所致。

另一方面，"勾陈"又具有"五星"之首的地位。如孔子"譬如北辰，居其所而众星共之"②与"璇玑，谓北辰句陈枢星也。以其魁杓之所指二十八宿为吉凶祸福"③的言论，以及董仲舒"犹众星之共北辰"④的说法，都是明确以"北辰"为"五星"之首。又如，《史记·天官书》关于"中宫天极星"旁侧的"北斗七星"，"运于中央，临制四乡。分阴阳，建四时，均五行，移节度，定诸纪，皆系于斗"⑤的说法，

---

① 郑玄注，孔颖达疏：《礼记正义》，第310页。
② 何晏注，邢昺疏：《论语·为政》，《论语注疏》，第14页。
③ 刘向撰，向宗鲁校证：《说苑·辨物》，《说苑校证》，北京：中华书局，1987年，第442页。
④ 苏舆撰，钟哲点校：《春秋繁露义证》，第270页。
⑤ 司马迁：《史记》卷二十七，第4册，第1542页。

与"二十八舍主十二州,斗秉兼之,所从来久矣"①的言论,又皆以"北斗"为"五星"之首。再如,刘歆《遂初赋》所云:"昔遂初之显禄兮,遭闾阖之开通。跖三台而上征兮,入北辰之紫宫。备列宿于钩陈兮,拥太常之枢极。"②也是以"钩陈"(即"勾陈")为"列宿"之首,并以"闾阖"为"天门",以"紫宫"为"钩陈""北辰"坐位,以"枢极"为"北极""天极"。所以,作为"五星"之首的,就是位居"紫宫"之位的"勾陈"(或称"北辰""北斗"),堪与"句陈枢星"相匹配的灵物,也只能是"五灵"之首的"麒麟","蜚虖"作为镜座象物而支撑衣镜的关键作用,也正好比"勾陈"的"枢星"地位。

四者,即便从《衣镜赋》"蜚虖"又具有"猛兽"性能与作为辟邪除凶、守卫门户的"神兽"身份来看,麒麟实则也具有的凶猛能力可以与之切合。《淮南子·天文训》云:"虎啸而谷风至,龙举而景云属。麒麟斗而日月食。"高诱注:"麒麟,大角兽,故与日月同符。"③以高诱对于麒麟"大角兽"的称谓,结合《史记·孝武本纪》又称之为"一角兽"④的方式,可知麒麟之"一角"为"大"的特点;用以解释"麒麟斗"的现象,则还意味着这一大角,不仅是标志性外貌,也是相斗的武器。而且,"麒麟斗"堪与"虎啸""龙举"的威猛形象相提并论的情况,还说明麒麟相斗的场面也是凶猛异常,因而才至于又存在可以引发日月食的感应之说。以"麒麟斗"与"日月食"为符应的说法,参照汉武帝时已经存在日、月、星"三光"并举的情况,则还可知"麒麟"也正当与代表"五星"的"勾陈"相联系。如《史记·天官书》记载太史公曰:"天则有日月,地则有阴阳。天有五星,地有五行。……三光者,阴阳之精,气本在地,而圣人统理之。"⑤可见能够"与日月同符"的,即是同样被纳入"阴阳五行"理论的"五星"。所以,"麒麟"正可以与代表"五星"的"勾陈"对应。

与此吻合,"勾陈"所司掌的神职,又与"麒麟斗"所展示出的凶猛一面相符。如扬雄"从上甘泉"郊祭"泰畤"而"还奏"的《甘泉赋》,言曰:"于是乃命群僚,历

---

① 司马迁:《史记》卷二十七,第4册,第1603页。
② 章樵注:"北极环卫,内曰'紫宫'。……钩陈,紫宫外营陈星。……拥卫宸极。"章樵注:《古文苑》卷五,王云五主编:《丛书集成初编》,上海:商务印书馆,1937年,第116—117页。
③ 高诱注:《淮南子》,《诸子集成》第7册,北京:中华书局,2006年,第36页。
④ 司马迁:《史记》卷十二,第2册,第586页。
⑤ 司马迁:《史记》卷二十七,第4册,第1599页。

吉日,协灵辰,星陈而天行。诏招摇与太阴兮,伏钩陈使当兵,属堪舆以壁垒兮,梢夔魖而抶獝狂。"①其中,"伏钩陈使当兵"的说法,也即《管城硕记·天文考异一》所引《水经注》"紫微有勾陈之宿,主斗讼兵阵"②的含义。"堪舆"则指天地,"夔魖""獝狂"则代表鬼怪凶物,因而"钩陈"正是充当着天地"壁垒"的作用,并以抵御兵祸、鬼怪这些凶灾为职责。再与《衣镜赋》"蚩虞"在人间扮演的辟邪除凶、守卫门户的角色相比较,即可见神化麒麟正与"勾陈"的神职切合。所以,"蚩虞"的身份也正如上述所说,在天乃是"五星"之首的"勾陈",在地则为"五灵"之首的"麒麟"。

至于也可以视为"猛兽"的麒麟,为何又被定位为"仁兽"？则是因为它虽然生长有武斗装备、却具有不害于生灵的习性,符合孔子"好生而恶杀"的仁道精神。如对于《公羊传·哀公十四年》"麟者,仁兽也"的说法,何休解:"状如麇,一角而戴肉,设武备而不为害,所以为仁也。《诗》云'麟之角,振振公族'是也。"徐彦疏:"言仁兽者,正以设武备而不害物。"③再加之,在儒学仁道思想的影响下,汉人还形成了郿令王忳所述"仁胜凶邪,德除不祥,何鬼之避"④的看法。所以,"仁兽"之麒麟具有"蚩虞"辟邪除凶、守卫门户的神异功用,以及匹配天宫环卫"天极"的"勾陈"星象,便都是合乎情理的观念。综上所述,"麒麟"与"蚩虞""勾陈"在身份层面具有诸多共通之处,而这就说明"蚩虞"神兽的原型与"勾陈"土星的星象,实质就是"麒麟"无疑。

二、"麒麟"与"蚩虞"形象的相合

"蚩虞"既然以"麒麟"为原型,则关于其"鹿头龙身"的传说,也就是麒麟神化之后的形象。"麒麟"的种属,从《说文》"凡鹿之属皆从鹿"与"麟,大牝鹿也"的训释⑤,以及薛综注张衡《东京赋》"解罘放麟"所说的"大鹿曰麟"⑥,可知便如

---

① 颜师古注:"捎,击也。抶,笞也。"班固:《汉书》卷八十七上《扬雄传上》,第11册,第3522—3523页。
② 徐文靖:《管城硕记》卷二十七,上海:上海古籍出版社,2013年,第565页。
③ 何休解诂,徐彦疏:《春秋公羊传注疏》,第619、620页。
④ 范晔:《后汉书》卷八十一《独行列传·王忳》,北京:中华书局,1965年,第9册,第2681页。
⑤ 段玉裁:《说文解字注》,第470页。
⑥ 薛综注:"解,散也。罘,罔也。"萧统:《昭明文选》第3卷,第85页。

其字形所示为"鹿"科。所以，在"蚩虞"的传说形象之中，也就应当以"鹿头"为其动物原型的指示，以"龙身"为其作为神兽的创造性形象。所谓"鹿头"，更为准确的表述也即"麟头"，突显的是汉人所言其"一角""大角""肉角"的特征。而对此原型之说，也正可以由"蚩虞""麒麟"在形象层面的相合得到证实。

一者，与"鹿头"形象指示"蚩虞"原型相符，作为政治祥瑞的"麒麟"也存在"天鹿"的称谓方式。如对照蔡邕《五灵颂·麟》"皇矣大角，降生灵兽。视明礼修，麒麟来乳"①的说法，与《宋书·符瑞志下》"天鹿者，纯灵之兽也。五色光耀洞明，王者道备则至"②的言论，便可知"王者道备则至"的祥瑞"天鹿"，正是"视明礼修"而来的大角"麒麟"。其中，称"天鹿"为"纯灵之兽"的美誉，正可对应麒麟以"仁兽"身份被视为"灵兽"代表与"五灵"之首的文化地位；麒麟"降生"的说法，则又与它被奉为天上"神兽"的身份，以及用以匹配"勾陈"星象的情况对应。而且，"麒麟"又称为"天鹿"的方式，由其他记载也可以明见。如颜师古注《汉书·西域传上》乌弋山离国特产"桃拔"，引三国魏人孟康之言，曰："桃拔一名符拔，似鹿，长尾，一角者或为天鹿，两角[者]或为辟邪。"③可见"符拔""天鹿"与"辟邪"，正是以"无角""一角"与"两角"相区别的鹿科代表性动物，"天鹿"与"麒麟"则同具"一角"的标志性外貌。以此再联系《后汉书·西域传·安息》"章帝章和元年，遣使献师子、符拔。符拔形似麟而无角"④的记载，也就可以确定作为"符拔"参照物的"天鹿"，正是"一角"之"麟"，因而"麒麟"与"天鹿"实同。

在这种语言习惯之下，以"鹿头"描述"麟头"也便合情合理，因而"鹿头龙身"的"蚩虞"实质就是"麟头龙身"的形象。同时，既为"麟头"，也就意味着"龙身"属于麒麟神化之后的形象。因为汉人眼中的龙首应是"两角"，而这就与"麟头"为"一角"的特征相冲突。如梁刘昭注补《后汉书·舆服志下》提到《吴书》曰"汉室之乱，天子北诣河上，六玺不自随，掌玺者投井中。孙坚北讨董卓"，"得传国玺。其文曰'受命于天，既寿永昌'"，"上有纽文盘五龙"，"龙上一角缺"。⑤这说明汉室作为传国之玺的龙纹也恰为"两角"，只不过在汉末之乱中有一角缺

---

① 严可均辑：《全后汉文》卷七十四，北京：商务印书馆，1999年，第749页。
② 沈约：《宋书》卷二十九，第3册，北京：中华书局，1974年，第865页。
③ 班固：《汉书》，第12册，第3889页。
④ 范晔：《后汉书》卷八十八，第10册，第2918页。
⑤ 范晔：《后汉书》，第12册，第3673页。

失。所以,"蜚虡"正当以"一角"之"麟头"为头首特征并指示原型,而以"龙身"作为"麒麟"神化之后的附加形象。

二者,西汉还存在"麟趾龙身"形象的神兽,可以佐证"蜚虡"以"麟头"为原型、以"龙身"为创造的形象。《易林·观之比》云:"麟趾龙身,日驭三千,南上苍梧,与福为婚,道里夷易,安全无患。"①其中,"与福为婚,道里夷易,安全无患",意味着此处的"麟趾龙身"神兽,正好与《衣镜赋》"毋凶殃""守户房""辟非常"的"蜚虡"功用相同;"日驭三千,南上苍梧",说明它也具有"天上神兽"的身份。同时,相比"蜚虡"的形象而言,不仅"龙身"的描述相同,"麟趾"实质也是指向本为麒麟的原型。对此合体形象之中,谁为原型所指、谁为创造性产物的问题,由麒麟与蛟龙的形态区别即可以判定。因为汉时的"五灵"塑像,应当已经形成范式。以龙、虎而言。扬雄《甘泉赋》曰:"蛟龙连蜷于东厓兮,白虎敦圉虖昆仑。"②《淮南子·本经训》云:"寝兕伏虎,蟠龙连组。"③这说明作为猛兽形象的"蛟龙"与"白虎",正是固定呈现为盘曲、蹲伏的形态,因而相应才多见"蟠龙""伏虎"等用语。

就"麒麟"而言,则当如鹿科动物警惕时的跱立姿态,因而又形成有"麟跱"的固定表达。如"司隶从事郭究碑"即曰:"规步履方,麟跱清朝。"④既为"麟趾",则意味着以麟之四足为身体特征,呈现为麒麟的跱立之貌,而非蛟龙的卷曲之形,因而"麟趾龙身"的神兽也就当以"麟趾"指示原型,以"龙身"为附加形貌。再联系汉人以"一角兽""大角兽"的称谓显示"麟"以头部"一角""大角"为特征的同时,也以足部"麟趾"并列为其典型样貌的情况,便可知"麟趾"与"麟头"同为麒麟的标志。如汉武帝所获之麟的形象,《论衡·讲瑞篇》即提及为"一角而五趾"⑤,"五趾"正是异于普通鹿科动物"四趾"的特征,因而汉武帝还有制作麟趾金以协瑞的举措。所以,综合观之,《易林》"麟趾龙身"的神兽,实则就是《衣镜赋》"鹿头龙身"的"蜚虡",二者为异词而同指的关系;"蜚虡"既然有着麒麟头

---

① 焦延寿撰,徐传武、胡真校点集注:《易林汇校集注》,上海:上海古籍出版社,2012年,第763页。
② 班固:《汉书》卷八十七上《扬雄传上》,第11册,第3528页。
③ 高诱注:《淮南子》,《诸子集成》第7册,第122页。
④ 严可均辑:《全后汉文》卷一百五《阙名九》,《全上古三代秦汉三国六朝文》,北京:中华书局,1958年,第1037页。
⑤ 其云:"武帝之时,西巡狩,得白麟,一角而五趾。"而所谓"麟",本即为"麟"。黄晖校释:《论衡校释》,第858页。

部"一角"与足部"五趾"这两大标志性特征,也就可以确定是以"麒麟"为原型,并以"鹿头""麟趾"的说法指示这种本质,"龙身"则相应是"麒麟"神化变异之后的形象。"龙身"的具体含义,参照"汉麟瓶"为"周身甲错若麒麟"的外形①,可知应当是指"麟身"附加有象征龙"鳞虫之长"②身份的鳞甲,因而"龙身"描述的对象实际是附加给麒麟的"龙鳞"以及龙神化之后所附加的"双翼"形象,属于突显麒麟"神兽"身份的神化加工。

三、"麒麟"与"蜚虡"人地的相合

"麒麟"与"蜚虡"除去上述所言在身份与形象层面有多重相合之处外,实则还存在地域与人物层面的密切关联性。

一者,从地域而言,"麒麟""蜚虡"都为齐鲁之地的代表性形象。一方面,由一些历史事件与典故传说,可见"麒麟"正是山东盛行的崇拜对象。比如,"西狩获麟"的地点,《左传·哀公十四年》《史记·孔子世家》《孔子家语·辩物》都一致记载为鲁地"大野"③。"大野"在何处?《集解》引服虔之语曰:"大野,薮名,鲁田圃之常处,盖今钜野是也。"④可见春秋"获麟"于鲁地无疑。而且,由"叔孙氏之车子鉏商获麟,以为不祥,以赐虞人。仲尼观之,曰,'麟也',然后取之"⑤的态度转变,还可知"麟"作为真实动物,虽然在春秋晚期已经为多数鲁人所不识,但鲁人对于麟为真实存在的祥瑞灵物却是深信不疑。又如,"麒麟送子"的典故,《拾遗记·周灵王》传言发生于鲁地"阙里"。其云:"夫子未生时,有麟吐玉书于阙里人家,……征在贤明,知为神异,乃以绣绂系麟角,信宿而麟去。"⑥在这则故事中,麒麟被视作孔子诞生时的送子之神,可见麒麟在鲁地有着天上神兽的

---

① 王黼:《宣和博古图》卷十二《瓶》,上海:上海书店,2017年,第200—201页。
② 段玉裁:《说文解字注》,第582页。
③ 杨伯峻:《春秋左传注》,北京:中华书局,1990年,第1682页;左丘明传,杜预注,孔颖达正义:《春秋左传正义》,第1676页;司马迁:《史记》卷四十七,第6册,第2350页;杨朝明,宋立林主编:《孔子家语通解》,第205页。
④ 司马迁:《史记》卷四十七,第6册,第2351页。
⑤ 见于《左传·哀公十四年》。杨伯峻:《春秋左传注》,第1682页;左丘明传,杜预注,孔颖达正义:《春秋左传正义》,第1676—1677页。
⑥ 王嘉:《拾遗记》,北京:中华书局,1981年,第70页。

身份。时至今日,山东巨野仍以"麒麟之乡"贯称,山东之地也还存在着不少以麒麟命名的地点,并常见以麒麟镇宅、求子的辟邪与生育习俗,以及用"麒麟"或"麟儿"代指优秀儿郎的语言习惯。所以,麒麟崇拜正是古代山东具有代表性的地方文化。

另一方面,"蜚虡"代表的应是衣镜主人刘贺常年生活的山东昌邑文化。因为由衣镜"新就"的时间和刘贺以之"侍侧"所包含的辟除凶邪、门户无虞、但求安乐的心理,结合他为王、为帝、为废帝和为侯的人生经历与衣镜展现出的浓厚的儒家文化来看,衣镜更可能制作于刘贺废居故昌邑王宫期间。所以,"蜚虡"既然是《衣镜赋》和"孔子衣镜"纹饰中最为重要的灵物、神兽,则联系昌邑王国以"西狩获麟"的"巨野"为故址的情况,也就可知同样代表地方信仰文化的"麒麟"与"蜚虡",正可能是原型与创造体的关系。

二者,从"人物"而言,"麒麟""蜚虡"都与圣人孔子有着密切关联。一方面,上述已知孔子对于麒麟有着非同一般的偏爱,并以之为"四灵"之首和神灵鸟兽、王者嘉瑞的代表。这种偏爱,此处还可以由孔子对于"西狩获麟"之事的反应深刻感知。《史记·孔子世家》记载:"及西狩见麟,曰:'吾道穷矣。'"①这说明孔子将"获麟"与自己"道穷"联系起来。所谓的"道",自然也便是孔子最为推崇的"仁"。不仅如此,孔子所修鲁国《春秋》还绝笔于此事。也即,最末的《哀公十四年》仅有"十有四年,春,西狩获麟"一句。对此深意,杜预注:"麟者,仁兽,圣王之嘉瑞也。时无明王,出而遇获。仲尼伤周道之不兴,感嘉瑞之无应,故因《鲁春秋》而修中兴之教,绝笔于获麟之一句。所感而作,固所以为终也。"②《春秋》也因此还有"麟史""麟经"之称。而且,何休还以"西狩获麟"为孔子即将殁世的征兆,说:"麟者,太平之兽,圣人之类也。时得而死,此天亦告夫子将殁之证。"③所以,孔子对于"仁兽"之"麟"的特别偏爱,也使得后人将二者密切联系起来,认为他是有意"绝笔于获麟","获麟"又是他逝世的预示,而他的诞生也以麒麟为送子神兽。

另一方面,从《衣镜赋》章句表达的主题来看,"蜚虡"代表的匹配"五行"的"五灵"文化,也正与孔子思想有着关联。在紧随第二章、第三章的"五灵"(也即

---

① 司马迁:《史记》卷四十七,第6册,第2351页。
② 左丘明传,杜预注,孔颖达正义:《春秋左传正义》,第1673—1674页。
③ 见于裴骃集解《史记·孔子世家》所引。司马迁:《史记》卷四十七,第6册,第2351页。

"五星")与第四章主宰阴阳的"二神"(即"西王母""东王公")之后,第五章"□□圣人兮孔子,□□之徒颜回卜商,临观其意兮不亦康"的文句,提示《衣镜赋》除了立足"阴阳五行"理论,通过"二神""五灵"表达趋吉避凶的意愿外,还展示了以衣镜画像人物孔子及其弟子为学习对象的"观儒"主题。而且,以此处称孔子为"圣人"的说法,结合衣镜"孔子传记"采用《史记》赞誉孔子为"至圣"的情况,还可知《衣镜赋》中关于"蜚虡"与"五灵"的吉凶灾异之说,也应当被看成孔子所创立的儒家学派的汉儒思想。而对此文化的学派归属,还有孔子言及过五星占术[①]与汉武帝时期儒学官学地位已经确立,以及西汉中期儒者又盛行以五行灾异说儒等情况可为佐证。所以,归属孔子儒家学说的"蜚虡"与最受到孔子偏爱的"麒麟",具有实质如一的可能性。

小结

通过上述所示"麒麟"与"蜚虡"多层面、多角度的共通之处,可以确定海昏侯刘贺墓出土"孔子衣镜"上《衣镜赋》第二章中作为镜座象物的"蜚虡"神兽,及其在天所为的"勾陈"星象,实质就是指"麒麟"无疑。这种相合的表现包括:麒麟与蜚虡、勾陈都具有神异灵兽与帝王祥瑞的身份;麒麟"仁兽""至德之兽"的身份,与勾陈为"德星"呼应;麒麟"五灵"之首的身份,与勾陈为"五星"之首堪为匹配;"蜚虡"辟邪除凶、守卫门户的"猛兽"性能和"神兽"身份,与"麒麟斗"的凶猛能力切合;麒麟"天鹿"的称谓,与蜚虡以"鹿头"指示原型相符;蜚虡以"龙身"为创造性形象,有《焦氏易林》"麟趾龙身"的描述为佐证;麒麟、蜚虡都为齐鲁之地代表性文化,都与圣人孔子有着密切联系;等等。古代学者以蜚虡、勾陈皆为"鹿头龙身",乃是麒麟神化之后的形象;《衣镜赋》中的"蜚虡"与"凤凰""玄武""苍龙""白虎",共同构成了汉人在地为"五灵"祥瑞、在天为"五星"星象的"五行"组合,并分别匹配"中央土"与"南方火""北方水""东方木""西方金"。

而且,这种"五灵"组合,又渊源于"圣人"孔子的"四灵"思想,因而其排序也遵从了孔子仁道的原则,只是在孔子"四灵"之末再加"白虎",以"麒麟"为"五

---

① 《说苑·辨物》记载孔子曰:"璇玑,谓北辰勾陈枢星也。以其魁杓之所指二十八宿为吉凶祸福。……五星之所犯,各以金木水火土为占。春秋冬夏,伏见有时。失其常,离其时,则为变异;得其时,居其常,是谓吉祥。"刘向撰,向宗鲁校证:《说苑校证》,第442—443页。

灵"之首,并匹配"五星"之首的"勾陈"星象。"蜚虡"所代表的"五灵""五星"文化,则应归属于孔子后学之中以五行灾异之说而传儒的汉代学者,这体现了汉儒对于"仁兽"麒麟的格外推崇,与爱好和平、期待仁政、希望大治的政治心态,以及趋吉避凶的美好心愿等。同时,"五灵"也呼应了西汉中期儒学已经具有的官学地位,及其以阴阳五行为宇宙生成的理论、以天地四方"六合"为宇宙方位的观念、以五星灾异占术为预测吉凶的流行方式等。此外,《衣镜赋》"蜚虡"与所对应的"孔子衣镜"象物的存在,还说明《史记》"蜚虡"的写法虽然错误,但在西汉中期实则有着现实依据;以"凤凰""玄武"匹配南、北两方的说法,又证实二者在"五行"理论之中可以与"朱雀""龟"等同的关系。若论"蜚虡"神化形象的创造年代和"五灵"概念及其匹配"五星"关系的生成阶段,则由"蜚虡"及其代表的"五灵"之词恰都最早见于《史记》①,以及"五灵"又正好与"五星"占卜之术相关联的情况,可知目前最早能追溯到《史记》诞生的汉武帝时期。总而言之,由"蜚虡"足以管窥《衣镜赋》及其载体"孔子衣镜"所具有的重要学术价值。

The tomb of Marquis Haihun's "Yi Jing Fu" described the mythical beast "FeiJu" actually is the deified "Qilin"

He Dan

Abstract: Through the multi angle fit of the identity, image, historical figures, geographical locations with the Qilin and FeiJu, it can be determined that the "FeiJu" mythical beast in the "Yi Jing Fu" unearthed from the tomb of Liu He, the Marquis of Haihun, is essentially the deified "Qilin". The "FeiJu" and the "Phoenix", "Xuanwu", "Canglong", and "White Tiger" in the prose together constitutes the "Five Elements" of the Han people, which represent the "Five types of spiritual beasts" on the earth and the "Five Stars" in the sky. This combination originates from the "Four types of spiritual beasts" thought of sage-Confucius. The view of the benevolent beast "Qilin" as the head of the "Five types of spiritual beasts" and the celestial phenomenon of the

---

① 前者见于《史记·司马相如列传》,后者见于《史记·龟策列传》。分别见司马迁:《史记》卷一百一十七、卷一百二十八,第 9、10 册,第 3678、3935 页。

central Saturn "Gouchen", which is the head of the Five Stars, reflects the further integration of Confucianism and the theory of the Five Elements since Emperor Wu of Han.

Keywords: Tomb of Marquis Haihun, Confucius Clothing Mirror, FeiJu, Qilin

国家、社会与宗族：1928—1930 年拥孔派对曲阜林庙改革的回应[*]

成积春　王　凯[**]

[摘　要]　1928 年，大学院颁布《废止春秋祀孔旧典的通令》，一些激进派将孔府斥为"封建余孽"和"反革命"，要求没收其"逆产"，由此招致拥孔派的驳斥，但是由于特殊的时代背景及某些制度因素影响，激进派在 1928—1930 年始终左右着曲阜林庙改革的制度进程。最终，在蔡元培等人的促动下，颇为激进的《审查改革曲阜林庙办法报告》在国家政制层面得以"实现"。虽然制度层面的博弈以拥孔派的"落败"而告终，但是各种拥孔活动仍在持续进行，并致使《改革曲阜林庙办法》陷入"暂缓执行"的尴尬境地。与激进派的"价值虚无"和"情绪化"相比，拥孔派的回应则较为理性和现实，透过其思想

---

[*]　基金项目：国家社科基金重大项目"历代孔府档案文献集成与研究及全文数据库建设"（13&ZD108）；国家社科基金一般项目《孔府档案》所见孔府与清代社会变动研究"（18BZS131）。

[**]　成积春（1965—　），男，山东日照人，历史学博士，曲阜师范大学历史文化学院教授，主要研究领域为明清以来社会文化及孔府档案研究。
　　王凯（1988—　），男，山东威海人，历史学博士，曲阜师范大学教育学院博士后，主要研究领域为明清以来社会文化及孔府档案研究。

主张,我们可以对当时的背景、儒家文化之实态及其价值问题有更加深刻的认知。

[**关键词**]　曲阜;林庙改革;拥孔派;回应;儒学价值

从新文化运动的"打倒孔家店"到整理国故运动的"化神奇为臭腐"①,在新文化的冲击下,儒家文化似乎沦落到"只有三五个老辈在那里苦撑门面"的境地。关于这些"老辈",胡适不无挖苦地说道:"有些人还以为孔教可以完全代表中国的古文化,所以他们至今还梦想孔教的复兴,甚至于有人竟想抄袭基督教的制度来光复孔教……至于那些静坐扶乩,逃向迷信里去自寻安慰的更不用说了。在我们看来,这些反动都只是旧式学者破产的铁证,这些行为不但不能挽救他们所忧虑的国学之沦亡,反而可以增加国中少年人对于古学的蔑视。如果这些举动可以代表国学,国学还是沦亡了更好!"②在新文化派及其追随者的眼中,反孔非儒已经成为学界乃至整个社会的潮流趋势,加之北洋政权的瓦解,在此背景下,蔡元培重提废止祀孔,以及其后的曲阜林庙改革自然是顺势之举,本不应遭遇太多波折。但是,在拥孔派的抵制下,具有某种排孔色彩的《报告》及《办法》难以在实践层面有效开展,且最终沦为具文,其中拥孔派所爆发出的力量远不是"只有三五个老辈苦撑门面"那般景象,这种"制度表达与实践"的背离与文化错觉让我们有必要重新审视拥孔派这个群体的存在及儒家文化的实态图景,正如有的学者指出:"在看待五四批孔及其社会影响时,需实事求是,不宜言过其实,那种动辄认为陈独秀等'新派'人物经过'几个回合'鏖战就取得了胜利,抑或'五四批孔造成中华文化断裂'的说法都是虚拟的想象,而非历史的真实。"③同样,认为在蔡元培废止祀孔之举以后,"孔夫子的威灵在经历了'五四'冲击波之后,看来确实是气数已尽"④等类似观点也是值得商榷的。

关于1928—1930年的曲阜林庙改革问题研究,主要有李先明的《"封建遗典"的现代境遇:1928—1930年曲阜林庙改革之争》,吴佩林和姚志良的《"封建

---

① 胡适:《整理国故与"打鬼"》,载欧阳哲生编:《胡适文集》第4卷,北京:北京大学出版社,1998年,第117页。
② 胡适:《〈国学季刊〉发刊宣言》,载欧阳哲生编:《胡适文集》第3卷,第11页。
③ 李先明:《五四批孔的影响及其限度(1916—1920)——以〈新青年〉读者"的反应为切入点》,《复旦学报(社会科学版)》,2020年第2期。
④ 张晓唯:《蔡元培评传》,南昌:百花洲文艺出版社,2015年,第110页。

遗存"的近代境遇：1928—1930年曲阜孔府祀田的国有化争端》、孔明的《南京国民政府初期的尊孔与反孔——以改革曲阜林庙案为中心》，既有研究主要利用孔府档案、台北"国史馆"档案等相关资料对1928—1930年曲阜林庙改革事件进行了探究，并论述了排孔派与拥孔派之间复杂的权力博弈关系，①但是，就拥孔派思想的系统性、复杂性和理论性而言，仍有进一步梳理与论析之必要。关于拥孔派，他们的驳诘是导致《报告》及以此为导向的《办法》"暂缓执行"和不了了之的重要原因，值得玩味的是，如果拥孔派拥有压倒激进派的力量，那么《报告》又何以在国家政制层面"实现"呢？同样，如果激进派拥有压倒拥孔派的力量，那么《报告》及《办法》又何以陷入实践困境呢？有鉴于此，笔者对孔府档案中的相关材料进行系统梳理，以"拥孔派的回应"为主题，从一个思想文化史的视角重探此案及其背后的思想文化意蕴与价值问题，以期深化对相关问题的了解和认知。其不当之处，敬祈师友惠教。

一、政要的拥孔表达与"无力"

1928年2月18日，执掌大学院的蔡元培颁布了《废止春秋祀孔旧典的通令》，宣布废止国家春秋祀孔的旧典，其原因在于"惟因尊王忠君一点，历代专制帝王资为师表，祀以太牢，用以牢笼士子，实与现代思想自由原则及本党主义大相悖谬"②。祀孔旧典既经废除，与之相关的祭田等物质基础自然没有存在的必要了，"今祀典既废，田宜归人，事理至明"③。

受此影响，1928年7月，于心澄、孟传楹等17名国民党员向内政部呈称："曲阜衍圣公系封建余孽，应予取消，孔林、孔庙原为公帑所建筑，应收归国有。"④与之相呼应的是社会层面排孔思潮的持续高涨，且带有鲜明的政治革命色彩，如山东省立二师学生反孔传单所云"铲除封建余孽衍圣公府制""铲除畜

---

① 孔明：《南京国民政府初期的尊孔与反孔——以改革曲阜林庙案为中心》，《理论月刊》，2020年第10期；李先明：《"封建遗典"的现代境遇：1928—1930年曲阜林庙改革之争》，《史学月刊》，2020年第12期；吴佩林、姚志良：《"封建遗存"的近代境遇：1928—1930年曲阜孔庙祀田的国有化争端》，《近代史研究》，2021年第2期。
② 《为废止春秋祀孔旧典由》，《大学院公报》，1928年第1卷第3期。
③ 《审查改革曲阜林庙办法报告》，《申报》，1929年10月6日，第17版。
④ 《政治会议咨国民政府文》（日期缺），孔府档案，档案号：01-008151-0011-0029。

生军阀联为秦晋衍圣公""孔林孔庙是民脂民膏所建,一律收为民有""收回衍圣公的宅舍为公共机关""收回祀田四万亩,兴办地方公益事业""衍圣公制度是反革命制度""查办反革命的衍圣公""打倒土豪劣绅的大本营衍圣公府",等等。①

面对北伐以来持续激进的排孔热潮,蒋介石甚为不满,1928年4月,其偕陈诚、刘峙等军政要员前往曲阜祭拜孔子,并颁行布告表明自己的拥孔倾向。6月,蒋介石在徐州再发尊孔布告:"《礼运》一篇,大道在公天下。先总理服膺至切,尝口说而手书……国府有公布尊奉遗教之令,内部有通饬保护孔庙之文。盖欲为共产主义根本之铲除,非谨遵先总理提倡之固有道德智能,不足以辟邪说而正人心也。"②从中不难看出,政治上的独裁与反共需求是蒋介石拥孔的重要原因。此外,蒋介石拥孔还与其对儒家文化的偏好有关,如蒋介石在留学日本期间,每日闲暇之余总是专心研读《王阳明全集》和《曾文正公家书》,王阳明和曾国藩的学说被蒋介石视为一生的"检身之法"和"行动指南",此外,蒋介石还时常要求蒋经国把王阳明的学说当作"圣哲"来读。

1928年8月23日,刘汝麟等四十名国民党员联名致电蒋介石,该电文系统阐述了尊孔崇儒的重要性与必要性,基本上代表了当时拥孔派政要的价值取向。电文基本内容如下:

(一)儒家文化关乎民族独立。电文指出:"中国开国五千余年,文化发达远在罗马埃及之先。承尧舜禹汤文武周孔之道与其治法,教诲民族,养成道德高尚之民,卓然与他族有殊。中间屡经外人侵迫,卒能恢复河山,还我旧物,皆学有正宗,治有诚意之功也。"

(二)儒家文化与三民主义关系密切。电文指出:"总理承尧舜禹汤文武周公孔子之心传,参酌外国政治学说,融会贯通,着为三民主义,发扬光大以求中国之自由平等。"

(三)借儒反共。电文指出:"近日,五中会议各委员、各总司令、各军长鉴于共产党之灭性绝伦……经提案请定纪念孔子日期……邪说诐行扰害人心一次,孔子光照中正之道则显著一次。"

在强调了尊孔崇儒的重要性和必要性之后,刘汝麟等认为国民政府应当延

---

① 《山东省立二师反孔传单》(日期缺),孔府档案,档案号:01-008437-0023-0001。
② 《蒋介石再发保护孔林孔庙布告》(1928年6月),孔府档案,档案号:01-008151-0011-0029。

续优渥圣裔的政策,希望蒋介石"明电政府对于衍圣公酌予名义,责成保卫孔庙、孔林,以为中外之观瞻,而保东方文化之古迹,并予祭田为修理、保存及维修学校(阙里孔氏私立明德中学,笔者按)之用,请政府照定条例,使其导引,庶令民知中国自有圣人,趋向自有正轨"①。

与此同时,刘汝麟等还呈文中央执行委员会与监察委员会,对党内的反孔非儒倾向予以批驳:"当此以党治国之时,亟应厘正落实,以符孔子平民政治之初志,不能指桨为日,失圣人面目之真志。"呈文主要讲述了曲阜林庙的历史沿革,要求政府注重林庙保护,"孔林为中国历史之最有关系之真续遗法……应请政府允许保护,以存国粹","孔庙……治化之本,人伦所关,无惑于千秋万世景仰,而不能忘也","应请政府照定条例,维持(林庙,笔者按)庄严,以维中外之观瞻"。②

由上可知,无论是蒋介石,还是以刘汝麟为代表的拥孔政要,他们多是出于儒家文化的政治价值之考虑,才呼吁尊孔崇儒的,在优渥圣裔方面,他们虽略有提及,却是"着墨不多",可见,多数拥孔派政要并不想因孔族利益问题与蔡元培、于心澄等激进派产生过多政治纠葛。

在维护孔族利益的政要中,工商部部长孔祥熙无疑是最重要的,这当然与其"圣裔"身份有关。1928年8月28日,孔祥熙在国民政府会议上怒斥心澄等人的"排孔"呈文:"当此革新之际,人心浮动,异说纷呈。一班青年,知识薄弱,难保不为共产党打倒礼教之邪说所惑。"③

为了在曲阜林庙改革过程中尽可能维护孔族利益,孔祥熙多方权衡,前后三次拟稿,认为改革所涉及的四个问题必须妥善处理:

(一)名号存废问题。孔祥熙认为,衍圣公名号"完全出于尊重先觉先知,故只有名号,而无政权,与封建遗制之袭爵截然不同",而且"国内蒙古、青海等处,其王公袭爵现尚存在",如果贸然变更或者撤销衍圣公名号,其"影响所及不可不防"。由此,孔祥熙主张衍圣公名号存废问题应当随同蒙古、青海等地王公

---

① 《刘汝麟等为请明定条例保护孔子林庙事致蒋介石快邮代电》(1928年8月23日),孔府档案,档案号:01-008151-0011-0024。
② 《刘汝麟等为请愿保存东方文化之古迹以宏党治而正人心事致中央政府执行、监察委员会呈草稿》(日期缺),孔府档案,档案号:01-008437-0001-0007。
③ 《孔祥熙提议保护孔子林庙》,《申报》,1928年8月30日,第10版。

袭爵问题一同解决。

（二）古物保存问题。孔祥熙陈述了曲阜林庙古物保存的重要性，并指出，"保管权宜暂定归于孔子嫡系，以免流失"。

（三）祀田分配问题。祀田问题是曲阜林庙改革的核心问题，激进派政要认为，祀孔典礼既经废除，其祀田理应收归国有。对此，孔祥熙指出，祀田既有"历代赐予"，亦有"私家拨入"，二者早已经混为一体，其权属"属公属私，不可分辨"，不加区分就收归国有是不合理的。为此，孔祥熙提出折中办法，即祀田内"十分之四为孔子嫡系子孙教育赡养之资，于清理后拨归孔子嫡系子孙升科纳税，自行管理；其余以十分之三为孔林孔庙保管岁修之资；再以十分之三为设立图书馆、古物陈列所、护卫林庙公安队，附设国学研究馆等基金"，关于后两项事业，他提议设立董事会负责具体事务。

（四）整理委员会人选问题。孔祥熙提议委员会约定九人，关于委员构成，他认为当如此分配：国民政府一人、内政部一人、教育部一人、山东省政府一人、山东省党部一人、孔族代表三人，孔德成为当然委员。① 在此前的第二次拟稿中，孔祥熙曾提出具体的委员人选名单，即孔祥熙为中央代表委员，阎容德为山东省政府代表委员，于恩波为山东省党部代表委员，孔繁樸、孔繁霨、孔绍尧为孔氏家族代表委员，孔德成为当然委员，至于内政部与教育部委员，则由两部拟定。从中不难看出，孔祥熙希望拥孔派能够在曲阜林庙改革过程中发挥主导作用。②

孔祥熙的曲阜林庙改革方案得到了内政部的认可，内政部据此拟具《曲阜林庙改革意见》，并提请中央政治会议讨论表决。1929年3月6日，中央政治会议推举蔡元培、胡汉民、戴季陶、蒋梦麟、赵戴文五人会同审查曲阜林庙改革案。虽然从形式上看是五委员"会同审查"，但是实际上五委员各自的政治文化立场与价值旨趣及其发挥的作用显然是不能等量齐观和简单视之的。从人员构成来看：蔡元培废止祀孔，力主祀田国有，蒋梦麟是蔡元培的学生和追随者，二者基本上代表了激进派政要的意志；胡汉民、戴季陶与蒋介石关系密切，赵戴文代表了阎锡山的意志，三人基本上代表了中立派或者拥孔派的意志。如前所述，

---

① 《孔祥熙关于曲阜林庙改革办法的定稿》（日期缺），孔府档案，档案号：01-008151-0009-0002。
② 《孔祥熙关于曲阜林庙改革办法的二次拟稿》（日期缺），孔府档案，档案号：01-008151-0009-0001。

多数拥孔派政要强调尊重儒家文化,但是在优渥圣裔方面并不积极,其原因主要是拥孔派政要不想为了维护孔族利益而损害与激进派政要在政治上的共同利益,如这一时期蒋介石"拥孔",蔡元培"排孔",但是二人私交甚笃,蔡元培为蒋介石的证婚人,并为蒋介石"反共""削藩"作出重要贡献,蒋介石对蔡元培亦十分敬重。就孔祥熙而言,因其"不在其位",所以无力阻止《报告》的通过。因此种种原因,蔡元培等激进派政要实际上左右了制度层面的曲阜林庙改革,这一点从审查报告中出现的"元培等以为"①可以看出,由此,具有某些排孔色彩的《报告》在国家政制层面得以"实现"自然是可以预见的。

二、社会名流的驳诘

从废止祀孔旧典到曲阜林庙改革,国家层面的某些反孔非儒动向引发了社会上拥孔名流的强烈不满。1928年4月12日,谢思孝致电国民政府,批驳大学院的废止祀孔通令,"立言极为轻率,实属有玷学府,贻误青年",他认为孔子"所发明者,皆治乱兴亡之原理,吉凶悔吝之枢机,欲拨乱世而反诸正,舍其道莫由而达。吾国有志青年正宜导之负荷斯任,精研绝学,以振拔世界人民于水深火热之中,岂可倡为谬说,自欺欺人,虽欲自绝,何伤日月乎?"

关于蔡元培因孔子有"尊王忠君"思想而废止祀孔,谢思孝不以为然,他分析了孔子"尊王忠君"思想的历史缘由及其对当下的意义,"夫孔子,圣之时者也。春秋之时,世衰道微,祸乱不息,自当以尊王为时义,犹今之必以提高党权为救时之良剂,抑何以异?不得以后世帝王资以牢笼天下归罪孔子……君之为义,谓其能群也……君之义主仁,臣之义主忠,故曰进思尽忠,退思补过,将顺其美,匡救其恶,是以政教克举,上下一心。假令君不君,臣不臣,国尚得为国?政尚得为政乎?今欲求忠实党员,其义亦或由是"。

谢思孝认为蔡元培等输入西方民主、自由等价值理念,摧毁儒家传统伦理秩序的行为是不可取的,他希望国民政府"速行取销此种通令,仍崇祀孔典礼……并责令大学院切实讲习经学,中小学一律加入读经一科,以维国本,更于夏历朔望,听人民自由诣庙礼拜,启其继往开来之思,抒其崇德报功之意",如果

---

① 《审查改革曲阜林庙办法报告》,《申报》,1929年10月6日,第17版。

国民政府因心"立治"与"成教",那么"天下和平可坐而待矣"。①

1928年8月,汤民广泛致电南京中央党部、国府主席、各国公使等处,请求改革西化的教育体制,要求以孔子"仁义"思想为教育方针,"若五年欧战,若共产党肆虐……其整个原因在教育唯知专注于物质之方面……兹博求之古今中外可为教育之方针者,其惟孔子所号召之仁义乎?"他认为以"仁义"为教育方针"与总理主义骨里一致,仁义者,革命之基本,而先总理已实行其意"。汤民认为如果"仁义"成为"中华教育方针""万邦宪典""政治公同目标",那么"世界隐伏之一切大祸、一切危难问题必将渐消于无形而皆有解决之一日"②。此外,一些拥孔文人因"蔡元培诋毁先师,废其祀典",所以十分仇视蔡元培,如1928年12月29日,王之安致函衍圣公府希望将"凡关孔道兴废之文字编辑成帙,以彰蔡氏之恶"③,这些拥孔文人收录了诸如蒋维乔的《教育总长蔡孑民》等大量驳斥蔡元培的文章。

蔡元培的废祀通令除了引发国内拥孔名流的强烈不满,还引发了一些海外华侨的拒斥与驳诘。如爪哇泗水文庙董事李双辉等认为"尊王忠君"并非孔子本意,"孔子抱道在躬,有教无类,己欲立而立人,己欲达而达人。思以仁治天下,表彰汤武之功,无道桓文之事,岂抱尊王主义者比耶?周游列国,往来七十二君之廷,行则行,止则止,久则久,速则速,民之所好好之,民之所恶恶之,又岂抱忠君主义者比耶?"④进而呼吁海内外各界拥孔人士对蔡元培的废祀通令予以抵制。

李双辉等印尼华侨联名致电大学院蔡元培,希望其取消废祀通令,并从法理、公例、时代、主义、党派及孔教六个方面陈述了废止祀孔通令的弊端:

(一)以法理言。李双辉等认为《废止春秋祀孔旧典的通令》不合乎程序法,不具备法律效力,"孔子祀典是古今中外所共仰,而非一省一市一县之末务也,应兴应废,必须俟国会成立,经国会决定乃生效力,兹大学院贸然废之,岂院

---

① 《谢思孝上国民政府快邮代电》(1928年4月12日),孔府档案,档案号:01-008437-0011-0001。
② 《长沙汤民致南京中央党部国民政府主席各院长等电》(1929年8月),孔府档案,档案号:01-008437-0013-0001。
③ 《王之安为编辑孔道兴废文字事致衍圣公府信》(1928年12月29日),孔府档案,档案号:01-008437-0014-0002。
④ 《爪哇泗水文庙董事李双辉等为大学院擅令废止祀孔通告国人请依法否认并征求名儒硕彦挽救意见书》(1928年),孔府档案,档案号:01-008437-0012-0001。

长有代行国会之职权乎？抑国府有特许独裁之新制乎？"

（二）以公例言。李双辉等认为大学院因孔子有"尊王忠君"思想而废止孔祀，却不废同样有"尊王忠君"思想的关岳之祀，这于公例有碍，"大学院仅谓孔子当时倡导尊王忠君，与现代主义不合，通令废祀，而不及关岳，斯可异矣。岂以志在春秋之关夫子、精忠报国之岳夫子非忠君之士？无尊王之心乎？抑以共和之世，当崇祀武人，蔑视儒宗而下此通令乎？"

（三）以时代言。李双辉等认为不能过于苛责前人，因孔子生于"君主时代"就否定其思想价值，"民国成立，十有七载，凡弱冠以上之国人，谁非清代之民众？除革命分子以外，又谁无尊君事上之心？即如大学院院长亦曾涉身文场，热衷科第……孔子何其不幸而生于君主时代也！"

（四）以主义言。李双辉等指出孔子有"民治"思想，与现代主义并不相悖，"孔子祖述尧舜揖让，其主义也"，大学院"谓孔子提倡尊王忠君，无民治思想，与现代主义不合而废其祀典"的观念是荒谬的。

（五）以党派言。李双辉等认为大学院废祀比"共党扰乱"更加恶劣，"去夏，共党扰乱两湖，以破坏为宗旨……金谓斯文将从此而丧，孔教将从此沦亡矣。旋闻国民政府竭力反共，以遏乱萌，方幸孔子在天之灵，祀典得永垂不朽也。孰料未及一年，共产党未及废弃之祀典竟由大学院废止之也！"

（六）以孔教言。李双辉等认为保留祀孔，提倡孔教于政治大有裨益，"在共和时代，守孔教可以达人，孔教与民治固不相抵触者也，即如国府执政诸伟人、运筹帷幄者，孰非读孔子之书者乎？又如同人侨居海外，多尊崇孔教者也，又谁不热心民治之工作乎？进言之，保留孔教或可戡拥共者之非心，废弃孔祀，转不啻为共党作伥矣！"①

然而，大学院对李双辉等海外华侨的呈文并未过多理会②，通过大学院来恢复祀孔显然是不可能的。万般无奈之下，他们只得呈文内政部，希望通过内政部来恢复祀孔。他们指责大学院废止祀孔的通令是"无脑决也""大可哀哉"，并指出，祀孔、孔教是海外华侨的精神支柱，"我南洋华侨寄人篱下，谋我生活，

---

① 《爪哇泗水文庙董事李双辉等为恢复孔祀事致大学院蔡元培呈文》（1928年），孔府档案，档案号：01-008437-0012-0001。
② 《大学院批第四五二号（十七年七月廿八日）：批爪哇泗水文庙董事李双辉等：为详释废止祀孔通令由》，《大学院公报》，1928年7月28日，第1卷第9期。

阅时数百年,总计数百万,迄未变于夷者,知有夏也。我华侨之不忘华夏,胥赖孔德孔道维系之也",继而希望内政部能够"明令恢复孔祀,或批示保留至国会成立后议决存废问题"。① 然而,在南京国民政府的体制下,大学院奉行"教育独立"的原则,独立自主行使相关职权,内政部自然无权废止大学院的废祀通令,所以李双辉等希望通过内政部来恢复祀孔也是不可能实现的。

承前所述,蔡元培废止祀孔旧典,一方面是为了反对所谓的"封建迷信"活动,另一方面则是为了将林庙祀田等产业收归国有和扩充教育资金。废祀以来,排孔思潮逐渐呈现失控态势,于心澄等国民党员以及某些激进派将孔子嫡系"定罪"为"封建余孽""反革命"等,孔府的私产亦被纳入所谓"逆产"范畴,实际上,在激进派的操弄下,曲阜林庙改革逐渐演变为一场没收孔府林庙产业的政治事件。

对于曲阜林庙改革的过激倾向,拥孔文人愤而抵制。曾业指出:"夫孔林业产,其时代相承者,则孔氏子孙也,以子孙世代相承之业产非私产而何?既属私产,则按之《中华民国约法》第六条所载人民有保有财产之自由等语,凡属国民固当受同一保护,岂对孔氏子孙独异?即让步言之,纵妄指孔林业产为非私产,然释道耶回寺庙之业产,政府尚特立法规以保护之,且不许藉端侵占没收或提充罚款,况孔教为吾国国教,千年来维系人心之大防,何至以子孙世守之家庙尚不得并列于普通寺庙之伦乎?今若无端没收孔氏之私产,是使全国民众共同依据之法律将因孔氏族产之被夺而同失其保障力,而我堂堂中华民国之约法竟以蔡元培一人之私意而破坏之,是蔡元培不特为吾中华民国之叛徒,实亦全国民众之公敌也!"徐炯指出:"按法律,盗贼有产业千元,其二百元系劫夺来者,其八百元系祖若父遗留者,则只得没收其二百元,不得没收其八百元,仁之至义之尽也。今蔡氏举孔子林庙、祀田、书籍、器物,各产业尽没收之,是视孔氏连盗贼之不若也。孔子何罪?孔子之子孙又何罪?杜牧云'使天下之人不敢言而敢怒',今天下怒矣,蔡氏其知之乎?其不知之乎?"尹昌龄称:"夫没收财产在法律是待何等人者,而以待孔子之后,何贱视之甚耶!"②

---

① 《爪哇泗水文庙董事李双辉等为恢复孔祀事致内政部呈文》(1928 年),孔府档案,档案号:01-008437-0012-0001。
② 《曾业驳诘蔡元培非法提议没收孔林业产宣言书》(日期缺)、《徐炯对于没收孔氏遗产之宣言》(日期缺)、《尹昌龄对于没收孔氏遗产之宣言》(日期缺),孔府档案,档案号:01-008437-0016-0001。

在拥孔名流中,对蔡元培等激进派驳斥最力者当为孔教派核心人物陈焕章,其在《改革曲阜林庙办法驳议》一文中对蔡元培等五委员的《报告》逐条批驳,言辞十分犀利:

(一)宗教信仰自由,政府无权干涉孔教问题。陈焕章认为,"世界各国政府,皆予宗教以充分自由,无非理之干涉……赤俄革命,曾毁宗教,然不久亦即予人民以信仰、自由,盖政教皆本于人民,而政治势力,实不如教,政府专管政治,本无权干涉宗教也。"

(二)政府不能籍没"孔子之家产"。陈焕章蔡元培废止祀孔等籍没"理由"予以驳斥,"蔡元培不恤全国之民意,不识中国之历史,去年悍然以帝制自为之手段,虑以大学院祀孔之礼,其悖乱无道,专横不法,至此已极……今者与四委员联名之审查报告,愈来愈坏,且进而废阙里之祀典,毁孔子之家产……政府固尊崇孔子也,将谁欺乎!"

(三)政府不应撤销衍圣公名号。陈焕章认为,政府"于满蒙回藏之王公,则不敢置议,独欺凌孤儿寡母之衍圣公,以为有位无权,莫能抗拒,而议决即行撤销,其不公不平不彻底之办法何其可怜耶?"他进一步指出,衍圣公名号"增吾民族之光,何必破坏之以自削荣誉?"如果贸然取消衍圣公名号"恐致异日无谓之误会,发生事端"。

(四)政府不应没收衍圣公之祀田。陈焕章认为,"凡田皆属天产,岂止公产而已,但既经国家颁予,历数千百年,则早已变成私产,何得兴端而非法没收?"此外,陈焕章指出,中国"家族之祀田原属于公产者何可胜属,倘一一加以籍没,恐天下骚然矣"。

(五)政府应当尊经崇祀以纪念孔子,而不应没收"孔子之家产"以纪念孔子。陈焕章指出,"入人之家,夺人之书籍、器物、书楼、学塾、祀田、林庙,攘其利而美其名曰,吾将纪念尔祖先也,不亦可笑之甚乎?"①

随后,陈焕章还与蒋尊祎等人联名致电教育部长蒋梦麟,对其"夺印之剧"予以批驳,称其为"不公不平""不仁不义""忘本无礼",并指出:"衍圣公尊号关系吾民族精神、国家根本,非经正式国民会议依法公决,无论何人不能擅自

---

① 《陈焕章改革曲阜林庙办法驳议》(1929年),孔府档案,档案号:01-008437-0020-0001~0023。

取消。"①

简之，与政要相比，社会名流，尤其是文教中人的拥孔表达更具现实性和学理性，其主张有力遏制了朝野反孔非儒情绪的弥漫与高涨。可以说，《报告》及《办法》最终"暂缓执行"和不了了之的缘由就在于其自身制度设计的"不成熟"与"超前性"，与之相对照的拥孔名流的拒斥与驳诘则较为符合当时历史条件下的社会现实状况，以及儒家文化的"实然图景"与"应然价值"。

三、孔氏宗族的因应

1928年7月27日，国民政府秘书处致电山东省政府，要求其派员详查孔林孔庙情形，在相关来往文书上，多次出现"整理""清查"等字眼。② 国民政府将"整理"一词用于政治活动上，往往是与没收逆产相关联，或曰"整理"以及"清查"往往是没收逆产的前奏。③

对于政府高层传达出的某些不利信息，衍圣公府惶恐不安，为了化被动为主动，衍圣公府于1928年8月22日以孔德成的名义上呈国民政府："陈请拟将德成衍圣公名义即时取消，俾符体制，至保管林庙、整理陈设、祭祀地租各办法以及所属员司之改组，存古兴学之通筹一切职责应尽之事，乡里属望，不敢自宽，谨附具计划书随文陈送，伏请垂察，一并转呈国府查核，至德成取销爵号以后，而关于守林奉祀各节仍属责无旁贷，嗣后苤事对外应用何名称，拟请国府核定遵行。"④

为了守住林庙祭田，衍圣公府除了上报祭田数目及地租收入，还详细罗列了林庙祭祀、林庙整理、林庙奉卫、学校等各项计划支出，并指出："以上各项计划均就目前情形约略条列每年总计收入约四万四千七百元，支出共约五万零二

---

① 《陈焕章等致教育部快邮代电》（日期缺），孔府档案，档案号：01-008437-0022-0001。
② 《国民政府秘书处函中国国民党中央执行委员会政治会议秘书处等为准中央政治会议函为于心澄等呈请取消衍圣公并将孔林孔庙收归国有等情经议决先交国府调查一案已交山东省政府详查具复》（1928年7月27日），国民政府档案，档案号：001-051821-00002-003；《山东省政府为详查衍圣公及孔林孔庙情形事复内政部公函》（1928年11月23日），孔府档案，档案号：01-008151-0011-0032。
③ 如1928年的"整理中兴案"及"清理南京协济公典盛宣怀逆股案"等皆按照先"清查""整理"，后没收逆产的流程办理。
④ 《孔德成为沥陈衷曲事致国民政府呈》（1928年8月23日），孔府档案，档案号：01-008151-0001-0001。

百元,实不敷洋五千五百元上下,加以祭田丰歉年有不同,地租收入多寡不定,其不敷之数拟由德成负责筹募,分别积极进行,遇有修正或变更时随时报查。"①

与此同时,为了应对废祀以来产生的各种危机,衍圣公府决定首次修订孔氏宗族的全国大谱,如族长孔传堉所说:"民国十七年六、七月间,族人宪滢、繁樸、绍尧等因为我们姓孔的受社会的一种刺激,要想将全国的族人团结起来,提议合修全国大谱。"②

不论是衍圣公府的"丢卒保车"也好,还是孔氏宗族的合修全国大谱也罢,这些都没有遏制住激进思潮的进一步制度化,即具有某种排孔色彩的《报告》于1929年10月出台,这也引发了孔氏宗族的愤怒。

衍圣公府以孔德成的名义发表了《敬告全国同胞书》,称曲阜林庙各产业为孔氏宗族所私有,蔡元培等提议将其收归国有不具有合法性:"窃德成衍圣公尊号早经呈明,自动撤销。而林庙祀田、书籍、器物,各产业系由宗祖孔子暨历代先祖父子相继所遗留,已二千余年。前年七十六代孙孔令贻去世,经德成以七十七传宗子资格执行继承权,依法全部接受在案。讵料国府委员蔡元培意欲没收私产,提出非法处分,查继承权系天然所赋予,法律所规定,各族均系一律,我姓何得独异?理合根据上开事实提起抗诉,务恳准予撤销非法处分提案,以维人权而张公道等词。此次国委蔡元培对于敝族私有产业,不惜蹂躏人权,提出非法处分。"同时,孔德成等还指责蔡元培等人的决议不合乎道德情理,希望国人能够予以同情和援助:"德成年幼,寡妇孤儿,间悉下彷徨无措,经族人孔昭声根据法律提出理由,呼吁于同胞之前。素仰主张公道,用敢陈情。伏祈仗义执言,俯赐援助,阖族幸甚,不独文化所关且法治所系,而全球所瞩目也。无任迫切待命之至。"③

同时,孔氏宗族代表孔昭声发表了《敬告全国同胞书》一文,文章从情理、法律、政治、文化四个方面对《报告》予以驳斥:

(一)情理上。孔昭声指出:"我宗祖孔子崇尚忠恕,不知因何开罪于后世,二千年有绝端仇视如蔡元培者,表面固甚恭维,而事实则摧残至极。前既以谬误的解释撤销祀典,今又欲以非法的行为谋及产业,我向以我祖自有道德,国人

---

① 《孔德成拟整理林庙计划草稿》(1928年8月),孔府档案,档案号:01-008151-0003-0001。
② 《孔传堉报告修谱经过及欢迎词》(1935年),孔府档案,档案号:01-008157-0007-0004。
③ 《孔德成敬告全国同胞书》(1929年),孔府档案,档案号:01-008437-0004-0001。

自有真公论,毁之不惧,忧誉之不足慰,故犯而不校。不料蹂躏之来及一而再,涓涓不塞,将成江河,能勿令人愤痛乎?"

(二)法律上。孔昭声认为:"兹为拥护法律,为我孔氏立足计,不能不与之相周旋。我族林庙、祀田、书籍、器物,各产业皆系远承宗祖,近接先代,父子相继,一脉相承,对于法律的地方并无丝毫的抵触。继承权是天然赋予,各姓所从同,我孔氏并非化外,何法律竟不为我而设?"

(三)政治上。孔昭声指出:"总理自谓革命思想系继承我祖而来,而革命事业亦以我祖之利器作战斗之工具,且规之于党纲以昭示于后人,即不能谓为有功,亦可告无罪,饮水思源,理所当然。然乃既不能推及乌之爱,又不许跻平民之列,必欲破坏我二千年之家庭组织,是诚何心哉?莫非新的教育就与旧的道德迥然不同乎?总理所尊崇之人,而尊崇总理者反为,若是试问总理有灵在天,其感想又将如何?"

(四)文化上。孔昭声指出:"学阀具有一种仇视我祖之心,力之所及无不肆焉。即学者对于我祖有何批评的谬误亦不以总理的主张予以相当的纠正。近来,曲阜学者以'民可使由之,不可使知之'之说,认为愚民政策,且指为违反总理主张,查办人员声明之,而教育部亦公然承认之,实则总理学说且引此说为行易知难之证。又声明古之圣人亦尝见及,则所谓违反者究系何人?何乃任令解释错误不予纠正?则观念从何而端人心?从何而正教育?当局实不能辞其责也。考其行为无非为以反孔子之主张为主张耳!"①

对于蔡元培以孔子"尊王忠君"思想立论,进而废止孔祀和改革曲阜林庙的制度化行径,孔昭声作《尊王忠君之解释》予以批驳。孔昭声认为:"孔子之所谓尊王忠君系尊国的行政首脑也,系忠国的行政首领也,尊忠国的行政首领者,尊忠国也,其目的系为维持全国的秩序,而求民族的安堵,以实现人类进化的原则也。"继而,孔昭声由孔子"尊王忠君"思想推及到君臣伦理上,他指出:"君者,国的行政首领也;臣者,国的政务员也,虽欲废之,其可得乎……今日读孔子书者,对于君臣二字应以广义读之,万勿自狭也,狭则失去孔子之真义矣。"关于孔子的政治主张,孔昭声认为其与孙中山一样都追求"天下为公",如其所说:"其主张为何?就系中山先生今日揭示民众之天下为公也。天下为公者,系孔子政的

---

① 《孔昭声敬告全国同胞书》(1929年),孔府档案,档案号:01-008437-0005-0001。

绝对的主张也。"最后,他指出,孔子"尊王忠君"思想中蕴含的尊忠道德在当下仍旧适用:"今日中央何尝不要求国民尊之、忠之、服从之者,就系要求人类进化原则之实现也,历朝能行此原则故治,今日未能行此原则故乱。我国人须认明孔子之尊忠者系当时国的行政首领也,非王也、非君也、非人也、非政也。"①孔昭声的辩驳实际上是反对蔡元培将封建专制同孔子思想捆绑在一起,认为不能因专制统治者利用孔子学说"牢笼士子",就将过错归罪于孔子。

1929 年 11 月 10 日,孔昭声代表孔德成在衍圣公府主持召开宗族会议"以打销蔡氏审查案为先决问题",族众"公推孔繁藻君起草抗争书"。孔繁藻认为:"孔圣为德配天地,有功于国,林为孔林,庙为孔庙,本不生问题,至祀田一节,有为子孙续置者,有为别人送入者,亦不生问题。惟历代帝王所赐给者,在法律上谓之赠与,即为孔氏子孙所有权,应根据法律及事实上提出抗争。"②此后,孔昭声、孔繁藻等族人对蔡元培的驳诘持续了相当一段时间,直到《报告》及《办法》"暂缓执行"后,孔氏族人对蔡元培的各种批驳才逐渐停歇。

四、功利价值与道德价值的竞合:拥孔发生与儒学价值

关于功利价值与道德价值的内涵,龚群教授指出:"在人类社会中,功利价值与道德价值是两类最基本的价值。功利价值即人们对物质利益或生活中实际利益追求和认可的价值,又可归结为主体与客体关系意义上的价值;道德价值即对道德理想精神的追求和认可的价值,又可归结为主体与主体关系意义上的价值。人们的生活不可缺乏物质利益或实际利益,同时也不可缺少道德精神的追求,因而也就决定了这两类价值对于人们的生活所具有的普遍意义。"③

在儒家文化的价值场域中,人们追求功利是无可厚非的,是天性使然,但是要合乎道德,换言之,功利价值应当以道德价值为导向。如《论语·里仁》有云:"富与贵,是人之所欲也,不以其道得之,不处也;贫与贱,是人之所恶也,不以其道得之,不去也。君子去仁,恶乎成名?君子无终食之间违仁,造次必于是,颠沛必于是。"再如《论语·宪问》所云:"子路问成人。子曰:'若臧武仲之知,公绰

---

① 《孔昭声尊王忠君之解释》(1929 年),孔府档案,档案号:01 - 008437 - 0017 - 0001。
② 《孔昭声等讨论曲阜林庙案会议记录》(1929 年 11 月 13 日),孔府档案,档案号:01 - 008437 - 0010 - 0002。
③ 龚群:《论道德价值与功利价值》,《哲学动态》,2014 年第 8 期。

之不欲,卞庄子之勇,冉求之艺,文之以礼乐,亦可以为成人矣。'曰:'今之成人者何必然?见利思义,见危授命,久要不忘平生之言,亦可以为成人矣。'"

在帝制时代,儒家文化的道德价值,尤其是"尊王忠君"思想受到"王官"的重视,在"王官"的操弄下,儒家文化逐渐制度化,并在意识形态中居于正统地位。关于"尊王忠君"以及君臣关系,其关系到国家政治稳定,对于社会民众的人际交往具有表率和引导作用,关乎社会伦理秩序。对此关系,孔子指出:"君使臣以礼,臣事君以忠。"(《论语·八佾》)强调君臣关系应当通过以礼为代表的道德价值来维系,孟子对这一思想进一步发微:"君之视臣如手足,则臣视君如腹心;君之视臣如犬马,则臣视君如国人;君之视臣如土芥,则臣视君如寇仇。"(《孟子·离娄下》)认为,君臣关系如果不通过道德价值维系,尤其是君王不能"礼贤下士",将会造成严重的后果。在帝制时代后期,统治者虽然在形式上推崇儒家文化,但是却不能践行儒家道德价值及原则,将文人集团视为"犬马""土芥",缺乏对文人集团的人格尊重,统治者以制度儒学为工具,牢笼士子;文人集团则利用制度儒学追名逐利,满足欲望,由此呈现出儒家文化道德价值与功利价值此消彼长的局面。如大顺军将领宋献策所说:"明朝国政,误在重制科,重资格,是以国破君王鲜见忠义。满朝公卿,谁不享朝廷高爵厚禄?一旦君父有难,各思其保:其新进者盖曰:'我功名实非容易,二十年灯窗辛苦,才博得一纱帽上头,一事未成,焉有即死之理?'此制科之不得人也;其旧任老成又云:'我官居极品,亦非容易,二十年仕途小心,始得至此地位,大臣非止我一人,我即独死无益。'此资格之不得人也。二者皆谓功名爵位是己所致,所以全无感戴朝廷之意。无怪其弃旧事新而漫不相关也。可见如此用人,原不显朝廷待士之恩,乃欲其报效,不亦愚哉!其间更有权势之家徇情而进者,养成骄慢,一味贪痴,不知孝悌,焉能忠义? 又有富豪之族从贪缘而进者,既费资财,思权子母,未习文章,焉知忠义?"①由此可见,在专制统治者的操弄下,制度儒学实际上是对儒家文化道德价值的戕害与泯灭,进而致使不以道德价值为规范的功利价值观念潜滋暗长。其间,虽有王阳明以"狂者胸次"援佛入儒,调和三教,试图激发儒家文化固有的道德价值,以为功利趋向之引导,但是其无法改变专制制度下缺乏"人格尊重"等道德价值的君臣伦理,终究致使以心学"收拾人心"的理想追求无法

---

① 李天根:《爝火录》,杭州:浙江古籍出版社,1986年,第72—73页。

实现。

　　降及近代,科举制度被废除,制度化儒学解体,文人士子失去了进身之阶,陷入了精神价值上的虚无与迷茫,如刘大鹏《退想斋日记》所载:"下诏停止科考,士心涣散,有子弟者皆不作读书想,别图他业,以使子弟为之,世变至此,殊可畏惧。(1905年10月15日)甫晓起来。看得眼前一切,均属空虚,无一可以垂之永久,所积之德庶可与天地相终始。但德不易积,非有实在功夫则不能也。日来凡出门,见人皆言科考停止,大不便于天下,而学堂成效未有验,则世道人心不知迁流何所,再阅数年又将变得何如,有可忧可惧之端。(1905年10月17日)昨日在县,同人皆言科考一废,吾辈生路已绝,欲图他业以谋生,则又无业可托,将如之何?(1905年10月23日)科举一停,同人之失馆者纷如,谋生无路,奈之何哉!(1905年11月3日)"①及至民国,制度聿新,儒家文化在相当程度上被排斥在新式教育体系之外。为了传承和弘扬儒家文化,康有为、陈焕章、梁漱溟、汪吟龙等拥孔人士积极推动曲阜大学、孔教大学以及孔子大学的创办,不过,在西化派或激进派的抵制下,拥孔派的儒学教育事业屡屡碰壁,面临各种程序、招生、经费等方面的困难,艾德敷指出:"如果大学在可能的时候不向政府登记(即得到政府的许可与支持,笔者按),它的毕业生就会被关在公共事业的门外,而且他们不会得到允许在登记过的学校或学院里任教。因此教师和学生双方都有被孤立于国家教育生活之外的危险,从而失去影响。"②

　　在后儒学时代,制度儒学的崩解是否就意味着儒家文化没有功利价值和道德价值?对此,西化派或激进派认为儒家文化毫无价值可言,实际上是主张用西方式的民主、自由等价值理念取代以儒家文化为代表的传统价值理念。如新文化运动的"总司令"陈独秀指出:"儒教孔道不大破坏,中国一切政治、道德、伦理、社会、风俗、学术、思想均无救治之法。"③在陈独秀等激进派看来,儒家文化已经没有价值可言,作为儒家文化符号与表征的文庙祭祀自然没有存在之必

---

① 刘大鹏:《退想斋日记》,太原:山西人民出版社,1990年,第146—147页。
② 艾德敷:《燕京大学》,载费正清、费维恺编:《剑桥中华民国史(1912—1949年)》下卷,刘敬坤等译,北京:中国社会科学出版社,1994年,第385页。
③ 陈独秀:《答孔昭铭〈独身主义〉》(1916年12月1日),载三联书店编:《陈独秀文章选编》上,北京:生活·读书·新知三联书店,1984年,第170页。

要,认为"应毁全国已有之孔庙而罢其祀"①。在激进派的促动下,崇尚西化、反孔非儒蔚然成风,1928—1930年的曲阜林庙改革则是此风气实践之结果,其本质上是在某种程度上否定了儒家文化的存在价值,可以说,"西化"以来,"功利化"或"物化"已经成为近现代中国社会发展过程中一个值得注意的动向。②如龚群教授所说:"现代化致使功利已成为不可改写的人类追求。"③

对于1928—1930年曲阜林庙改革事件折射出的种种儒家文化"价值虚无"言说,朝野拥孔派强烈不满,并通过各种表达与实践,多层次、多维度阐述儒家文化的功利价值与道德价值,换言之,正是儒家文化丰富的道德价值与功利价值意涵及其与西化价值的某种"竞合"促使了拥孔现象之发生。关于曲阜林庙改革期间拥孔现象之发生以及儒家文化的价值问题,当做以下三个层面的探讨:

(一)国家政制建设的"需要"。1928年,蒋介石指出:"现在北伐总算告一段落,今后就要将国家建设起来。"④在蒋介石的推动下,"革命转向建设"的论断在国民党内部形成了广泛的认同,如1929年,孙科指出:"时至今日似乎应该是开始建设的时光了……革命只是手段,只是过程,建设方是要求,方是目的……,革命与建设打成一片的媒介物曰民生主义。"⑤蒋介石所谓"建设"的政治意涵实际上是主张加强中央集权,谋求政治独裁,通过独裁手段解决新旧军阀割据的问题,进而独立自主,收回国权。关于军阀,黄仁宇指出:"军阀除了目无法纪,鱼肉人民外,靠两个组织原则作主。他们彼此间之联系以传统之忠义标榜。只是假装的多,着实的少,于是才经常有内讧及战场上倒戈情事,次之则

---

① 陈独秀:《宪法与孔教》,《新青年》,1916年第2卷第3号。
② 通过"国故"与"新潮"之争、"科学"与"人生观"之争等可以看出,新派提倡的科学主要局限于西方的自然科学技术,或曰"物"理之学,而在探讨西方社会科学以及会通中西文化方面,其较之某些文化保守主义者而言,存在诸多偏见,且缺乏深度的"人文"思考。如林宰平所言:"又像那些挖苦伯格森的话,也大可不必。伯格森主张无论是否真理,而他在今代哲学上的地位,谁也不能把他一笔勾销。即使要非难他,也尽有从学理上攻击他的许多主张可以征引,何必引到罗素所说'伯格森盛名是骗巴黎的时髦妇人得来的'那几句开玩笑的话来刻薄人家。"参见林宰平:《读丁在君先生的〈玄学与科学〉》,载张君劢等编著:《科学与人生观》,合肥:黄山书社,2008年,第176页。
③ 龚群:《论道德价值与功利价值》,《哲学动态》,2014年第8期。
④ 蒋介石:《中国建设之途径》(1928年7月18日),载秦孝仪主编:《总统蒋公思想言论总集》卷十,台北:国民党中央委员会,1984年,第322页。
⑤ 孙科:《革命建设与民生主义》,《铁道公报》,1929年第5期。

他们的经济来源,纯系地方上之租税,并无系统,由个人自出心裁地榨取。"这种军阀习气在蒋介石的军队将领中亦不鲜见,如其日记所载:晚,会见各将领去后叹曰:"甚矣,气度宽宏,肝胆忠义之将,实不多见,但有感痛而已。"(1926年11月9日)除了军事上的不满,蒋介石对派系林立及尔虞我诈的政治生态亦颇多微词:"政治生活全系权谋,至于道义则不可复问也。"(1926年3月26日)[1]为了解决军事上、政治上存在的种种问题,向以"从容乎疆场之上,沉潜于仁义之中"[2]自居的蒋介石将儒家"文治"置于其政治独裁构想的突出位置,驳斥了激进派以革命之名摧毁儒家文化的言论。如其所说:"我们革命的目的,就是要发展'教育''经济'和'武力',完成国家建设,再进而实现'天下为公'的大同世界。革命的力量是什么? 革命的力量,就是从民族固有的精神产生的,固有的精神是什么? 就是民族固有的道德,固有的道德是什么? 就是忠孝仁爱信义和平的八德,而忠信尤为革命之本……我们革命的原动力是什么,这张表列得很清楚,分开来说,就是智、仁、勇三个字;合拢来说:就是一个诚字。"[3]为了谋求政治独裁,蒋介石还一度对法西斯主义抱有浓厚的兴趣,如1928年春,蒋介石授意陈果夫、陈立夫两兄弟将"浙江革命同志会"扩大改组为"中央俱乐部",并建立一系列带有法西斯色彩的特务组织。对此,茅家琦教授指出:"蒋介石对日本武士道军国主义及德、意法西斯主义思想的向往与崇拜,是他的思想历程中的一个重要方面。他推崇武士道与法西斯主义的目的,仍然是要把这些来自国外的暴力统治、独裁思想及其组织形式与中国的封建统治传统结合起来,训导人民做自觉的愚民与顺民而顺服于他的统治。"他认为,蒋介石在30年代前后有关"三民主义与忠君爱国"的思想表述充分反映了其个人专制独裁的思想。[4]

(二) 社会名流的"迎合"与"自主"。承前所述,在制度儒学时代,儒家文化的功利价值与道德价值在某种程度上呈现出此消彼长的竞争态势,不过,其中不少文教中人始终秉持"为天地立心、为生民立命、为往圣继绝学、为万世开太平"的儒家价值理念,从"君子儒"的群像中可见儒家道德价值与功利价值呈现出某种"穷则独善其身,达则兼济天下"的微妙关系,即在"君子儒"的价值观里,

---

[1] 黄仁宇:《从大历史角度读蒋介石日记》增订本,北京:九州出版社,2011年,第26—54页。
[2] 师永刚等:《蒋介石:1887—1975》下,北京:华文出版社,2011年,第12页。
[3] 师永刚等:《蒋介石:1887—1975》上,2011年,第104页。
[4] 茅家琦等:《中国国民党史》,南京:江苏人民出版社,2018年,第337—372页。

功利价值为实现道德价值之工具,道德价值为功利价值之目的与导向。通观传统时代儒家众生相,可以得见儒家文化道德价值与功利价值的复杂"竞合"关系。后儒学时代,制度儒学解体,儒家文化已经不能为文人士子提供进身之阶,其所谓的功利价值似乎已经丧失。在此背景下,一些文教中人摒除了"物欲"搅扰,通过文化的直觉与反刍或"智的直觉"(牟宗三语,笔者按),重新发掘和阐释儒家文化固有的道德价值与功利价值,继而积极推动儒家文化的再制度化,如国教运动、筹建"曲阜大学"及"孔子大学"等举动皆如是。1928—1930 年的曲阜林庙改革期间,国家层面的拥孔"首唱"自然得到社会层面文教中人的积极"唱和",如李双辉所言:"近日报章登载内政部禁止损毁孔庙之明令,海外华侨同声欢颂,谅举国人心亦稍安慰矣。"① 需要指出的是,社会名流的拥孔与国家层面的拥孔并不是简单的"首唱—唱和"关系或主从关系,社会名流的拥孔具有相当的"自主性",其拥孔更多是出于对儒家文化固有功利价值与道德价值的认同或曰"从道不从君"(《荀子·臣道》)。一言以蔽之,社会名流对国家政要的"迎合"更多的是出于"自主合意"。一般来说,后儒学时代文化保守主义者的"自主性"情感与功利物欲是无涉的,如章太炎身陷囹圄、命悬一线之时感叹:"上天以国粹付余……国故民纪,绝于余手,是则余之罪也!"② 不过,在那个"急功近利"的时代,儒家文化的价值问题,尤其是功利价值问题是必须加以明晰的,而陈焕章的《孔门理财学》无疑是有力回应儒家文化价值问题的经典著作,其系统阐述了儒家学派的经济思想及其价值,指出:"中国的未来是光明的……在一个集权政府、一种统一语言,一个发达的宗教(儒教,笔者按)和一个全民理念(大同,笔者按)之下,中国将无疑地成为一个强国……但中国不会伤害其他任何人,不会像西方国家那样欺侮其他民族。中国强大之后,孔子的大同世界将会到来……将不再会有战争,而是永久的和平。"③ 此外,针对激进派贬斥儒家文化为封建糟粕的论见,石森发表了《原全民政治及委员制度》一文予以批驳,其认为孔子思想与现代民主政治是相通的,"总理说孔子言必讲尧舜,因为尧舜不是家天下,尧舜的政治名义上虽然是用君权,实际上是行使民权,所以孔

---

① 《爪哇泗水文庙董事李双辉等为恢复孔祀事致内政部呈文》(1928 年),孔府档案,档案号:01 - 008437 - 0012 - 0001。
② 姚奠中、董国炎:《章太炎学术年谱》,太原:三晋出版社,2014 年,第 83 页。
③ 陈焕章:《孔门理财学》,翟玉忠译,北京:中央编译出版社,2009 年,第 438 页。

子总是宗仰他们","总理尝分全民政治为权为能,细绎其义,适合《礼运·大同》'天下为公,选贤与能也'","委员制度亦周公孔子二千年前早著之易象者",石森认为专制时代的制度儒学实际上是封建统治者"假孔子之名立庙设祭,欺世罔民,伪儒入其縠中,从而和之专制流毒,遂演至今治孔子者亦觉无词可以自解矣",他认为当下学者应当对"帝王利用狭义以混同广义"的儒家文化"详为解释",以使得"孔子之道大白于天壤",而不是"迁怒孔子诋毁孔圣"。进而,石森通过解读易象,认为孔子的政治道德思想应当成为国家政权建设之引导,"今我国民政府变狭义君臣之名,而不变广义君臣之实者,正义文武周孔四圣所遗易道之实验场也……我民族各革乃心、励精图治以符人治之极则"。①较之国家政要的功利性拥孔,社会名流的拥孔则更注重儒家文化的精神道德价值。

（三）孔族的物质生活与宗族情感需求。在传统时代,统治者为彰显尊孔崇儒,对孔府"恩渥备加""代增隆重",赐予孔府大量的土地、户人、祭祀礼器等优渥,孔府由此"宾职王家",成为名副其实的"天下第一家"。统治者的礼遇使得孔府享受着优渥的生活,此外作为旁系的孔氏族人亦享有一定的优待政策,如曲阜的孔氏族人有很多免粮地与轻粮地,种免粮地的族人既不向国家交纳赋税,又不向孔府交粮,完全是自种自吃,并且不出地方上的杂差徭役;轻粮地则是向政府交一部分很少的租税。②在文人士子眼中,孔府优渥的生活是因为"积善之家,必有余庆"(《周易·文言传·坤文言》)的"善报""福报",③如纪晓岚为孔府所写的门联:与国咸休安富尊荣公府第;同天并老文章道德圣人家。在文人士子看来,孔府能够得到统治者的优渥与"安富尊荣"之结果,全在于其"文章道德"与祖宗余荫,这种道德逻辑在中国人的传统思想观念中是普遍存在,且根深蒂固的。④1928—1930年的曲阜林庙改革以"革命""平等"等名义直接剥夺了孔府及孔氏宗族的物质利益,对此,陈焕章不以为然:"故中国尚德久风,为全球之冠,崇仁义而羞势利,东汉宋明,其最著也。而所以代表此种精神者,即

---

① 《石森原全民政治及委员制度》(1928年),孔府档案,档案号:01-008437-0018-0001。
② 孔繁银:《衍圣公府见闻》,济南:齐鲁书社,1992年,第308页。
③ 徐朝旭等:《儒家文化与民间信仰》,北京:人民出版社,2013年,第283—287页。
④ 易劳逸:《家族、土地与祖先:近世中国四百年社会经济的常与变》,苑杰译,重庆:重庆出版社,2021年,第51页。

在衍圣公及各贤儒后裔之封号,盖其光荣乃全由世传之道德也。夫遗弃帝王君公之世胄置之不理,而独尊圣贤之后裔,使之翘然以异于平民,此吾民族崇德报功之盛心,好善忘势之卓识,实足以自豪于世界,有何妨碍?而务必除之而后快乎?且孔氏之翘然独异,实为全世界所无,无增吾民族之光,何必破坏之以自削荣誉……全世界之中,其以道德世其家而超然于利权竞争之外者,惟衍圣公耳……以吾五千年之古邦,而仅得一衍圣公以为世家之代表,应如何爱惜珍护,忍摧残之使一国无光乎?"① 此外,曲阜林庙改革没收所谓的"封建遗存",严重影响了孔氏宗族的家祭活动,伤害了孔氏宗族的宗族情感。孔府祭孔活动兼具家祭与国祭的双重性质,孔德懋指出:"孔府的主要执掌就是祭孔,所谓:'慎终追远,民德归厚矣。'认为隆重地祭祀孔子和办理丧事,民心就会归向,在社会就会产生巨大影响。孔府每年的祭孔活动大大小小五十余次。主要是四大丁(也叫四大祭,是每年春、夏、秋、冬的丁日)。此外还有四仲丁(大丁后的第十天),八小祭(清明、端阳、中秋、除夕、六月初一、十月初一、生日、忌日),每月初一、十五有祭拜,一年二十四节气还有二十四祭。"② 对于孔氏宗族而言,祭祀祖先孔子已经成为其情感维系与道德教化的重要部分,其本质上与激进派口中所谓的"封建迷信"是毫不相干的,③ 如《祖训箴规》有云:"春秋祭祀,各随土宜。必丰必洁,必诚必敬。此报本追远之道,子孙所当知之。谱牒之设,正所以联同支而亲一本。务宜父慈、子孝、兄友、弟恭,雍睦一堂,方不愧为圣裔。崇儒重道,好礼尚德,孔门素为佩服。为子孙者,勿嗜利忘义,出入衙门,有亏先德……祖训宗规,朝夕教育子孙,务要读书明理,显亲扬名,勿得入于流俗,甘为人下。"④ 一言

---

① 《陈焕章改革曲阜林庙办法驳议》(1929年),孔府档案,档案号:01-008437-0020-0013-0015。
② 孔德懋:《孔府内宅轶事》,天津:天津人民出版社,1982年,第34—35页。
③ 关于祭祀活动,孔子主张"祭神如神在"(《论语·八佾》),至于鬼神之说,孔子则"不语怪、力、乱、神"(《论语·述而》)。受时代影响,孔子言说不可避免沾染某些神秘主义色彩,不过其本意并不是要求民众迷信鬼神,而是希望参与祭祀的人慎终追远,受到道德教化,更好地生活。关于"神",孟子指出:"圣而不可知之谓神"(《孟子》),祭祀祖先神明不是简单地迷信祈求祖先神明的某些神秘主义庇护,而是希望民众通过参与祭祀活动,感应那些"日用而不可知"的、"神"的德性,从而受到洗礼教化,并自觉地继承发扬某种祖先以及古圣先贤的"神性"或道德品性,出于互惠原则,祖先也会保佑子孙后代的幸福。(参见易劳逸:《家族、土地与祖先:近世中国四百年社会经济的常与变》,苑杰译,第101页。)从某种程度上来讲,祭孔活动作为儒家文化的必要符号与通俗表达,本身就是儒家文化内容的一部分,其可以视作具有超验形式的经验存在,而不是封建迷信。详见邓思平:《经验主义的孔子道德思想及其历史演变》,成都:巴蜀出版社,2000年。
④ 孟继新:《孔氏宗族》,北京:中国文史出版社,2017年,第234页。

以蔽之,孔氏宗族反对曲阜林庙改革过程中的激进倾向,积极拥孔主要是因为儒家文化与其物质生活和宗族情感密切关联,其中折射出了儒家文化功利价值与道德价值的契合。

简之,1928—1930年间,蔡元培等激进派以推行所谓西方式的"现代自由原则"①为由废止祀孔和改革曲阜林庙,而西方自由主义的重要价值趋向就是功利主义。② 虽然蔡元培提倡以具有西化色彩之"美育"理念代替传统之"宗教性"习惯,以防止功利主义的片面化、庸俗化、极端化或曰"物化"的过度发展,但是其"美育"主张脱离了当时历史条件下的社会现实及广大底层民众心理结构,在某种程度上仅仅局限于能够受到良好教育的精英阶层,其可操作性就当时而言是相当有限的。职是之故,其思想主张在理论表达层面虽能够自圆其说,但是在现实操作层面中由于种种原因还是无力解决"西化"以来片面的、庸俗的、极端的功利主义与"物化"思潮泛滥的问题。就拥孔派而言,国家政要、社会名流和孔氏宗族在儒家文化的价值认同问题上呼应聚合,形成了"三位一体"的共同体,其拥孔表达基本上厘清了儒家文化的功利价值与道德价值,在认同功利价值的前提下,强调传统道德价值之引导与规范作用,纠正"西化"以来过度崇尚功利价值的错误倾向,由此呈现出功利价值与道德价值"竞合"的复杂图景。可以说,1928—1930年曲阜林庙改革期间拥孔现象之发生以及《报告》及《办法》"暂缓执行"和不了了之的根本原因在于儒家文化在后儒学时代仍旧具有重要的功利价值与道德价值。

五、余论

通观1928—1930年的曲阜林庙改革,无论是蔡元培对孔子"尊王忠君"思想的理解,还是于心澄等激进派斥衍圣公府为"封建余孽""反革命",其中都充斥着某些"欲加之罪,何患无辞"的意味,由此可见,在那个"崇尚革命、急功近利"的时代,是非对错已经变得并不重要了,一切制度建设的推进往往是以"有用无用"或曰"革命功利主义"为评判标准,如吴稚晖所言:"这国故的臭东西,他

---

① 《为废止春秋祀孔旧典由》,《大学院公报》,1928年第1卷第3期。
② 约翰·穆勒:《功利主义》,徐大建译,北京:商务印书馆,2019年,第3页。

本同小老婆吸鸦片相依为命。小老婆吸鸦片,又同升官发财相依为命。国学大盛,政治不无腐败。因为孔、孟、老、墨便是春秋战国乱世的产物。非再把他丢在茅厕里三十年,现今鼓吹成一个干燥无味的物质文明,人家用机关枪打来,我也用机关枪对打,把中国站住了,再整理什么国故,毫不嫌迟!"①其对传统文化的牵强附会和任意曲解虽让人哑然失笑,然而这却颇能代表一时之风气。同样,蔡元培废止祀孔旧典,以及其后的曲阜林庙改革等等,亦是遵从某种"革命功利主义"的逻辑,目的就是摧毁儒家文化的物质基础,为西方式民主、自由等价值观念的输入与确立,以及新式教育的发展扫清障碍和提供支持。事实上,这种提倡"西化"、任意曲解和否弃所谓"无用"之儒家文化的行为并不可取,如李绍哲所言:"全盘西化并不是所谓'上'的理论,盲目崇拜西化,这事实上在中国已经种下很大的恶果。"②

从废止祀孔到曲阜林庙改革,林庙祀田等产业的确权问题无疑是核心问题,而产业确权则需要通过法律制度设计与安排来实现和保障。1928—1930年间曲阜林庙改革及其产业确权相关的制度设计与安排在程序上和实体上存在诸多盲点与不足:

其一,程序上。程维荣先生指出:"无论哪一类立法动议与立法草案,重要的必须由中央政治会议提出立法原则,并且经过法制部门编订审核。最后,法律案必须经过立法院议决通过,由国民政府主席或者总统公布。"③由此观之,《报告》及《办法》在程序上是不完善的。此外,就废止祀孔及其后的曲阜林庙改革的重要性而言,前已述及的南洋华侨主张"必须俟国会成立,经国会决定乃生效力"④的论见是合理的,同时也反映出激进派的相关制度设计在程序上是存在问题的。

其二,实体上。1929年6月28日,教育部、内政部、财政部会同商定,并公布了《孔庙财产保管办法》,提出"本办法所称孔庙财产系指孔庙之房屋田产及

---

① 吴稚晖:《箴洋八股化之理学》,载张君劢等编著:《科学与人生观》,第303页。
② 李绍哲:《全盘西化论再检讨》,载欧阳哲生编:《容忍比自由更重要》下,北京:时事出版社,1999年,第741页。
③ 程维荣:《中国近代行政法(1901—1949)》,北京:商务印书馆,2018年,第50页。
④ 《爪哇泗水文庙董事李双辉等为恢复孔祀事致大学院蔡元培呈文》(1928年),孔府档案,档案号:01-008437-0012-0001。

其他一切款产而言","孔庙财产均应拨充各地方办理教育文化事业之经费,不得移作他用"。① 与其他地方孔庙祭田等财产由地方政府管理不同,曲阜孔庙祭田等财产向由衍圣公府管业,由此,《孔庙财产保管办法》虽是针对全国各地孔庙"公产"而言,但是并不完全适用于"公私产权混合不明"的曲阜孔庙及其附属产业。以此为法律依据的《报告》及《办法》同样存在这一问题。此外,如何处理曲阜林庙改革对蒙古、青海等处王公袭爵的影响问题,《报告》及《办法》同样没有妥善的处理办法,如此种种问题折射出激进派制度设计在实体上的诸多疏漏或"超前"。

承前所述,《孔庙财产保管办法》也好,《报告》及《办法》也罢,其反映出激进派在法律与制度设计上存在着诸多程序上和实体上的合法性、合理性及正当性问题,由此致使这一系列制度设计陷入"悖谬"与"无效"。民国时期民事审判的法源种类及适用次序是"先依法律所规定,无法律明文者依习惯法,无习惯法者则依条理"②。由此,习惯取代所谓"法律制度",通过政治、经济、文化等权力在曲阜林庙改革实践中发挥了重要作用。③ 关于民国时期的"法律生态",黄宗智先生指出:"在民国时期,由于在中国社会实际之上强加了一部高度洋化的法典,可以预料,法律与习俗之间的差距拉得更大了。"④结合黄宗智先生的研究可以得知,其表达的意思无非有二:一、民国时期的制度表达在某种程度上脱离了社会现实,其在社会实践中发挥的作用是相当有限的;二、民国时期虽然"法难容俗",但是习俗贴近社会现实,有着广泛的政治认同和社会认同,所以能够通过各种政治权力、文化权力、经济权力、舆论权力等权力因素及其编织的社会现实网络发挥实际作用。曲阜林庙改革所关涉的林庙祀田等产业之争并不是简单的所有权之争,而是某种管业权、田面权之争,⑤在法律"悖谬"和"无效"的

---

① 《孔庙财产保管办法》(1929年6月17日),载中国第二历史档案馆编:《中华民国史档案资料汇编》第5辑第1编,"文化"(1),南京:江苏古籍出版社,1994年,第549页。
② 黄源盛:《大理院判决例辑存·总则编》,台北:元照图书出版公司,2012年,第7页。
③ 这里需要指出的是,曲阜林庙改革案自始至终没有进入严格意义上的司法审判渠道,不能简单以"民事纠纷"或"行政纠纷"来定性,不过,民国时期民事审判的法源种类及适用次序在曲阜林庙改革过程中发挥了重要影响。
④ 黄宗智:《法典、习俗与司法实践:清代与民国的比较》,上海:上海书店出版社,2003年,第5页。
⑤ "祀田非私产",详见《至圣府第十一次会议记录》(1948年3月1日),孔府档案,档案号:01-008928-0002-0001。

情况下,具有广泛认同的"田面权"①习惯发挥着重要作用,并为拥孔派所反复强调,在论争中以为反制。

总而言之,在曲阜林庙改革过程中,激进派存在诸多"价值虚无"与"情绪化"的表达与实践,折射出强烈的"革命功利主义"倾向,其提出的《报告》及《办法》存在诸多文化、政治、法律等方面的盲点,如对儒家文化内涵及其价值存在误解与偏见,对传统缺乏创造性和创新性的认知视野,忽略了事件可能会对蒙古、青海等地王公袭爵及国家秩序稳定造成的影响,林庙祀田产业清理工作尚未完成及公私产权尚未明晰,强行侵犯和剥夺孔府产业使用权、管业权等权利却没有相应的征收补偿机制等等,这些问题的存在说明了《报告》及《办法》在某种程度上脱离了或超越了当时历史条件下的社会现实。对此,拥孔派则是据理力争,陈明利害,最终促使这些"为时尚早"的《报告》及《办法》沦为具文和暂缓执行。

State、Society and Clan: The response of Confucius supporters to the reform of Qufu Lin Temple from 1928 to 1930

Cheng Jichun　Wang Kai

Abstract: In 1928, University College promulgated the "General Decree on the Abolition of the Old Confucian Canon in the Spring and Autumn Period", and some radicals denounced Confucius as a "feudal remnant" and a "counter-revolutionary", and demanded the confiscation of its "reverse property", which attracted the refutation of the pro-Confucian faction, but due to the special background of the times and the influence of some institutional factors, the radicals always controlled the institutional process of the reform of Qufu Lin Temple from 1928 to 1930. In the end, under the impetus of Cai Yuanpei and others, the radical "Report on the Review and Reform of

---

① 关于民国时期的"田面权"逻辑,孙琦与曹树基先生指出,"田面权"是由于长时间的使用、管理而形成的习惯性权力,其在"一田二主"情境下是一种具有独立性的产权。或曰,某种权利能够长时间地存在,正是源于其所具有的合法性、合理性。参见孙琦、曹树基:《土地耕种与"田面权"之争——以抗战胜利后嘉善县的佃权纠纷为中心》,《上海交通大学学报(哲学社会科学版)》,2008年第2期。

Qufu Lin Temple Measures" was "realized" at the national political level. Although the game at the institutional level ended with the "defeat" of the pro-Confucian faction, various pro-Confucian activities continued, and caused the "Measures for Reforming Qufu Lin Temple" to fall into the embarrassing situation of "suspending implementation". Compared with the "value nihilism" and "emotionality" of the radicals, the response of the pro-Confucian faction was more rational and realistic, and through its ideological propositions, we can have a deeper understanding of the background of the time, the reality of Confucian culture, and its value issues.

Keywords: Qufu, Forest Temple Reform, Pro-Confucius, Response, Confucian values

哲学与诗学

从性情之正到性情之真
——江右王门诗学思想的嬗变*

杜 梅**

[摘 要] 性情说是中国古代诗学思想之一,并与哲学思想关系密切。江右王门学者邹守益、罗念庵、王时槐等理学家论诗皆言性情,故本文基于这群理学家的诗论思想和创作实践,探讨江右王门性情说诗学观念的嬗变情状:嘉靖时期,以温柔敦厚为本,即性情之正的诗学思想;隆万时期,以个人情志为本,即性情之真的诗学思想。可知阳明心学影响着明清性情说诗学思想的发展走向,其中江右王门学者在性情说诗学思想演进过程中发挥了重要作用。

[关键词] 江右王门;诗学思想;性情之正;性情之真

自宋以来,儒家复兴的同时,兴起若干新学派,被后人称为宋明理学。明代王守仁开创了新的儒家学派,即阳明心学。王阳明弟子众多,黄宗羲《明儒学

---

* 基金项目:2022 年中国博士后科学基金"明代江右王门的礼教思想研究"(2022M71177)。
** 杜梅(1989—),女,山东聊城人,文学博士,浙江外国语学院中国语言文化学院讲师,华东师范大学哲学系博士后。主要研究领域为明代文学、宋明理学。

案》将其弟子分为浙中、江右、南中、楚中、北方、粤闽、泰州七派。其中,江右王门是指由江西籍弟子所组成的学派,对传播阳明心学发挥了重要贡献。《明儒学案》载《江右王门学案》共九卷,列二十七人,附记六人,如安福邹守益、王时槐、刘元卿,泰和欧阳德、胡直,永丰聂豹,吉水罗洪先、邹元标,新建魏良弼、邓以赞,南城邓元锡,南昌章潢等。目前关于这一理学家群体的研究已经十分丰富,多从理学思想角度展开讨论,但本文则是从文学角度切入,以文史哲融合的方法对其诗学思想展开论述。

通常文学理论批评研究是以发展史研究思路为指导,理学家作为较为边缘的一类群体,文学理论批评史很难关注到他们所阐述的文学理论。另外,大多数理学家的文学创作和文学理论并没有得到重视,因为他们多表现出不喜创作诗文的态度,更不喜谈论诗文,其诗论多散见于诗集序、亲友书信以及语录之中,所以探讨明代理学家诗法论的研究成果不多。不过,目前关于明代理学家的性情说诗论的成果形成一些共识:一是明代理学家围绕性情说的多向诠释比其他文学流派,如公安派、竟陵派、性灵派等更为丰富,他们将文学的审美趣味和哲学思想熔铸起来,相较于前人而进一步拓宽了性情说的内涵。值得注意的是,性情不同于性灵,因为"明代理学家在诗法论中提倡的真情不包括反叛道德礼法的性质,所推崇的自然也不包括情欲、私欲,这都有别于中晚明文学所提倡的'真情''性灵'"①。二是明代理学家关于性情说的诗论和创作,呈现出重理念、轻法度的倾向,借诗歌传达个人的学术涵养、人格境界,这有别于当时的明代文人。本文基于邹守益、罗念庵、王时槐等人诗歌作品,并结合性情说诗歌批评理论,力图揭示江右王门学者的性情说诗学思想,客观呈现明中后期性情说诗学思想之情状。文章首先从哲学和文学两个方面梳理"性情"的发展脉络,探析性情说诗学观的渊源,再分别阐述江右阳明一传弟子和再传弟子对于性情说诗学思想的理解,探究明代诗学性情说的阶段性特征,从而揭示阳明心学、江右王门学者对性情说诗学思想的影响。

一、"性情"意蕴之概述

何为"性情"?段玉裁《说文解字注》:"情,人之阴气有欲者。董仲舒曰:情

---

① 刘洋:《从性情说看明代理学家诗法论的多重向度》,《文学遗产》,2021年第2期,第124页。

者人之欲也。人欲之谓情,情非制度不节。《礼记》曰:何谓人情,喜怒哀惧爱恶欲七者,不学而能。《左传》曰:民有好恶喜怒哀乐,生于六气。《孝经》援神契曰:性生于阳以理执,情生于阴以系念。性,人之易气性,善者也。《论语》曰:性相近也。《孟子》曰:人性之善也,犹水之就下也。董仲舒曰:性者生之质也,质朴之谓。性从心生声息正切十一部。"①《说文解字注》集多家诸子思想阐述"情"和"性"的含义,虽分别阐释了"情"和"性"的含义,但并未将两者对举来谈区别,而这成为宋明理学家所关注的重点。正性情是个体力求通达天命、感悟理道的哲思内蕴,性情不仅在哲学领域受人关注,而且在文学领域,性情说是中国传统诗学命题之一,是文人重点探讨的重要诗法。

(一)"性""情"的哲学意蕴

要厘清"性""情"的含义及其两者之间的关系,则必须梳理"性"与"情"的本义。《礼记·中庸》认为"喜怒哀乐之未发,谓之中;发而皆中节,谓之和"②,其中"喜怒哀乐之未发"即是喜怒哀乐的情绪尚未表露出来,此谓"中",喜怒情绪已流露出来并且合乎法度,此谓"和"。简单来说,"性"即是喜怒哀乐未发之时的本体天性;"情"即是喜怒哀乐已发后的所动之情。荀子也认为"情"和"性"是不同的,并具体指明了两者的所指范围。《荀子·正名》所言:"生之所以然者谓之性。性之和所生,精合感应,不事而自然谓之性。性之好、恶、喜、怒、哀、乐谓之情。情然而心为之择谓之虑。心虑而能为之动谓之伪。"③人与生俱来的、自然而然的本性即是"性","情"则是"性的外化表现"。"情"作为"性"的外显,可以是多样的,可表现为好、恶、喜、怒、哀、乐。

汉代学者也对"性"和"情"展开过论述,主要持性善情恶论。董仲舒提出"性者,天质之朴也",将"性"视为人的本然资质,认为性是善的,而情是恶的。因此,"他主张养性以制情,用'教化'来'成性',以'法度'来'防欲(情)',辨'义利'以'养其心'"④。自汉儒起,将情与性对立起来,开始出现了否定情的倾向。这一趋势直到宋代才有所改变。因受理学思想影响,宋儒对"喜怒哀乐之未发,谓之中"的认识更为深刻,将其与"理"相结合讨论。伊川:"赤子之心发而未远

---

① 段玉裁:《说文解字注》,北京:中华书局,2013年,第506页。
② 吴树平等点校:《十三经标点本》,北京:北京燕山出版社,1991年,第899页。
③ 王先谦:《荀子集解》,北京:中华书局,1988年,第412页。
④ 范玉秋,田力编:《中国哲学与传统文化》,天津:天津人民出版社,2015年,第101页。

乎中,若便谓之中,是不识大本也。"①程朱理学思想认为喜怒哀乐是"情","情"是主观心理的外显状态。喜怒哀乐未发之时,即为"中",是天命本性的纯然状态。单纯之心有所发动,而未流露喜怒哀乐之情,近似为"中",但这并非"中"之本体,仅仅是"中"的状态和表现。朱熹《中庸首章说》:"天命之性,浑然而已。以其体而言之,则曰中。以其用而言之,则曰和。中者,天地之所以立也,故曰大本;和者,化育之所以行也,故曰达道。"②朱熹否认"中"为主观意识,认为"中"即天地万物之理,即天理本身。因此,朱熹并不同于汉儒的性善情恶论,而认为"中"才是本体状态,那么"性"和"情"则是"中"发或不发的状态而已,并无善恶区别之分:"有这性,便发出这情;因这情,便见得这性。"③性与情的关系不是对立的,而是统一的,若性是善的,情也是善的,所以心性统摄性情。王阳明则进一步提出"中"即是指"良知本性",可通过自悟而得来。"自悟性体",即"无视无听、无思无作、淡然平怀"的本性,超脱喜怒哀乐的精神境界。其实这也是对朱熹性情观念的继承,心之本体湛然虚明,那么自然可以左右性情状态。总之,宋明学者将"未发"和"已发"作为区别"性""情"的标准。

明前期在区别"性""情"的基础之上,开始注重协调处理"性"与"情"的关系。以理学家薛瑄为例,宗程朱之学,以复性为己任,为官做人皆符合理学的言行规范。他的诗文作品内容多传递纯儒思想,明义理、切伦常。如诗歌《禹门》:"连山忽断禹门开,中有黄河滚滚来。更欲登临穷胜景,却愁咫尺会风雷。"诗歌通过描写故乡黄河之水的奔腾其实,展现自己想要进一步登高眺望胜景的愿望。可是风云变幻难料,忧从中来。诗人借黄河之水的咆哮之景,暗喻国家变动,以欲登高极目却风云难料,暗喻政局变动,自己有居庙堂和处江湖的进退之忧。诗歌用语浅近平易,同时内在富有神情气韵,呈现出抒情与说理的融合。总之,明初理学家多能实现理学思想与个人性情的完美融合,体现出对性情的重视。

明中期,理学家在诗法论中进一步强调真情。但值得注意的是,此时的理学家所提倡的真并非个人私欲、情欲,这在陈献章、王阳明等人诗法论中尤为明显,他们明确批评诗风藻饰、模仿蹈袭。陈献章较早提出引用性情,《与汪提

---

① 程颢、程颐:《二程集》,北京:中华书局,2004年,第601页。
② 朱熹:《朱子全书》第23册,上海:上海古籍出版社,2002年,第3265页。
③ 朱熹:《朱子全书》第14册,第224页。

举》:"大抵论诗当论性情,论性情先论风韵,无风韵则无诗矣。"①追求诗歌的风韵,其实就是自我陶冶性情、自我自适的精神追求,强调诗歌愉情功能其本身即是陈献章内在精神的外在显现。王阳明也不例外,他主张应遵循良知之乐而作诗,不可为文所累,故曰:"文字思索亦无害。但作了常记在怀,则为文所累,心中有一物矣,此则未可也。"②人之所以被诗文之习所牵累,难以创作出具有风韵之诗文,阳明先生认为原因在于"世间无志之人,既已见驱于声利词章之习,间有知得自己性分当求者,又被一种似是而非之学兜绊羁縻,终身不得出头。缘人未有真为圣人之志,未免挟有见小欲速之私,则此重学问,极足支吾眼前得过"③。因此,作诗切忌苦吟的方式,更不可脱离圣人之志,诗歌创作既是抒发人生情趣,也是践行良知工夫、成圣成贤的有效方式。

  明后期思想家焦竑受学于耿定向,而耿定向其学一宗王守仁,因此焦竑的性灵说诗学思想不同于公安派等人所标举的"性灵"。焦竑所指的"性灵",兼具诗意才情、圣贤之志,这体现了对传统儒学思想价值的回归。《澹园续集》卷二《竹浪斋诗集序》:"古圣贤者流,隐显殊致,必欲泄千年之灵气,勒一家之奥言,错综雅颂,出入古今,光不灭之名,扬未显之蕴,乃其志也。"④其中"未显之蕴"既与"未发"的状态一致,也与阳明先生所提出的致良知状态一致。

  总之,明代理学家的诗学思想深受哲学领域"性情"意蕴的影响,他们眼中的"性情"融合了情绪宣泄和哲思理趣两方面的要求,不同于明代文人诗法论中一味重情轻性的思想。因为"复古、公安和性灵派所追求的真情、至情更看重去掉虚伪修饰,表露真醇情绪、俗世悲欢,于是创作中有符合古典审美理想的高古之情,有取法民间的淳朴之情,也有不加检束的任情、情欲;而理学家诗法论中性情对应的诗风更偏古典,诗作总体素材或风格亦趋于雅,士人化色彩较重"⑤。明代理学家基于哲学的维度,对"性"和"情"的本义及其两者的关系达成基本共识:第一,他们认为"性"即是指心性,是心性本源,是无善无恶的精神境界;"情"即是人所疏泄之情,包括质朴情欲、私欲。第二,对于两者的关系,他们

---

① 陈献章:《陈献章集》,北京:中华书局,1987年,第203页。
② 王守仁:《王阳明全集》,上海:上海古籍出版社,2011年,第111页。
③ 王守仁:《王阳明全集》,第224页。
④ 焦竑:《澹园集》,北京:中华书局,1995年,第778页。
⑤ 刘洋:《从性情说看明代理学家诗法论的多重向度》,《文学遗产》,2021年第2期,第130页。

强调以性约情的合理性。无善无恶是他们所追求的极高的道德境界,这是至善本体。而七情六欲则是由于心性有所摇动而生,这背离了统摄心性,体悟天道的追求。因此,明代理学家一致认为,以性约情则是必须的、必要的,于是出现了重性轻情的倾向。

(二)"性""情"的文学意蕴

《诗经》乃是诗歌"性情"的源头,《诗经》的"性情"以"正理"为归宿,即"终旨归于正理"。《毛诗序》:"国史明乎得失之迹,伤人伦之废,哀刑政之苛,吟咏情性,以风其上,达于事变而怀其旧俗者也。"这点明了诗歌言志抒情的功能,可见人们早就意识到诗歌是传达性情的方式和载体,因此要求诗歌"终旨归于正理"。与言志相比,诗歌的传情功用难以成为主导地位。朱熹《诗序辨说》:"按《论语》孔子尝言:《关雎》乐而不淫,哀而不伤。盖淫者,乐之过;伤者,哀之过。独为是诗者,得其性情之正,是以哀乐中节,而不至于过耳。"①由于儒家思想延伸至文学领域,诗歌的传情功用受到约束和限制,将其情限制在了合理的性情之内,即要求诗歌达到"性情之正"的标准,这对后世诗学思想有重要影响。

然而最早提出"诗缘情"的是西晋陆机,《文赋》:"诗缘情而绮靡,赋体物而浏亮。"他通过"缘情"和"体物"来区分诗和赋两种文体,自此确立了古典诗学体系中的两大命题:一是"诗缘情",二是"诗言志"。"言志",意指表达修家治国之志向;"缘情",意为抒发人的本然性情,包括七情六欲。两者看似矛盾对立,但实质是辩证统一的,二者推动了古典诗歌创作的发展。南北朝时刘勰《文心雕龙》则提出"人秉七情,应物斯感,感物吟志,莫非自然"②,人有七情六欲,感外物而生志,而言志的同时会引起创作主体的情感波动。刘勰融合了"诗言志"与"诗缘情"的思想,体现出对本真率性的重视。此外,若诗文创作者兼具诗人和政治参与者的身份,那么其诗歌往往既能体现其志向,发挥"情者,文之经"的功能,又能畅快抒情,做到吐纳英华,"辨丽本于情性"。

随着宋明新儒学派系程朱理学和阳明心学的出现和发展,诗学思想和诗歌审美意识也有所变化。明代理学家不仅受宋明理学思想影响,而且具有较高的文学素养,在处理"诗缘情"与"诗言志"关系方面,呈现出与前人不同的特征,其

---

① 朱熹:《朱子全书》第 1 册,第 356 页。
② 刘勰撰,王云喜、周锋译注:《文心雕龙译注》,上海:上海古籍出版社,1998 年,第 41—42 页。

特征既有共性,又具有独特性。

　　明初,宋濂不仅提出"诗文一体"的观点,而且也认为"诗乃吟咏性情之具",故提出:"然则诗之美者,其将何如? 盖诗者,发乎情;止乎礼义者也。情之所触,随物而变迁。……止于礼义,则幽者能平,而荒者知戒矣。"①在此之后,杨士奇进一步肯定了"性情之正"的诗学观念,故曰:"律诗始盛于开元、天宝之际,若浑雄深厚,有行云流水之势,冠裳佩玉之风,流出胸次,从容自然,而皆由夫性情之正,不拘于法律,而亦不越乎法律之外。所谓从心所欲不逾矩,为诗之圣者,其杜少陵乎?"②总体来看,相较于"情",明代理学家认为"性"与诗歌的关系更为密切。因为"性"即"天命本性",他们希望通过强调和凸显"性情之正"的诗学意义,协调宗道、崇经的关系。尽管这难免带有道学色彩,却有利于明初台阁文人开拓出"性情之正"的诗歌理论,从而使诗歌发挥出吟咏盛世的功能。

　　明中期,王阳明倡导通过歌诗的方式养性约情,从小培养自由、纯正的心态。因此,他提出了调养性情的具体做法,《训蒙大意示教读刘伯颂等》:"今人往往以歌诗习礼为不切时务,此皆末俗庸鄙之见,乌足以知古人立教之意哉! 大抵童子之情,乐嬉游而惮拘检,如草木之始萌芽,舒畅之则条达,摧挠之则衰痿。今教童子,必使其趋向鼓舞,中心喜悦,则其进自不能已。譬之时雨春风,沾被卉木,莫不萌动发越,自然日长月化;若冰霜剥落,则生意萧索,日就枯槁矣。"③这一做法契合儒家的风雅精神,因为与曾皙之志有异曲同工之妙。孔子曾与子路、曾皙、冉有、公西华四个弟子"言志",当孔子问曾皙时,曾皙道:"异乎二三子者之撰。"孔子说:"何伤乎? 亦各言其志也。"曾皙道:"莫春者,春服既成,冠者五六人,童子六七人,浴乎沂,风乎舞雩,咏而归。"孔子叹曰:"吾与点也。"阳明先生倡导童子歌诗,正是曾皙的追求,这是通过诗歌来教化百姓,其目的是实现儒家思想所追求的民生和乐的社会景象,使每个人的情志得以抒发和释放。在此之后,受阳明心学之影响,以阳明弟子为中心而影响辐射明中后期诗坛,性情说诗论和诗歌创作开始呈现新变和时代性特征:一是受阳明心学学

---

① 宋濂:《宋文宪公集·题许先生古诗后序》,《明代文学批评资料汇编》,台北:文成出版社,1979年,第114页。
② 杜甫撰,仇兆鳌注:《杜诗详注》,北京:中华书局,1979年,第10页。
③ 王守仁:《王阳明全集》,第99页。

术思想方面之影响,以教化传道为宏旨,显示出崇高的精神境界;二是具有文人式的审美意趣,继承了诗歌养性约情的诗学功能,并有所发展新变。其发展新变是指江右一传弟子和再传弟子的诗学主张及创作并非一成不变,而是在坚守共性的基础上,又能呈现出和而不同的独特性,即嘉靖时期的邹守益、罗念庵等人上继"性情之正",而隆万时期的胡直、刘元卿等人则近承"性情之真"。故本文对这两阶段的具体情况展开讨论和分析。

二、性情之正——以温柔敦厚为本

嘉靖时期,阳明先生一传弟子罗念庵、邹守益等人坚守并传承师说。他们主张继承儒家传统诗教,提倡圣人的学诗之法,主张利用诗歌来感染、熏陶蒙童,从而达到养性约情的目的。总之,传统保守的学术思想影响着他们的诗学观念,他们坚守"性情之正"的诗学思想。

(一) 取《诗》而施教化

邹守益(1491—1562),字谦之,号东廓。他重视诗歌的教化功能,继承了先师通过吟诵诗歌启发童蒙的做法。当邹守益讲学于江西时,观数百童子咏歌的壮观场景,风雅的氛围十分浓厚,美德风尚也十分壮观,《袁雪峰征士挽卷》:"予之学于赣也,见童子数百,咏歌周旋,洋洋先王威仪风雅之盛,而德彰岿然师之。"① 这也是王阳明所追求的歌诗吟咏的场景。因此,邹守益认为应将自古以来有助于伦理教化的诗歌汇集刊刻,"乃取《诗经》之关于伦理而易晓者,及晋靖节、宋周、程、张、朱及我朝文清、康斋、白沙、一峰、甘泉、阳明诸君子之诗切于身心而易晓者,属王生仰编而刻之,俾童子讽咏焉"②,试图通过歌诗来推动民众教化。

不仅如此,邹守益在诗文创作中还常常引用《诗经》。如《别司训杨质夫序》:"《诗》之训曰'夙夜匪懈,以事一人',忠以报国也;'夙兴夜寐,无忝尔所生',孝以显亲也。"③ 另外,如《寿姚君鹏程序》:"《诗》不云乎,永言配命,自求多

---

① 邹守益:《邹守益集》,南京:凤凰出版社,2007年,第37页。
② 邹守益:《邹守益集》,第24页。
③ 邹守益:《邹守益集》,第29页。

福。"①他引用《诗经》的内容一般是忠君爱国的思想、个人修养身心的内容。正如他在《叙靖寇录》所言:"逆其欲则怨,怨则有诅;顺其欲则喜,喜则有歌且谣。今与古不相远也。古之大师陈《诗》以观列国之风,是以美刺不隐而赏罚章。"②可见邹守益肯定《诗经》的美刺功能,借《诗》来发挥教化功能。

罗念庵(1504—1564),字达夫,号念庵,江西吉安府吉水人。朱彝尊认为罗念庵"远诗击壤,近访白沙、定山,然爽气尚存,未随尘雾"③。所谓击壤体,即是基于唐宋之际理学兴起影响下,逐渐形成说理简易明了、风格质朴的诗歌风格。其实,击壤体是对《诗经》"诗言志"理论的继承,因为击壤体质朴、通俗的语言形式和诗歌风格是在追溯《诗经》自然审美风尚。

罗念庵的诗歌创作无论是从题材内容,还是风格特点,都体现出"性情之正"的诗学特色。如《江上作》:"孤棹寒江上,离情落雁边。我身云水似,飘泊定何年。同旅非棠棣,他乡问杜鹃。不知故园夜,谁为客程怜。"④诗歌首字"孤"就显示出诗歌所表达的情感基调是孤寂、悲怆的,奠定了诗歌的整体氛围。接着,诗人阐述孤寂的原因,"我身云水似,飘泊定何年"与苏轼"人生到处知何似,应似飞鸿踏雪泥"相近。"同旅非棠棣,他乡问杜鹃"一句中的"棠棣"代指兄弟之情,出自《诗经·小雅·鹿鸣之什》"棠棣之华,鄂不铧铧,凡今之人,莫如兄弟",因此诗人借助《诗经》中"棠棣"这一意象表达罗念庵怀有人生漂泊不定之感,进而十分思念家乡兄弟,显现出孝悌之精神。

除此之外,欧阳德也认为学习诗歌和创作诗歌有助于践行教化之功用,认为:"我观六经教,六经无非己。学《礼》可以立,学《诗》性情理。学《易》无大过,经学固如是。何云申占毕,滔滔资口耳。"⑤欧阳德强调学《礼》和《诗》,这一观点源于孔子《论语·季氏篇第十六》:"不学《诗》,无以言;不学《礼》,无以立。"因为,《诗》三百篇的创作源于人的至情,所以学习《诗》不仅能帮助我们认识鸟兽草木之名,还具有兴观群怨的作用,可发挥社会教化的功能;学《礼》能帮助陶冶人的性情,进而能维护社会稳固和促进国家兴盛。因此在创作诗文时,就要求

---

① 邹守益:《邹守益集》,第33页。
② 邹守益:《邹守益集》,第52页。
③ 朱彝尊:《静志居诗话》,北京:人民文学出版社,1990年,第330页。
④ 罗念庵:《罗洪先集》,南京:凤凰出版社,2007年,第1161页。
⑤ 欧阳南野:《欧阳德集》,南京:凤凰出版社,2007年,第782页。

表达内容和抒情方式符合温柔敦厚的艺术审美风尚。

(二) 明庶物而追先贤

据罗念庵的著述可知,罗念庵也擅长创作说理诗,但这类诗歌多是传递透悟归寂的思想,缺乏诗歌的艺术趣味,如《默坐》:"今心为念,不入将迎。始知是念,非想非情。意无交迎,境无内外。四者不倚,中理自在。"①相较于其他理学家,他似乎更擅长借诗歌传达生活气息,并且他的这类诗歌所占比重高于说理诗。正如《涞水重修学记》所言:"自予闭户,有见于吾心之微,莫详于《诗》《书》,非入悟者,不可以有言;吾心之明,莫切于力行,非立诚者,不可以有进。"②可见罗念庵不仅通过读《诗》《书》体悟内心,更注重日常生活中的躬行实践,尤其是于人伦庶物中追溯先贤,从而达到明心见性的状态。

罗念庵笔下富有生活气息的诗歌题材丰富,如反映社会现实的诗歌、记述个人游历和感悟的诗歌、描写田园风景的诗歌等等,流露出富有生活气息的一面。此外,这些诗歌还呈现出一个重要特点,即透过日常生活而追溯先贤、感叹历史、抒发家国之志。如诗歌《社日》:"社日日暄风气鲜,溪光野态簇春妍。低飞燕子剧自语,点注桃花娇可怜。蜡虎青郊争袚日,蛰龙玄泽欲浮烟。因思宰社还酬国,转对新芳倍惜年。"③社日,是古代祭祀的重要节日,在社日那天人们会聚集到一起参与集体表演和欢宴,通过热闹的活动和仪式来表达风调雨顺、获得丰收的期盼和愿景。诗人罗念庵细致描述了这样一个节日。他不仅记录了社日当天的天气、环境,而且联想到"陈平宰社",表达了他对贤臣陈平的怀念,以及感叹历史沧桑。可见他在关注现实生活的同时,又能有个人兴怀之悟。总之,罗念庵的诗歌擅长用典,借典故而抒情,既有家国历史之兴叹,又有个人悲欢离合之感悟。

另外,罗念庵描写田园生活的诗歌数量虽不多,但写得饶有意趣,富有娴雅超脱的精神气度。《种蔬》:"谋生无远术,树艺有良时。嘉蔬来何遥,故人手致之。荷锄出荆扉,荒榛力所披。景霁苗易瘠,土薄根不滋。恶壤与败株,能令蕃者衰。竞兹分阴功,日暮未辞疲。所欣寡逢迎,然薪继颓曦。黯黯开谷阴,柔芳

---

① 罗念庵:《罗洪先集》,第996页。
② 罗念庵:《罗洪先集》,第112页。
③ 罗念庵:《罗洪先集》,第1224页。

亦离离。抱瓮理晨夕,疗饥方在兹。"①诗人不擅长农耕,却收获了类似于陶渊明"晨兴理荒秽,带月荷锄归"的人生感受,怡然自得之心境流露而出。这一超然物外、洒脱自然的个人修养,既是罗念庵个人精神追求的写照,也是其对陶渊明、老庄的崇敬。

总之,江右王门一传弟子无论是直接借鉴《诗经》之语,还是借诗歌敬颂先贤,皆是努力通过诗作传达圣贤思想,借诗歌表达对先贤的崇敬。这深受阳明先生的影响,"在王阳明看来,儒家的圣学之所以逐渐式微,正是因为训诂之学、记诵之学、词章之学大行于世,引得天下读书人尽入'百戏之场',以读书作文来粉饰自我、取悦于当世、赢得生前身后之虚名,导致了儒门正学被人淡忘,更导致世风日下"②。阳明先生批判当时用读书作文来粉饰自我的不良风气,邹守益等人受阳明先生之教导,也自然不以文辞博得虚名,因而他们创作文辞的目的和归宿,仍是将成圣成贤作为诗词旨归。因此诗歌自然也就要发挥温柔敦厚的教化功用,故邹守益《训蒙诗要序》:"圣人教人学诗之法,无余蕴矣。后之言诗者,不复讲于养性约情之道,而以雕辞琢句相角,故粗心浮气之所发,喜而失之骄,怒而失之悍,哀而失之伤,乐而失之淫,其弊反以荡清而凿性。"③可见他反对当时诗歌雕辞琢句的弊端,力图恢复诗歌养性约情的功能,体现出坚守性情之正的诗学思想。总之,江右王门一传弟子深受阳明先生的影响,呈现出中正性情与审美态度的统一,这是其哲学思想与文学精神圆融统一的具体表现。

三、性情之真——以个人情志为本

隆万时期,江右王门再传弟子继承罗念庵、邹守益等人的诗学观念,在其基础之上有所新变。胡直、刘元卿等人无论是在诗歌创作时,还是在品鉴诗歌时,都更擅长自然地表达个人情志和欣赏传递真情的做法,开始对"情"加以重视和强调,呈现出"性情之真"的诗学思想。

(一)观万物而悟性情

胡直(1517—1585)字正甫,号庐山,庐山先生。曾师从欧阳德、罗洪先。明

---

① 罗念庵:《罗洪先集》,第1011页。
② 朱承:《记得、晓得与明得:王阳明论读书三境》,《中国社会科学报》,2023年8月,第1页。
③ 邹守益:《邹守益集》,第24页。

中后期诗坛流派众多,诗歌理论纷繁复杂,胡直直指当时弊病,批判一味追求新奇或枯燥晦涩的诗风,主张基于外物而真切抒发个人感受,以富有性情作为诗歌的审美标准,从而将坚守儒家思想和抒发个人情志融合统一。

首先,胡直反对盲目追求新奇文体的风尚。时人认为律诗并非古诗,胡直对此提出反对。《唐诗律选序》:"世多以律诗为非古,予独不然。诗之古不古,不系于体之律不律也。辟之求古人于世,将以其质行耶?抑以其状貌耶?……今世唯鹜词葩体奇以为胜,其于感人之义咸盖而不彰。汉儒议司马相如劝百而讽一者以此。夫相如之文体古矣,使皆劝百而讽一,则又何以贵焉?"①明中后期文人盲目追求新奇的文体,也喜欢创作以新奇的文体形式博得关注。胡直极其反对这一创作倾向,因为他认为诗体并不重要,甚至对司马相如劝百讽一的体式进行批判。评判诗歌的标准应该是看诗歌能否客观地描摹状貌和抒发真情,而不是依据诗体来评判诗歌古或不古。

其次,胡直批判"头巾语"式的诗歌和浮靡风格的诗歌。耿定向写给胡直的书信《与胡庐山书》:"盖尝闻谈诗,理学家诮词人家尽是月露之形、风云之状云云。辞人家诮理学语为头巾。是两相诮者,似皆是亦皆非也。"②当时枯燥的说理诗和浮靡的诗歌相互批判和攻击,在耿定向看来两者皆有不足之处。为何枯燥的说理诗和浮靡的诗歌应该被批判?耿定向和胡直交往甚密,两人的诗学观点也十分接近,胡直给出了答案。《大理卿宋华阳先生行状》:"文章之弊久矣,名贤反古,济济麟麟,然独师匠《史》《汉》,而刻意刿心,雕镂模拟,其极至盗哭为悲,借笑为欢,而非其中心之诚然。公每叹其为中古影子,曾未探六经之绪,而窥道法之所繇来。惟公咏歌必本性情,论议揆自道法,绝不屑屑于雕镂模拟,而雄浑与质厚并至,倬铄与缜密交见,若无意绳削而自中其度。其友曾中丞于野评公文出天才,非人力易致,岂不信哉?"③胡直认为这两类诗歌都缺失"性情",而"性情"是诗歌创作必不可少的基础。他认为诗歌吟咏以性情为本,这不仅是对诗学传统的继承,也是诗歌抒情言志的基本表现。

那么如何才能使诗歌富有"性情"?胡直认为首先应以圣人之心体察万物。《刻击壤集摘要序》:"予少闻先师欧阳公曰:'尧夫,圣之乐者也。'今读其诗,然

---

① 胡直:《胡直集》,上海:上海古籍出版社,2015年,第151页。
② 胡直:《胡直集》,第954页。
③ 胡直:《胡直集》,第745页。

后知先生之乐非常乐,其学充焉尔矣;先生之学非常学,其几先焉尔矣。几先故体微,体微故应妙,应妙则化而顺,化顺则达而充。"①胡直注意到先师欧阳德尤为欣赏邵雍体察万物的思想。欧阳德推崇以圣人之心体察万物之观念,作诗亦是如此。胡直在诗文创作方面,也继承欧阳德的观点,从而认为遵守儒家思想和抒情言志并不冲突。

邵雍《皇极经世书》中对"观物"作了以下阐述:"夫所以谓之观物者,非以目观之也,非观之以目而观之以心也,非观之以心而观之以理也。天下之物莫不有理焉,莫不有性焉,莫不有命焉。所以谓之理者,穷之而后可知也;所以谓之性者,尽之而后可知也;所以谓之命者,至之而后可知也。此三知者,天下之真知也。"②邵雍"观物之乐"是以圣人之心体察万物之理,这说明邵雍在诗歌创作时自然也倾注了个人对于外物的真切体悟和情感,而且这与阳明心学相通。有学者提出:"他(邵雍)把日常生活中感受到的'乐'以诗的形式传达出来,形成了他诗歌创作的一大主题。他的诗有不少是直言其乐的,如'吾常好乐乐,所乐无害义。乐天四时好,乐地百物备。乐人有美行,乐己能乐事。此数乐之外,更乐微微醉'(《乐乐吟》)。直接叙写他感受到的各种乐事。"③胡直不仅欣赏邵雍能以所得所感为诗歌主题,还欣赏邵雍善于通过诗歌来表达个人体验和感悟,认为邵雍诗歌阐发的"观物之乐"是非常之乐,从而在儒家思想中获得抒情言志的情感安顿。

(二)品诗歌而传真情

刘元卿(1544—1609),字调父,号泸潇,安福人,师事阳明弟子刘阳。隆庆四年(1570)中举,万历二年(1574)会试不第,遂绝意科举,以治学求道为事。后被召,寻引疾归,专心撰述。不同于胡直重视在创作诗歌过程以观万物而传递性情,刘元卿则倾向于在品鉴诗歌时以富有性情作为评判依据。在刘元卿看来,诗人内在的情感丰富,富有性情,其主要表现就是推崇诗歌可以"兴"。

孔子曾曰:"《诗》可以兴,可以观,可以群,可以怨。"历代学者都对"兴"则进行解读,如东汉郑玄引郑众注:"比者,比方于物也;兴者,托事于物。"孔颖达《毛

---

① 胡直:《胡直集》,第159页。
② 张行成:《皇极经世索引》,影印文渊阁《四库全书》版,第0804册,台北:台湾商务印书馆,1986年,第36页。
③ 刘天利:《论邵雍诗歌的"乐"主题》,《中国韵文学刊》,2004年第3期,第54页。

诗正义》引注郑众《毛诗大序》:"比者,比方于物。诸言'如'者,皆比辞也。兴者,托事于物。则兴者,起也;取譬引类,起发己心。诗文诸举草、木、鸟、兽以见意者,皆兴辞也。"段昌武《毛诗集解》卷一载:"朱(朱熹)曰:'兴者,先言他物以引起所咏之辞也。'"①这些解释大多围绕"兴"与"物"的关系进行解读,正如今人姜书阁《诗学广论》所言:"比和兴都是附托外物以表达内心的意思,只不过比是'明喻',文中就写出了'如''若'一类字样,兴是'隐喻',文中没有写出'如''若'一类字样。"②但这却忽视了重要的一点,即创作主体的审美态度,而影响审美态度的决定因素就是"情",若创作主体没有"情"的参与和引导,"物"是无法实现烘托渲染作用的。其实,在传统诗词创作中创作主体通过多种外物连类譬喻,从而使创作主体的审美态度与外物客体实现了情景交融,这才是诗词创作的"兴"。

《关雎》是《诗经》中运用"兴"的典型诗歌。刘元卿曾作《关雎解》:"夫妇人伦之本,以德合,非以色也。《诗》起兴于河洲之雎鸠,水上之荇菜。见淑女之幽闻清雅,其德可配,君子是故忧而不伤,乐而弗淫:其用情正也。后世学者不知所以用情于正,而徒调停于哀乐之间,欲其中节也,岂可几乎?故观于《关雎》,可以识性情之正矣。"③《关雎解》是刘元卿阅读和思考《关雎》的心得感悟,他认为《关雎》写男子倾慕并思念所爱淑女,一方面其内容乐而不淫,另一方面其情感忧而不伤。《关雎》能体现出创作主体的审美倾向,即以合乎礼义的法度来抒发内心情感,而传递出的情感带有乐而不淫的道德特征,这正是刘元卿所肯定的"兴"。这是基于"性情之正"而升华为"性情之真"的具体表现,是开始重视个人审美体验的表现。

刘元卿《独树斋诗引》:"亦或以其余力为诗,诗乃酷类唐人语。予甚赏之。则思极亦殚精于诗,往往取李沧溟诗侧弁而哦。予诘思极:'李诗,《三百篇》耶?'曰:'《三百篇》也。'曰:'可以兴耶?'思极默然。已又稍稍罢为诗,亦罢李诗不哦。以故其诗虽高雅不群,然草不甚富。"④友人酷爱后七子李攀龙的诗歌,刘元卿则诘问友人,李攀龙的诗是否如《诗经》那样可以兴?友人无话可说。自

---

① 段昌武:《毛诗集解》,影印文渊阁《四库全书》版,第74册,台北:台湾商务印书馆,1986年,第455页。
② 姜书阁:《诗学广论》,杭州:浙江大学出版社,2010年,第142页。
③ 刘元卿:《刘元卿集》,上海:上海古籍出版社,2014年,第391页。
④ 刘元卿:《刘元卿集》,第370页。

此之后，友人则不再吟诵李攀龙的诗作。刘元卿之所以对后七子李攀龙的诗歌持否定和批判的态度，原因在于他认为李攀龙的诗歌缺失了"兴"的作用，创作主体的审美态度没有体现出来。诗人应凭借自然界的事物来抒发内在情感，有助于烘托诗境。虽然前后七子也倡导诗歌要有真情，但是前后七子并不擅长使用"兴"，如李梦阳提出"真诗在民间"，但仍逃离不开拟古的风气，而是一味强调通过法度格调来创作诗歌，这样自然有碍于诗人情感的真诚流露和表达，自然缺少"兴"的意趣。

　　胡直、刘元卿对于"性情之真"的理解，不同于明代前后七子、公安派、清代袁枚等诗人。因为汤显祖的"至情说"、公安三袁、清代袁枚的"性灵说"，所强调的个人本性和欲望，脱离了以儒家正统思想为内核的诗学精神。而胡直和刘元卿虽然比邹守益、罗念庵、欧阳德等人更重视发挥诗歌抒情言志的功能，强调"遁世无闷，乐天知命"的审美体验，但仍坚守以儒家正统思想为诗歌内核，性情的抒发依旧落实于"中正"的旨趣。"中正"的旨趣，是指所抒发的情感要符合道义，以孝悌忠信为核心，符合儒家思想和伦理规范。

　　总体而言，江右王门的"性情说"并非一成不变的，而是存在递变现象的。江右王门一传弟子和二传弟子的诗学思想呈现出肯定个人情志、随性而发的审美走向，他们试图挣脱理学思想对文学的束缚，强调情的重要性。因为，嘉靖时期邹守益、罗念庵的"性情说"的理论观点更偏向于继承阳明先生的主张，强调诗歌的教化功能，即突出和强调诗学思想中性情之正的一面；而隆万时期胡直、刘元卿其抒情的内容仍主要以儒家伦理思想观念为基础，但在其诗学思想中强调诗歌抒情的功能，这即是性情之真的流露。尽管江右王门学者仅是明代中后期文坛中的一部分参与者，但其与文人的交往也是较为密切的，其诗文思想的影响是不容忽视的。其实，清代学者就已发现江右王门学者的诗学观念对明清诗歌审美价值有所影响，如清初经学家和文学家毛奇龄（1623—1716），其《西河集》卷四十七《张禹臣诗集序》中有云："诗有性情，非谓其言之真也，又非谓其多诉述少赋写也，当为诗时，必有缘感焉投乎期间，而中无意绪即不能发，则于是兴会生焉。乃兴会所至，抽丝接虑，多所经画，夫然后咏叹而出之，当其时讽之而悠然，念诵之而翕翕然，凡此者皆性情也。"①他认为诗歌创作离不开性情，而

---

① 毛奇龄：《西河集》，影印文渊阁四库全书，台北：台湾商务印书馆，1986年，第402页。

性情所至必须有"兴会"参与,所谓"兴会"源自创作主体内在充沛的情志。可见,"性情"能成为明清之际文学理论中的重要文学理论命题,与明中后期学者们对"性情说"的讨论和思考分不开。本文透过明代理学家而窥探到江右王门学者为明中后期"性情说"诗学思想的演进发挥了过渡作用,他们既是性情说诗学思想历史变迁中的环节,又是"性情之正"向"性情之真"嬗变的动力因素。

From "Correctitude of Disposition" to "Truth of Disposition"
—— The Poetics Theory Evolution about Yangming School of Jiangyou

Du Mei

Abstract: Dispositional theory is one of the poetics of ancient China, and is closely related to philosophical thought. The scholars of Yangming School in Jiangyou, such as Zou Shouyi, Luo Nianan, Wang Shihuai and other neo-Confucianists, all talk about Poetic "Xingqing" Theory, so this paper discusses the evolution of the concept of Yangming School of Jiangyou Poetic "Xingqing" Theory according to their poetic thoughts and poetry creation: In the period of Jiajing, the poetics thought was based on gentleness and earnestness, that is, the integrity of "Xingqing". Longqing and Wanli periods, based on personal sentiment, namely the true poetic thought of "Xingqing". It can be seen that Yangming's theory of mind influenced the development trend of temperament theory poetics in the Ming and Qing dynasties, and Yangming School of Jiangyou scholars played an important role in the evolution of temperament theory poetics.

Keywords: Yangming School of Jiangyou, The Poetics Theory, Correctitude of Disposition, Truth of Disposition

论船山诗学"神理"说的哲学意涵[*]

付健玲[**]

[摘 要] 明清之际的王船山既是哲学大家又是文学巨匠,其诗学思想展现出独特的哲学素质。船山哲学在天道层面秉持气化论的自然宇宙观,"神"是气妙变不测的依据、根源,"理"是气运动变化的条理、秩序,在人道层面注重现实中人的主体性。船山诗学摒弃名言概念构成的规范枯燥之理,选取变动不居、周游六虚的宇宙化生之理,以"神理"描绘诗之胜境,主张以乾坤易道变化、天地人三才相感的模式展开诗学批评,强调神与物游、化情入理。船山诗学的"神理"说具有一定的独创性。诗学与哲学结合是一种富有转向性的思维方式,对于当前建立完善中国特色学术话语体系亦有借鉴意义。

[关键词] 王船山;神理;诗学;哲学

王船山是中国文化史上一位集大成者,既是思想深沉的哲学家,对哲学问题见解独到;又是独具慧眼的批评家,对诗歌艺术独有见地。他以哲学家的精

---

[*] 基金项目:上海财经大学"中央高校基本科研业务经费"(2022110092)。
[**] 付健玲(1990—),女,山西忻州人,文学博士,上海财经大学人文学院助理研究员,主要研究领域为古典诗学、美学。

神致力于诗歌理论问题的思考,提出许多颇有影响的诗学命题,其诗学思想包含着深刻的哲理思辨,因而达到空前的理论高度,也显示出强烈的个人色彩。将哲学思想与诗歌品评结合起来加以分析是研究船山诗学的重要路径。①

船山诗学思想的核心概念来源于佛教因明学的"现量",这一范畴学界已有较多研究成果。此外,"神理"在船山诗论中出现频率很高,未可忽视。它不仅是一个诗学的重要概念与核心问题,而且有着深厚的哲学背景。对"神理"的讨论,目前有影响的成果大致可分为两类:一是对"神理"相关命题进行美学阐释,揭示其含义和特点;二是从文学批评史的角度指出"神理"的地位和意义。② 本文在细致分析相关文本的同时尝试讨论"神理"彰显的哲学意蕴。对"神理"的进一步研究,有助于深化对船山诗学思想与哲学思想的认识。

一、从神理分殊到神理统一

"神"是中国哲学的一个重要范畴,大体有这样几层意思:一是宗教和神话中有人格、意志的超现实存在,一般作为祭祀、信仰和崇拜的对象;二是形容奇妙莫测的变化及变化的动力、功能;三是精神,与形相对。③ 魏晋时期的形神之辨,特别是关于神灭与不灭的论争,使"神"的含义得到充分解释,进而延展出审美意义,"汉魏论人,最重神味,曰神姿高彻,神理隽彻,神衿可爱,神锋太俊,精神渊箸"④。这里的"神"已经超越实体功用而注重境界意义,主要表现人的姿势神态与精神气质。刘勰曾用"思理为妙,神与物游"描述文学构思之情态,顾恺之曾用"传神写照"表现绘画神韵之美妙。唐宋文艺高峰迭起,诗歌"意境"理

---

① 蒋寅指出王夫之的许多诗歌理论都是在评论具体作品时随机发挥的,要把握他对诗歌的基本理念,必须将其哲学思想与诗歌评论相结合,见蒋寅:《王夫之对诗歌本质特征的独特诠释》,《文学遗产》,2011 年第 4 期。
② 陈少松指出"以神理相取"命题是对传统文论"心物交融"说的丰富和发展,见陈少松:《试论王夫之的"神理"说》,《学术月刊》,1984 年第 7 期。陶水平对"以神理相取""神理凑合"等命题做了详尽的美学阐释,见陶水平:《船山诗学"以神理相取"论的美学阐释》,《人文杂志》,2000 年第 2 期。张晶对诗歌中艺术直觉之外的理性之思予以充分肯定,指出船山诗学中"神理"的内涵首先是情理融合,见张晶:《论王夫之诗歌美学中的"神理"说》,《文艺研究》,2000 年第 5 期。
③ 详见方克立主编:《中国哲学大辞典》,北京:中国社会科学出版社,1994 年,第 536 页。
④ 汤用彤:《魏晋玄学论稿》,上海:上海人民出版社,2015 年,第 4 页。

论已成熟完备,意境的产生要求神与物会、思与境偕,司空图将"精神"列为一品以揭示诗歌的美学本质,严羽以为诗之极致乃是入神,"诗而入神,至矣,尽矣,蔑以加矣"①。明清小说理论也注重人物形象的"神",脂砚斋评红楼人物的神情、心理或性格就多次用到"神"。钱钟书总结文艺作品中的"神"一是智识之神,二是妙明之神,②历朝历代的批评家对"神"的态度多是推崇。

"理"也是中国哲学的一个基本范畴,经过数百年发展扬弃,有了比较稳定而丰富的含义:一是事物的规律、准则,社会规范的礼仪;二是名理,事物的形式名目或逻辑的思维规律;三是天理,与人欲相对,宋明理学以宇宙自然之天理作为人伦道德之准则。③古代诗论也有"理"这一审美维度,主要指诗歌中蕴含的哲理,宋诗即有"理趣"这一审美评价标准,重典故、重诗法、重学问,但诗学和哲学中讨论的"理"有较大区别。哲学领域中"理"的地位极高,尤其在宋明时期,"理"是至上的存在,具有创生性、完满性;诗学中的"理"却没有得到几分正面评价。因古代诗论有言志传统与缘情传统,自魏晋时期许询、孙绰等人惯于空谈玄言,至宋代部分理学家沉溺抽象思辨,使得诗歌的情感丧失、思理僵化,艺术审美价值一落千丈,很多论家对"理"在诗歌中的存在颇有微词。

神和理作为审美范畴在单独使用时分别有各自的含义。概而言之,"神"的基本含义指向直觉感知,往往神妙莫测,溢出理智认知的维度;"理"的基本含义则指向理性判断,以逻辑取胜,强调理智之知的确定性。乍看之下似乎意义对立很难融合。中国早期的诗论,神与理确实甚少相提并论。曹植的《武帝诔》中有"人事既关,取锐神理",无关乎诗文评论。谢灵运的《从游京口北固应招诗》有"事为名教用,道以神理超",将"神理"与"道"并举来表明心迹。直到刘勰的《文心雕龙》多次将"神理"并用,才正式提出相关命题。如《原道》篇云:"若乃河图孕乎八卦,洛书韫乎九畴,玉版金镂之实,丹文绿牒之华,谁其尸之,亦神理而已。"④《明诗》篇赞语曰:"民生而志,咏歌所含。兴发皇世,风流二南。神理共契,政序相参。英华弥缛,万代永耽。"⑤这意味着神与理两个看似矛盾的概念

---

① 严羽著,郭绍虞校释:《沧浪诗话校释》,北京:人民文学出版社,1983年,第8页。
② 钱钟书:《谈艺录》,北京:商务印书馆,2011年,第109—111页。
③ 详见方克立主编:《中国哲学大辞典》,第604页。
④ 刘勰撰,范文澜注:《文心雕龙注》(上册)卷一《原道》,北京:人民文学出版社,1962年,第2页。
⑤ 刘勰撰,范文澜注:《文心雕龙注》(上册)卷二《明诗》,第68页。

在某个层面上亲密无间,可以作为审美的两个方面相互发明、相辅相成。

王船山对此给出辩证的解释。他认为"神—理"之间的关系表面是对立的,实质是统一的,二者是不可分割的有机整体,故将两个概念统一而论,作为评诗、选诗的重要依据。这种统一并非表面的机械拼合,而有着深厚的哲学基础,讨论"神理"需要将其置于"理气论"及"化生论"的背景当中。

气是船山哲学的中心概念,具有"一物两体"的特征。万物虽众、万象虽殊,但都是本源于太和之气。气动为阳、气静为阴,阴阳动静缊以生万物,万物也总在阴阳气化的过程中。"神"是气妙变不测的依据、根源,"理"是气运动变化的条理、秩序。"神化"阐明了事物变化不测和变化之理的关系。船山对此多有论述,例如:

> 盖气之未分而能变合者即神,自其合一不测而谓之神尔,非气之外有神也。①
>
> 太和之中,有气有神。神者非他,二气清通之理也。不可象者,即在象中。阴与阳和,气与神和,是谓太和。②
>
> 气,其所有之实也。其缊而含健顺之性,以升降屈伸,条理必信者,神也。神之所为聚而成象成形以生万变者,化也。故神,气之神;化,气之化也。③
>
> 自其变化不测则谓之神;自其化之各成而有其条理,以定志趣而效功能者则谓之性。气既神矣,神成理而成乎性矣,则气之所至,神必行焉,性必凝焉,故物莫不含神而具性,人得其秀而最灵者尔。④

气在阴阳未分时的浑然状态即为"神",所以"神"是气的存在状态,具体而言是气化之阴阳不测的偶然状态。船山讲"气之变动成乎理""气盛则理达","理"强调气化过程这一运行的有序性,"作为运行有效的理,并不是来自运行过

---

① 王夫之:《张子正蒙注》,《船山全书》第12册,长沙:岳麓书社,2011年,第82页。
② 王夫之:《张子正蒙注》,《船山全书》第12册,第16页。
③ 王夫之:《张子正蒙注》,《船山全书》第12册,第76—77页。
④ 王夫之:《张子正蒙注》,《船山全书》第12册,第359页。

程之外的东西,而是运行呈现出来的秩序,它从属于运行过程本身"①,阴阳二气转化相通之"理",非是其他,而正体现在神化过程之中。一定程度上,"神"其实就是"理",虽是"理",但比"理"有更本原的含义,是"理"的生成动因和价值来源。正是因为神气的分化、运行,"理"才以秩序的形式表现出来。

在解释神理异同的对立统一问题上,船山有明确的观点:

> 天下之物,皆天命所流行,太和所屈伸之化,既有形而又各成其阴阳刚柔之体,故一而异。惟其本一,故能合;惟其异,故必相须以成而有合。然则感而合者,所以化物之异而适于太和者也;非合人伦庶物之异而统于无异,则仁义不行。②

船山的学术归宗横渠,横渠有独具特色的合一论:"义命合一存乎理,仁智合一存乎圣,动静合一存乎神,阴阳合一存乎道,性与天道合一存乎诚。"船山揭示本一与合一的关系曰:"故合二以一者,既分一为二之所固有矣。"③"分"逻辑上已经包含了"合",一分为二的思维自然通向合二为一的思维。分殊是合一的前提,而本一是合一的基础,合一是对立统一双方间的感应交互。船山以此回答美何以产生这个问题,即一而又异的神理之统一,二者是异同"相取"而"凑合"以生成美:"美感形成的奥秘就是'自然美'向'人文美'转化的契机,这个过程乃是典型事物与审美意识'相值而相取',或者用王夫之提出的特殊范畴说,乃是'神理相取'或'神理凑合'的结果。"④情与景之间的妙合,天人授受往来,情景的契合即是神理凑合。经过如此分析,诗的审美价值被限定在"神—理"这样一组两个概念之中,这对前人轻视诗中之理的做法明显是种矫正。

王船山辩证地考察了神、理及相互关系,体现出其既一分为二又合二为一的辩证思维和既神理分殊又神理统一的中道思维。因为时间的跨度,船山论诗时而分论神与理,时而合论"神理"。无论如何神与理是并列关系,非偏正关系;并非指神妙之理,而是神与理的会通和统一,较好地解决了看似矛盾的两个范

---

① 陈赟:《回归真实的存在——王船山哲学的阐释》,上海:复旦大学出版社,2002年,第117页。
② 王夫之:《张子正蒙注》,《船山全书》第12册,第365页。
③ 王夫之:《周易外传》,《船山全书》第1册,第1027页。
④ 萧萐父、许苏民:《王夫之评传》,南京:南京大学出版社,2002年,第560页。

畴之间的关系问题。一方面船山的哲学研究十分出色,纵向上继承诗学内部传统的同时横向上融入了哲学思辨精神;另一方面夫子自道"阅古今人所作诗不下十万,经义亦数万首",积累了丰富的阅读经验,颇有品识的眼光。统一"神理"而论诗,虽不能说具有原创性,但可以说具有独创性,新颖别致,可以看出他善于思辨的个性和诗哲结合的努力。执两用中的中庸思想是儒家之精髓,运用它则需要与时俱进、穷神知化和极深研几的德性与智慧。

二、神理之美与人的主体性

船山哲学在天道层面秉持气化论的自然宇宙观,在人道层面注重现实中人的主体性,"《易》与天地准""圣人所以极深而研几",圣人俯仰天地从而概括规律,人文与自然应当合而不离。以乾坤易道变化、天地人三才相感的模式展开诗学批评是船山论诗的特殊素质。

船山治学以《周易》为起点,多有深刻创见而自成一家。其主要诗学著作均作于晚年,《诗广传》定稿于康熙二十二年(1683),《夕堂永日绪论》内、外编作于康熙二十九年(1690),从时间上看,借鉴易学思想提出诗学理论,是有可能的。船山诗学范畴的提出与乾坤、阴阳等符号描述的宇宙形态和运行秩序有密切的关系。萧驰指出:"船山诗学话语宇宙的语法,则由其易学抽绎而出"[1],"形上学对其他理论领域所发生的两方面的功能意义,分别构造了船山情景交融理论的'语义'和'语法'"[2]。

《系辞上》有云:

> 《易》与天地准,故能弥纶天地之道。仰以观于天文,俯以察于地理,是故知幽明之故。……范围天地之化而不过,曲成万物而不遗,通乎昼夜之道而知,故神无方而易无体。[3]

船山诠释曰:

---

[1] 萧驰:《抒情传统与中国思想——王夫之诗学发微》,上海:上海古籍出版社,2003年,第40页。
[2] 萧驰:《抒情传统与中国思想——王夫之诗学发微》,第40页。
[3] 黄寿祺、张善文:《周易译注》,上海:上海古籍出版社,2018年,第696—697页。

《易》之象数，天地之法象也。《乾》《坤》统其全，卦爻尽其变，其体与天地合也。……"弥"，遍也。"纶"，联合而尽其条理也。"道"谓化育运行之大用。自其为人物所必由者，则谓之道。自其妙万物而不主故常者，则谓之神。①

　　易卦一卦六爻，阴阳互见于六位，因时而幽明显藏，就显现的部分而言，天文即日月星辰隐现的规律，地理则是山川草木荣枯的条理，而诗歌中蕴含的"神理"即通于宇宙絪缊不息之理，这种美感境界需要人的加入使其彰显出来，"圣人知化之有神……故能助天地而终其用"②。

　　《系辞上》又云"六爻之动，三极之道也"，以一卦六爻代表天、地、人，从时空位置之序阐发三者关系。船山注曰：

　　　　初、二，地位；三、四，人位；五、上，天位。每位必重，气之阴阳、形之柔刚、性之仁义，交至而成乎全体大用也。然而不能皆见于用，故一时之所值、一事之所占，则道著焉。当其时、处其地、择其进退，天之灾祥、地之险易、人事之顺逆因而决焉。三极得失之理，于斯显矣。③

　　一卦六爻中居中的两位表征人，人融身于天地之间，参与到易道的变化之中，根本地推动着道之动。"一方面，人的活动之能动性招引天地万物使之来；一方面，活动自身让度出位置，使到来之天地万物能居于此际"④，人在天地之间作为生存之主体，人的一切活动使得天之文、地之理展现出来。天地人三者共在，既有五彩缤纷之姿态，是为"神"；又有条理统一之秩序，是为"理"，人与天地万物相感，因而有美。天地人三才的关系在论诗当中体现为天地物理与诗人才情的关系。在《张子正蒙注·乐器》中，船山指出音乐的来源是天地之"神"，经由人创作与展现出来，其云：

---

① 王夫之：《周易内传》，《船山全书》第1册，第519页。
② 王夫之：《张子正蒙注》，《船山全书》第12册，第317页。
③ 王夫之：《周易内传》，《船山全书》第1册，第515页。
④ 郭美华：《从"天人之际"看〈易传〉"三材之道"的意蕴》，《人文杂志》，2007年第4期。

>天能生之,地能成之,而斟酌饱满以全二气之粹美者,人之能也。稼有可丰美之道而未尽昭著,后稷因天之能,尽地之利,以人能合而成之,凡圣人所以用天地之神而化其已成之质,使充实充辉,皆若此。①

这里讲乐也是讲诗,乐与诗相为体用,突出强调人在审美活动中的重要作用。船山哲学的根基是气一元论,自然界中的植物,蕴含天地之神、二气之粹,本就有丰美的潜质,这是对《周易》精神的继承,《大畜》象辞有"刚健笃实,辉光日新其德",乾阳刚健之美必聚蓄天地之精华、万物之光辉。而农人参与其中、从事农务,使得五谷成熟,从而具体彰显出五谷丰厚充实光辉之美,这是船山对审美问题的独到体会与个性阐发。不仅诗乐等艺术,一切美的创造,都有自然的根据,更重要的是人情的参与。船山美学的著名论断"以追光蹑影之笔,写通天尽人之怀"②提出了诗歌乃至一切艺术的终极理想,一切伟大的作品都依赖天地万物的存在和人类心灵的同频律动。

美内在于人之主体性活动的具体展开。船山在《周易》"观其所感,而天地万物之情可见矣"的基础上提出"情者,性之端也。循情而可以定性也"③,如何实现"循情定性",船山认为要通过诗歌、音乐来陶冶人的性情,"乐为神之所依,人之所成"④,"循情定性"的人性论注重人身心的和谐健康,以及知、情、意的全面发展。

冯契先生注解船山哲学曾指出:"在王夫之看来,在审美活动和艺术创作中,声色(音容)授我以'道',我则受之以'成性';我授声色(音容)以'性'(性显现为情),声色则受之各以其'道'(秩序、节奏)。这样,在艺术形象中,人性便对象化了,人就可以从中直观自身的本质。这样的艺术作品便能陶冶人的性情。"⑤接着冯先生的解释,在船山哲学中,性表现为情,而情则通过音(声音)和容(容貌、形象)而与天地万物相交通:

---

① 王夫之:《张子正蒙注》,《船山全书》第12册,第317页。
② 王夫之:《古诗评选》,《船山全书》第14册,第681页。
③ 王夫之:《诗广传》,《船山全书》第3册,第353页。
④ 王夫之:《诗广传》,《船山全书》第3册,第511页。
⑤ 冯契:《中国古代哲学的逻辑发展》(下册),上海:上海人民出版社,1983年,第1019页。

> 交于天地之间者,事而已矣;动乎天地之间者,言而已矣。事者,容之所出也;言者,音之所成也。……天之与人,与其与万物者,容而已矣,音而已矣。卉木相靡以有容,相切以有音,况鸟兽乎?虫之蠕有度,彀之鸣有音,况人乎?……动而应其心,喜怒作止之几形矣;发而因其天,郁畅舒徐之节见矣;而抑不域之以方所,则天下之至清至明者矣。①

自然界当中,草木的随风摇摆、彼此摩擦,即产生形象和声音,小虫的蠕动、雏鸟的低鸣,皆伴随节奏和韵律,自然中一切音容与人心相感,人就有喜怒哀乐的情感表现,所以自然的节奏不仅表现在花木鸟兽的音容之中,而且表现在人的音容之中。形象、节奏不受地域限制,通过"音"(音乐)与"容"(舞蹈)可以表现清明之"神",或者说,可以使清明的德性在艺术作品中凝定下来。

船山赞《小雅·鹤鸣》"不道破一句"但"理随物显",以物喻来暗示心意,正是人在其中发挥了重要作用:

> 《小雅·鹤鸣》之诗,全用比体,不道破一句,《三百篇》中创调也。要以俯仰物理而咏叹之,用见理随物显,唯人所感,皆可类通……②

在船山看来,全诗用比体写成,喻指对象为谁不重要,"以俯仰物理而咏叹之",唯人为能! 人在领悟天地交汇、乾坤并建之"物理"的基础上,将宇宙之精神融化于个体之生存、情感之畅发,才是关键所在。诗中"鹤鸣""潜鱼"都是诗人的情感观照,是天地人三才的互动,凸显出诗意之美,体现出易道之美。

船山评谢灵运诗曰:"神理流于两间,天地供其一目,大无外而细无垠。"③此间"神理"的指向既是宇宙之气,又是诗人之意,其际无间、其外无涯,具有流动不居的特点,自然万象与玲珑诗心的感发会形成永无止境的诗情画意。

船山以杜甫名诗《登岳阳楼》评论"神理"相融浑成才是美好的诗歌。论曰:

---

① 王夫之:《诗广传》,《船山全书》第 3 册,第 511 页。
② 王夫之:《姜斋诗话》,《船山全书》第 15 册,第 836 页。
③ 王夫之:《古诗评选》,《船山全书》第 14 册,第 736 页。

天情物理,可哀而可乐,用之无穷,流而不滞,穷且滞者不知尔。
"吴楚东南坼,乾坤日夜浮。"乍读之若雄豪,然而适与"亲朋无一字,老病有孤舟"相为融浃。①

流而不滞是宇宙气化的状态,可哀可乐是人类情感的表现,凸显"天情"与"物理"即"神"与"理"的交融。"吴楚东南坼,乾坤日夜浮"一联,看似在言洞庭湖的景色与气势,即"神",实际也是在言天地乾坤、东南布局之"理"。此"理"格局宏大、气势雄浑,蕴含蓬勃之气,但还差几分滋味。衔接下一联"亲朋无一字,老病有孤舟",一个贫病交加、举目无亲的游子置身其中,乾坤天地之"理"自然而然地融于游魂孤凄的哀"情"之中。可哀可乐、流而不滞说明"神"与"理"在交融形态上具有多样性,但就其要素而言,需得有天、地、人三才相融互动,方能呈现完美的诗境。

可见,船山认为审美意象的创构必须有审美主体的倾情参与,天地之间万物化生,主体在耳闻目见后实现心物相取,宛转屈伸以尽其意,与天地冥合为一,展现情与景、人与物和合融洽的审美之境。船山对"神理"的诗学解读与易学思想息息相关,其诗学观点与易学思想在思理上表现出一致性。其文史哲相结合的学术背景拓展了诗歌解读的视野,哲学思想可以为诗学理论提供资源。

三、神理诗学与理的情感性

立足于审美活动中人的主体性地位,船山论述"神理"时凸显"理"的情感性,而且内隐着一种分类思维,这是船山诗论阐释"神理"的特点和优点。"神理"是非常空灵的概念,很难用具体的语言精准描述,船山没有明确给出定义,而是通过许多例证描述诗歌中"神理"的存在。《姜斋诗话》有段著名阐说:

以神理相取,在远近之间。才着手便煞,一放手又飘忽去,如"物在人亡无见期",捉煞了也;如宋人咏河豚云:"春洲生荻芽,春岸飞杨花",饶他有理,终是于河豚没交涉。"青青河畔草"与"绵绵思远道",

---

① 王夫之:《姜斋诗话》,《船山全书》第15册,第814页。

何以相因依,相含吐?神理凑合时,自然恰得。①

"神理"是动态存在的,伸手就能捕捉,放手便又飘飞,永恒处于生成之中。诗人获致"神理"是偶然感兴的结果,需得通过心与物游的方式,心灵与自然、社会接触相感获得,不是通过逻辑解析的方式获得。船山在《古诗评选》《唐诗评选》《明诗评选》中均有关于"神理"的阐发,这些观点都蕴含着深刻的哲思。

其一,王船山对"理"有较为精细的解释,又对"理"的不同境遇做了细致的分辨,明确诗歌中"神理"的意义和价值。

> 理,本训治玉也。通诸凡治者皆曰理,……玉浑然在璞而未有理,治之而文理见。事不治则理不著,治而后见其必然而不易焉,故曰"理在气中"。气有象而理无形。气之变动成乎理,犹玉之未治而理隐,已治而理著也。即玉即理,玉无不可为理也。自天而人,自物而事,无不含理,亦犹是也,在理之而已矣。②

万事万物皆有其理,这是基本前提,船山哲学有"道理""义理""情理""文理""物理"等多种用法,具体到诗歌审美问题上,取两重意思凸显形象思维与逻辑思维的区别,一为"神理",一为"名理",有了确切的分类,诗中"理"的问题就可以得到较好的解决。

名言概念构成的伦理规范或抽象理念即"名理"在审美创作当中不可取。船山评鲍照的《登黄鹤矶》,肯定其诗作以真诚骀荡动人,批评"经生之理,不关诗理,犹浪子之情,无当诗情"③。评江淹的《清思诗》云:"诗固不以奇理为高。唐、宋人于理求奇,有议论而无歌咏,则胡不废诗而著论辨也?"④否定诗歌中过度议论、情感不足的现象。

但是,全面抹杀诗歌中蕴含的义理,将理性思辨与审美感知简单对立的观点也是片面的。"神理"在审美创作当中可取。说理本不该成为贬低诗歌审美

---

① 王夫之:《姜斋诗话》,《船山全书》第15册,第823页。
② 王夫之:《说文广义》,《船山全书》第9册,第352页。
③ 王夫之:《古诗评选》,《船山全书》第14册,第753页。
④ 王夫之:《古诗评选》,《船山全书》第14册,第787页。

价值的理由,真正优秀的经典之作带给读者的往往不仅是情感的触动,也有理性的愉悦。严羽的《沧浪诗话》论诗有"别材别趣"一说,"夫诗有别材,非关书也;诗有别趣,非关理也",乍看之下似乎认为诗意的表达与理无关,接着"然非多读书,多穷理,则不能极其至"①,又道出诗意的吟咏离不开深沉的思索。谢榛的《诗家直说》主张"诗有四格:曰兴、曰趣、曰意、曰理"②,悟而得理,不可强求。船山评价陆云的四言古诗曰:"晋初人说理,乃有如许极至,后来却被支许凋残。"③对陆云以诗说理的做法十分赞赏,认为臻于"极至",只是后来发展到支遁、许询、孙绰等人的玄言诗,抽象地论理,使之成为支离僵死之物,损伤了诗歌的审美价值。在船山看来,"神理"区别于理学家所云之抽象天理,也区别于书本记载的枯燥道理。诗歌追求的"理"并不刻意地压抑人欲、克制人情,而是饱含诗人情感和哲学思考,反映对真实生命和现实生活的理性之思。他评陆机的《赠潘尼》诗云:

> 诗入理语,惟西晋人为剧。理亦非能为西晋人累,彼自累耳。诗源情,理源性,斯二者岂分辕反驾者哉?不因自得,则花鸟禽鱼累情尤甚,不徒理也。取之广远,会之清至,出之修洁,理固不在花鸟禽鱼上耶?④

日常生活中耳闻目见的鸢飞鱼跃都各有其理,诗人敞开心扉交付真情与之往来,"理"就不全然枯燥、多余,"神理"有具体的情境,依托真实的生活和真诚的情感,因而具有超越性,彰显其"神"。

船山对谢灵运的诗作评价很高,重要原因就是能"尽思理"。其云:

> 谢灵运一意回旋往复,以尽思理,吟之使人下躁之意消。《小宛》抑不仅此,情相若,理尤居胜也。⑤

---

① 严羽著,郭绍虞校释:《沧浪诗话校释》,第26页。
② 谢榛著,李庆利等笺注:《诗家直说笺注》,济南:齐鲁书社,1987年,第228页。
③ 王夫之:《古诗评选》,《船山全书》第14册,第594页。
④ 王夫之:《古诗评选》,《船山全书》第14册,第588页。
⑤ 王夫之:《姜斋诗话》,《船山全书》第15册,第813页。

通过回旋往复书写花鸟禽鱼，诗人能够因物自得，有所感兴，从而涵养性情，消解急躁，不是空发议论，教条说理，对"理"的领悟不仅是心理感受，而且包含着思索后的开解，与单纯的情感宣泄相比具有哲理意蕴，审美价值也更胜一筹。

其二，船山进一步指出"神"和"理"的关系是相融而不相违的，关键在于用恰当的方式表达"理"，将理与情融合。他评价李白的《苏武》诗云："咏史诗以史为咏，正当于唱叹写神理，听闻者之生其哀乐。"①所谓"于唱叹写神理"就是融理入情。《毛诗序》描述诗歌成因曰："情动于中而形于言，言之不足，故嗟叹之，嗟叹之不足，故永歌之，永歌之不足，不知手之舞之足之蹈之也。"这里"唱叹"是诗人情感的流露，"神理"是借嗟叹歌咏、手舞足蹈表达对历史人物与历史事件的态度，审美接受者发生了强烈的情感共鸣，因而"生其哀乐"。他评价张协的《杂诗》云：

> 感物言理，亦寻常耳，乃唱叹沿回，一往深远。储、王亦问道于此，而为力终薄，力薄则关情必浅。②

强调万物之理化入唱叹之情，风神思理存在力量比对，"理"需要在至情体验中表现。船山诗学中"情"居于主导地位，与明代的美学思潮呼应，其特别之处是将理以恰如其分的方式融入情中。

在船山看来，"物之有象，理即在焉"③，"理者，合万化于一源，即其固然而研穷以求其至极，则理明。乃舍其屈伸相因之条理而别求之，则恍惚幻妄之见立而理逆矣"④，万事万物都有其自身存在的"理"，揭示事物的本真面貌，使其"理"从幽暗至于澄明，即接近物情，使物理明晰，是万物存在的基本要求。诗歌亦不外乎此理，美好的诗歌应当彰显其本质，呈现其"神理"。评价刘基《旅兴》云：

> 其韵其神其理，无非《十九首》者。总以胸中原有此理此神此韵，

---

① 王夫之：《古诗评选》，《船山全书》第14册，第953页。
② 王夫之：《古诗评选》，《船山全书》第14册，第705页。
③ 王夫之：《张子正蒙注》，《船山全书》第12册，第145页。
④ 王夫之：《张子正蒙注》，《船山全书》第12册，第172页。

因与吻合;但从《十九首》索韵索神索理,则必不得。①

刘基不是从古代诗歌中索求神理韵味,而是将自己的情志开显出来,诗作的内蕴恰与《古诗十九首》契合,皆因诗人胸中有此境界,绝非从古文字中求取而来。拘泥于呆板之理,未能将理融入真情,诗歌的审美价值恐降一格。评价石珤的《拟君子有所思行》云:

竟不作关合,自然摄之。笔贵志高,乃与古人同调。拟古必如此,正令浅人从何处拟起。崆峒、沧溟,心非古人之心,但向文字中索去,固宜为轻薄子所嘲也。诗虽一技,然必须大有原本,如周公作诗云:"于昭于天",正是他胸中寻常茶饭耳,何曾寻一道理如此说。②

诗歌是独立的文体,具有生存论意义,其根本价值在于生命状态的开显。文艺创作是主体内心情志的自然流露,而不是遵循规范的道理说教。因明代以"七子"为代表的复古派崇尚古风,文必秦汉、诗必盛唐,其人生境界不可与古人同日而语,仅从文字中挖掘古人神韵,不免胶柱鼓瑟,反致诗作机械僵化,了无生机。船山评选明诗有深切的现实关怀,强调化理入情,彰显真诚情志。

"神理"蕴含丰富深刻的哲理之思和令人深省的生命之思,因其有哲学的独特内蕴而成为一个独具中国文化特色的诗学术语。站在船山诗学批评的立场上,有神有理,乃成诗之胜境。

四、余论

王船山是明清之际的一位学术总结者,其哲学的突出特点是宏观上体现出有机结合的观念,例如体用结合、情理结合,微观上偏重讨论心性哲学的基本范畴和认识论的基本问题,其诗学亦有此特点。"神"和"理"在思想史上的界限并不分明,二者长期处于复杂纠缠的关系中。饶有意味的是,在中国哲学史上,

---

① 王夫之:《明诗评选》,《船山全书》第14册,第1249—1250页。
② 王夫之:《明诗评选》,《船山全书》第14册,第1170页。

"理"在很长的历史时期占据统治地位,"神"却只绽放过短暂绚烂的光彩;而在中国美学史上,"神"的境界一直被标举,"理"的思索却总被排斥。有关诗歌中"理"如何显现的诸多问题还需要重新思考和审视,不能以偏概全而忽视其深邃的诗学意义。王船山依托深厚的哲学积累,将"神"与"理"这对看似矛盾的概念恰到好处地统一,具有独创性。以"神理"论诗从理论上阐明了诗歌超越感兴的审美境界,蕴含丰富深刻的哲理之思和令人深省的生命之思,从人生现实来说是要开显自然之道,彰明人生之境。

牟宗三先生撰有《黑格尔与王船山》一文,指出西方哲学传统以逻辑思辨为主要方式、以形上学知识论的问题为对象,按照这一准则来看,黑格尔的哲学并不出彩,但关于历史、法律、国家、艺术等人文世界的哲学,黑格尔表现出极高的解悟智慧。王船山也是这样,他与程朱、陆王都不是同一类型,"六经责我开生面"是遍注群书,借以发挥自己的思想,从乾坤天地、气化流行,以综合的方法讲性命天道。① 所以,理解船山的哲学,需要理解他丰富的思想、贯通的智慧,其纯义理的哲学思想也需要落在具体的诗学、美学问题上,通过他对许多诗学问题的阐发透视其背后的思想进路,从而更加深入地理解其哲学。

船山诗学是中国古典美学中颇具理论张力的部分,诗学概念对哲学思想的取鉴,是一种富有转向性的思维方式。船山强调道器不离,对哲学与诗学作出个性化的阐发,并一以贯之,用诗学方法传达哲学精神表现的正是道器不离。这样的理论思索是对华夏民族文化资源的充分融合和利用,对于当前建立完善中国特色学术话语体系有借鉴意义,古代诗学的发展是一个动态增量的过程,探寻哲学和诗学之间的内在关联,可以进一步丰富诗学的内容。

The Philosophical Characteristics of "Shen-li" in Wang Chuanshan's Poetics

Fu Jianling

Abstract: Wang Chuanshan was a great poet as well as a great philosopher in Ming and

---

① 牟宗三:《生命的学问》,桂林:广西师范大学出版社,2005年,第138—147页。

Qing dynasties. His poetic thoughts showed unique philosophical qualities. Wang Chuanshan's philosophy holds that the universe is based on Qi. The basis of movement and change of Qi is "Shen", and the order of movement and change of Qi is "Li". At the same time, Wang Chuanshan's philosophy holds that man has subjectivity. He opposed the normative and boring "Li", and agreed with the eternal change "Li". He depicts the triumph of poetry with "Shen-li". He emphasized that the mind is in harmony with all things, and that emotions are reasonable, and advocated poetic criticism based on the model of Tian and Di and Ren sense each other. The theory of "Shen-li" in Chuanshan's poetics has certain originality. The combination of poetics and philosophy is a turning thinking mode, which also has reference significance for the current establishment and improvement of academic discourse system with Chinese characteristics.

Keywords: Wang Chuanshan, Shen-li, Poetics, Philosophy

苏渊雷"诗化哲学"探论

叶 玲*

[摘 要] 本文通过对苏渊雷哲学思想的梳理,认为苏渊雷哲学中有着浓厚的浪漫气质,即诗化哲学的特质,其哲学与诗的融合主要体现在三个方面:一是其倡导的"通(融通)"的"慧力哲学"和"综合哲学";二是苏渊雷用诗的语言实现了"情想无碍,诗哲互通";三是苏渊雷诗化哲学的最高境界为真善美合一之胜境,美作为最高级的诗意境界,融摄了真和善;苏渊雷本人"万物静观皆自得,一生爱好是天然"的人生追求则是其诗意人生的真实写照。

[关键词] 苏渊雷;慧力哲学;综合哲学;诗哲互通;真善美合一

一、引言

现代中国哲学的主流是以西方哲学的标准建构中国哲学,即"以西释中"。

---

* 叶玲(1991—),女,四川冕宁人,武汉大学哲学学院博士研究生,主要研究领域为诗化哲学。

这种研究范式虽然有利于了解前沿的哲学研究成果以及使中国哲学"走出去",但也在很大程度上压抑了中国哲学的主体性,使得文史哲不分家的中国哲学长期处于一种遮蔽状态,以致很多人甚至认为只有思辨的哲学才是哲学,文史哲不分家的中国哲学只能算思想而不是哲学。其实,中国古代有许多不仅具思辨性而且具有诗意的经典文献,它们以诗意的方式、诗化的语言言说着中国哲学。以《诗经》为例,作为中国古代第一部诗歌总集,《诗经》通过赋比兴的艺术手法,不仅将现实生活融入诗化的书写方式,增强了诗歌的感染力,也将先人的哲学思考融入其中,如"文王在上,於昭于天。周虽旧邦,其命维新。……侯服于周,天命靡常"(《诗经·大雅·文王》),这些诗句中已经蕴含了先人对天人关系的思考以及一定的无神论思想。再如《庄子》通过卮言、重言、寓言的写作手法,向读者呈现了一种自由无待、物我两忘、与道同体的逍遥之境。由此可见,中国古代已经发展了非常丰富的诗化哲学传统,中国自古至今便是诗的国度,中国哲学本就是诗化的哲学。正如萧萐父先生在《序方任安〈诗评中国著名哲学家〉》中指出:"中国哲学的致思取向,从总体上乃是诗化的哲学。"①只是到了近现代,由于西方哲学长期占据学术话语权的统治地位,导致中国哲学一直处于遮蔽状态,主流的中国哲学书写方式似乎只能按西方哲学的建构标准来展开。

随着中国哲学主体性意识的觉醒,学界越来越认识到需要寻找一条用中国范式讲中国哲学的出路。这也意味着研究中国哲学不能再完全沿用以前的方法,更不能完全以西方哲学的标准衡量中国哲学。我们一方面要学习西方优秀的思想资源或研究方法,将其纳入中国哲学研究中为我所用;另一方面也要始终保持中国哲学的主体性,提高学术话语权。萧萐父先生曾在《吹沙集》中提出了哲学史研究的纯化和泛化问题,认为虽然我们过去强调净化哲学概念,"使哲学史纯化为哲学认识史,以便揭示哲学矛盾运动的特殊规律",但进一步考察哲学与文化的关系后也可将哲学史研究"泛化为哲学文化史",因为"以哲学史为核心的文化史或以文化史为铺垫的哲学史,更能充分反映人的智慧创造和不断自我解放的历程"②。文史哲不分家的中国哲学无疑是一种适合泛化研究的典范。其中,以萧萐父、冯契、张世英等为代表的少数哲学家便保留了传统的中国

---

① 萧萐父:《序方任安〈诗评中国著名哲学家〉》,《吹沙二集》,成都:巴蜀书社,1999年,第508页。
② 萧萐父:《哲学史研究中的纯化和泛化》,《吹沙集》,成都:巴蜀书社,1999年,第417页。

哲学书写方式,并关注诗与哲学的关系。刘小枫的《诗化哲学》亦探讨了诗与哲学的关系,但其重点在于德国浪漫派诗化哲学思想。苏渊雷也是坚持文史哲不分家的一位中国哲学家,他用诗的语言探讨哲学问题,其哲学具有明显的诗性特质,是 20 世纪中国哲学史上的独特案例。因此,本文将简要梳理苏渊雷哲学思想中的诗化特质。

根据笔者搜集到的资料,目前学术界关于苏渊雷的研究极少。比如,在中国知网上搜索"苏渊雷"仅能找到 20 多篇文献,且仅有一篇硕士学位论文(主题是研究苏渊雷史学思想)。① 其余 20 多篇文献仅有李新对苏渊雷"汇通"的文艺思想进行了探讨,②杨洁讨论了马克思主义哲学对苏渊雷史学研究的影响,③其他文献则基本是关于苏渊雷的回忆录、书信札或书画鉴赏,④目前还没有针对苏渊雷哲学思想(或诗化哲学思想)的学术研究成果。在"读秀"上搜索苏渊雷相关资料也基本如此。可见,学术界关于苏渊雷的研究还处于一种遮蔽状态。作为 20 世纪一位"诗书画三绝,文史哲兼擅"的大家,苏渊雷与马一浮、高二适、钱锺书等著名学者均过从甚密,其在学术界的地位和贡献理应引起重视。基于此,本文将以苏渊雷诗化哲学思想为重点,以期对苏渊雷哲理与诗心的结合做一探讨,同时也是对苏渊雷先生的一种纪念。

苏渊雷 1908 年出生于宋季爱国诗人林霁山和近代启蒙思想家宋平子的故

---

① 何昱杰:《苏渊雷史学研究》,硕士学位论文,扬州大学社会发展学院中国史专业,2016 年。文章从历史观、历史人物、古代典籍三个方面展开,指出在 20 世纪学术史的宏观视野下,苏渊雷、史学、世变三者间的关系,进一步反思苏渊雷的研究方法与精神有哪些值得继承和发扬,对于其不足之处,客观分析之后应报以理解之同情。
② 李新:《文心博雅 一代风流——苏渊雷艺术思想及创作风格探析》,《贵州大学学报(艺术版)》,2022 年第 4 期,第 28 页。此文主要从艺术角度切入,关注点在于其诗书画三个方面,认为苏渊雷的诗书画中体现了人性与物性的统一,是艺术对生命的隐喻。
③ 杨洁:《浅析马克思主义哲学对苏渊雷史学研究的影响》,《学理论》,2014 年第 30 期。文章认为苏渊雷"史学研究的主要特点是将中国古代历史文化纳入马克思主义理论框架进行全面再研究,具有鲜明的马克思主义史学特色"。
④ 回忆录(访谈录)如:朱杰人:《苏渊雷先生小传》,《古籍整理研究学刊》,1990 年第 3 期;房鑫亮:《一生爱好是天然——苏渊雷教授访谈录》,《探索与争鸣》,1995 年第 8 期;房鑫亮:《怀念业师苏渊雷先生》,《大学书法》,2022 年第 5 期。往来信札如:栾继生:《知己比邻兴不孤 远书重读更沉吟——读游寿先生与苏渊雷先生书信》,《书法赏评》,2016 年第 6 期。书画鉴赏如:苏渊雷:《苏渊雷书法作品》,《书法赏评》,2016 年第 5 期;杨克炎:《苏渊雷先生与书法》,《大学书法》,2022 年第 5 期;王琪森:《精微融贯格高韵清——苏渊雷书画简论》,《大学书法》,2022 年第 5 期。

乡,成长于新旧思想激烈碰撞融合的民国时期。青年时期即关注国事,积极投身社会运动。1927年四·一二反革命政变后苏渊雷被国民党逮捕入狱并判刑十九年,1933年被保出狱。入狱期间,苏渊雷保持昂扬斗志,积极学习马列主义经典著作,自学英语,写成了第一部学术专著《易学会通》。抗战前后积极参加党的外围工作。抗战期间,辗转武汉、衡阳、重庆等地,从事抗战后勤工作。新中国成立后执教于华东师范大学历史系。1958年反右"补课"被错划为右派,调至哈尔滨师范学院,抵达哈尔滨时发出了"吾生已惯三波折,放眼乾坤日月长"的无畏之叹。后在周总理亲自关怀下得以摘帽。"文革"期间再次蒙难,被遣送回籍。后再次回到华东师范大学历史系任教。苏渊雷的一生可以说是大起大落,充满传奇色彩,但他始终保持初心,学术研究始终不辍,取得的学术成就亦是常人所不及。其学问贯通古今中西,被称为"诗书画三绝兼擅,文史哲一以贯之",是"能'究天人之际、通古今之变'的'通人'"①。

就哲学与诗的结合而言,苏渊雷哲学的诗化特质主要体现在三个方面:一是他提倡"融通"的哲学与"慧力哲学""综合哲学";二是在他的哲学思想中体现了思想性与艺术性的融合,即"情想无碍",或曰"感觉的色香"与"逻辑的力量"之合一;三是其哲学思想之最高境界为真善美合一的诗化境界,而他本人的人生则是诗化人生的真实写照。

二、"融通"的哲学与"慧力哲学""综合哲学"

苏渊雷的哲学思想首先可用"融通"概括,或曰"慧力哲学""综合哲学",是一种新哲学体系。在1935年所写的《与张季同(岱年)先生书》中,苏渊雷指出,中土学术的衰败"不在新学之不修,不在旧学之不振;病在学者无远识、无通才,缺乏批判与综合的精神。质言之,即缺乏一种新哲学的态度而已"②。苏渊雷认为,中土学术的衰败之症结在于无通才,缺乏批判与综合之精神,即缺乏一种新哲学的态度。这里的"新哲学的态度"即是指一种谓之"通"的综合哲学。

首先,这种综合哲学是融通中西之学的具有批判精神的新哲学:"故在今

---

① 徐中玉:《苏渊雷全集·哲学卷》序一,见苏渊雷:《苏渊雷全集·哲学卷》,上海:华东师范大学出版社,2008年,第2页。
② 苏渊雷:《与张季同(岱年)先生书》,1935年秋,《苏渊雷全集·哲学卷》,第105页。

日,欲从事文化运动,首当批判所谓'中学'与'西学',综合其思想之合理的部分,一一就正于新唯物论,而创造一种哲学新体系,以为生活全体之指导。"①苏渊雷在这里倡导的其实是一种以新唯物论为基础的新哲学体系,是一种不脱离实际的生活哲学,一种不偏于一隅的综合哲学。田遨先生评价其"对诗学、史学、易学、佛学、中华民族文化,各有专著,各有胜诣。以辩证法、唯物史观为根基,遍收各科之现代最新成果,旁搜远绍,批判综合,融会精微,参以己见,以成其大"②。先生幼时即受外祖父古典诗歌方面的熏陶,十三岁修古典文学,始读《左传》《战国策》、唐宋八大家及古近体诗。五四运动后读《史记》《汉书》等,常采拾众说以参己见。在校期间,嗜读《庄子》《楚辞》《史记》《维摩诘经》等,养成了广泛的文史阅读兴趣。可见,先生从小的文史涵养为他后来在学术各方面的融通奠定了基础。以《易学会通》为例,作为先生第一本学术专著,此书完成于先生七年炼狱期间(1927—1933)。在这七年中,先生的斗争精神从未消磨。即便身处狱中,也以昂扬斗志积极学习马列主义经典著作,自修英语,涉猎佛典、《圣经》等。据先生在自传中所言,《易学会通》是他"初步运用历史辩证观点,沟通老庄、黑格尔和达尔文等学说"写成的第一部学术专著。田遨先生评价此书"取证佛老,旁参西哲,论极名通"③。在《中日文化交流史论赞》一诗中,苏渊雷用"由来气类遥相通""南传北传道通一""日中一衣带水隔,只应兼爱诵非攻"④表达了中日文化相通的特点,这也是苏渊雷"通"的哲学思想之体现。在《述怀六十韵赠雪寒》中,苏渊雷提出将东方美与西方智相结合:"精深资本论,恢奇两策略。马列一条鞭,舍此应无药。济以东方美,学博乃知服。"⑤再如《喜苏步青教授自日本西德讲学归来》中"天元微积原通一,希腊竺乾岂异方"⑥等诗句则表达了东西哲学本相通的思想。可见,苏渊雷哲学首先是融通中西的哲学。

其次,这种"融通"的新哲学还是一种"慧力哲学":

---

① 苏渊雷:《与张季同(岱年)先生书》,1935年秋,《苏渊雷全集·哲学卷》,第105页。
② 田遨:《苏渊雷全集·哲学卷》序三,《苏渊雷全集·哲学卷》,第6页。
③ 田遨:《苏渊雷全集·哲学卷》序三,《苏渊雷全集·哲学卷》,第7页。
④ 苏渊雷:《古近体诗·剪淞集》卷六,《苏渊雷全集·诗词卷》,上海:华东师范大学出版社,2008年,第265—266页。
⑤ 苏渊雷:《古近体诗·鞭影集》卷四,《苏渊雷全集·诗词卷》,第96—97页。
⑥ 苏渊雷:《古近体诗·更新集》卷一,《苏渊雷全集·诗词卷》,第228页。

> 又以为世人重学重术，不免遗外，往往知及而仁不能守，盖慧有余而力不足，知至而行不赴。属治王学，旁涉佛氏，乃恍然有得于阳明知行合一之义，与佛氏勇猛精进之教，知慧力之不可偏废，思倡慧力哲学以正之。谓当尽源彻底，如香象之渡河；大雄无畏，吼狮子之雷音。必有如此之大慧大力，始可达人生之圆满境。盖慧的修养与力的飞扬，实生活之不二法门也。①

苏渊雷有感于世人研究学术往往存在知及而仁不能守、知行不能合一、聪慧有余而用力不足的问题，进而提倡"慧力哲学"以修正当下学术研究的弊端。这种"慧力哲学"不仅注重为学之人外在的古今中西知识体系之融通，更注重其内在德性与慧力修养，真正兼顾了"慧的修养与力的飞扬"不偏废其一。苏渊雷以自己平生对王学及佛学的参悟而提出"慧力哲学"，力倡为学者在学术研究中做到慧力兼顾，知行合一而又勇猛精进。此慧力哲学乃是一种如香象渡河般尽源彻底、如狮子雷音般大雄无畏的哲学，是一种能够助人臻至人生之圆满境界的哲学。因此，可以说慧力哲学也是一种理想的人生境界之学。

再次，苏渊雷所倡导的"融通"的哲学乃是一种综合了科学、哲学、艺术的人类智慧新体系之学：

> 又尝欲缀集现代科学哲学艺术三者所达之灿烂的成果，加以综合的叙述，而出之艺术的形式，期在树立人类智慧之新体系，打破过去之形式三分法。以为凡足以资助吾人对于世界得更明确之认识，对于思维得更严密之训练，对于人生得更充实强烈的信仰与合理的态度者，皆当纳入人类智慧之总体中。②

以往的学术研究往往将科学、哲学、艺术割裂开来，认为三者属于不同的领域，无法置于同样的视域下进行探讨。其实，虽然科学、哲学、艺术三者的确有很大区别，比如科学研究要求的精确性便是哲学和艺术无法做到的，而哲学的

---

① 苏渊雷：《与张季同（岱年）先生书》，1935 年秋，《苏渊雷全集·哲学卷》，第 105 页。
② 苏渊雷：《与张季同（岱年）先生书》，1935 年秋，《苏渊雷全集·哲学卷》，第 106 页。

思辨性、艺术的形象性、审美性也是科学研究中不太注重的方面。但如果从哲学史研究的泛化来看，三者又是相通的，用张世英先生的话说，三者是"不相同而相通"。苏渊雷也认为，为学者应打破传统的科、哲、艺三分法，将现代科学哲学艺术所取得的灿烂成果以艺术化的形式体现出来，因为他认为凡是有助于人类对于世界的更明确之认识、对于思维之更严密的训练以及有助于人生更充实强烈的信仰与合理态度的，均应纳入人类智慧总体中。即是说，科学、哲学、艺术三者虽然表面上差异很大，但就其有助于人类文明发展而言，皆是相通且互补的。这既是一种最终导向圆满之境的慧力新学，也是苏渊雷做学术一以贯之的、始终不渝的综合精神之体现。苏渊雷认为，最高的综合乃一种使人智、情、意调和的真、善、美之胜境。在这样的胜境中，哲学、科学、艺术三者和谐发展，抒情的直觉与朴素的智慧融合为一：

> 如何使人类生活得智、情、意之调和，达真、美、善之胜境，或使哲学、科学、艺术三者作和谐的发展，使抒情的直觉与朴素的智慧合抱，则又是最高的综合了。①

可见，最高的综合即是真、善、美之胜境，是一种具有诗意的人生境界，而这种人生境界本身是"通"的哲学境界。无论是"慧"与"力"的修养，还是科学、艺术、哲学之综合，均是融通之体现。苏渊雷诗作中多次出现的"金石诗书画本通"亦可说明苏渊雷特别提倡"融通"的哲学。如在写给次子苏春生关于为学的诗中，苏渊雷写道："金石诗书画本通，性灵才力两难充。……艺事文章标格先……功力深时即自然。"（《次儿春生索诗漫书五绝付之 并请同座诸公杂画以为楷模》）此诗不仅体现了苏渊雷之诗书画相通的思想，"性灵""才力"二词则又是其慧力哲学之"慧"与"力"的融通，而"功力深时即自然"则是对一种"自然而然"之契真哲学的倡导。

如果仔细挖掘苏渊雷先生的作品，我们会发现苏渊雷本身就是一位"多专多能之通才"②，由上海人民出版社出版的四卷本《苏渊雷文集》序言称赞"其治

---

① 苏渊雷：《文化综合论》，《苏渊雷全集·史学卷》，上海：华东师范大学出版社，2008年，第344页。
② 田遨：《苏渊雷全集·哲学卷》序三，《苏渊雷全集·哲学卷》，第6页。

学也,则文史哲兼通;其为艺也,则诗书画并擅"①。不仅如此,苏渊雷还通儒释道、印中西之思想,在他的作品中随处可见其对古今中外文史哲大家信手拈来以为己用。苏渊雷之"通"还在于,他能够运用多种多样的创作方式如散文、骈文、诗赋、书法、绘画等传达自己的哲学思想。朱杰人先生在《苏渊雷小传》中说,其治学"力主融通,综合中西学理,兼收百家之长,论道、治史、说文、谈艺,场所控长,多有创见。先生由《易经》、老庄入手,穷究天、地、人三极哲理,深造佛学禅宗堂奥,缀集文史哲与现代科学及西方文化之最新成果,另辟蹊径,自成体系,独树一帜"②。苏渊雷诗中如"人生艺术天然美,三绝由来共一源""知言养气孟夫子,对话学园柏拉图""乐山乐水圣人同,儒道渊源曲曲通"等句,均体现了其不囿于一家之言或一曲之见,力主汇通中西古今哲学的思想。可以想见,这样一位有着通才之通人,其哲学思想必然是富有活力和生命力的。这样一位通人,必然是达到了哲理与诗心融合为一的精神而游于自由境界之人。

三、情想无碍,诗哲互通

"情想无碍"出自苏渊雷先生在描述诗画同源、通感及其创作方法的关系时所用的标题《情想无碍,天人合一——漫谈诗画同源、通感及其创作方法的关系》。苏渊雷在文中探讨了诗画关系,并推及文学、艺术、哲学三者相通:

> 不仅诗画同源通感,文学、艺术、哲学同样息息相通。要知人能参赞天地之化育,万物乃宇宙之宾词,宇宙和人生尽管物我对立,但是可以通过人类思维的奇特功能吸收它,涵盖它。马祖曾说"一口吸尽西江水",我们就要有这样的气魄。诗人画家都要有这种本领:一笔下去,能使"山从人面起,云傍马头生"(李白),"天地黯惨忽异色,波涛万顷堆琉璃"(杜甫)。主观上有了这海阔天空的胸襟,然后作起诗来,画起画来,就能达到俯仰宇宙、手挥目送、诗中有画、画中有诗的理想境界。③

---

① 转引自杨克炎:《苏渊雷先生与书法》,《大学书法》,2022 年第 5 期,第 36 页。
② 朱杰人:《苏渊雷先生小传》,《古籍整理研究学刊》,1990 年第 3 期,第 36 页。
③ 苏渊雷:《情想无碍,天人合一——漫谈诗画同源、通感及其创作方法的关系》,《苏渊雷全集·文学卷》,上海:华东师范大学出版社,2008 年,第 167 页。

在苏渊雷看来,诗画同源通感,所谓"人生艺术天然美,三绝由来共一源""金石诗书画本通"。诗中有画,画中有诗乃诗画之最高境界,文学、艺术、哲学亦如此。三者既同源同感,则科学、艺术或哲学的理想境界应是文学中有艺术有哲学,艺术中有文学有哲学,而哲学中亦有文学和艺术。"情想无碍"之"情"乃是诗之情感和艺术性,"想"乃是哲学之思想性。因此,诗与哲学的互通即是思想性与艺术性融合为一的状态,是情与理、诗与思的合一。在这样一种状态下,"抒情的直觉与朴素的智慧合抱"。

在《与张季同(岱年)先生书》中,苏渊雷曾明确提出"哲学家皆是诗人":

> 非认识现实,无以弘道;非变革世界,无以弘生。诗人与战士,实肩此伟大之使命。时至黄昏,鸦鸟飞翔;社会濒没落,则哲学家出而批判,战取自由。广义言之,凡哲学家皆诗人也,以其重唤起、重启示、重预言故。亦战士也,以其重批判、重论争故。准是,则孔、墨、佛、耶,黑(格尔)、马(克思)、拜(伦)、尼(采),皆是诗人,莫非战士。自由之下,尼采可与佛陀比肩;真理在前,马氏当共庄生把臂者矣。①

苏渊雷认为,诗人与战士肩负了弘道与弘生的双重使命。就弘道而言,诗人像战士和哲学家一样,在社会没落之际出而批判战取自由。就弘生而言,战士为了保卫他的人民的生命而战,最优秀的诗人则为了弘扬生命而作诗。可以说,最优秀的诗乃是生命力的昂扬,最优秀的诗人本身就是热爱生活者。凡哲学家皆诗人,在于哲学家像诗人一样重唤起、重启示、重预言。同时,哲学家也是战士,因战士重批判和论争。就此而言,则中西哲学史上那些著名的哲学家皆是诗人和战士,皆为了自由和真理而战,为了弘扬生命而战。既然诗人可为哲学家,哲学家可为诗人,那么在诗与哲学互通的国度里,应是不分中西、不分你我的万物一体之状态,是一种超越了主客二分的主客融合之境(借用张世英先生语)。

苏渊雷本人既是哲学家,又是诗人和战士。早在青年时期,苏渊雷便投身

---

① 苏渊雷:《与张季同(岱年)先生书》,1935年秋,《苏渊雷全集·哲学卷》,第105—106页。

爱国救亡运动并因此被判入狱十九年(入狱第七年时被保释出狱)。在七年牢狱光阴里,作为战士的苏渊雷并未气馁,而是继续保持昂扬斗志,作为哲学家和诗人将手中的笔化为战士的利刃,学习古今中西思想尤其是马克思主义经典著作,自学英语,为其思想注入源源不断的活水,或写诗,或论时,在此期间写就了人生第一本学术著作《易学会通》。苏渊雷是真正的诗人哲学家和战士,无论身处何境都不曾忘却自己的政治责任感和忧国忧民之情怀,更不忘以身弘生。田遨先生亦肯定了苏渊雷既是诗人又是哲学家的灵慧与胸襟:"故身处逆境,不乏'宁静致远''高山流水'之想,此固豪迈性情使然,亦与学问素养有关,正如先生诗中所说'吾身已惯波三折,放眼乾坤日月长','我为众生入地狱,不辞苦厄敢生嗔'。俱可想见其既愤激又旷达、既是哲人又是诗人的灵慧与胸襟。"①朱杰人先生亦在《苏渊雷先生小传》中评价其"学兼文、史、哲,才贯诗、书、画"②。

　　作为哲学家,苏渊雷将其哲学思想与诗合抱,其哲学思想的建构并非一般的理智主义的、冰冷的哲学,而是蕴含了艺术性、审美性的具有生之律动的哲学。作为诗人,苏渊雷的诗不仅仅只是抒发个人思想感情之作,更是其哲学思想在诗的语言中的传达。因此可以说,苏渊雷将哲学诗化,将诗哲学化,诗哲互通,实现了思想性与艺术性、诗与唯物论的合抱,实现了对生命的昂扬。在这诗心与哲理的融通过程中,语言起到了关键作用。以往的哲学语言一般是散文式的语言,大多枯燥乏味,注重思辨性,往往是思辨有余而情感不足。哲学的诗化则要求打破这样的范式,赋予哲学以情感和生命力。诗的哲学化,则是用诗的语言表达哲学思想。诗不仅仅只是诗人抒发个人情感的媒介,也不仅仅只是一个个符号,而成了诗人哲学家借以建构其哲学思想的桥梁,在这里,诗人的哲学思想以生动的形式向读者敞开澄明,所谓"诗外有事,诗中有我"③。"诗外有事"表明苏渊雷特别注重用诗的语言传达不在场者,达到了诗与思的互通。而"诗中有我"则是诗人将自己完全融入诗中,达到了诗与人的融合。在这一过程中,语言的地位得以凸显,诗人成了思想家、哲学家,哲学家成了诗人,这便是语言尤其是诗的语言之魅力所在。刘勰在《文心雕龙·隐秀》篇有"文隐深蔚,余味

---

① 田遨:《苏渊雷全集·哲学卷》序三,《苏渊雷全集·哲学卷》,第7页。
② 朱杰人:《苏渊雷先生小传》,《古籍整理研究学刊》,1990年第3期,第36页。
③ 苏渊雷:《晚晴阁诗存(序)》,《苏渊雷全集·文学卷》,第396页。

曲包。辞生互体,有似变爻。言之秀矣,万虑一交。动心惊耳,逸响笙匏"①。作为"文外之重旨者"的"文之隐(情在词外)"和作为"篇中之独拔者"的"文之秀(壮溢目前)"共同构成了"文之英蕤"。"隐秀"作为刘勰审美观的最高境界,与苏渊雷之"诗外有事,诗中有我"有异曲同工之妙。

苏渊雷一生创作了2 000多首古近体诗及现代诗,其中不乏大量诗与哲学互通的作品。通过梳理,笔者大约总结出苏渊雷诗中诗哲互通的两个方面。首先,苏渊雷诗中反复出现"心"的组合,如"秋心""冰心""骚心""禅心""素心""道心""诗心"等,这些"心"既是作者个人风骨的体现,也是其哲学思想的反映。如在《喜雨寄真如居士》中有"芳心随草木,润物滋膏泽。……乃知造物心,一念无私隔"②。还有"名心淡共道心微"等。从这些诗句中可以看出,苏渊雷的哲学思想深受老庄、禅宗、屈子、渊明等影响,因而以这些哲学家的追求为追求。另一方面,苏渊雷一生的坎坷经历亦造就了他淡泊坦然的心境。其次,苏渊雷诗中出现了许多中西哲学史上的重要人物和经典意象,中国哲学史方面如齐物、逍遥、知言养气、人禽之辨、玄览、孔颜之乐、物与民胞等,西方哲学史如柏拉图、所罗门、黑格尔、马克思、列宁、浮士德等。如《尹石公寄示叟忆旧游并和作次答》有"乐趣犹堪觅孔颜,不须挂壁掩禅关。诗瓢苦似投江水,理障疑终隔雾山"③。表达了苏渊雷对孔颜之乐的向往、对追求真理如拨云见日的过程之感悟。再以《奉怀马湛翁西湖葛荫山庄》为例,苏渊雷用诗的语言将"意""象""玄理""六艺""知北游"等中国哲学概念或篇目、人物串联起来,表达了自己的哲学见解:

　　得意宁从象外求,玄门理窟一勾留。
　　携将古寺乌尤月,来主明湖葛岭秋。
　　六艺论成存汉谊,五天学判截时流。
　　平生简易真同契,却笑逢逢知北游。④

苏渊雷诗中不仅有中国哲学,更有大量西方哲学的经典意象,可见其融通

---

① 刘勰著,詹锳义证:《文心雕龙义证》卷四十,上海:上海古籍出版社,1989年,第1511页。
② 苏渊雷:《古近体诗·鞭影集》卷一,《苏渊雷全集·诗词卷》,第77页。
③ 苏渊雷:《古近体诗·鞭影集》卷二,《苏渊雷全集·诗词卷》,第82页。
④ 苏渊雷:《古近体诗·鞭影集》卷一,《苏渊雷全集·诗词卷》,第78页。

中西之才。如《庚寅杂诗》以"新"点题,然后对历史发展做出了评价,认为"历史无情似晚娘"("历史似晚娘"为列宁语)、"阳光之下无奇事"(所罗门语)、"世界老去复年轻(席勒语)""泰初有业浮士德"(浮士德译经尝改"泰初有道"为"有业")、"苹花隔水终难采,鸮鸟入夜始飞翔。"("苹花"为柳子厚语,"鸮鸟"为黑格尔妙喻)①。此诗生动体现了作者擅长融通中西哲学以表达自己的哲学思考的特点,是苏渊雷将哲理、诗心与史感融合为一的经典之作。南陔漫评价《鞭影集》:"诸绝句有史料,有哲理,有似定庵处,有突出旧诗精神意旨处。"②汪东谨评价《婓尾集》:"不矜才华,不堕理障,而才与理俱足。"③钱锺书认为:"《钵水斋诗》,其发而为言外者,欲兼珠光与剑气;其蕴而为意内者,欲兼情韵与理趣。"④可见,苏渊雷先生的诗乃是有情韵、有哲理、有史料的情、理、史相融合的诗化哲学之作。

其实,无论是"心"的组合,还是重要人物及经典意象的运用,或抒情,或说理,或托物言志,均是苏渊雷思想的真实流露。在《春日偶过云赏楼未值因翻新造名理甄微题诗留赠》中,苏渊雷用"非关幡动风先动,但觉舟移月亦移"⑤勾勒出了一种动中有静、静中有动、动静结合之境:风动、幡动、船动、月亮动。在这句诗中,动是在场的,但在在场之动的背后还有不在场之动和静,如水的流动、岸边环境的静与动、天空的静等。这些元素融合在一起构成了一幅亦动亦静的哲理画卷。

读苏渊雷的诗不可仅停留在其诗中常出现的人物或意象上。庄周齐物、渊明止酒、屈子餐英、庄狂屈狷等,均是他本人风骨和哲学思想的反映,所谓"诗外极知余事在""精义犹堪句外求",品味其诗的余味及句外之精义才是关键。

在谈论文史汇通的主张时,苏渊雷写出了"性命天人原一贯"的诗句,认为文史相通,天人合一。这种"情想无碍,天人合一"之"情(艺术性)"与"想(思想性)"的融通无碍状态即是诗与哲学融合的生动体现。在分析白居易的

---

① 苏渊雷:《古近体诗·鞭影集》卷四,《苏渊雷全集·诗词卷》,第89页。
② 苏渊雷:《古近体诗·鞭影集》附四,《苏渊雷全集·诗词卷》,第98页。
③ 苏渊雷:《古近体诗·婓尾集》附:评语,《苏渊雷全集·诗词卷》,第116页。
④ 苏渊雷:《古近体诗·婓尾集》附:评语,《苏渊雷全集·诗词卷》,第116页。
⑤ 苏渊雷:《古近体诗·鞭影集》卷四,《苏渊雷全集·诗词卷》,第91页。

诗时苏渊雷如此评价："白居易原是'问题派'的作家，提出社会问题来要求解答的，所以他诗中思想性的要求很高；因而逻辑的力量，就借着感觉的色香——即思想性与艺术性结合，和读者通款曲了。"①作为诗人哲学家或哲学家诗人，如何用诗的语言走进读者是一大挑战。白居易用诗的语言达到了"逻辑的力量"和"感觉的色香"之结合，思想性与艺术性融通，哲学家和读者通款曲。苏渊雷亦非常推崇阮籍，认为他不仅是个诗人、文学家，还是一个哲学家。②除专门的文学评论或散布于苏渊雷各诗集的诗歌外，还不得不提及《风流人物无双谱》。作为苏渊雷用韵语写成的对历代哲人如屈原、庄周等的精神风貌、思想精华进行述评的诗化哲学评论，萧萐父先生评价其"以窅窕诗心，尚友古贤，其所敬慕的'风流人物'共三十六位，半属哲学家，半属文学家，人系一绝，简注点睛"③。如评庄周"漆园小吏隐偏宜，妙手文章偶得之。秋水马蹄成绝唱，春风梦蝶足相思"④。评柳宗元"柳州南碉忧中乐，骚怨风情并一奇。诗境文心同雅健，却缘山水发华滋"⑤。评陶潜"松菊浔阳气自豪，霜天雁影落秋涛。南山郁郁东篱秀，成就闲情赋手高"⑥。字里行间可以感通到苏渊雷对这三十六位人物的钟爱之情，其本人一定也是践行着这种诗与哲学之结合以达到诗思合一的诗人哲学家。

四、吟到灵台明灭处，几疑身亦是流萤——苏渊雷诗化哲学的最高境界

张世英先生在《境界与文化：成人之道》中按照实现人生意义、价值高低的标准和人生在世的"在世结构"的发展过程将人的精神境界分为四个等级，即欲求境界、求实境界、道德境界、审美境界。欲求境界属于"原始的不分主客"的"在世结构"；求实境界和道德境界属于"主—客关系"的"在世结构"；审美境界

---

① 苏渊雷：《白居易诗的分析》，《苏渊雷全集·文学卷》，第42页。
② 苏渊雷：《清谈玄学》，《苏渊雷全集·佛学卷》，上海：华东师范大学出版社，2008年，第293页。
③ 萧萐父：《序方任安〈诗评中国著名哲学家〉》，《吹沙二集》，第510页。
④ 苏渊雷：《风流人物无双谱》，《苏渊雷全集·诗词卷》，第364页。
⑤ 苏渊雷：《风流人物无双谱》，《苏渊雷全集·诗词卷》，第383页。
⑥ 苏渊雷：《风流人物无双谱》，《苏渊雷全集·诗词卷》，第374页。

属于"高级的主客融合"的"在世结构",包摄道德而又超越道德。在审美境界中的人处于一种与世界融合为一的自然而然的境界中。①

与张世英提出的审美境界类似,苏渊雷哲学思想的最高境界是进入真、善、美合一的诗意胜境:"……如何使人类生活得智、情、意之调和,达真、美、善之胜境,或使哲学、科学、艺术三者作和谐的发展,使抒情的直觉与朴素的智慧合抱,则又是最高的综合了。"②这是一种真、善、美合一,哲学、科学、艺术三者和谐发展,且抒情的直觉与朴素的智慧合抱的胜境。这样一种三位一体的境界乃是最高的综合。在这最高级的诗意胜境中,真、善、美有机融合。"真"为诗意境界的第一层次。苏渊雷曾用一"真"字强调了文章创作的关键:"诚知功业因时显,始信文章出性真。"③"学贵深造与自得,求真辨伪惟其是"④。可见,"真"乃为学创作最基本的要求。"真"还有"自然、天然"之义,苏渊雷诗中多次出现艺术创作、学术研究皆应求其"天然"的态度,明确表示"求工刻意难为好",主张"人生艺术天然美"(《雁荡山书画社成立贺诗》)⑤、"人生艺术天然趣,总自真源活水来"(《太阳岛休夏杂诗》)⑥。在写给浙江美术学院国画系学生的赠诗中(《浙江美术学院国画系应届毕业及高年生索句各就专业赠以一绝》),苏渊雷对"真"的推崇可见一斑:

    模山范水夸郦柳,造化心源总一真。
    打得奇峰千百稿,石涛笔底见嶙峋。
    青藤雪简偶留痕,老缶萍堂一世尊。
    解得神完趣自足,粗枝大叶莫轻论。
    金石诗书画本通,心声心画几称工。
    绚烂极处归平淡,此是宗门不二风。
    印分浙皖书南北,本色当行处处真。

---

① 张世英:《境界与文化——成人之道》,《张世英文集》第7卷,北京:北京大学出版社,2016年,第294—295页。
② 苏渊雷:《文化综合论》,《苏渊雷全集·史学卷》,第344页。
③ 苏渊雷:《古近体诗·听鹍集》卷三,《苏渊雷全集·诗词卷》,第67页。
④ 苏渊雷:《古近体诗·霜茄集》卷五,《苏渊雷全集·诗词卷》,第163页。
⑤ 苏渊雷:《古近体诗·剪淞集》卷五,《苏渊雷全集·诗词卷》,第263页。
⑥ 苏渊雷:《古近体诗·霜茄集》卷四,《苏渊雷全集·诗词卷》,第151页。

> 咫尺波澜凭一手,炊累万物见精神。
> 折枝随意写横斜,抹月批风自一家。
> 若论艺文标格好,南田应是胜南沙。
> 白阳逸趣青藤远,苦铁豪情白石同。
> 生活奔腾书卷足,自然笔底漾春风。①

此诗中"造化心源总一真""绚烂极处归平淡""本色当行处处真""自然笔底漾春风"四句明确传达了苏渊雷求真求自然的为学态度。此外,"意气早倾天下事,文章独抱一家真"②是钵翁苏渊雷用以自挽之句,而集句"万物静观皆自得,一生爱好是天然"③则不仅是其治学风格的概括,更是他本人的人生信条。"善"比"真"更高一层,但必须以"真"为基础,无"真"则无所谓"善"。"美"作为这一有机整体中的最高层次,集"真、善"于一。若已进入"美"之胜境,则此境界必是既真且善。反之,或"真"或"善"则不一定"美"。那么,作为苏渊雷真、善、美胜境最高层次的"美"究竟是什么呢? 在《唯美论》一文中,苏渊雷用诗意的语言向读者澄明了他关于真、善、美的思想。

苏渊雷赞美了三种"美":一谓"宇宙之美",有四时之美("美其华"者、"美其陶"者、爽之美、肃之美),有雄浑之美,悲愤之美,奇郁之美,飘逸之美;有美之凄凉者,美之缠绵者。宇宙之美"既声既色,弥习弥佳。使壮夫惧、懦夫怒;贪者爽而浊者以清,忧者悦而病者以瘳,非自然之妙化,造物之善幻,曷克臻此哉?"④

苏渊雷认为宇宙之美美则美矣,却未尽善。因而还有如"玉人之润、匠人之正"这样的"人为之美",此乃"人生之美所从出者"。但真正尽善的"人为之美"却是"诗赋递情,律吕和声;画图之赋色,雕刻之传神",即诗中美、曲中美、画之作、雕之饰,此四者为"人为之美"的典范,达到了"自然应人生;人生取自然。相将相就,两斯善矣"的善境。⑤可见,尽善尽美的境界应是自然与人生融合为

---

① 苏渊雷:《古近体诗·霜腴集》卷六,《苏渊雷全集·诗词卷》,第170页。
② 苏渊雷:《苏渊雷全集·诗词卷》,第530页。
③ "万物静观皆自得"为程颢诗,"一生爱好是天然"出自汤显祖《牡丹亭》。此集句见苏渊雷:《苏渊雷全集·诗词卷》,第528页。
④ 苏渊雷:《中谷集·唯美论》,《苏渊雷全集·文学卷》,第217页。
⑤ 苏渊雷:《中谷集·唯美论》,《苏渊雷全集·文学卷》,第217页。

一、不分主客的状态。

苏渊雷还描述了如"蓬莱之说""桃源之托""极乐之境""乐园之思"般浪漫的"神秘美"。然而,这些都不足以媲美苏渊雷心目中的浪漫佳境:在这里,苏渊雷借庄周化蝴蝶、康乐迷池塘、楚王会瑶姬、子健遇宓妃的典故展开了对梦的讨论:

> ……是何浪漫之佳境,何修而得此耶!觉而后知其为梦也。方其梦时,不知其自梦其梦也。夫梦境固美矣。然梦时酣恬,醒后惆怅;向之冉冉不休者,都归乌有——其真梦耶;抑非梦耶?何其逸若电流之速也?噫,乌足怪哉!乌足怪哉。天地一梦也?人生固在梦中也。天地不自知其为梦,而自梦其梦,尚何言哉!物也与汝,皆梦也;美也。美之梦也——梦之美也;其梦于于,其美皦皦。①

真梦也好,非梦也罢;或天地一梦,或人生固在梦中;或物与汝皆为梦;或为美之梦,或为梦之美。总之,这样一种如庄周梦蝶般物我两忘、主客不分的浪漫之境才是最高级的美。苏渊雷在对美的讨论中传达了关于美与丑、物与欲、生与死、有限与无限的哲学思考,最后对"唯美"作出了总结:

> 是以众目所共,众心所好;非美之至也,亦非丑之至也。美丑之相待,若其不相待。而愚者自以为觉;若为美,徇生求之;若为恶,弃世厌之。此阮籍穷途,杨朱歧路;一念之差,竟成遗憾。天道恢恢,人心梦梦;尘世嚣扰,可不悲夫?讵知忘义无境,以应枢中。生生者美,处生生者更美;唯物唯美,得其真美——此之谓唯美。②

世人皆认为美的东西不一定是真美,世人皆认为丑的东西也不一定是真丑,美丑乃是相对而言且相需而生("相待"),这就好像老子所言"天下皆知美之为美,斯恶已;皆知善之为善,斯不善矣"③。那么如何避免因为无知而堕入这

---

① 苏渊雷:《中谷集·唯美论》,《苏渊雷全集·文学卷》,第218页。
② 苏渊雷:《中谷集·唯美论》,《苏渊雷全集·文学卷》,第218页。
③ 王弼注,楼宇烈校释:《老子道德经注》第二章,北京:中华书局,2011年,第7页。

样的穷途末路之境呢?那就是要做到"忘"——即忘却主客物我之分,进入一种无我之境,如此方能感悟"唯物唯美"而"得其真美"。

苏渊雷的诗化境界不仅是真、善、美合一之通境,更是其诗意人生的真实写照。诗意栖居本是身而为人皆追求的境界,可是由于人一生总会受到各种羁绊,大部分人均无法真正进入诗意栖居的国度。苏渊雷却是这难得的进入诗意栖居国度之诗人哲学家。

苏渊雷一生大起大落,四岁丧父,年轻时便积极投身爱国救亡运动。其人生的三大转折点分别是 1927—1933 年七年炼狱、1958 年反右"补课"被错划为右派、"文革"期间再次蒙难。抗战期间,苏渊雷在重庆上清寺创设钵水斋,以文会友,一时俊彦如马一浮、沈尹默、钱宾四、林同济等皆雅集于此。钵水斋成了苏渊雷诗酒人生的重要见证。生活的磨难铸就了苏渊雷不忧、不惧、不惑的性格。苏渊雷在自传中写道:"生活的磨难成全了我,使我在忧患中获得新生,养成了不忧、不惑、不惧的性格。……而大同社会的战取,生民苦乐的关怀,更是我一生思想、生活、文字的基调。"①苏渊雷曾表示,无论身处顺逆,其几十年来笔耕不辍,"暗中摸索,无非想学那流萤向暗中发光,学那蜜蜂为了酿蜜而采集百花"②。受康长素、谭复生、梁任公、严几道、章太炎、孙仲容、宋平子等人的影响,苏渊雷的学术思想倾向打上了致力于中国学术思想解放的烙印。同时,苏渊雷又受到并世陈仲甫、鲁迅、郭沫若等人反抗既成权威与更新社会认识之影响。又受点龚定庵"怨去吹箫,狂来说剑"那种名士风流的熏染,因而忧郁、飞扬、愤激的气氛,笼罩着他一身。因此,苏渊雷的哲学不仅蕴含着逻辑的力量,更充满着浪漫的诗意特征,其诗作汪洋恣肆、想象丰富,兼具诗味与哲理。比如,他曾发出"吟到灵台明灭处,几疑身亦是流萤"这样如庄周梦蝶般浪漫的情境,究竟是他自己变成了流萤,还是流萤变成了苏渊雷呢?除了渊雷化流萤这样的诗化境界外,苏渊雷同时也具有"我为众生入地狱,不辞苦厄敢生嗔"的大无畏精神。苏渊雷本人是这样概括其学术理想的:"试图演绎古今圣哲的绪论,融会文史科学的精华,用轻快的笔调,发深湛的情理,触及宇宙与人生的全貌,而出以缩压或袖珍的方式。会心不远,别调独弹。"③他用诗化的语言言说着诗

---

① 苏渊雷:《自传》,《苏渊雷全集·哲学卷》,第 17 页。
② 苏渊雷:《自传》,《苏渊雷全集·哲学卷》,第 16 页。
③ 苏渊雷:《自传》,《苏渊雷全集·哲学卷》,第 17 页。

意的境界,超越了现实的桎梏而臻至浪漫诗意的真善美之胜境。

五、结语

本文认为,苏渊雷先生的诗化哲学特质首先体现在其提倡的"通(融通)"的综合哲学与慧力哲学。其次体现在苏渊雷以诗的语言传达其哲学思想和赋予其哲学思想以生命力,将艺术性("感觉的色香")与思想性("逻辑的力量")合一,将诗心与哲理融合。苏渊雷诗化哲学特质最生动的体现则在于他追求真善美合一之胜境,他的人生原本就是真善美融合为一的诗意人生之写照,他本人便是诗意栖居的践行者。正是因为有着诗人哲学家的特质,才使得他在传奇的一生中始终坚守自己的人生信条,在面对挫折时乐观处之,使得他最终超越有限的人生达至无限的忘我的诗意浪漫境界。正如他在《宰平丈惠句四叠山均奉酬》中所写:

闽英好标格,偃蹇似青山。直欲无人我,真能乐孔颜。
看花同忍俊,植杖偶偷闲。主客忘形久,图成莫放还。①

这种既真既善且美的诗意胜境乃是一种主客融合为一的境界,一种超越一切的无我之境。陈兼与先生评价其"学术兼文史哲,足迹半天下,交游者皆一时名士,所谓书卷、山川、朋友三者备之。且论其世,过于少陵天宝之乱;论其遇,甚于东坡海南之穷。所作雄奇瑰特,哀而不伤,怨而不怒,为风为雅,亦史亦玄,并世词流,无以尚之"②。这样一个"吾生已惯三波折,放眼乾坤日月长""拿得起,想得开,放得下"的诗人哲学家,在晚年时追求的不过是"从此搬柴兼运水,诗瓢书枕待往年"的生活。这样的人必然是超越一切之人。因此,本文聚焦其诗心与哲理的融合,以期弥补学术界关于苏渊雷诗化哲学思想的空白。

---

① 苏渊雷:《古近体诗·鞭影集》,《苏渊雷全集·诗词卷》,第91页。
② 苏渊雷:《古近体诗·霜茄集》,《苏渊雷全集·诗词卷》,第181页。

On Su Yuanlei's Poetic Philosophy

Ye Ling

Abstract: This article argues that Su Yuanlei's philosophy bears a strong romantic temperament, which is the characteristic of poetic philosophy. The integration of his philosophy and poetry is mainly reflected in three aspects: firstly, he advocates a philosophy of intercommunication, which emphasizes comprehensiveness and the integration of wisdom and practice; secondly, Su Yuanlei uses poetic language to achieve "unity between emotions and thoughts, and that between poetry and philosophy"; thirdly, the highest realm of Su Yuanlei's poetic philosophy is the unity of truth, goodness, and beauty. Beauty, as the highest level of state, integrates truth and goodness. Su Yuanlei's lifelong pursuit of "everything being content with their lot in nature while man maintaining his naturalness" is the true reflection of his poetic life.

Keywords: Su Yuanlei, a philosophy that integrates wisdom and practice, a comprehensive philosophy, intercommunication between poetry and philosophy, unity of truth, goodness and beauty

人伦与价值观

墨子的"天下之利"观及其现代价值

梁 山[*]

[摘　要] "天下之利"作为《墨子》一书的核心概念,其内涵是指天下所有的利益为天下人所共享,出现于全书的十一篇之中,共计二十一次。墨子的"天下之利"观是在先秦时期的特定社会经济关系和政治环境中萌发的,在"百家争鸣"的思潮中逐渐发展成熟。先秦时期生产力的发展和生产关系的调节,为墨子提出"天下之利"观奠定了基础。墨子"天下之利"观的内涵包含"利""义"和"义利关系"三层内容的讨论。其以"兴天下之利,除天下之害"为最高原则,以"兼相爱、交相利"为思想准则,以"非攻"和"节葬"为行动准则。墨子"天下之利"观作为"共同繁荣观"的价值观基础之一,体现在国家、社会和个人三个层面的价值奠基。发掘"天下之利"观的现代价值,对于理解人类命运共同体有着重要的思想意义,进而在树立民族自信、增强文化软实力,实现中华民族伟大复兴中发挥重要的现实作用。

[关键词] 墨子;天下之利;义利关系;现代价值

---

[*] 梁山(1993—),男,陕西西安人,华东师范大学哲学系博士研究生,主要研究领域为中国传统政治哲学。

"天下之利"在先秦文献中多出现于《墨子》《管子》和《吕氏春秋》之中,其内涵是指天下所有的利益为天下人所共享。"凡人者,莫不欲利而恶害。是故与天下同利者,天下持之;擅天下之利者,天下谋之。"①趋利避害就是人的天性,如果能够共同享有"天下之利",则民众就会支持执掌天下之人;如果当权者把"天下之利"纳为己有,民众就不会支持当权者,天下就不会太平。"无道与不义者存,是长天下之害,而止天下之利。虽欲幸而胜,祸且始长。"②"天下之利"的实现必然有赖于"有道"和"义者"之实现,"无道"和"不义者"的存在,必然会损害"天下之利"。追求利益要符合道义,真正的利益恰恰是通过施行道义的方式获得的。"天下之利"一词出现在《墨子》全书的十一篇之中,共计二十一次。书中多次提出"仁人之事者,必务求兴天下之利,除天下之害",真正有志向、有德性的人就应该努力实现整个社会的共同繁荣,根除损害民众共同利益的多种因素。这表明了实现"天下之利"是墨子的核心关切,"天下之利"观是《墨子》一书的核心观念,也是墨子思想对中华民族现代文明的独特贡献。

　　"天下之事,惟义利而已。"③义利问题是现实一切问题的总和,自古至今对于整个社会的政治、经济、文化都有着直接的导向作用。墨子"天下之利"观内容丰厚,意蕴深远,其以"利"作为理论之本,一切"兴天下之利,除天下之害"的主张都为墨子所支持,并且以此来实现共同体的建设;其以"义"作为应有之义,在墨子看来,"同天下之义"是实现共同繁荣的价值基石。目前的研究成果大多集中关注其义利关系的具体内容④,但未能从"天下之利"观的整体视角,考察

---

① 黎翔凤:《管子校注》,北京:中华书局,2004年,第1205页。
② 吕不韦:《吕氏春秋集释》,北京:中华书局,2009年,第166—167页。
③ 程颢、程颐:《二程集》,北京:中华书局,2004年,第124页。
④ 当前并未有墨子"天下之利"观的直接研究成果,主要成果都是以义利观切入研究。如:黄伟合的《墨子的义利观》(《中国社会科学》,1985年第3期)一文认为墨子把"兴天下之利"当作"义——善"的本质内容和行为的总路线,有悖于此的一切"道义""原则",均在摒弃之列。这与儒家的义利观恰成鲜明的对照,而符合功利主义的一般要义。胡忠雄的《墨子义利观新论》(《中州学刊》,2003年第2期)一文认为天下之利与害存在于社会的和谐与否之中,存在于人与人之间是否"兼爱"之中,存在于国与国之间是否"非攻"之中。简言之,存在于"兼"与"别"之间。邱竹、邹顺康的《墨子义利观之考辨》(《道德与文明》,2010年第4期)一文认为墨翟之"义"是其立论源,则墨翟之"利"可谓其理论之本。墨子曰:"义,利也。"(《墨子·经上》)虽"义"是基础谈义却为显利,然后知墨子关注的核心是"利"。

其在建构共同体中发挥的重要作用。本文旨在探讨和分析墨子的"天下之利"观,从思想基础、思想内核和现代价值三个方面对其进行论述和阐释。探析"天下之利"观是为了在当下的社会现实之下,发掘优秀传统文化的合理内核,在焕发先秦思想内在生机与活力的同时,总结其对于当代文明建设的借鉴意义。

一、溯源墨子"天下之利"观的思想基础

墨子的"天下之利"观是在先秦时期的特定社会经济关系和政治环境中萌发的,在"百家争鸣"的思潮中逐渐发展成熟。对墨子"天下之利"观的深入解读,就要清楚地溯源其在当时的社会环境中的思想基础,包括生产力和生产关系两个方面。经济基础是人类社会发展的前提,唯有不断提升生产力,创造出更多的劳动成果,才能实现"天下之利"。适宜的生产关系有利于提升生产力,唯有不断调整生产关系,才能使得利益让所有人共享。本文以墨子的"天下之利"观为核心观念,分析其诞生的思想基础,挖掘其产生所依凭的生产力和生产关系基础。

农业、手工业和商业为人类社会提供了必要的生存条件,提高这三个领域的生产力、调整它们的生产关系则是实现"天下之利"观的思想前提。"农不出则乏其食,工不出则乏其事,商不出则三宝绝,虞不出则财匮少。财匮少而山泽不辟矣。此四者,民所衣食之原也。原大则饶,原小则鲜。上则富国,下则富家"①。农业保障了粮食的供给,手工业改进了生产工具的制造,商业促进了生产要素的流通。此三者乃是衣食之源,富国富家之本。农业是人类社会最为根本、最为基础的生产部门,它为人类提供了最为基本的生活条件。先秦时期重农思想的产生说明农业是关乎"天下之利"的重中之重。周代"以九职任万民":"一曰三农,生九谷;二曰园圃,毓草木;三曰虞衡,作山泽之材;四曰薮牧,养蕃鸟兽;五曰百工,饬化八材;六曰商贾,阜通货贿;七曰嫔妇,化治丝枲;八曰臣妾,聚敛疏材;九曰闲民,无常职,转移执事。"②作为九职之首的便是"三农",即在三种不同地形从事农业,生产各种谷物。紧随"三农"之后的园圃、虞衡和薮

---

① 司马迁:《史记》,北京:中华书局,1982年,第3255页。
② 孙诒让:《周礼正义》,北京:中华书局,2015年,第96页。

牧之职分别对应着种植、林业和养殖,亦属于广义农业生产的范围,由此形成的基本农业生产格局,保障着民众最基本的生存需求。

手工业的发展是提高生产效率、改善生活状况、扩大整个社会财富的必然要求,这个目标的实现有赖于工具的制造和使用。先秦时期耒耜等耕作工具、斧柯等林业工具和桔槔等水利工具的生产和改造,带来生产工具的巨大变革,使得民众从烦苦的劳作中得到休息的同时还获利良多。手工业发展促进生产效率的提高,民众由此获得更为长久的利益来源。先秦时期农业和手工业的快速发展,使得不同地区之间物质交换的需求得以满足。跨国商业贸易日趋繁荣,进一步扩大了整个社会的财富规模。《荀子》记载道:"北海则有走马吠犬焉,然而中国得而畜使之;南海则有羽翮、齿革、曾青、丹干焉,然而中国得而财之;东海则有紫紶、鱼盐焉,然而中国得而衣食之;西海则有皮革、文旄焉,然而中国得而用之。"①经过列国之间的贸易,中原各国得到了北海的良马、吠犬,南海的羽毛、象牙、曾青、朱砂,东海的丝布、鱼盐,西海的皮革、牦尾。商业带来的天下之货的聚集,整个社会财富总量逐步增多,这为实现"天下之利"奠定了坚实的物质基础。

农业、手工业、商业是人民衣食的来源,是实现"天下之利"的物质前提。依靠农、工、商这三宝所带来的生产力的提高,天下利益得以迅速有效地积聚,而利益要为天下人所共有,还需要通过调整生产关系以合理分配利益资源。先秦思想中有着大量关于调整生产关系的论述,主要包括财政政策、货币理论以及度量衡三个方面。"冢宰制国用,必于岁之杪。五谷皆入,然后制国用。用地小大,视年之丰耗。以三十年之通制国用,量入以为出。"②先秦时期的财政政策注重维持国家政权的稳定和发展,并通过税收和土地制度等手段来满足国家开支运行所需的资金。根据《礼记》的记载,冢宰以"量入为出"为原则制定财政政策,是合理分配利益资源的基本要求。在时间上,只有在清算上一年度的国家收入后,才开始编制下一年的国家开支总预算,这极大地约束了不合理的财政支出,保障了"天下之利"尽可能为民众所谋。在方法上,以土地面积的大小和前一年粮食年成的好坏为标准,参考近三十年国民总收入的平均数作为依据,

---

① 王先谦:《荀子集解》,北京:中华书局,1988年,第161—162页。
② 孙希旦:《礼记集解》,北京:中华书局,1989年,第337页。

以制定来年的预算开支,此一举措有效地限制了不必要的财政支出,保障了"天下之利"尽可能为民众所用。

春秋时期的单旗提出的"子母相权论",是先秦时期最为重要的货币理论。其时周景王试图以铸造形制更大的新币来替代旧币,以弥补财政亏空,针对这个问题单旗进言道:"古者,天灾降戾,于是乎量资币,权轻重,以振救民。民患轻,则为之作重币以行之,于是乎有母权子而行,民皆得焉。若不堪重,则多作轻而行之,亦不废重,于是乎有子权母而行,小大利之。今王废轻而作重,民失其资,能无匮乎?"①单旗提出的铸币起源论——"天灾降戾",货币之"轻重"调节了社会总供给和总需求,这对"天下之利"为民众所享有起到关键作用。如果废除"轻"币而发行"重"币,这就会使得民众手中的"轻"币丧失价值,无异于抢夺民众的个人财产。单旗的"子母相权论"充分认识到货币本身是贮藏"天下之利"的方式,只有实施稳定合理的货币制度,才能保证全社会共同生产的"天下之利"不被某些利益团体所掠夺,"子母相权论"是推进利益资源合理分配的必然要求,彰显出先秦时期民众对于"天下之利"的理想追求。

生产关系的调整还体现在度量衡的产生和发展。自从人类社会出现了商业贸易,便有了为长度、容积和重量制定统一标准的需要。"《虞书》曰'乃同律度量衡',所以齐远近,立民信也。自伏戏画八卦,由数起,至黄帝、尧、舜而大备。三代稽古,法度章焉。周衰官失,孔子陈后王之法,曰:'谨权量,审法度,修废官,举逸民,四方之政行矣。'"②律、度、量、衡的产生和统一,是民众进行广泛贸易的前提。从伏羲氏到尧舜时期,度量衡制度已经发展得非常完备了。到了春秋时期因周王室的衰落,孔子重新审法修官再次确立度量衡的统一标准,这才使得四方的民众可以在公平、公正的环境下进行贸易。只有实施统一、公平的度量衡制度,才能保证全社会共同生产的"天下之利"公平地为民众所共享,统一的度量衡标准不仅是民众生产"天下之利"的制度保障,而且是合理分配利益资源的内在要求。

墨子的"天下之利"观奠基于先秦时期特定生产力和生产关系的基础上,发达的农业生产提供了最基本的生活供给,维系着民众最关切的生存需求,是实

---

① 左丘明:《国语集解》,北京:中华书局,2002年,第105页。
② 班固:《汉书》,北京:中华书局,1962年,第955页。

现"天下之利"的核心要素。发达的手工业促进生产工具的革新,先进工具的使用极大提高了生产效率,扩大了整个社会的财富积累,是实现"天下之利"的必要途径。商业加速了生产要素的流通,反向促进了农业和手工业的发展,创造出更多的社会财富,是实现"天下之利"的关键助推。生产力的大发展并不必然导致"天下之利"为天下民众所共享,生产关系对利益资源的合理分配才会真正实现"天下之利"。先秦时期"量入为出"的财政政策、"子母相权"的货币理论和统一的度量衡制度,最大程度优化利益资源分配,是实现"天下之利"的制度保障。

二、考察墨子"天下之利"观的思想内核

《墨子》"天下之利"的思想源于对古代圣王治国之道的继承,对人性的思考以及对现实问题的理解。墨子"天下之利"观的思想内核包含"利""义"和"义利关系"三层内容的讨论。"利"是墨子"天下之利"观的立论起点:"利,所得而喜也。"[1]墨子认为追求利益是人性的本质,如果没有"利"那么人是无法生存的。墨子在最为普遍的生存视域中,通过追溯圣王之道来强调"利"对于生存的决定性作用。墨子认为天下之所以长久无道,这都是上天对于民众的惩罚,唯有圣王的出现才能终结天下无道的局面,文明体才能实现"天下之利"。"飘风苦雨,荐臻而至者,此天之降罚也,将以罚下人之不尚同乎天者也。故古者圣王,明天鬼之所欲,而避天鬼之所憎,以求兴天下之利,除天下之害。"[2]古之圣王通晓天地鬼神的意志,必得兴利除害方才顺遂天意,这是圣王提出的治世根底。在圣王实现"天下之利"的教化指引下,民众改变了风俗,由此共同体的治乱兴亡都系于统治者。"上变政而民改俗。存乎桀纣而天下乱,存乎汤武而天下治。天下之治也,汤武之力也;天下之乱也,桀纣之罪也。若以此观之,夫安危治乱存乎上之为政也,则夫岂可谓有命哉!"[3]天下之治乱系于君主一身,如果得遇汤武这样的圣王,于是天下得到治理;如果遇到桀纣这样的独夫,那么天下的混乱就是不可避免的。汤武和桀纣治理天下的区别,就在于是否遵守"天下之利"的

---

[1] 孙诒让:《墨子间诂》,北京:中华书局,2001年,第314页。
[2] 孙诒让:《墨子间诂》,第81页。
[3] 孙诒让:《墨子间诂》,第278页。

教化原则。春秋时代周道衰微,列国统治者只知相互攻伐攫取利益,"天下之利"的教化原则被全然放弃,民众生活在水深火热之中。正所谓"民有三患:饥者不得食,寒者不得衣,劳者不得息,三者民之巨患也"①。墨子作为先秦时期底层民众的代表,他深刻体会到了民众生存之艰难,"饥者不得食",危及民众最为根本的生存权;"寒者不得衣",危及民众的生存保障权;"劳者不得息",危及的是劳动者的休息权。由此墨子提出了"尚贤"的观点,急切地肯定统治者"明乎以尚贤使能为政。是以民无饥而不得食,寒而不得衣,劳而不得息,乱而不得治者"②。如果由贤人来进行国家治理,那么就可以实现民得食、寒得衣和劳得息的生存层面的目标,从最根本的原则上保障民众获利,进而实现天下得治的理想。

"义"是墨子"天下之利"观的价值关切,在《墨子·经上》中有其对"义"的根本看法,即"义,利也"③。杨国荣认为此一论断已经显示出"墨家更侧重义的外在价值"④。所谓的外在价值,当是指"天道"的一种外化,更为明确地说,墨子的"义"指的是符合"天道"的天下秩序。"天为贵、天为知而已矣。然则义果自天出矣"⑤。《墨子·尚同篇》论述了在天下秩序未能确定之前,天下混乱的局面,子墨子言曰:"古者民始生,未有刑政之时,盖其语,人异义。是以一人则一义,二人则二义,十人则十义。其人兹众,其所谓义者亦兹众。是以人是其义,以非人之义,故交相非也。是以内者父子兄弟作,离散不能相和合;天下之百姓,皆以水火毒药相亏害。至有余力,不能以相劳;腐朽余财,不以相分;隐匿良道,不以相教。天下之乱,若禽兽然。"⑥墨子描述了在没有国家秩序的上古时代,民众因"义"而产生意见分歧,甚至相互攻讦。在家庭内部,父子兄弟也会因为利益争夺而相互怨恨,以至于家庭崩解和离散。在陌生人之间,民众则会用水火毒药相互残害,自私自利的现象比比皆是,以致天下混乱,有如禽兽一般。由此,墨子提出了"同天下之义"的论断:"天子唯能壹同天下之义,是以天下治

---

① 孙诒让:《墨子间诂》,第251页。
② 孙诒让:《墨子间诂》,第59—60页。
③ 孙诒让:《墨子间诂》,第310页。
④ 杨国荣:《义利与理欲:传统价值的多重性》,《学术界》,1994年第2期,第13页。
⑤ 孙诒让:《墨子间诂》,第197页。
⑥ 孙诒让:《墨子间诂》,第73—74页。

也。"①然而仅有天子一人从事同"天下之义",恐怕举世维艰。还需有明公贤才以为天子之佐,"天子既以立矣,以为唯其耳目之请,不能独一同天下之义,是故选择天下赞阅贤良圣知辩慧之人,置以为三公,与从事乎一同天下之义。天子三公既已立矣,以为天下博大,山林远土之民不可得而一也,是故靡分天下,设以为万诸侯国君,使从事乎一同其国之义。国君既已立矣,又以为唯其耳目之请,不能一同其国之义,是故择其国之贤者,置以为左右将军大夫,以远至乎乡里之长,与从事乎一同其国之义"②。在墨子所建构的天下秩序中,从天子、诸侯到大夫、里长,自上而下,皆同以"义",上下一心,秩序井然。由此可见,"天下之利"乃是"天下之义"的外化表现,实则是一体两面,即是天子所以治天下,国君所以治其国,乡长所以治其乡,自上而下一以贯之的天下秩序。

"义利关系"是墨子"天下之利"观的核心内容。墨子认为义利同体,以利为先,其以"兴天下之利,除天下之害"为最高原则。兴利除害乃是上承天之旨意,"古者圣王明知天鬼之所福,而辟天鬼之所憎,以求兴天下之利,而除天下之害。是以天之为寒热也节,四时调,阴阳雨露也时,五谷孰,六畜遂,疾灾戾疫凶饥则不至"③。上天、鬼神决定着人世间的灾祸德福,圣王顺应天鬼之福憎,以此追求兴天下之利,除天下之害,为人世间求得福祉,故而才能教化民众顺应四时而耕种,蓄养牲畜,以实现生活的富足。圣王顺天以利民,正是"义法"之所在。《墨子·天志》中多次呼吁天下君子要顺天之意,兴利除害:"今天下之王公、大人、士、君子,中实将欲遵道利民,本察仁义之本,天之意不可不顺也。顺天之意者,义之法也。"④有了天道和圣王的精神引领,墨子进一步从现实层面对义利关系作出价值判断,即"义"是有利于人的良宝。"和氏之璧、隋侯之珠、三棘六异不可以利人,是非天下之良宝也。今用义为政于国家,人民必众,刑政必治,社稷必安。所为贵良宝者,可以利民也,而义可以利人,故曰:义,天下之良宝也。"⑤我们一般认为的天下宝物,诸如和氏璧、隋侯珠,并不能直接给人们带来利益,所以它们都不是真正的良宝,真正的良宝只能是"义"。统治者

---

① 孙诒让:《墨子间诂》,第75页。
② 孙诒让:《墨子间诂》,第78—79页。
③ 孙诒让:《墨子间诂》,第199页。
④ 孙诒让:《墨子间诂》,第206页。
⑤ 孙诒让:《墨子间诂》,第431页。

以"义"为政,社会必然得到良好的治理,人口必然增多,国家必然会实现安定繁荣。由此可见,真正"利"的本质都是"义",而真正的"义"最终也必然会实现"利"。大到国家、家族,小到个人,但凡不能妥善处理义利关系,必然会导致"天下之害"。

墨子"天下之利"观在具体的落实层面,则以"兼相爱、交相利"作为思想准则。"今吾本原兼之所生,天下之大利者也;吾本原别之所生,天下之大害者也。是故子墨子曰别非而兼是者,出乎若方也。"①墨子认为"兼"是促进"天下之利"产生的重要方式,而"别"则是天下乱象产生的根源。倘若能做到人己不分,那么祸害就无缘而生,如此天下长久和谐,共同繁荣指日可待。首先,墨子认为"兼相爱,交相利"的思想原则符合天志的命令。"当天意而不可不顺。顺天意者,兼相爱,交相利,必得赏。反天意者,别相恶,交相贼,必得罚。"②想要实现"天下之利"首先要顺从天意,接受上天安排的命运。民众之间相亲相爱,在相互理解和尊重的前提下,必定会得到自己的利益。那些违反天意的人,他们相互憎恶,交互残害,最终必定会受到上天的惩罚。"今若夫兼相爱、交相利,此自先圣六王者亲行之。"③古之圣王皆明此理,以身作则教化民众,故有大禹治水兼顾天下、文王治国感动上苍、武王行祭广济众生,兼爱的施行已有先贤做范,让民众真正明白大家生存在一个共同体之中,每个人的利益都是相互交织的,人们都视人如己,爱人如己,相亲相爱,无所偏私才能真正摆脱战争状态,并由此实现"天下之利"为民众所共享。"今天下之君子,忠实欲天下之富。而恶其贫,欲天下之治而恶其乱,当兼相爱,交相利。此圣王之法,天下之治道也,不可不务为也。"④圣王顺应天意,以兼爱施治天下,成就天下之至道,天下之君若要实现民富国治,以致"天下之利",必得遵从"兼相爱,交相利"这一思想原则。

其次,墨子认为"兼相爱,交相利"的思想准则易于民众实践。子墨子曰:"乃若夫少食恶衣,杀身而为名,此天下百姓之所皆难也。若苟君说之,则众能

---

① 孙诒让:《墨子间诂》,第115页。
② 孙诒让:《墨子间诂》,第193页。
③ 孙诒让:《墨子间诂》,第119页。
④ 孙诒让:《墨子间诂》,第112页。

为之。"①杀身成仁、好求盛名的思想准则是对士人的要求,如果君主热衷于此,士人自然也会以此来自我要求,可是这些儒家的思想准则却不是墨子所认同的,因为杀身成仁对于民众是不容易做到的,而以利相交对于民众是更好的处事方式。"夫爱人者,人亦从而爱之;利人者,人亦从而利之;恶人者,人亦从而恶之;害人者,人亦从而害之。"②按照墨子的理解,人们只需要守护好个人的利益,尊重他人的利益,他人自然也会做有利于自己的事情。如果憎恶、损害他人,那么别人也随即憎恶、损害自己。一切的标准都建立在对等的基础上,民众就可由此实现"天下之利"。

墨子"天下之利"观的实现,以"非攻"和"节葬"作为具体的行动准则。国之大事,在祀与戎。在军事方面,墨子提出"非攻"以实现"天下之利"。《墨子·非攻下》:"今且天下之王公、大人、士、君子,中情将欲求兴天下之利,除天下之害,当若繁为攻伐,此实天下之巨害也。今欲为仁义,求为上士,尚欲中圣王之道,下欲中国家百姓之利,故当若非攻之为说,而将不可不察者此也。"③在墨子看来,频繁的征伐实在是天下巨大的祸害。仁人志士想要追求圣王之道,为民众谋福利,必须以"非攻"为首要的行动准则。然而墨子的"非攻"思想,在当时遭受了诸多诘难,尤其是墨子本身以"天下之利"作为立论的落脚点,好战的列国君主便以"利"来非难墨子:"以攻伐之为不义,非利物与?"④进而以禹征有苗,汤伐桀,武王伐纣等皆以攻伐取胜而被奉为圣王,而齐、晋、吴、越四国皆以兼并小国而取得很大的利益的先例,试图从言辞上弥乱饰非,墨子则针锋相对从言辞上明确真正的"利"——所谓圣王征伐非谓"攻"而是"诛"。周初分封给予列国发展的机遇,后来诸侯各以私利灭亡他国,才真正导致"天下之利"的丧失。"督以正,义其名,必务宽吾众,信吾师,以此授诸侯之师,则天下无敌矣,其为下不可胜数也。"⑤真正以"义"为师的军队,必得万民拥护,千军拥立,好战之君假"仁义"之名粉饰私利,何谈利天下,利万民。因此,墨子以"非攻"作为实现"天下之利"的有效手段,其核心在于以义为师,自不必攻。

---

① 孙诒让:《墨子间诂》,第105页。
② 孙诒让:《墨子间诂》,第105页。
③ 孙诒让:《墨子间诂》,第156页。
④ 孙诒让:《墨子间诂》,第144页。
⑤ 孙诒让:《墨子间诂》,第156页。

在祭祀方面，墨子同样有相应的行动准则，墨子提出"节葬"以实现"天下之利"。与《非攻》的论说方式一致，墨子指出"节葬"也是实现圣王之道和民众获利的治世之术。《墨子·节葬下》："今天下之士君子，中请将欲为仁义，求为上士，上欲中圣王之道，下欲中国家百姓之利，故当若节丧之为政，而不可不察此者也"①。墨子的"节葬"主张与当时的另一显学——儒家相对，自然也遭受众多的质疑和反对。儒家重视祭祀厚葬，以纲常礼教维系政治秩序，然而墨子却认为如果施行儒家厚葬的礼教，家庭积累的财富必定被大量消耗，何谈实现富民强国。春秋时期因疾病、战乱而死亡之人不可胜数，如果施行厚葬那么就不会再有财富供应下一代的成长。厚葬之礼的实施使得"国家必贫，人民必寡，刑政必乱。若苟贫，是粢盛酒醴不净洁也；若苟寡，是事上帝鬼神者寡也；若苟乱，是祭祀不时度也"②。在墨子看来，能够让国家富强，人口繁盛，乱世得治，这才是孝子真正应该做的事情。墨子从民众切实的生存利益出发，认为丧礼仪制不切实际，鬼神也会不享。"故衣食者，人之生利也，然且犹尚有节；葬埋者，人之死利也，夫何独无节于此乎？"③"节葬"之礼无论是对生活在现实中的人，还是死去的人，都是一种不损害其"利"的方式。"死则既以葬矣，生者必无久哭，而疾而从事，人为其所能，以交相利也。此圣王之法也。"④葬礼花费巨大，死者既已埋葬，活着的人就应该面向未来。长久地沉浸在悲痛之中，不仅不利于自身，而且也会影响进一步的生产。通过节葬的方式，让民众尽快投入到生产生活之中，以积极的态度面对生活本身，做到人人各尽所能，民众交相得利，生活富足，国家强盛祭祀以时，如此方能获得长治久安，"天下之利"也才最终得以实现。

墨子"天下之利"观的思想内核包含"利""义"和"义利关系"三个部分。墨子在普遍的生存视域下将"利"作为立论起点，强调了求"利"是人性之本然，圣王顺应求"利"之自然本性确立治世之道。而"义"是实现"天下之利"的内在追求，是建构天下秩序一以贯之的价值要求。"利"的本质就是"义"，真正的"义"最终也会促成"利"的实现。"义利关系"是"天下之利"观的核心内容，墨子认为

---

① 孙诒让：《墨子间诂》，第188页。
② 孙诒让：《墨子间诂》，第177—178页。
③ 孙诒让：《墨子间诂》，第185页。
④ 孙诒让：《墨子间诂》，第179页。

义利同体，其中"兴天下之利，除天下之害"是其最高原则，这既是"天鬼"之旨意，也是"义法"之所在。而"兼相爱、交相利"的思想准则，"非攻"和"节葬"的行动准则在具体的落实层面保障了墨子"天下之利"观的最终实现。

三、发掘墨子"天下之利"观的现代价值

"放眼世界，我们面对的是百年未有之大变局。"①正是处于这样大变局的世界，时代既要我们直面现实、分析现实和理解现实，更要我们创新理论、方法和思想。当代中国向世界提供的创新理念，即是构建人类命运共同体。习近平总书记在二十大报告中提出："构建人类命运共同体是世界各国人民前途所在。万物并育而不相害，道并行而不相悖。只有各国行天下之大道，和睦相处、合作共赢，繁荣才能持久，安全才有保障。"②其内涵包括政治、安全、经济、文化、生态五个方面。作为人类命运共同体五大理念之一的"共同繁荣观"，旨在"坚持合作共赢，推动建设一个共同繁荣的世界"③，是整个命运共同体理念的基石。人类自身之所以能够实现命运共同体，即在于具有共同的利益，最终的目的在于实现人类的共同繁荣。"共同繁荣观"旨在以增进各国人民福祉为发展目标，以合作共赢为发展理念，以更好地推进经济全球化为发展手段，努力建设一个远离贫困、共同繁荣的世界。这一思想不仅体现了全人类的共同价值追求，更是对中华优秀传统文化的继承与发扬。

墨子"天下之利"观作为中华优秀传统文化的典型代表，既有系统的理论构建，又有丰富的思想内涵，还有具体的实践指导。对于"义""利"和"义利关系"的理论阐发，准确把握了理解墨子整体思想的枢纽，对于深入理解人类命运共同体"共同繁荣观"的价值观基础有着直接且深刻的意义。墨子面对春秋乱局，以古礼来论证自己的兼爱、节用主张，提出义利皆重的思想，以"兴天下之利，除天下之害"为最高原则，以"兼相爱、交相利"为思想准则，以"非攻"和"节葬"为

---

① 习近平：《习近平谈治国理政》第三卷，北京：外文出版社，2020年，第421页。
② 习近平：《高举中国特色社会主义伟大旗帜　为全面建设社会主义现代化国家而团结奋斗——在中国共产党第二十次全国代表大会上的报告》，北京：人民出版社，2022年10月，第62页。
③ 习近平：《高举中国特色社会主义伟大旗帜　为全面建设社会主义现代化国家而团结奋斗——在中国共产党第二十次全国代表大会上的报告》，第63页。

具体的行动准则。"天下之利"不仅体现了墨子注重天道的实体性思维方式,而且也体现了诸子注重现实的实用理性思维方式。发掘墨子"天下之利"观的现代价值,对推进中华优秀传统文化中"共同繁荣观"的价值观基础研究有着重要的思想意义,进而在树立民族自信、增强文化软实力,实现中华民族伟大复兴中都将发挥重要的现实作用。

  墨子"天下之利"观作为"共同繁荣观"的价值观基础,体现在国家、社会和个人三个层面的价值奠基。其一,墨子"天下之利"观对于"共同繁荣观"的国家层面的价值奠基。墨子"天下之利"的理想图景展示了人们对美好社会生活的向往,其作为"共同繁荣观"的国家层面的一种理想秩序,将会成为人类不断追求向往的动力。人类命运共同体的理念在此价值基础上实现了创新性发展,顺应当代中国发展的实际需要,"天下之利"观对调节当代国家与国家,人与人、人与社会之间的经济矛盾与冲突,将会起到重要的镜鉴作用。其二,墨子"天下之利"观对于"共同繁荣观"的社会层面的价值奠基。二十大报告中强调正确义利观的核心是义利兼顾、以义让利、互利共赢的思想理念,这一理念蕴含在以"天下之利"观为代表的中华优秀传统文化当中,其不仅符合整个社会的发展利益,而且成为"共同繁荣观"的社会层面的一种理想秩序。"天下之利"观中的"兴天下之利,除天下之害"思想,蕴含着唯有发展生产力,整个社会才能创造出更多的劳动成果的思想,这是实现共同繁荣的基本保障。"天下之利"观中的"见利思义"思想,指出只有不断调整生产关系,让发展的成果为整个社会所享有,才能实现共同繁荣。其三,墨子"天下之利"观对于"共同繁荣观"的个人层面的价值奠基。"在个体与共同体的关系里,墨子强调个体应该为共同体'兴利除害',将公共之事作为自己的使命与职责,贤能的个体应该为共同体所重视,共同体的治理也有赖于贤能之士。"[①]墨子"天下之利"观中的"尚贤"思想,不仅符合整个社会治理的必然要求,而且是"共同繁荣观"的个人层面的一种理想状况。贤能之人理应以"兼相爱、交相利"思想为指引,为公序良俗的实现而效力。通过贤人的努力施政从而增进公共福祉,这对于当代中国的现代化治理有着重要的启示意义。

---

① 朱承:《墨子的共同体意识及其困境》,《华东师范大学学报(哲学社会科学版)》,2022年第54卷第5期,第17页。

Mozi's View of "The Benefits of the World" and its Modern Value

Liang Shan

Abstract: As the core concept of Mozi's book, "The Benefits of the World" means that all the benefits of the world are shared by all the people in the world, and it appears in 11 chapters of the book, 21 times in total. Mozi's concept of "the benefits of the world" was born in the specific socio-economic relations and political environment of the pre-Qin period, and gradually developed and matured in the trend of "a hundred schools of thought". The development of productive forces and the regulation of production relations in the pre-Qin period laid the foundation for Mozi to put forward the concept of "the world's benefits". The connotation of Mozi's concept of "the benefit of the world" includes three levels of content: "benefit", "righteousness" and "the relationship between righteousness and benefit". The highest principle of the concept is to "promote the interests of the world and get rid of the evils of the world", the ideological principle is to "love each other and exchange benefits", and the operational principles are "non-attacking" and "saving burials". The highest principle of Mozi is "the benefit of the world". Mozi's concept of "the benefits of the world", as one of the value foundations of the "concept of common prosperity", is reflected in the value foundations at the national, social and individual levels. Discovering the modern value of the concept of "the benefit of the world" is of great significance to the understanding of the community of human destiny, which in turn plays an important role in building national self-confidence, enhancing cultural soft power, and realising the great rejuvenation of the Chinese nation.

Keywords: Mozi, Benefits of the World, Righteousness and Benefit Relationship, Modern Value

普遍安全观的历史底蕴及其思想渊源*

刘 佳**

[摘 要] 当今世界,传统与非传统安全问题交织,构建普遍安全格局是与所有国家息息相关的重要时代命题。在传统时代,中国作为东亚国际体系的核心,负有维护自身安全和朝贡体系成员国共同安全的使命和责任。因此,在追求普遍安全方面,中国有着深厚的历史底蕴和丰富的思想资源可供借鉴。其中,爱好和平、追求"天下一家"以及用"王道"平衡"霸道"的思想有力推动了传统安全格局的建构与形成。爱好和平的理念深刻烙印在中华文明基因之中,追求和平是华夏文明奠基时期先哲的共识,也是历代国家安全治理的终极目标。"天下一家"观念一定程度上消解了由于"夷夏之防"造成的民族隔阂与疏离,有利于各民族间在平等基础上实现和平共处和交流互鉴。"王道"思想"尚文""睦和""重仁德",有效

---

* 基金项目:教育部哲学社会科学研究重大课题攻关项目"中国传统文化中的人类命运共同体价值观基础研究"(21JZD018);安徽省高校省级人文社会科学研究项目—重大项目"宋代以来徽州礼学思想的演进及其当代价值研究"(2022AH040039)。
** 刘佳(1986—),男,安徽阜阳人,历史学博士,安徽建筑大学马克思主义学院讲师,主要研究领域为中国政治思想史。

制约了国家发展过程中出现的暴力、自私、扩张的"霸道"倾向,避免出现"国强必霸"的局面。上述观念对维护世界和平、推进普遍安全和丰富共同、综合、合作、可持续的新安全观具有重要的启示和借鉴意义。

[关键词] 普遍安全;和平;"天下一家";王道;霸道

普遍安全观是一种基于共同、综合、合作、可持续的新型安全观,强调在面对安全问题时,各国应该共同努力,实现共同安全。近代以民族国家为基础建构起的国际体系有其合理性,但也由此导致了族群、国家间的界限分明,造成以自身安全为中心的狭隘安全观念。普遍安全观念希望将整个人类社会看作一个整体,寻求普遍性的共同价值,以此来消解特定的人群、族群、国家之间的矛盾、对立和冲突,牢固树立人类命运共同体意识,进而搭建起多边合作的普遍性安全机制。中国传统文化重视对人类"普遍性"问题的思考,如人与自然的关系、战争与和平、公与私等,注重在普遍中寻求共识,以克服人类生活中的对立与分裂。①

因此,普遍安全观的建构离不开对传统思想文化和历史底蕴的发掘。张岱年认为中国传统文化一以贯之的东西是"比较重视人与自然、人与人之间的和谐与统一"②。和谐、和平、和睦的和合思想被学者普遍认为是中华优秀文化的精髓,有利于普遍安全的缔造。③ 在传统的对外关系方面,中国文化虽有内与外、华和夷的区分,④容易引发民族矛盾与隔阂。但也有很多学者看到"华夷之辩"的两面性,一是"严夷夏之防",二是强调"华夷一体"。⑤ 再者,中国文化中的

---

① 参见朱承:《中国哲学的普遍性探寻与共同体意识》,《中国社会科学》,2023年第10期。
② 张岱年、程宜山:《中国文化与文化论争》,北京:中国人民大学出版社,1990年,第89页。
③ 参见钱穆:《中国文化史导论》,北京:生活·读书·新知三联书店,1988年。费孝通:《中国文化的重建》,上海:华东师范大学出版社,2014年。汤一介主编:《儒释道与中国传统文化》,北京:中国大百科全书出版社,2014年。陈来:《中华文明的核心价值——国学流变与传统价值观》,北京:生活·读书·新知三联书店,2015年。罗素:《中国问题》,秦悦译,上海:学林出版社,1996年。姜义华:《世界文明视阈下的中华文明》,上海:复旦大学出版社,2016年。
④ 参见葛兆光:《宅兹中国——重建有关"中国"的历史论述》,北京:中华书局,2011年,第119页。
⑤ 参见何新华:《中国外交史》,北京:中国经济出版社,2017年。史金波、关志国:《中国民族史学史纲要》,北京:中国社会科学出版社,2017年。李大龙:《中国历代治边政策研究》,北京:华夏出版社,2022年。

"天下为公"观念又能有效克服"夷夏观"的负面影响,赵汀阳批判西方的民族—国家思维的狭隘性和自私性,只考虑本国利益,他从中国的"天下"观念出发,希望创造出超越民族国家桎梏的新世界观。① 张立文也看到当代西方强国为一己私利而横行霸道,他认为应挖掘并超越中国的"王道"思想,进而扬弃"霸道"。② 本文拟在前辈学者研究的基础上,将史实与传统安全概念相结合,系统梳理普遍安全观的历史底蕴和思想渊源。

一、万流归宗:华夏先哲对"和平"安全观的共识

中华民族是爱好和平的民族,"和合共生"的思想镌刻于民族的基因与血脉之中。热爱并追求和平是中国古代国家安全观中的核心要义,决定了历代政权在处理与周边少数民族和域外国家安全方面的举措,也是中国能够保持长期和平安定及文明绵延不绝的重要原因。而和平观念之所以能够成为两千多年来中国处理安全问题的核心依归,离不开华夏文明奠基时期③,即"诸子百家"争鸣时期儒、墨、道、法等先哲对和平与安全关系的思考与建构,并且这些伟大思想如同"百川归海""万流归宗"一样,最终汇聚成爱好、追求和平的共识。

儒家产生于春秋战国列国争霸、兼并的大争之世,儒家的先哲对战争带来的灾难都有着切身的体验,正如生活在兼并战争如火如荼时代的孟子就对战争带来的灾难嗤之以鼻,他认为"春秋无义战"④,"争地以战,杀人盈野;争城以战,杀人盈城"⑤。因此,如何消弭列国之间的矛盾与战争就成为儒家士人思考的时代命题,他们回溯传说与历史,认为上古尧舜禹时代的圣王能够很好地处理各个部族之间的矛盾,尧帝能够"克明俊德,以亲九族,九族既睦。平章百姓,百姓昭明。协和万邦,黎民于变时雍"⑥。因此,儒家主张效法先王,提倡"讲信修

---

① 参见赵汀阳:《天下的当代性:世界秩序的实践与想象》,北京:中信出版集团,2016年,第277页。
② 张立文:《王霸之道与和合天下》,《人民论坛·学术前沿》,2016年第20期。
③ 西方学者卡尔·雅斯贝斯称这一时期为"轴心期",时间在公元前800年至公元前200年间:"在中国,孔子和老子非常活跃,中国所有的哲学流派,包括墨子、庄子、列子和诸子百家,都出现了。"参见卡尔·雅斯贝斯:《历史的起源与目标》,魏楚雄、俞新天译,北京:华夏出版社,1989年,第7—8页。
④ 朱熹:《四书章句集注》,北京:中华书局,1983年,第364页。
⑤ 朱熹:《四书章句集注》,第283页。
⑥ 孙星衍撰,陈抗、盛冬铃校:《尚书今古文注疏》,北京:中华书局,1986年,第6—9页。

睦"与"协和万邦",以"仁德"理念为核心来反对战争对生命的蔑视与屠戮,强调国与国之间的和谐共生。儒家追求的"协和万邦"主张也受到现实条件约束,春秋战国时代是列国并立的时代,各国在文化传统和政治制度方面都有较大的差别,如晋国雄踞北方,和北狄文化融合交流,齐国深受东夷文化的影响,楚国被视为南蛮的代表,各个小国也各有其特点。可想而知,当时存在着文化冲突的现象,而这种文化的冲突也极易成为战争的导火索。针对这种"不和"的情况,孔子提出"和而不同"①的思想原则。"不同"指的是事物的差别性和多样性,"和"则有融合、调和、和谐等意。"差别性、多样性、他性的存在是事物生长的前提,多样性的调和是生生的根本条件。"②和谐而又不千篇一律,这样的世界才是丰富多彩生动有趣的,不同而又不相互冲突,这样不同文化才得以多元共生。孔子在春秋时期提出"和而不同"的理念,超越了对鲁国一国私利的关怀,着眼于整个天下。正是这样的理念奠定了儒家在华夏文化中的核心地位,也使得华夏文明成为世界上少数成功的文明体系。③

在"协和万邦"与"和而不同"观念的引导下,儒家在国家安全政策方面首先反对暴力,提倡"以德服人",强调"远人不服,则修文德以来之"④"德不孤,必有邻"⑤。作为一个政治家,孔子反对战争,而且其反战立场是十分坚定的,卫灵公曾向孔子讨教军事方面的知识,孔子很不客气地对他说:"俎豆之事,则尝闻之矣;军旅之事,未之学也。"⑥同样,作为"亚圣"的孟子对战争,特别是不义的战争批评更为激烈。孟子曾当面驳斥梁惠王,认为只有不嗜杀者王天下,为此,孟子发出许多激烈的诅咒,如"率土地而食人肉,罪不容于死。故善战者服上刑,连诸侯者次之,辟草莱、任土地者次之"⑦。其次,儒家主张和谐有序的秩序观,反映在国际安全领域就是要清晰认识到自己在国际中的地位,大国小国各安其位,大国在享受权利的同时,也要承担自身应该承担的国际义务。小国则应该

---

① 朱熹:《四书章句集注》,第147页。
② 陈来:《中华文明的核心价值:国学流变与传统价值观》,第33页。
③ "和而不同是世界上成功文明体系的主要特征,这样的文明体系与欧洲式的民族国家体系很不同,又有着它自身的优点。"参见费孝通:《中国文化的重建》,第74页。
④ 朱熹:《四书章句集注》,第170页。
⑤ 朱熹:《四书章句集注》,第74页。
⑥ 朱熹:《四书章句集注》,第161页。
⑦ 朱熹:《四书章句集注》,第283页。

正确把握自身的国际定位,不因私利而做出超越自身能力的举动,最典型的例子就是宋襄公称霸,最后给国力弱小的宋国带来深重灾难。最后,在处理周边少数民族问题上,强调承认并包容华夏和少数民族之间的文化差异。各个民族之间应该学会欣赏他者的优点,学会包容和接纳,进而实现民族和文化交流互鉴,达到真正的"和而不同""协和万邦"。①

　　墨家在先秦时期是诸子百家中最重要的学派之一,时称"杨朱、墨翟之言盈天下,天下之言,不归杨,则归墨"②。墨家相比于儒家,其特点是带有军事主义色彩的政治团体,具有严密的组织性和严格的纪律性。虽然墨家团体凝聚力和战斗力强大,但这里要强调的是墨家恰恰不是一个为了战争而存在的团体,相反,它是力求制止战争以维护国家安全和国际和平的群体。墨家真诚希望国与国之间能够消弭战争,实现和平,因此墨子才要努力在军事思想、军事技术和军事技巧方面进行钻研,希望"以守止战"。"非攻"是墨家国家安全思想的基本立场,墨子首先认为春秋战国时期国与国之间的战争属于不正义的战争,墨子的逻辑是:"杀一人谓之不义,必有一死罪矣。若以此说往,杀十人十重不义,必有十死罪矣;杀百人百重不义,必有百死罪矣。"③而国与国之间的战争杀人何止百、千,由此得出攻伐战争"不义"的结论。当然,以墨子的智识和对人性的认知,他深知空谈道义对在战争中取得巨大利益的国君和贵族来说是没有多少制约作用的。因此,他花了相当的篇幅来论述战争的害处,特别是他站在统治者角度强调征伐战争是不顺天道、拂逆民意的,其害甚大,发动战争,必将遭受惩罚。同时,他还举了很多统治者因为发动战争而遭受战争惩罚的事例,如吴国夫差与晋国智伯好战灭国的事例,希望诸侯国的君主们能够以这些穷兵黩武的历史人物为鉴。墨家在强调"非攻"的同时,也身体力行以防守的战争去对抗攻伐兼并的战争,以实现国家安全与和平。冯友兰先生认为墨家"并不是主张不抵抗主义底和平论者"④。"他主张非攻,而不主张非战,他反对攻,却讲究守。"⑤墨子强调国家不论大小,为了巩固安全,一定要有积极防守的意识和准

---

① 参见潘忠岐:《中华经典国际关系概念》,上海:上海人民出版社,2021年,第138—139页。
② 朱熹:《四书章句集注》,第272页。
③ 孙诒让:《墨子间诂》,北京:中华书局,2001年,第129页。
④ 蔡仲德:《冯友兰先生年谱初编》,郑州:河南人民出版社,1994年,第274页。
⑤ 冯友兰:《三松堂全集》第8卷,郑州:河南人民出版社,2001年,第211页。

备,"故备者,国之重也。食者国之宝也,兵者国之爪也,城者所以自守也,此三者国之具也"①。《墨子》中有十一篇专门讲守城的防御设施、武器装备、防守理论和战略战术,其中蕴含了当时中国人所能了解到的最新的自然科学知识和防守计谋,显示了墨家高超的防守技巧。冯友兰因此指出:"与孔子抗衡之武圣人之称,实则唯墨子足以当之。"②墨家提出"兼爱""非攻"的理论,反映了社会底层民众对战争的厌恶和对和平安定生活的呐喊。在国与国的关系上,墨家主张和平交往,反对大国欺凌小国,批判大国君主好战的思想,并且能够身体力行地帮助小国来对抗大国的侵略。任继愈指出:"墨子的理想,几千年来形成了中国人民爱好和平的共同信念。如果用一句话来概括墨子哲学的全部精华,那就是他的热爱和平、反抗侵略的思想。"③

  道家学派在和平与安全方面也坚持反对战争。一方面,道家反战思想是对历史和现实中战争灾难的反省,老子直截了当地对战争的本质做出了定义,即"夫兵者,不祥之器也"④。他认为"师之所处,荆棘生焉。大军之后,必有凶年"⑤。战争发生的地方,民众或杀或逃,生产遭到破坏,土地荒芜,荆棘丛生。战争过后,瘟疫、饥荒可能随之而来,不知何年何月才能恢复到战前的景象。正是出于对战争"不祥"的判断,老子认为为了国家的安全与稳定要谨慎用兵,"不得已而用之"⑥。另一方面,老子的国家安全思想体现出极强的辩证思维。他秉持"万物负阴而抱阳,冲气以为和"⑦的哲学理念,看到事物存在的基础就是在相互作用的过程中寻求平衡以致"和"。在现实安全层面,国与国之间的安全关系是相互的,称"以道佐人主者,不以兵强天下"⑧,可以加强自身的国防建设,但是如果用武力威胁别人,就一定会遭到对方的报复,即"其事好还"⑨。这种国家安全的辩证思维对于那些头脑发热、穷兵黩武的政治家和军事家是极为

---

① 吴毓江撰,孙启治点校:《墨子校注》,北京:中华书局,1993年,第37页。
② 冯友兰:《三松堂全集》第11卷,第336页。
③ 任继愈:《墨子》,上海:上海人民出版社,1956年,第26页。
④ 高明:《帛书老子校注》,北京:中华书局,1996年,第387页。
⑤ 高明:《帛书老子校注》,第381页。
⑥ 高明:《帛书老子校注》,第390页。
⑦ 高明:《帛书老子校注》,第29页。
⑧ 高明:《帛书老子校注》,第381页。
⑨ 高明:《帛书老子校注》,第381页。

重要的,历史上那些喜好发动战争的人,十有八九会遭到战争的反噬,轻则民困国乏、重则身死国灭。

在中国文明的"轴心时代",还出现了孙武、孙膑、吴起等著名的军事思想家群体,他们才兼文武,既能带兵打仗、出将入相,又能撰写军事著作,是中国军事文化的奠基者。这些杰出军事家虽然在军事上取得了极大成就,但对战争却是采取了理性、审慎的态度。军事家们强调"慎战",认为"兵者,国之大事,死生之地,存亡之道,不可不察也"①。他们时刻提醒为政者要注意到战争的负面作用,反对穷兵黩武。管仲强调"数战则士疲,数胜则君骄。骄君使疲民,则国危。至善不战,其次一之"②。战国时期的吴起打过很多胜仗,但他也指出:"五胜者祸,四胜者弊,三胜者霸,二胜者王,一胜者帝。是以数胜得天下者稀,以亡者众。"③孙膑明确告诫齐威王:"然夫乐兵者亡,而利胜者辱。兵非所乐也,而胜非所利也。"④齐国一度强盛,后来齐湣王即位后四面开战,招致各诸侯国的联合反对,身死国破,究其原因,穷兵黩武,没有谨慎地运用自身的军事力量,最终导致自己国家的安全也不能得到保障。中国这种"慎战"思想是对世界军事与安全思想的完善与补充。西方从古希腊开始也有连绵不断的战争,但是西方传统军事思想中对战争的反思并没有达到中国的程度,从修昔底德的《伯罗奔尼撒战争史》到克劳塞维茨的《战争论》,西方强调个人英雄主义,崇拜战争中的英雄人物,认为强国之间必定会走入"修昔底德陷阱",克劳塞维茨更是在《战争论》中直言不讳地指出"战争既然是迫使对方服从我们意志的一种暴力行为,它所追求的就必然始终是而且只能是打垮敌人"⑤,"有些仁慈的人可能很容易认为,一定会有一种巧妙的方法,不必造成太大的伤亡就能解除敌人的武装或者打垮敌人,并且认为这是军事艺术发展的真正方向。这种看法不管多么美妙,却是一种必须消除的错误思想,因为在像战争这样危险的事情中,从仁慈产生的这种错误思想正是最为有害的"⑥。这种彻底打倒敌人的思想对近代西方世

---

① 孙武著,曹操等注,杨丙安校理:《十一家注孙子校理》,北京:中华书局,1999年,第1页。
② 黎翔凤:《管子校注》,北京:中华书局,2004年,第185—186页。
③ 吴起:《吴子兵法》,北京:中国社会出版社,2005年,第51页。
④ 孙膑:《孙膑兵法》,北京:北京燕山出版社,1995年,第19页。
⑤ 卡尔·冯·克劳塞维茨著:《战争论》,北京:商务印书馆,1978年,第48页。
⑥ 卡尔·冯·克劳塞维茨著:《战争论》,第24页。

界的激烈战争冲突负有相当的责任。

综上,我们讨论了儒家、墨家、道家和职业军事家群体的和平思想,这些在"轴心时代"最伟大的思想家和学派,对战争、和平与国家安全有着极为深刻的探讨和反思。我们可以看出各家之间虽有争论,但在安全观方面却是"万流归宗",汇聚成一个共识,即强烈的反战思想。在争霸兼并战争横行的年代,先哲能够不为军国主义思想所浸染,秉持清醒态度来审视战争所造成的灾难,是极为难能可贵的。儒家的"仁爱""和为贵",道家的"不乐杀人",墨家的"非攻"、兵家的"慎战"等,都反映了中华民族在其思想奠基期就被注入了爱好和平的基因。

二、从"内外有别"到"天下一家":"天下"观型塑的国家安全观

先哲在思考国家安全时,还建构了一个"天下"的观念。如何界定和理解"天下"的含义是学术界存在较大争论的问题,部分海内外学者认为"天下"的范围是随着国家统治区域的扩展而不断变化的,将天下等同于国家。还有学者认为,天下是超越了民族与地理界限的概念,是时人已知的整个世界的范畴,不仅包含着华夏族群及其所生活的地域,也包含"夷狄"及其所生存的地域,颇有今天"世界"一词的意味,而这个"天下"秩序是以中国为中心建构的。[①] 还有学者将"天下"看作"价值体",认为天下更多的是与文化相联系,如许纪霖认为"天下代表了至真、至美、至善的最高价值"[②],国家和家族的各项制度都应该体现这种至高价值。这里,笔者认为将"天下"等同于"国家"的概念是对中国传统"天下"概念的"窄化",毫无疑问,中国传统的"天下"具有比"国家"更大的范围指向,不论是在地理范畴上还是文化范畴上都是如此。在先秦哲人那里,他们强调"天下"远多于对"国"的强调。[③] 尤其以孔、孟为代表的儒家,超越了国家的视

---

① 参见赵汀阳:《天下体系:世界制度哲学导论》,南京:江苏教育出版社,2005年。赵汀阳:《天下的当代性:世界秩序的实践与想象》,北京:中信出版社,2016年。干春松:《王道政治与天下主义》,贵阳:孔学堂书局,2017年。沃格林:《天下时代:秩序与历史》,南京:译林出版社,2018年。渡边信一郎:《中国古代的王权与天下秩序:从日中比较史的视角出发》,北京:中华书局,2008年。
② 许纪霖:《家国天下:现代中国的个人、国家与世界认同》,上海:上海人民出版社,2017年,第4页。
③ 参见鲍鹏山、鲍震:《"国家"与"天下"——论儒家政治思想中的孟子天下观》,《青海社会科学》,2022年第5期。

野,以天下为己任。而由"天下"观念所衍生出的"天下一家"观念深刻塑造了秦以后历代王朝的国家安全思想。

汉朝建立之后,由于匈奴的威胁,以及由此引发的张骞"凿空"西域,汉人对地理空间的认知有了极大扩展,"天下"的范围也随之扩展。按照既有观念,作为天子的皇帝对整个天下拥有统治权,而在汉帝国实际控制范围之外,还存在被统称为"夷"的大大小小的民族和政权。如何处理夷、夏问题,不仅关乎统治意识形态的自洽,也关涉国家安全,汉王朝统治阶层也在不断思考、调试。汉武帝时期对匈奴及其附属势力的征伐,欲以武力将"夷"人征服,实现真正的"天下共主",这种尝试最终以失败告终。征伐战争一方面导致了汉王朝国内危机重重,出现了"天下虚耗,百姓流离,物故者半"①的情况,另一方面,对外也未能解决匈奴等少数民族的威胁问题,他们依然活跃于草原地带。因此,汉武帝在晚年也不得不下"罪己诏"来反思自己的征伐事业。

汉代中后期,汉朝的国家安全观发生转变,积极探索与"夷"的共处之道。中原王朝承认"夷"人存在并且难以被完全统治、消灭的事实,开始在理论上给传统的"天下"划定边界,强调"内诸夏而外夷狄",决定对夷狄采取"不往而教""让而不臣"的方式方法。②汉宣帝诏令体现了这一有限"天下观",面对匈奴的主动臣服,称:"闻五帝三王教化所不施,不及以政。今匈奴单于称北藩,朝正朔,朕之不逮,德不能弘覆。"③所谓"不逮""不能弘覆",在国家治理能力和文化辐射能力上承认了汉王朝的统治不是无远弗届的。在具体的安全政策施行方面,汉朝采取和平交往的政策,不干涉对方的内政,面对匈奴内乱"诸王并自立,分为五单于,更相攻击,死者以万数,畜产大耗什八九,人民饥饿"④,汉宣帝否定了趁机灭亡匈奴的建议,并"遣使者吊问,辅其微弱,救其灾患",使得"四夷闻之,咸贵中国之仁义"。⑤东汉时期,与周边民族的相处方式更加多元化,如用德义来感化、招抚他们,或者采取册封、封赏的方法来笼络少数民族上层。相比于战争,这种招抚方式取得了良好的效果,周边的少数民族仰慕汉文化,纷纷表

---

① 班固:《汉书》,北京:中华书局,1962年,第3156页。
② 参见王泉伟:《构想天下秩序:汉代中国的对外战略》,《外交评论》,2016年第3期。
③ 班固:《汉书》,第3282—3283页。
④ 班固:《汉书》,第266页。
⑤ 班固:《汉书》,第3280页。

示臣服。对此,班固对由这种天下观所形成的国际关系和国家安全政策表述最为精辟:"政教不及其人,正朔不加其国;来则惩而御之,去则备而守之。其慕义而贡献,则接之以礼让,羁縻不绝,使曲在彼,盖圣王制御蛮夷之常道也。"① 这种主张体现了汉代统治阶层政治现实主义的一面,承认"内外有别",不把自身的制度观念强行加诸其他民族,对维系民族关系、实现边疆安全产生了积极的作用。

儒家"内诸夏而外夷狄"的构想容易被现实中的民族的流动所打乱。特别是在传统时代,民族之间的流动是很难控制的,游牧民族可能会因为灾害而跨越游牧分界线逃到汉地,汉族民众也有可能因为残酷的徭役而逃亡,从而在边疆地区造成民族杂居的状态。自西汉以来,北方的少数民族在汉地与汉人杂居成为一个不可逆转的趋势。其原因是多方面的,其一是被汉打败的少数民族部落投降,请求内迁。其二,汉朝统治区域内原本就存在一些少数民族,如西北的羌、氐等。其三,政府为解决人口匮乏问题而有意吸纳少数民族人口内迁。据学者研究,到西晋时期,北方的并州、凉州、幽州等边郡少数民族人口已经占一半以上。② 这种民族杂居从长远来看对中华民族多元一体的形成以及民族文化的互鉴交流发挥了积极的作用。但在当时来说,对魏晋时代的国家安全形成了严峻挑战,如东汉时期西北地区的羌乱、魏晋时期与北方鲜卑、乌桓的战争,发展到最严重时期就是"五胡乱华",民族政权之间的大混战。如何消弭民族差异带来的不安全状态? 当时有声音主张实行严格的民族隔离政策,将迁入塞内的少数民族全部迁到塞外,这样就杜绝了民族杂居引发的矛盾,也减少了少数族群对中央政权的威胁。这种观点继承了汉代以来华夷之辩中强调的"内诸夏而外夷狄"观念,代表人物就是西晋时期的江统,他在《徙戎论》中称少数民族应"各附本种,反其旧土,使属国、抚夷就安集之。戎晋不杂,并得其所"③。江统的洞察力当然是极其敏锐的,看到晋朝治下尖锐的民族问题。但从历史、现实和未来发展的趋势看,民族隔离是没有历史根据、违背历史潮流、不利于各民族之间的安全交往,也没有现实可操作性的。

江统的《徙戎论》既然不能作为解决当时民族冲突的有效途径,那就势必要

---

① 班固:《汉书》,第3834页。
② 参见廖伯源:《秦汉史论丛续编》,北京:中华书局,2018年,第32页。
③ 房玄龄等:《晋书》,北京:中华书局,1974年,第1532页。

探索维系民族安全的方法。经历了"五胡乱华"、民族政权之间的冲突与厮杀，最终，北方政权的统治者发现，要想维系政权安全、稳固自身统治必须进行民族之间的融合，消弭胡汉之间的矛盾，才能阻止民族之间的敌视与仇杀。当然，民族融合是一个复杂且持久的工程，契机就是少数民族接触到了农耕生活方式和建立在这种生活方式之上的礼乐文明，而且发现这种文明较游牧文化来说更有吸引力。由此，引发少数民族中多数人的向往、学习，进而进行某种程度的"汉化"融合。这里值得一提的是，虽然"汉化"主导下的民族大融合是主流，但不能忽视少数民族文化对民族融合的贡献，特别是少数民族宗教、文学、艺术、生活方式、风俗习惯等多方面对汉文化的影响。正如缪钺总结的："中国是一个多民族的国家，在数千年的历史发展中，各民族间的关系极为复杂多变。但是有一个总的趋势，就是结集于一种高度文化之中而趋向于渗透、融合，破除种族界限，不断地为中华民族增加新的生命力。"①民族大融合产生了多方面的历史意义，有助于建构普遍安全的国际环境。其中，最重要的是融合打破了血统的自然界限，陈寅恪认为："汉人与胡人之分别，在北朝时代文化较血统尤为重要。凡汉化之人即目为汉人，胡化之人即目为胡人，其血统如何，在所不论。"②这种重文化而轻血统的观念打破了华夷隔绝、贵中华而贱夷狄的状态，让融合之后的华夏王朝有一种开放包容的心态，各民族之间的隔阂被打破，实现友好相处，"天下一家"由此成为可能，也为传统时代盛世的出现奠定了坚实的根基。

自汉代以来，中国人就形成了大一统的理念，这一理念到了隋唐时期又有所发展，在讲求政治上统一的同时，也增加了民族平等和友好相处的元素，突出强调"天下一家"的理念，这对于中华民族多元一体的国家建构做出了重要贡献。在国家安全方面，唐太宗认为"夷狄"也是和华夏子民一样的人，作为帝王如果能平等对待，则可化敌视为友好。因此，他坚持对"所有部落，爱之如子，与我百姓不异"③的政策，一方面显示其仁德之心，另一方面，也显示了唐太宗强大的自信心，不惧怕突厥的反叛，继续让少数民族首领统领其部众，并大量任用突厥人入朝为官，"其酋首至者皆拜为将军、中郎将等官，布列朝廷，五品以上百

---

① 缪钺：《缪钺全集》第1卷，石家庄：河北教育出版社，2004年，第303页。
② 陈寅恪：《隋唐制度渊源略论稿·唐代政治史述论稿》，北京：商务印书馆，2011年，第200页。
③ 刘昫等：《旧唐书》，北京：中华书局，1975年，第5164页。

余人,因而入居长安者数千家"①。至此,北魏以来突厥造成的边患被唐太宗解决,出现了"胡、越一家,自古未有也"②的局面,后来在与大臣讨论自己为何能做到"天下一家""胡越一体"时,唐太宗认为其中一个重要原因就是"自古皆贵中华,贱夷、狄,朕独爱之如一,故其种落皆依朕如父母"③。可以说,在"天下一家"观念的影响下,唐王朝处理对外安全关系方面某种程度上契合了今天所强调的"亲诚惠容",即在"亲"上做到爱之如子,亲如一家,在"诚"上做到以诚相待,不多加猜忌,在"惠"上做到封官拜爵、多加赏赐,在"容"上做到海纳百川、包容互鉴。正是能够超越民族偏见,努力践行"天下一家"的理念,唐太宗才能得到各民族的爱戴,被尊为"天可汗",周边的许多民族不仅不再是唐王朝的安全威胁,反而成为捍卫其安全的有力屏障。④

到了宋代,由于宋与辽、金、西夏之间的对峙,"严夷夏之防"的观念随之被强化。但"天下一家"的理念并没有因此而被摒弃,在那些有志于巩固多民族国家统一与安全的政治家那里,"天下一家"仍然是必须坚持和高扬的理念。金朝在其统治过程中,金熙宗称"四海之内,皆朕臣子,若分别待之,岂能致一"⑤。元朝建立之后,在为前朝撰写历史的过程中,将宋、金、辽三史并立,视为中国境内的平等政权,也体现了"天下一家"的理念。明太祖朱元璋在创业之初也以民族主义为号召,将蒙元赶到漠北,但一旦成为大一统王朝的帝王之后,他就以天下共主自居,提倡华夷无间。明成祖朱棣也宣称:"朕君临天下,抚治华夷,一视同仁,无间彼此。"⑥

满族作为少数民族入主中原,对传统"华夷大防"的部分当然不能容忍。清王朝为了论证自身统治的合法性,力主"中外一体""华夷一家"的大一统观念。

---

① 刘昫等:《旧唐书》,第5163页。
② 司马光撰,胡三省注:《资治通鉴》,北京:中华书局,1956年,第6104页。
③ 司马光撰,胡三省注:《资治通鉴》,第6247页。
④ 唐朝先后在东南西北设置羁縻府州856个。参见徐杰舜、韦日科主编:《中国民族政策史鉴》,南宁:广西人民出版社,1992年,第186页。唐朝时期出现了大批少数民族将领,如唐太宗时期的阿史那思摩、阿史那社尔、执失思力、契苾何力,唐玄宗时期的高仙芝、哥舒翰等,当然还有对唐朝造成冲击的蕃将安禄山、史思明等,据统计,唐朝任用蕃将人数多达2536人。参见章群:《唐代蕃将研究》,台北:联经出版事业公司,1986年,第37页。
⑤ 脱脱等:《金史》,北京:中华书局,1975年,第85页。
⑥ 张廷玉等:《明史》,北京:中华书局,1974年,第8442页。

早在入关之前,皇太极就力图调和满汉矛盾,认为"满汉之人,均属一体,凡审拟罪犯,差徭公务,毋致异同"①。入关之后,顺治帝强调"不分满汉,一体眷遇"②。康熙亲政之后,颁布上谕称"朕统御寰区,一切生民,皆朕赤子,中外并无异视"③。在华夷之辨问题上用力最多的是雍正皇帝,他认为,随着少数民族被纳入国家疆域之中,接受文明的洗礼,也就不能再称之为夷狄。在具体政策上,雍正着力推进改土归流政策,"土司所属之夷民,即我内地之编氓;土司所辖之头目,即我内地之黎献。民胞物与,一视同仁"。这种"华夷一家"的思想反映在清王朝的安全战略和观念上就是产生了"守在四夷"的观念。自秦朝开始通过自然形成的天险和人工修筑的防御工事来抵御游牧民族的进攻的模式被突破了,清朝秉持"华夷一家",敢于相信和使用少数民族来保卫边疆的安全。康熙发现通过"施恩于喀尔喀,使之防备朔方,较长城更为坚固"④。他认为通过对少数民族的爱护与安抚,让少数民族守卫国家疆土要远胜于长城的作用。

从"内诸夏而外夷狄"的内外有别,发展到"天下一家""华夷一家"是一种历史上的进步,对多民族国家的形成、统一和稳定是有积极意义的。而末代王朝清王朝正是在"天下一家"观念的指引下,在"将如蒙古、女真、西藏、内亚穆斯林与其他非汉族民族,整合成一种新形态、超越性的政治体上,取得了惊人的成功。渐渐地,中国士人开始接受此种新定义的中国,并认同其为自己的祖国"⑤。

三、以"王道"平衡"霸道":防御型国家安全观的建构

中国传统的安全观念中强调王道、和平、和睦、正义、仁德和天下一家等,这是我们安全思想中"文"的一面,也是我们怀柔远人的重要途径。但是在传统社会中,国家的安全又无时无刻不受到外在因素的威胁,最典型的就是游牧政权对中原政权的威胁,特别是长城以北的蒙古高原地带,是具有世界意义的强大游牧政权的发源地,历史上强大的游牧政权如匈奴、鲜卑、突厥、蒙古等都诞生

---

① 郑毅主编:《东北农业经济史料集成》(一),长春:吉林文史出版社,2005年,第6页。
② 《世祖实录》卷七十二,《清实录》第3册,北京:中华书局,1985年,第570页。
③ 《圣祖实录》卷六十九,《清实录》第4册,第888页。
④ 《圣祖实录》卷一五一,《清实录》第5册,第677页。
⑤ 罗威廉:《最后的中华帝国:大清》,李仁渊、张远译,北京:中信出版社,2016年,第256—257页。

于这一地区。因此,为了延续华夏文明,中国的先哲和历代统治者很早就意识到"武备"的重要性。在两千多年的国家安全实践过程中,"文"与"武"不断地磨合与调试,建构出了以"王道"平衡"霸道","尚武"却不"黩武"的防御型国家安全观。

"王道"与"霸道"是儒家思想中的两个重要概念,孟子曾经对此做过界定,称"以德行仁者王","以力假仁者霸",①"王道"重"文",其核心是仁爱、礼义与德治,强调公义。"霸道"重"武",其核心是武力、暴力和刑罚,强调私利。因此,"王道"政治是儒家所提倡的,孔子认为,一个国家想要强大、安定,想要周边国家信服,就要行仁政。孟子继承了孔子那种为政以德、修己安人、近悦远服的理念,强调国君只要行仁政,"以德服人者,中心悦而诚服也"②,"如有不嗜杀人者,则天下之民皆引领而望之矣。诚如是也,民归之,由水之就下,沛然谁能御之?"③另一位同时期的儒家先哲荀子虽然不像孟子这样具有浓厚的理想主义色彩,但他也对王道理念满怀憧憬,认为三代时期汤伐夏桀和武王伐纣都是行仁政而"近者亲其善,远方慕其德,兵不血刃,远迩来服"④。

与此同时,"霸道"在历史长河中也时有显现,不管是春秋战国时期的争霸兼并战争,还是秦皇汉武的征伐,但随着"独尊儒术"局面定型之后,儒家的"王道"思想对"霸道"的制约作用愈加凸显。汉武帝死后,朝堂上进行了一场大辩论,围绕的核心问题就是对外政策问题。御史大夫桑弘羊等人主张延续汉武帝时期的"霸道"政策,对匈奴采取高压政策。与桑弘羊等人的"霸道"理念相对立,另一派则是刚刚在政治舞台上显现锋芒的儒家贤良文学们,利用"王道"来批评"霸道"。他们的对外主张主要体现在如下几方面:首先,贤良文学要求皇帝要以德服人、贵德贱兵,认为只要以德化民,做好本国的内政,"德行延及方外,舟车所臻,足迹所及,莫不被泽。蛮、貊异国,重译自至"⑤。其次,贤良文学认为汉武帝想单纯依靠军事手段解决匈奴问题是徒劳无功、劳民伤财的,最终

---

① 朱熹:《四书章句集注》,第235页。
② 朱熹:《四书章句集注》,第235页。
③ 朱熹:《四书章句集注》,第207页。
④ 王先谦撰,沈啸寰、王星贤校:《荀子集解》,北京:中华书局,1988年,第280页。
⑤ 王利器校注:《盐铁论校注》,北京:中华书局,1992年,第508页。

危害王朝和臣民的安全。最后,贤良文学主张"地利不如人和,武力不如文德"①。希望"偃兵休士,厚币结和亲"②,"两主好和,内外交通"③。"王道"主张由于儒家士人对国家意识形态的言说与掌控,在国家安全政策上发挥了重要影响。历代统治者从政治现实主义角度出发从来不会放弃以武力来捍卫国家安全的手段,但儒家这种行王道而服远人的理念在理论上限制了统治者无节制、无理由发动战争的行为,要求统治者不能穷兵黩武、好大喜功,强调要把内政作为为政之根本,在此基础上,努力发展我们的文化,增加对周边民族和国家的吸引力。因此,从国家安全观念上来说,"王道"与"霸道",分别代表了理想与现实两个维度,二者相互制约,防止国家安全政策走向极端,正如唐太宗所说:"文武二途,舍一不可;与时优劣,各有其宜。武士儒人,焉可废也。"④"文武之道,各随其时。"⑤

唐宋之际,中国社会发生了一次深刻的变革,这一变革较早为日本学者内藤湖南所重视,提出"宋代近世说"⑥,后为宫崎市定等人发展为"唐宋变革论"⑦。这种变革体现在国家安全观念方面就是宋代逐渐形成了重文轻武的观念,进而衍生出了"守内虚外"的防御型国家安全观念。宋代的统治者为解决晚唐五代时期的藩镇割据和军人篡政问题,着手恢复内部的统治秩序,先是通过大力提倡"文教",重新提振了士风,构建强化了传统儒家伦理观念,并且逐渐改变了对汉唐"霸道"观念及其赫赫武功的认可,转而提倡赞美尧舜禹三代所行的"王道"。同时通过各种制度措施抑制武将的兵权,使用文官来代替和压制武将,使得武将的政治、社会地位大大降低。以上种种措施使得宋代以后,中国人的国家安全观念出现了重大转变,"尚武""进取"之风不再被提倡。进而在国家安全观念上强调"守内虚外",以和止战。终宋一代,"以和止战"的战争理念深入人心。宋代的皇帝大多坚持"王道"政治,没有在军事上与周边政权一争高

---

① 王利器校注:《盐铁论校注》,第525页。
② 王利器校注:《盐铁论校注》,第472页。
③ 王利器校注:《盐铁论校注》,第480页。
④ 吴云、冀宇校注:《唐太宗全集校注》,天津:天津古籍出版社,2004年,第618页。
⑤ 刘昫等:《旧唐书》,第1045页。
⑥ 参见内藤湖南:《概括的唐宋时代观》,刘俊文主编:《日本学者研究中国史论著选译》第1卷,北京:中华书局,1992年,第10页。
⑦ 宫崎市定:《东洋的近世》,见于刘俊文主编:《日本学者研究中国论著选译》第1卷,第159—161页。

下。这种"守内虚外"的防御型国家安全观被许多学者视为积贫积弱的表现。但对于宋朝安全上的"积弱"也不能一概而论,宋朝虽然对外战争多有失利,但在抵御外部侵略方面,还是有很多方面值得称道,有学者曾经说:"纵观两宋与辽、西夏、金、蒙元战争的重要战役,若以进攻和防守这两种战争基本形式和双方进行战争的目的来衡量,宋的军事失败基本上都发生在宋发动的进攻战役方面,而宋在境内抵抗来自辽、西夏、金、蒙元进攻的防御战,则宋军多能取得不俗的战绩。"① 同时,也应看到,宋朝防御型国家安全战略给当时并立的各个政权带来了长时间的和平与安全,有益于宋朝的经济繁荣以及辽、西夏、金对汉文化的吸收与融合。

防御型的国家安全观在明、清两代得以延续,明太祖朱元璋在推翻蒙元的统治之后,确定了划疆自守、不事征伐的防御型安全观。他力图把自己"不征"的理念固定下来,像宋朝的"祖宗之法"一样为后世子孙所铭记和遵循。因此,朱元璋给子孙创制了《皇明祖训》,将"不征"的理念写在了首章之中,并列出了十五个不许出兵征伐的国家,还特意强调"凡我子孙,钦承朕命,无作聪明,乱我已成之法,一字不可改易"②。面对蒙古的袭扰,明王朝修建长城,筑起了东起山海关、西到嘉峪关的长城要塞,并在此基础上构架起了九边防御体系,对蒙古不再积极出击。清朝入主中原之前,曾经对朝鲜、蒙古和明朝发动战争,其政权带有很强的军事征服色彩,但在入主中原之后,清王朝开始从征服政权转为执政政权,其满足于自身的疆域和国土,并未显示出开疆拓土的野心,基本继承了明朝时期划疆自守,不事远图的策略,采取以守为主的防御思想。对于清朝版图在北部、西部的延伸,乃是抗御蒙古准噶尔部势力军事入侵的结果。③ 而且从乾隆皇帝拒绝中亚哈萨克等政权的"内附"要求可以看出,清朝"不无理强取他国之寸土",但是对于自己的国土,清朝统治者"亦决不无故轻让我寸土于人"。④ 在这一点上面,清朝虽然没有完整的现代主权国家意识,但对于国家疆域界限的认知要比前代进步。特别是西方列强从海上来到中国之后,清朝并不希望与这些国家发生冲突,而是希望在各守边界、互不侵犯的前提下和平相处。

---

① 李华瑞:《宋朝"积弱"说再认识》,《文史哲》,2013 年第 6 期。
② 朱元璋,杨一凡点校:《皇明祖训序》,《皇明制书》第 3 册,北京:社会科学文献出版社,2013 年,第 783 页。
③ 参见李怀印:《现代中国的形成:1600—1949》,桂林:广西师范大学出版社,2022 年,第 52—53 页。
④ 中国第一历史档案馆编:《清代中俄关系档案史料选编》第 1 编下册,北京:中华书局,1981 年,第 501 页。

在面对西方列强的威胁时,清朝一方面加强防守,另一方面对西方侵犯中国安全的行为与要求坚决回击。面对英国对沿海岛屿的无理要求,乾隆严加驳斥,称"天朝尺土俱归版籍,疆址森然,即岛屿沙舟,亦必划界分疆,各有专属"①。可以说,在鸦片战争之前,清朝在军事保卫国家疆土安全方面做得还是相当成功的。

总而言之,中国传统文化中讲求"王道""崇文重文"的传统对国家安全观产生了深刻影响,对"霸道"和武力起到了一定程度的抑制作用。特别是到了宋代以后,"以和止战"的防御型安全政策的形成,对于捍卫本国安全和促进周边国家的普遍安全发挥了重要且积极的作用。

结语

中国政府作为一个负责任的大国,针对国际国内的各种安全问题与困境,主张建立一个普遍安全的世界,提出了"共同、综合、合作、可持续"的新安全观。新安全观作为全球安全治理的新理念,汲取了古今中外安全实践与思想上的精华。而中国作为历史悠久的文明古国和传统地区大国,在维护自身安全和地区国家安全方面有着丰富的经验和历史思想文化资源可供凝练。中华文明的特点是具有爱好和平的非战特质,这与我们国家的地理位置有关,即西南高原、西北沙漠、东边大海、北方草原,这个区域之内是中华文明的核心区,优良的自然环境孕育了发达的农业文明,而农业文明生活方式与生产活动同农作物种植和家畜养殖息息相关,需要和平、稳定的社会环境,这也铸就了我民族敦厚朴实、安土重迁、爱好和平的特质。这些特质经过先哲的凝练、提升,成为各主流学派的共同认知,即使是为中国军事思想奠定根基的先秦兵家也反对穷兵黩武和不义战争,强调"慎战"。这与西方文化和其他文化中的好战倾向是截然不同的。面对当今世界频繁爆发的传统和非传统冲突,"天人合一""和合共生""和而不同"等"和"文化和理念应该广为普及,提倡不同文化与国家和谐共处、相互尊重、互相包容,在公正、平等、互爱互利的原则下推进世界普遍安全格局的形成。

与和平观念息息相关的是中国的"天下"观念,这种观念所孕育出的"天下

---

① 萨本仁、潘兴明:《二十世纪的中英关系》,上海:上海人民出版社,1996年,第17页。

大同""天下一家"理念具有极大的包容性,在历史上促进了汉文明与周边民族之间的和平交流融合,推动了中华民族多元一体格局的构建与形成。当今世界,西方与非西方间的冲突、国家与国家间的冲突、文明之间的冲突等日益加剧,充分说明西方文明在民族国家基础上建构出来的国际安全体系有其难以克服的矛盾。在这种情况下,"天下"观念在当今时代仍然能够在安全领域发挥作用,天下观认同个人、国家的利益,同时也推崇那种超越个人或一国私利的大爱,希望做到克服狭隘的民族主义、打破零和竞争与修昔底德陷阱,协调国家利益与人类共同利益关系。

爱好和平与"天下一家"的观念决定了中国在传统时代采取以"王道"制约、平衡"霸道"的防御型安全策略。在漫长的历史时期,中国在制度建设、经济技术能力和文化水平等方面远远领先于周边民族、国家,拥有对外扩张的组织和经济实力,即具备行"霸道"的能力。但中国文化中还有行"王道"的更高追求。从春秋到晚清时期,历代都有关于"王霸"的争论,总体来说,"王道"压倒"霸道"、文治优于武功、道义战胜功利、公理高于私欲。在当今世界,应该旗帜鲜明地反对霸权主义和强权政治,同时,随着我国综合国力的不断提升,我们要身体力行,坚持和平外交政策,警惕霸权主义的言论与行径,平等对待不同文化与国家,与各国一起携手共建普遍安全的新世界。

The Historical Connotation and Ideological Origins of the Universal Security Concept

Liu Jia

Abstract: In today's world, traditional and non-traditional security issues are intertwined, and the construction of a universal security framework is an important proposition closely related to all countries. In the traditional era, China, as the core of the traditional East Asian international system, has the mission and responsibility to maintain its own security and the collective security of tribute system member countries. Therefore, in the pursuit of universal security, China has a profound historical heritage and abundant intellectual resources to draw upon. Among them, the ideas of peace-loving, pursuing "the world as one family," and using the "Wang Dao" to balance "Ba Dao" have strongly promoted the construction and formation of the traditional security framework. The concept of cherishing peace is deeply ingrained in the genes of Chinese civilization. The pursuit of peace was a consensus among the ancient philosophers during the foundation of Chinese civilization, and it has been the ultimate goal of national security governance throughout history. The concept of "the world as one family" has to some extent dispelled the ethnic estrangement caused by the "Differentiation between Yi and Xia", which is conducive to achieving peaceful coexistence and exchange and mutual learning among all ethnic groups on the basis of equality. The "Wang Dao" ideology, which emphasizes culture, harmony, and benevolence, effectively restrains the tendencies of violence, selfishness, and expansionism that may arise during the process of national development, tavoiding the situation where "a strong country will inevitably dominate". The above concepts have important inspiration and reference significance for maintaining world peace, promoting universal security, and enriching the new security concept of common, comprehensive, cooperative, and sustainable development.

Keywords: Universal security, Peace, The world is one family, Wang Dao, Ba Dao

从"民吾同胞"到"四万万同胞"
——略论"同胞"观念的人伦重构①

王哲毅　文碧方*

[摘　要]　近代以来,"同胞"观念的内涵发生了巨大转变。"民吾同胞"的"同胞"观是以亲亲、尊尊为基本格局而展开的天下一家的理想原则,通过"万物一体"的诠释,"同胞"观进一步被理解为生存论意义上的命运共享。基于此理解,服膺于阳明学的梁启超对"同胞"作出了民族主义诠释,化天下为国家。从"民吾同胞"到"四万万同胞"的转变,是天下大同观到民族国家观的鲜明写照,此间的观念转移,体现出近代中国人伦秩序的解构与重构。

[关键词]　民吾同胞;万物一体;四万万同胞

从"天下"到"国家"的民族主义转变与兴起,是近代中国面临"三千年未有之大变局"所迈出的关键一步。尽管采取的策略与方式不同,建立一个统一的

---

① 本文曾宣读于"'梁启超与中国的近代转型'暨纪念梁启超诞辰 150 周年研讨会",感谢研讨会的师友对此文提出的修改意见。
* 王哲毅(1997—　),男,江西南昌人,武汉大学哲学学院博士研究生,主要研究领域为宋明理学。
　文碧方(1965—　),男,湖南岳阳人,武汉大学哲学学院教授,主要研究领域为宋明理学。

民族国家,可以说是近代有志之士的共同目标。作为近现代中国发展的动力之一,其"构成了现代中国的基本思想形态或意识形态"①。我们耳熟能详的"同胞"概念便是这一思潮影响下的典型例证。不难发现,同民族主义一样,这个概念有着充沛的感情色彩,它代表着在一个统一国家当中,民众对彼此的认同感。这种集体记忆的认同感促进了民与民之间的非血缘意义上的关联,通过对统一国家的认同,加强一体感的召唤意识,从而使民族意识深入人心。

根据杨瑞松的研究,"同胞"概念作为民族主义论述当中的典型符号并不首先在本土生发,而是经由梁启超的引入,将原本代表日本民族想象共同体的符号化用为中国民族主义的重要符号之一。②在如此丰富的语词背景中,东亚文化圈的不同民族何以将民族主义的共同体内涵赋予"同胞"这个古老的概念,其中缘由值得深思。正如汪晖所指出的:"如果现代中国是帝国自我转化的产物,那么,作为一种政治共同体意识的民族认同就一定植根于帝国传统内部,而不是一个纯粹的现代现象。"③在某种意义上,外来因素的助缘构成了中华文明自身现代化的条件,而真正促进民族认同感的动力必然潜藏于文明内部。"同胞"概念必定有其自身的思想脉络值得讨论。因而,本文在此基础上,首先指出"民吾同胞"中的"同胞"概念内涵,再以阳明为中心说明对"民吾同胞"的万物一体式理解,我们将指出,深受阳明学影响的梁启超正是在万物一体的格局基础上,接受了民族主义的洗礼,在同胞语汇的演变中发展出其民族主义的面向,从而发出"四万万同胞"的共同体呼吁。

一、"民吾同胞"的"同胞"观

"同胞"概念首次被思想家所重视当属张载的《西铭》。"民吾同胞,物吾与也。"④寥寥数字就为我们敞开儒家伦理普遍性的要义。张载在继承孔孟亲亲、

---

① 张汝伦:《救国与建国——现代中国的民族主义思潮》,《现代中国思想研究》,上海:上海人民出版社,2014年,第178页。
② 杨瑞松:《从"民吾同胞"到"我四万万同胞之国民":传统到近现代"同胞"符号意涵的变化》,《政治大学历史学报》,2016年第45期。
③ 汪晖:《现代中国思想的兴起》,北京:生活·读书·新知三联书店,2004年,第74页。
④ 张载:《正蒙》,《张载集》,北京:中华书局,1978年,第62页。

仁民、爱物观点的基础上，主张将儒家传统的亲亲原则推扩并施加于天下众民以至于万物之上，这是他对孔孟"仁爱观"的突破。粗看此句，"民胞物与"四字似乎表达的正是张载以气论格局奠定的泛爱一体的观念，甚至有沦为兼爱的嫌疑。但若是联系后几句，我们便会发现，张载对这种仁爱的描述别有深意。

　　问题的关键在于，"民吾同胞"的"同胞"概念应当如何理解。"同胞"本指同父同母所生的兄弟姊妹，是一典型的儒家概念。此伦理概念是以宗法制度为基础，并奠基于血缘伦理结构当中的。张载对"同胞"一词的使用并未逾越此说。首先，"民吾同胞"一句后接"大君者，吾父母宗子；其大臣，宗子之家相也。尊高年，所以长其长；慈孤弱，所以幼其幼；圣，其合德；贤，其秀也。凡天下疲癃、残疾、惸独、鳏寡，皆吾兄弟之颠连而无告者也"①。凭何众民皆为我们的"同胞"？原因即是上至大君，下至疲癃、残疾之人，皆为伦理共同体的一分子。所谓"宗子""宗子之家相"便表明张载是在宗法的基础上，继而发挥理学精义的。其次，张载本人十分重视宗法制度，其曰："管摄天下人心，收宗族，厚风俗，使人不忘本，须是明谱系世族与立宗子法。宗法不立，则人不知统系来处……谱牒又废，人家不知来处，无百年之家，骨肉无统，虽至亲，恩亦薄。"②设立好的宗法制度可以起到管摄人心的作用，在明晰世族的传承谱系之后，吾人则知晓其祖宗血脉的出处，这样一来，也就保证了儒家亲亲之道的长久延续。

　　因而，要阐明张载的"同胞"观，应当先说明其宗法观。宗法制起于周代，王国维曾指出："周人制度之大异于商者，一曰立子立嫡之制，由是而生宗法及丧服之制，并由是而有封建子弟之制、君天子臣诸侯之制……其旨则在纳上下于道德，而合天子、诸侯、卿、大夫、士、庶民以成一道德之团体。"③周代通过核心的嫡庶之制，从而确立以血缘传续为中心的宗法、丧服与封邦建国的诸侯等制度。由此，天下便成为我们所熟知的"家国天下"。"质家亲亲，先立弟；文家尊尊，先立孙。"④从殷商的兄弟承继到周代的父子承继，陈赟指出："殷周之变对中国政教文明的伟大意义在于，在继统法层面上树立了中国政教文明的'家天下'秩

---

① 张载：《正蒙》，《张载集》，第62页。
② 张载：《正蒙》，《张载集》，第258页。
③ 王国维：《观堂集林·殷周制度论》卷十，《王国维全集》第8卷，杭州：浙江教育出版社，2009年，第303页。
④ 何休、徐彦：《春秋公羊传注疏》，北京：北京大学出版社，2000年，第16页。

序,主要体现在父子关系替代兄弟关系成为继统法的主导者。"①这种父死子继的模式在时间流变中确保皇家宗族之延续,以成"天下一家"的格局,宗法制也得以普遍化。在以嫡统庶的收摄下,父子关系产生宗子,并统领兄弟,按照血缘的亲疏构成不同的宗族团体。王者的宗族是天下最大的宗法团体,以血缘为纽带又超出血缘关系的亲族大宗领导众多的小宗、继祢小宗、继祖小宗以至继高祖之小宗,形成了一个巨大的政治共同体。

在上述宗法制的理解基础上,方可知晓张载使用"同胞"的意义。作为对士大夫理想原则的规定②,张载为何不用"视民如己"之类的术语发出呼吁呢?对待民众就像对待自己一样岂不是更能显示出道德责任?何故以"同胞"代指呢?这里的使用绝不是无的放矢,而是站在儒家人伦观念立场上的思考。以亲亲、尊尊原则奠定的宗法社会存在着差异性的秩序,张载言:"生有先后,所以为天序;小大高下相并而相形焉,是谓天秩。天之生物也有序,物之既形也有秩。"③天秩天序的说法表现出张载对世界秩序的层级性思考,既然天地万物自有先后、小大、高下的等级差异,那么,同样处于天地之间的人类社会也有秩序,亦即人伦。在以人伦为核心的宗法家庭中,人自出生就被此秩序所决定且教化,因此,吾人乃是以关系性为本位而非以个人为本位进行日常社会实践活动的,单纯考虑个人的修身在人伦本位的儒家中并不成立,正如麦金太尔所言:"在许多前现代的传统社会中,个体通过他在各种各样的社会团体中的成员资格来确定自己的身份并被他人所确认。"④在人伦关系中我们确认自身具体的身份与职责,这种关系并不是"为了发现'真实自我'而须剥除的东西"⑤,而是为了成就真实自我所必需的。宗法规定的是一种整体生活,而"同胞"对应的则是以嫡统庶结构下的兄弟关系,是古代宗法谱系组成的核心之一,与父子关系产生的宗

---

① 陈赟:《周礼与"家天下"的王制》,北京:中国人民大学出版社,2019年,第112页。
② 余英时提醒我们张载使用"民胞物与"时的语境:"张载撰《西铭》,是为了开导那些有志求道而思想还有所拘执的人,它初名《订顽》便透露了此中消息。扩大到极限,张载预想中的读者群也只能在'士'阶层之内,而不包括农、工、商及其他类群,《西铭》'民胞物与'一语便是最有力的内证。把'民'当作'同胞'看待,这样的要求岂不明明是向'士'或'士'以上的在位者提出的吗?"参见氏著:《朱熹的历史世界》,北京:生活·读书·新知三联书店,2011年,第152页。
③ 张载:《正蒙》,《张载集》,第19页。
④ 麦金太尔:《追寻美德》,南京:译林出版社,2011年,第42页。
⑤ 麦金太尔:《追寻美德》,第42页。

子形成不同的宗族群体。如徐复观所言:"规定嫡长子与其他兄弟尊卑与责任义务的礼乐,就是宗法。"①也就是说,在大宗的统摄下,"同胞"指向的是不同宗法共同体的构成与建立。故张载以"同胞"称之乃是维护人伦关系,延展生生之道的固有之意。

职是之故,"民胞物与"虽然"综合了孔子的仁与墨子的兼爱"②,但并不违背儒家的亲亲尊尊原则,张载之意在于以"同胞"为差等之爱推扩的条件,实行严守伦理秩序的泛爱理想。若抽离地观此四字,很容易将其理解为单纯抽象的泛爱观,这种泛爱或者说兼爱看似是将仁爱推扩到极致,但实质上只是空洞的抽象之爱,并不契合儒门人伦秩序的规定。因而,关于"民吾同胞"的"同胞"概念的解释应奠基在儒家人伦结构之上,任何不加区别的境界形态乃至于平等意涵的理解都有抽离文本的嫌疑。质言之,不基于儒家人伦观所理解的"同胞"十分容易将其泛化理解为当代国家中的百姓民众,而非伦理共同体的亲人。以这种方式来体会"民吾同胞"说便会不自觉地放大此说的突破性意义,无法把握儒家以亲亲尊尊为核心的宗法建构带来的亲亲仁民而爱物的传统义理。

需要指出的是,由上述人伦规范所奠定的"民吾同胞"观念,虽然是政教意涵中的共同体结构,但也确乎说明人与人之间的一体感。这种一体感偏重人与万物"同为一体",而不是"同一本体"。③此"同为一体"的生存论同感以气一元论为本体论承诺,并以宗法的伦理原则为展开场域。通过一体之共鸣共通的相互联系,"同胞"将天下众民视为吾人家庭的一分子,说明人与人之间休戚与共、息息相通的关联。程明道不禁称赞:"《订顽》一篇,意极完备,乃仁之体也。"④所谓"仁之体也"即是说,《西铭》是阐发万物一体的完备文献。明儒薛瑄更是直接宣称:"读《西铭》,知天地万物为一体。"⑤这说明,《西铭》虽未直言万物一体,但其中内涵已暗含此意,"民吾同胞"说则为例证。此说发展至阳明,在义理表达上更为透彻。

---

① 徐复观:《两汉思想史》,上海:华东师范大学出版社,2000年,第9—10页。
② 张岱年:《中国哲学大纲》,北京:中国社会科学出版社,1982年,第21页。
③ 林月惠:《一本与一体:儒家一体观的意涵及其现代意义》,《诠释与工夫:宋明理学的超越倾向与内在辩证》,台北:"中央研究院",2008年,第4页。
④ 程颢、程颐:《二程遗书》卷二,《二程集》,北京:中华书局,1981年,第15页。
⑤ 黄宗羲、全祖望:《横渠学案》,《宋元学案》卷十八,北京:中华书局,1986年,第776页。

二、万物一体论下的同胞

有关"万物一体",陈立胜说:"'万物一体'是王阳明思想乃至宋明理学的'基本精神'或者说是'共法',此为中外阳明学之共识。"①"万物一体"作为阳明思想的基本精神,殆无疑义。在"万物一体"的视域下,如何理解"同胞",应当从阳明的一体之仁说起。自明道以"仁者以天地万物为一体,莫非己也"阐明仁学的一体关怀以来,诸多儒家士大夫便以此为政治实践的道德责任。陈来指出,此说是"作为博施济众的人道主义关怀的一个内在的基础"②。这是说,天地万物一体之仁并非理论上的悬设,而是仁道实践的真实呈现。阳明也不例外,在继承张载"同胞"观的基础上,他主张:

> 大人者,以天地万物为一体者也。其视天下犹一家,中国犹一人焉。若夫间形骸而分尔我者,小人矣。大人之能以天地万物为一体也,非意之也,其心之仁本若是,其与天地万物而为一也,岂惟大人,虽小人之心亦莫不然,彼顾自小之耳。是故见孺子之入井,而必有怵惕恻隐之心焉,是其仁之与孺子而为一体也。孺子犹同类者也,见鸟兽之哀鸣觳觫,而必有不忍之心,是其仁之与鸟兽而为一体也。鸟兽犹有知觉者也,见草木之摧折而必有悯恤之心焉,是其仁之与草木而为一体也。草木犹有生意者也,见瓦石之毁坏而必有顾惜之心焉,是其仁之与瓦石而为一体也。是其一体之仁也,虽小人之心亦必有之。是乃根于天命之性,而自然灵昭不昧者也,是故谓之"明德"。③

站在一体之仁的立场上,"大人""小人"的区分也就是能否将仁心推扩,达到以天地万物为一体的实践境界。具体而言,同胞之间如何突破传统的血缘界限,以至"与天地万物而为一"呢?按阳明的说法,本心之仁的普遍性不容置疑,孺子入井所引发的怵惕恻隐之心就是最好的例证。换言之,面对孺子、鸟兽、草

---

① 陈立胜:《王阳明"万物一体"论——从"身—体"的立场看》,上海:华东师范大学出版社,2008年,第1页。
② 陈来:《王阳明的万物一体思想》,《中共宁波市委党校学报》,2019年第2期。
③ 王阳明:《大学问》,《王阳明全集》卷二十六,上海:上海古籍出版社,2011年,第1066页。

木瓦石等不同的物类,良知心体之仁皆是"灵昭不昧"的遍润与发显。阳明以良知心体为万有之基,以感应之几的作用机制、一气流行的生成机制说明一体之仁的普遍性、现实性,怵惕恻隐之心即良知之仁、即万物一体之仁,由此证成"其视天下犹一家,中国犹一人焉"的"同胞"观。阳明曰:

> 呜呼!民吾同胞,尔等皆吾赤子,吾终不能抚恤尔等而至于杀尔,痛哉痛哉!兴言至此,不觉泪下。①

> 呜呼!吾民同胞,不幸陷于罪戮,恻然尚不忍见,岂有追寻旧恶,必欲置之死地之理。②

以上两条材料所针对的对象并不相同,但以"同胞"观念视之,却都是阳明一体之仁所发。第一条作于正德十二年,彼时阳明正巡抚南赣汀漳,在平定浰头寨的寇匪之前,阳明认识到此地匪徒多为"一时被胁",并非有意为恶。因而写下《告谕浰头巢贼》一书,试图劝降这些盗贼。所谓"攻心为上",阳明在这封书信中以良知为本,唤醒盗贼流民本有的仁心。在书信的最后,阳明发出"尔等皆为赤子"的呼吁,视匪徒为吾人"同胞"中的一分子,将他们纳入一体之仁的关怀当中,由此激发这些匪徒被遮蔽的本心。第二条材料作于正德十五年,在平定宁王之后,安义县附近的渔民由于旧时被宁王胁迫,害怕朝廷追罪,故"废弃生业",阳明为了安抚民心,写下《告谕安义等县渔户》一书,呼吁百姓讲信修睦,切莫受他人煽动,再次为恶。同样在书信最后,阳明再次发出恻然之痛感,将渔户视为"同胞",唤醒他们的内在良知。

不难发现,阳明并没有在讲学的理论辨析中使用此语汇,而是在具体的现实情境中以此语来说明良知本体之觉情,来抒发仁心呈露的感通无滞。在一体之仁的关怀中,无论是匪徒流民还是困苦百姓,皆为吾人"同胞"。据此,可以归纳出"万物一体"视域下"同胞"观的理论特征:第一,在"视天下万物无一物非我""莫非己也"的人伦结构中,使用"同胞"一语旨在借助其本有的亲亲面向,凭借一体之仁心,将他者纳入"天下一家"的关怀视域之内,从而实现从宗法之小家到天下之大

---

① 王阳明:《告谕浰头巢贼》,《王阳明全集》卷十六,第624—625页。
② 王阳明:《告谕安义等县渔户》,《王阳明全集》卷十七,第661页。

家的一体突破;第二,在此视域中,我与他人的痛痒一气贯通、息息相关,他人之苦难即吾人之苦难,通过此一体感,"同胞"之间的关系类似马丁·布伯所谓的"我—你"关系①,处于这种本原关系中的"我们"之间不是近代以来的权利、人格的彼此尊重或者平等,而是同一社群之内的休戚与共,生存论意义上的命运共享。

因此,将此概念理解为"表达上位者对于下位者所怀有的慈爱之心或美德"②,即"关怀他人的美德"③,严格地讲,这是不对的,这种观点并未考虑到"万物一体"观对"同胞"理念的突破。在此意义上,更不容忽视的是,阳明使用此语汇时的实践特征:阳明企图以亲亲之念唤醒民众的本心,百姓并不了解何谓万物一体,何谓一体之仁,但儒家人伦的亲亲原则却是吾人的血缘、文化基因。通过"民吾同胞"的真诚感召,激发起民众内在本有的良知,使得他们在道德情感上归宗于朝廷,这方是"疮痍念同胞,至人匪为己"④"淋漓念同胞,吾宁忍暴使"⑤的用意所在。

三、四万万同胞的"同胞"观

由明转清,"民吾同胞"观念的内涵并未出现明显转变,仍然处于传统理解的框架之内,⑥此内涵至清代中后期,仍未有明显变化。如处于道咸之际的罗泽南谓:"读《西铭》者须认得'同胞'二字,是指吾一家之兄弟。""虽其施有差等之殊,而其一视同仁之心实无有间。"⑦可以看到,罗泽南仍然以一家兄弟解释"同胞",而"一视同仁之心"亦体现出万物一体视域下对"同胞"解释的影响。这说明,"同胞"的含义并未逸出传统的人伦架构。但清末的变局使得传统儒家秩序瓦解的同时,也促使当时的学人重新思考传统文化价值的意义。在此价值转变的关键时期,"同胞"一语也发生了关键性的转变。据杨瑞松的考察,"同胞"

---

① 参见马丁·布伯:《我与你》,北京:生活·读书·新知三联书店,1986年。
② 杨瑞松:《从"民吾同胞"到"我四万万同胞之国民":传统到近现代"同胞"符号意涵的变化》,《政治大学历史学报》,2016年第45期。
③ 杨瑞松:《从"民吾同胞"到"我四万万同胞之国民":传统到近现代"同胞"符号意涵的变化》,《政治大学历史学报》,2016年第45期。
④ 王阳明:《复过钓台》,《王阳明全集》卷二十,第875页。
⑤ 王阳明:《天心湖阻泊既济书事》,《王阳明全集》卷十九,第765页。
⑥ 参见吕妙芬:《清初至民国〈西铭〉的多元诠释》,《南开史学》,2020年第1期。
⑦ 林乐昌:《正蒙合校集释》,北京:中华书局,2012年,第888—889页。

具有现代意涵的论述起于1898年①,其中以梁启超为典型代表,他在《新民说》大量地使用"同胞"概念:

> 我同胞能数千年立国于亚洲大陆,必其所具特质有宏大、高尚、完美,厘然异于群族者,吾人当保存之而勿失坠也。②
>
> 呜呼!吾不欲多言矣。吾非敢望我同胞所怀抱之利己主义划除净尽,吾惟望其扩充此主义,巩固此主义,求如何而后能真利己,如何而后能保己之利使永不失,则非养成国家思想不能为功也。同胞乎!同胞乎!③

梁启超这里使用的"同胞"话语,已不再是过去理学家所熟知的宗法架构下的"民吾同胞",而毋宁是国族、民族之"同胞"。在民族"同胞"的召唤下,我们对他人的理解也从吾之昆弟赤子到同一国族下的集体新民。这里转化的关键在于梁启超对民族主义的接受④与引入:"自16世纪以来(约三百年前),欧洲所以发达,世界所以进步,皆由民族主义(Nationlism)所磅礴冲激而成。民族主义者何?各地同种族同言语同宗教同习俗之人,相视如同胞,务独立自治,组织完备之政府,以谋公益而御他族是也。"⑤在梁启超看来,既然民族主义是欧洲近代以来社会发达、世界进步的动因,那么,面对西方帝国主义的侵略,"今日欲抵挡列强之民族帝国主义,以挽浩劫而拯生灵,惟有我行我民族主义之一策"⑥。

---

① 杨瑞松:《从"民吾同胞"到"我四万万同胞之国民":传统到近现代"同胞"符号意涵的变化》,《政治大学历史学报》,2016年第45期。
② 梁启超:《新民说·释新民之义》,《梁启超全集》第2集,北京:中国人民大学出版社,2018年,第533页。
③ 梁启超:《新民说·论国家思想》,《梁启超全集》第2集,第548页。
④ 梁启超一生以思想多变著称,在政治哲学中,梁启超也会遭到民族主义与世界主义的两难。本文认为梁启超虽然思想呈现出多变的特征,但其最终目的并未变化,也即建立一个自由民主的现代中国。而其民族主义也是以世界主义为归宿的。因此,尽管本文阐释的多为梁启超的民族主义思想,但不能忽视其世界主义的理论面向。而这理论面向,在不同的时期如建立民国前与民国之后有不同的表达。本文选取的对梁启超民族主义的介绍大抵以建立民国前为主,此时的梁启超追求的是建立一个现代的民族国家。对梁启超民族主义的详细介绍,具体可参见张汝伦:《救国与建国——现代中国的民族主义思潮》,《现代中国思想研究》,第201—227页。
⑤ 梁启超:《新民说·论新民为今日中国第一急务》,《梁启超全集》第2集,第530页。
⑥ 梁启超:《新民说·论新民为今日中国第一急务》,《梁启超全集》第2集,第531页。

在如何建立民族主义国家的问题上,梁启超则认为"欲实行民族主义于中国,舍新民末由"①,这是说,民族主义实现的核心除了培养新民,别无他途。因此,梁启超呼吁吾人"同胞"变化气质,保存国民传统,养成国家思想。相比于其师康有为托《春秋》阐明大同观念的理想,梁启超更多地从现实竞争的角度出发,说明传统观念的不足与缺陷:

  则中国儒者,动曰"平天下,治天下",其尤高尚者,如江都《繁露》之篇,横渠《西铭》之作,视国家为渺小之一物,而不屑措意。究其极也,所谓国家以上之一大团体,岂尝因此等微妙之空言而有所补益,而国家则滋益衰矣。若是乎吾中国人之果无国家思想也。危乎痛哉!吾中国人之无国家思想,竟如是其甚也。②

  吾推其所以然之故,厥有二端:一曰知有天下而不知有国家,二曰知有一己而不知有国家。③

站在民族主义的立场上,本出《西铭》的"民吾同胞"之说,自然就遭到了梁启超的严厉批判:"视国家为渺小之一物,而不屑措意。"梁启超倡导的民族主义的内在要求是建立现代的民族国家,"宗教家之论,动言天国,言大同,言一切众生。所谓博爱主义、世界主义,抑岂不至德而深仁也哉?虽然,此等主义,其脱离理想界而入于现实界也,果可期乎?此其事或待至万数千年后,吾不敢知,若今日将安取之?"④从《西铭》的"民吾同胞"到"万物一体"式的"同胞"观念,其最后主旨皆落实在天下一家的博爱之理想上,在对现实保持深刻忧患意识的梁启超看来,这种观念自然应当被扬弃。但我们是否据此能够得出结论,梁启超的"同胞"观与张载等人的"同胞"观就完全无关,甚至是完全崭新的概念呢?思想史的演变固然有其自身的时代性机缘,但观念的自我更新却从来不是凭空发生的。由于梁启超的"同胞"观与其民族主义思想密不可分,甚至"四万万同胞"就是民族主义下催生而出的概念,故我们仍从民族主义说起。

---

① 梁启超:《新民说·论新民为今日中国第一急务》,《梁启超全集》第2集,第531页。
② 梁启超:《新民说·论国家思想》,《梁启超全集》第2集,第546页。
③ 梁启超:《新民说·论国家思想》,《梁启超全集》第2集,第546页。
④ 梁启超:《新民说·论国家思想》,《梁启超全集》第2集,第544页。

在安德森的著作《想象的共同体》中,他首次提出民族是一种"想象的政治共同体",并指出:"只有将民族主义和这些文化体性联系在一起,才能真正理解民族主义。"①当然他同时告诫道:"我们也不应该目光短浅地认为民族的想象共同体就真是从宗教共同体和王朝之中孕育,然后再取而代之而已。在神圣的共同体、语言和血统衰退的同时,人们理解世界的方式,正在发生根本的变化。这个变化,才是让'思考'民族这个行为变得可能的最重要因素。"②易言之,考察一个国家的民族主义绝不能脱离开本国的文化价值体系,但二者又非简单的源流关系,更为关键的是在于此间变化的动因。正如汪晖所言:"'想象'这一概念绝不等同于'虚假意识'或毫无根据的幻象,它仅仅表明了共同体的形成与人们的认同、意愿、意志和想象关系以及支撑这些认同和想象的物质条件有着密切的关系。历史的延续性、共同体的感觉都是想象的产物,但并不是虚构的故事,这里存在着想象得以产生的条件。"③这表明,民族主义的共同体产生的条件并不全然在异域,本国自身的文明传统蕴含着观念发生的动力。另外,"同胞"观念在日本代表着"全体国民"的意涵④,梁启超在逃亡日本之时,接受了此符号的民族主义使用,通过对日文的转译,使得"同胞"观念首次被打上了民族主义的烙印。在思想史的发生上,这是一个既定的事实,但正如前文所论,需要进一步追问的是:为什么是"同胞"而不是其他话语承载了民族主义的内涵?概而言之,从"民吾同胞"到"四万万同胞"的话语转变何以可能?

身处"过渡时代"的梁启超,在逃亡日本期间,不仅仅接受了日本明治维新以来的民族主义思想,不能忽略的是,彼时正是日本阳明学运动的复兴时期。而在东渡日本之前,梁启超已经将心学作为其为学的主要方向了:"明日再谒,请为学方针,先生乃教以陆王心学,而并及史学、西学之梗概。自是决然舍去旧学,自退出学海堂,而间日请业南海之门,生平知有学,自兹始。"⑤在1890年拜访康有为后,梁启超抛弃了过去颇为自得的训诂章句之学,专心于陆王的心学

---

① 本尼迪克特·安德森:《想象的共同体——民族主义的起源与散步》,上海:上海人民出版社,2016年,第11页。
② 本尼迪克特·安德森:《想象的共同体——民族主义的起源与散步》,第21页。
③ 汪晖:《现代中国思想的兴起》,第74页。
④ 杨瑞松:《从"民吾同胞"到"我四万万同胞之国民":传统到近现代"同胞"符号意涵的变化》,《政治大学历史学报》,2016年第45期。
⑤ 梁启超:《三十自述》,《梁启超全集》第4集,第107—109页。

研究。已有研究指出,康有为"对陆王心学的推崇主要体现在修养工夫论层面"①,从而砥砺精神、凝聚人心。梁启超也不例外,他指出,"养心"乃是"学中第一义"②,这说明,他是将心学作为实践的自得之学来看待的。东渡之后,有着心学根基的梁启超接触到日本的阳明学思潮③,虽异曲而同调,受到异域的启发是再自然不过的事。故他在《新民说》中言:

> 日本维新之役,其倡之成之者,非有得于王学,即有得于禅宗。④
> 吾尝诵子王子之拔本塞源论矣……呜呼,何其一字一句,皆凛然若为今日吾辈说法耶……阳明之学,在当时犹曰赘疣枘凿,其在今日,闻之而不却走不唾弃者几何。……吾辈试于清夜平旦返观内照,其能免于子王子之所诃与否,此则非他人所能窥也。大抵吾辈当发心伊始,刺激于时局之事变,感受乎时贤之言论,其最初一念之爱国心无不为绝对的、纯洁的,此尽人所同也。乃浸假而或有分之者,浸假而或有夺之者;既已夺之,则谓犹有爱国心之存,不可得矣。而犹贪其名之媺而足以炫人也,乃姑假焉;久假不归,则亦乌自知其非有矣?夫其自始固真诚也,而后乃不免于虚伪,然则非性恶也,而学有未至也,亦于所谓拔本塞原者,未尝一下刻苦工夫焉耳。⑤

梁启超肯定了阳明学是日本维新之治的来源之一,思想的理论落实为行

---

① 参见范根生:《"阳明学"在近代中国的复兴与转向——以梁启超为线索的考察》,博士学位论文,武汉大学哲学系,2023年,第81页。
② 梁启超:《万木草堂小学学记》,《梁启超全集》第1集,第278页。
③ 本文对梁启超对于日本阳明学的接受更多的是站在观念史的意义上进行说明,因而很难兼顾日本阳明学与中国阳明学的差异性。但我们决不能忽视此差异,考虑到论述的完整性,本文无法赘述,具体可参见邓红:《日本的阳明学与中国研究》,桂林:广西师范大学出版社,2018年。
④ 梁启超:《新民说·论自由》,《梁启超全集》第2集,第571页。
⑤ 梁启超:《新民说·论私德》,《梁启超全集》第2集,第648—649页。需要说明的是,梁启超一生思想多变,在1902年发表《公德说》后,三年后又发表《私德说》修正当时观点。在《公德说》中,他对儒家文化持贬义态度,但是在《私德说》中,他又重新赞扬儒家文化。这种观点的多变性并不代表梁启超本人的思想多变,而是他在多变的世界形势中寻找中国文明的真正道路。但不管思想如何变化,他对民族主义基本是接受并支持的态度,因此本文并不截然地区分梁启超对儒家文化的多元态度,而是试图当作一个整体来进行描述,理由就是在其一生复杂多变的思想中始终有对儒家文化保持敬意的根基。

动的关键就在于阳明学是一种实践的学问,即知行合一之学。① 我们上述提及,梁启超对心学的学习不是一种理论的把握,而是理论指导实践的安身立命之学。在此基础上,梁启超大力称颂阳明学,尤其是其名篇《拔本塞源论》。虽然阳明学自明末之后屡遭批评,但梁启超指出,若吾人于自家身心下工夫,自然可以不受当时批判思潮之影响。因而,梁启超强调,作为新民的我们,不能不真诚地面对自我的本心,这种对儒家尤其是对心学的开放态度已经与他在1903年前的《论公德》不同了。其中转变的原因,除去旅美之行的影响,与他自身儒家心学的文化底色,包括在日本接受阳明学思潮的影响是分不开的。另外,在《论私德》中,梁启超着重强调《拔本塞源论》的重要性,让我们不禁回望阳明的感召:"夫圣人之心以天地万物为一体,其视天下之人无外内远近,凡有血气,皆其昆弟赤子之亲,莫不欲安全而教养之,以遂其万物一体之念。"阳明试图感召吾人以"万物一体"成全一体之亲、一体之仁,而梁启超则通过对民族主义的接受,结合他对心学的理解指出爱国心是"吾辈当发心伊始",是"绝对的、纯洁的"普遍本心,由此,他方能发出"四万万同胞"的号召:

> 欧人曰:支那人无爱国之性质。我四万万同胞之民,其重念此言哉,其一雪此言哉!②
>
> 芸芸哉!吾种族,黄帝之胄尽神明,浸昌浸炽遍大陆,纵横万里皆兄弟,一脉同胞古相属。……四百兆众吾种族。结我团体,振我精神,二十世纪新世界,雄飞宇内畴与伦,可爱哉!我国民,可爱哉!我国民!③

既然人人皆有爱国心,那么召唤国民的民族认同就是顺理成章之事。安德森认为,如果我们将民族主义"当作像'血缘关系'(kinship)"之类的概念来理解,或许更能接近民族主义的实质。同时他指出,当采取"关于亲族关系的词汇或是

---

① 梁启超在《新民说·论进取冒险》中很强调知行合一:"故王阳明以知行合一为教义,诚得其本也。"参见梁启超:《新民说·论进取冒险》,《梁启超全集》第2集,第552页。
② 梁启超:《爱国论》,《梁启超全集》第1集,第694页。
③ 梁启超:《爱国歌四章》,《梁启超全集》第17集,第607页。

关于故乡的词汇"①来理解民族主义时,我们可以感受到一种"有机的共同体之美"②。这种视角说明,带有血缘、亲族关系的话语在描述民族主义时,具有天然的优越性,使得民族主义更能为人所接受并且被感召。在儒家的语境中,类似的话语显然是与宗法息息相关的"同胞"概念无疑,当以"同胞"作为民族主义的口号时,吾人会不自觉地加深彼此的情感联系。这种情感联系的共同感与"民吾同胞"类似,都不是血缘意义上的简单关联。它仍然是以"万物一体"的一体感为价值基础的。首先,"民吾同胞"的一体之仁旨在说明万物生命的感通无碍,是一种非对象化的相互开显与接纳。其次,梁启超在接受民族主义的想象事实时,自身本有的心学底色作为传统预设并未被消解。而正以此为预设,从"思想、文化"③上解决时局的政治问题。值得注意的是,阳明与梁启超在使用"同胞"一词时,都未曾在严格的学理层面上使用,而都是以此概念发出实践的呼吁,从而使得民众在统一的文化或政治符号中共鸣共感。因此"四万万同胞"的使用决不仅仅是"感动刚刚从感情上转向国家主义的人民"④,当以此亲属关系的话语即"同胞"来指称另一种国族想象时,这种民族想象在一定意义上而言,是由一体之仁的情感、生命跃动为理论基础的。进而言之,"同胞"观念的转化是中西思想互相投射并结合的结果,是其"淬砺其所本有而新之""采补其所本无而新之"⑤的观念体现。在"同胞"概念兼备宗法之亲族、一体仁心之感通两义的基础上,梁启超通过此概念内含的根基性情感联系⑥,将其从一个文化的天下符号转化为政治的民族符号。此外,不可忽视的事实是,民族主义尽管带有相当的情感因素,但其底层是"现代性的基本政治经济逻辑"⑦。因而,在思想连续性之外,我们不能忽略梁启超此时所面临的时代危机。

由此,在民族主义的感召下,吾人"同胞"从宗法之兄弟到国家集体之民众,

---

① 本尼迪克特·安德森:《想象的共同体——民族主义的起源与散步》,第137页。
② 本尼迪克特·安德森:《想象的共同体——民族主义的起源与散步》,第138页。
③ 有关"借思想、文化以解决问题的方法",参见林毓生:《"五四"时代的激烈反传统思想与中国自由主义的前途》,《中国传统的创造性转化》,北京:生活·读书·新知三联书店,2011年,第190—211页。
④ 约瑟夫·阿·列文森:《梁启超与中国近代思想》,成都:四川人民出版社,1986年,第182页。
⑤ 梁启超:《新民说·释新民之义》,《梁启超全集》第2集,第533页。
⑥ 关于这种根基性情感联系,参见沈松侨:《我以我血荐轩辕——黄帝神话与晚清的国族建构》,《台湾社会研究季刊》,1997年第28期。
⑦ 张汝伦:《救国与建国——现代中国的民族主义思潮》,《现代中国思想研究》,第202页。

这种转换看似是断裂的嫁接,实则不然。在传统文化遭受制度性瓦解的过程中,某些思想固然会失去内在活力,但"有的却有与西方传入的思想与价值产生新的整合的可能"①。黄克武曾指出阳明学对梁启超的影响,并认为梁启超是在"'淬砺''采补'并重的精神指导下"来会通中西的。② 梁启超受到心学的影响,对阳明学颇为信服,对"民吾同胞"的一体感通的观点十分熟悉。而"同胞"本有的一体感与民族主义所内含的团结感正由此发生观念交相辉映的共鸣。因此,在日本接受民族主义观念且受到彼时阳明学思潮影响之际,将仁心遍润的"民吾同胞"关联到共同体感通的"四万万同胞"就不再是人伦断裂的游离,而是人伦重构的聚合。在 20 世纪作为"民族—国家与帝国"相互纠缠的历史当中③,"四万万同胞"的说法以儒家人伦的解构为代价,重构了一套新的民族文化与政治叙事。这种国族想象的构建,不同于晚清"孔子纪年"与"黄帝纪年"的符号建构④,它既非单纯的血统想象,也非文化想象,而毋宁是以血统形式所呈现出的文化符号在理论的伦理学与实践的政治学意义上的契合与结合。面临民族危机的困局,知识分子通过"同胞"这一古老又崭新的概念,表达对国人的集体呼吁与情感感召,激发吾国民众本有的爱国心,从而提振民心。如孙中山所言:"今以与我国民初相见之日,披布腹心,惟我四万万之同胞共鉴之。"⑤所谓"共鉴之"即"合吾民族全体之能力",以此应对时局危机,而"同胞"概念在民族主义思潮中以其集体的情感调动作用,发挥出不容小觑的感召力。无论是改良派还是革命派,他们在使用此语汇时不外乎团结一切可团结的力量,再造中华。

四、结语

从"民吾同胞"到"四万万同胞",虽然同胞一词经过了日本的民族主义转

---

① 林毓生:《"五四"式反传统思想与中国意识的危机——兼论"五四"精神、"五四"目标与"五四"思想》,《中国传统的创造性转化》,第 179 页。
② 参见黄克武:《梁启超与儒家传统延续与断裂:以清末王学为中心之考察》,《近代中国的思潮与人物》,北京:九州出版社,2013 年,第 192 页。
③ 梁展:《帝国的想象:文明、族群与未完成的共同体》,北京:生活·读书·新知三联书店,2023 年,第 3 页。
④ 这两种国族想象的构建方式,参见沈松侨:《我以我血荐轩辕——黄帝神话与晚清的国族建构》,《台湾社会研究季刊》,1997 年第 28 期。
⑤ 孙中山:《临时大总统就职宣言》,《孙中山全集》第 2 册,北京:中华书局,2006 年,第 3 页。

化,但是由于其伦理概念的关联性与万物一体的感召力①,终转化为我们今天熟知的同胞观。文化观念的变迁显示出政治上的剧烈变动,身处大巨变下的知识分子,诸如梁启超等人,终究难以背离其传统文化的底色。张灏指出:"19世纪后半叶,中西方思想相撞的一个重要结果是晚清的经世传统逐渐从道德和行政上的改良主义思想转变为一场有关传统中国政治的一些根本原则的政治变革。"②重新寻找中国道路方向不意味着全盘否定过去,人伦瓦解的同时亦要求自我更新与重构。在儒家文化的承续中,两种不同底色的观念在集体召唤的意义上具备类似的作用,故基于此基调的转化就不再是观念的重新演绎,而是观念共鸣③下的再造。

From "People are our brethren" to "Four hundred million brethren": a brief discussion on the reconstruction of human relations in the concept of "brethren"

Wang Zheyi　Wen Bifang

Abstract: Since modern times, the connotation of the concept of "brethren" has undergone great changes. The "brethren" view of "people are brethren" is based on the ideal principle of one family under the world with affinity and respect as the basic pattern. Through the interpretation of "all-in-one" the "brethren" view is further understood as the shared destiny in the sense of existentialism. Based on this understanding, Liang Qichao, who was committed to Yang Ming's learning, made a nationalistic interpretation of "brethren" and transformed the world into a country. The

---

① 由于民族主义的传播与接受业已被众多学者研究,因此本文的目标并不是为民族主义的建立重构一条新的叙事,而是旨在将传统文化与价值在思想方面的连续性表达出来。这种思想叙事的重新梳理可能会遭到福柯知识考古学的批判,即此叙事是另一种意义上的想象建构。但正如文中对梁启超的思想所揭示的那样,在"民吾同胞"与"四万万同胞"的思想断裂处,恰恰由于"同胞"的万物一体诠释使得二者的转化得以可能。
② 张灏:《梁启超与中国思想的过渡:1890—1907》,北京:中央编译出版社,2016年,第21页。
③ 这种说法受到余英时"暗示作用"的启发,他说"观念背后的思想的基调恰好引起了他们的共鸣"。参见余英时:《现代儒学的回顾与展望》,《现代儒学论》,上海:上海人民出版社,2010年,第7页。

change from "people are brethren" to "four hundred million brethren" is a vivid portrayal of the concept of the world as one to the concept of the nation and the state, and the transfer of ideas in this period reflects the deconstruction and reconstruction of the order of human relations in modern China.

Keywords: People are our brethren, All-in-one, Four hundred million brethren

现代学思

跟着妈妈

十力学派"一体两现"十五问

杨泽波　葛领童等

[摘　要]　在现代新儒家第一代代表人物中,熊十力成功创立了自己的学派,这就是十力学派。唐君毅、牟宗三等人自觉继承其师的思想,使这一学派影响大增,成为现代新儒学发展中的一道独特景象。这一学派的思想内核可以概括为"一体两现"。"一体"指道德之本体,"两现"分别为道德践行之呈现和道德存有之呈现。认真学习研究这一学派,了解"一体两现"这一思想内核,探讨其内在价值,使之发扬光大,是今后儒学发展必不可少的一项重要工作。

[关键词]　熊十力;牟宗三;十力学派;一体两现

第一问:您在《儒家生生伦理学引论》和《儒学谱系论》两部著作中明确提出

---

* 2023年04月27日,我接受了复旦大学哲学学院"《新唯识论》读书小组"葛领童、李斯源、梁誉、詹晨煜、郑奕涵等同学的采访。采访主要围绕如何理解十力学派思想内核"一体两现"而展开。本文由采访录音稿整理修改而成。谢谢上述同学的积极提问以及为此所做的工作。

** 杨泽波(1953—　),男,河北石家庄人,哲学博士,山东大学易学与中国古代哲学研究中心讲席教授,复旦大学哲学学院教授,主要研究领域为先秦儒学、现代新儒家。葛领童(1996—　),女,江苏扬州人,复旦大学哲学学院博士生。

了十力学派的概念。您提出这个概念是出于怎样的考虑?

十力学派这个概念不是我提出来的,是我的学生曾海龙在他的博士论文《唯识与体用——熊十力哲学研究》中首先提到的(在正式出版时,考虑到各种因素,作者又删掉了这个提法,十分可惜)。这个提法很好地表达了我要表达的意思,于是借鉴过来,成了我梳理两千年儒学发展史的一个重要概念。

要成为一个学派并不容易,首先必须有自己独特的思想,用今天的话说,就是必须有"学术增量"。熊十力刚好满足了这个条件。他把佛学的唯识思想引入儒家,建立了自己的新唯识论系统。这方面的内容儒学之前不能说完全没有,但多是一些思想颗粒,远未成为系统。真正将其条理化,成为一个系统的,是熊十力。正是这个"学术增量"使熊十力有了创立自己学派的资本。

要成为一个学派,还要考虑继承的问题。在现代新儒家第一代代表人物(梁漱溟、熊十力、冯友兰)中,能够形成自己学派的不多。冯友兰生前影响比较大,但受思想内容的影响,加上政治因素的干扰,很少有人愿意继承他的思想(一段时间以来,一些学者有意识向这个方向努力,希望继承和发展冯友兰的思想,使之能够成为一个学派,但其效果如何还有待观察)。梁漱溟属于另一种情况。他的思想内在价值很高,但因为很长时间不在学校,同样是受政治因素的影响,没有人愿意自觉继承其思想,白白失去了一个非常重要的思想资源。熊十力就不同了。他带出的一些学生,如唐君毅、牟宗三,在海外有很好的发展。老师带学生,学生促老师,形成了一个颇具声势的独立学派。这种情况在近代是很少见的。

第二问:杨老师将十力学派的思想内核概括为"一体两现"。您为什么要这样概括?能不能说说您当时的想法?

"一体两现"是我对熊十力思想核心的概括。熊十力自己并没有这种说法,严格说来,他似乎也没有这方面的自觉意识。但如果我们将熊十力的思想置于整个儒学发展的脉络中考量,特别是分析其思想的贡献,这种概括并非完全无据。所谓"一体"即是道德之本体,所谓"两现"一是道德践行之呈现,二是道德存有之呈现。熊十力一生讲得最多的话就是"吾学贵在见体"。这个"体"就是道德本体。道德本体不是死寂之物,必有发用,这种发用在两个方面展开:首先是道德践行方面,使人完善道德,成德成善,此为"道德践行意义的呈现";其次是道德存有方面,使天地万物染上道德的色彩,具有道德的价值和意义,此为"道德存有意义的呈现"。熊十力一生的努力从没有离开过"一体两现"这个主轴。

作为十力学派的继承者,牟宗三对弘扬其师的思想作出了积极的努力,但他同样没有从"一体两现"的角度概括自己的思想。然而,这并不妨碍我们从诠释的意义上作这种总结。检视牟宗三一生思想的发展,从他的早期思想开始,一直延续到中期和后期,关注的其实都是"一体两现"的问题。换言之,从他早期写作《认识心之批判》,一直到后来写作《圆善论》《商榷:以合目的性之原则为审美判断力之超越的原则之疑窦与商榷》,其思想始终沿着两个方面展开,一是道德践行问题,二是道德存有问题,而其根基则是对于道德本体问题的关注。一旦从"一体两现"的角度进入,掌握了这个中心,也就掌握了牟宗三的思想主脉,进而掌握了十力学派的思想核心。

第三问:"一体两现"首先是"一体",下面就来谈谈"这方面"的问题。道德本体在传统研究中一般称为仁或良心。与学界一般做法不同,杨老师是以"伦理心境"来解读仁和良心的。您能不能介绍一下这方面的情况?

在儒学研究中,没有人不谈孔子之仁,孟子之良心,但仁和良心究竟是什么,很少有人从理论上真正予以说明。熊十力、牟宗三也是如此。我从事儒学研究的第一个项目是孟子的性善论。性善的基础是良心,要说明人何以有善性必须说明人何以有良心,于是,我不得不对此提交自己的答案。

要回答这个问题,首先要把仁和良心打通。孔子论仁,孟子论良心,二者提法不同,其实内容无别,都是指人内在的那个道德根据。这个内在的道德根据,我统称为仁性。仁性究竟来自何处?历史上人们的看法比较简单,只是将其归为上天的赋予,用孟子的话说就是"天之所与我者"。然而,上天如何能够给人以仁性呢?我从一开始就认为这里有问题,不满意这种说法,坚持对仁性的来源进行新的说明。研究下来,我得出的结论是仁性有两个来源。首先是生长倾向。人天生不是一张白纸,上面早就有了内容,这些内容就叫"生长倾向"。生长倾向是"人性中的自然生长倾向"的简称,特指人生下来就具有的那种倾向性。光有生长倾向还不行,除此之外还有伦理心境。所谓伦理心境是社会生活和智性思维在内心的结晶。人在社会中生活,社会生活的内容会对其内心产生影响。人同时还要不断进行智性思维,智性思维也会在内心留下一些痕迹。这些影响和痕迹,统称为"伦理心境"。仁性的来源虽然可以细分为生长倾向和伦理心境,但不能截然分割,伦理心境一定要以生长倾向为底子,生长倾向也一定会发展为伦理心境。不包含生长倾向为伦理心境之狭义,反之,包含生长倾向则为伦理心境之广义。以伦理心境解说仁性,通常是就广义而言的。一言以蔽之,仁性即是建基于生长倾向之上的伦理心境。"一体两现"中的"一体"其本质就是仁性,就是伦理心境。

以伦理心境解说仁性的思路与传统的做法明显不同,而这也成了我有别于我的同行的一个显著标志。我的这种做法当然还有很多细节需要进一步讨论,但我坚信它代表着一个重要方向,有着很强的发展潜力。

第四问:以伦理心境解说仁性确实是一个重要变化,但它也带来了一些问题。比如,生长倾向主要取自然义,这种自然之义如何能够成为道德本体呢?又如,狭义伦理心境来自社会生活和智性思维,既然如此,那么它就是后天的,这种来自后天的伦理心境又如何能够成为道德本体呢?

这两个问题都很重要,需要认真对待。先说头一个问题。生长倾向主要包含两个方面的内容,一是人可以成为其自己,二是有利于人这个类的绵延。从这个意义上说,生长倾向完全是自然性的,尚不能以善恶相称,因为善恶是社会概念。但这种自然性的生长倾向又与善恶有着密切的联系。社会标准的善恶从总体上说是从生长倾向衍生出来的。儒家讲父母对子女要爱,子女对父母要孝。这些都不是凭空产生的,都可以溯源到人的自然生长倾向。比如,我们观察动物界可以经常看到,动物到了一定的时期就会求偶,繁衍自己的后代,有了自己的后代之后,又会保护自己的后代。这些都是天生的。儒家文化圈中的很多行为规范,都可以在动物身上找到原始痕迹,而伦理心境也是建立在生长倾向基础之上的。这样一来,自然之义的生长倾向与社会之义的伦理心境就联系起来,形成了一个整体。

后一个问题更为复杂。仁性作为道德本体必须有其先在性(注意我不用先验这个说法),这一点对于生长倾向不存在困难。因为生长倾向完全来自天生,是人来到这个世界的那一刻就有的,有明显的先在性,我将这种情况称为"先天而先在"。困难在于狭义的伦理心境。狭义的伦理心境因为来自社会生活和智性思维,确实是后天的,但奇妙的是,这种来自后天的伦理心境作为一种结晶体,在处理伦理道德问题之前也已经在了,同样具有先在性,这种情况我称为"后天而先在"。一个是生长倾向的"先天而先在",一个是狭义伦理心境的"后天而先在",二者虽有不同,一个源于先天,一个源于后天,但在处理伦理道德问题的时候都已经在了,都具有先在性,就此而言,二者又是相同的。正是因为这种先在性,伦理心境才能成为道德的本体。很多学者在这个问题上转不过弯来,局限于既然是后天就不能是先在(验)的观念,对我多有批评。但如果能够明白来自后天的东西作为一种结晶物,在处理伦理道德问题之前,早就存在了,这种"早就存在"用哲学术语表达就是"先在",而正是这种"先在"的特性决定它可以承担道德本体之责。

我的这种诠释明显与牟宗三不同。牟宗三是从传统的形上学思路来思考这个问题的。在他看来,人的仁和良心来自上天的禀赋。上天是纯善的,其所给予的人的道德根据,也是善的。但前面讲了,我对这种传统的做法自始就持怀疑态度,不接受道德根据来自上天禀赋的说法(即使强调伦理心境必须建立在生长倾向基础之上,生长倾向是自然性的,这种自然也不是上天有意的赋予)。这个问题之所以重要,是因为它涉及如何看待形上学这个大问题。按照传统的说法,人之所以有善性,是因为人有良心,人之所以有良心,是因为"天之所与我者"。这套说法延续了很长时间,但今天看来,问题很大。良心真的是上天赋予的吗?如果真是上天赋予的,那么上天是如何具体操作的?为什么在不同时间、不同地区良心的具体表现会有那么大的差异?这些问题在传统的思维范式中,很难得到合理的说明。正因如此,我放弃了传统的方式,改用伦理心境诠释良心,解说仁性。

第五问:道德本体如此重要,恶是如何产生的呢?您曾撰文指出,"以公私论义利"是"义利之辨"诠释的"沉疴痼疾"。这个问题与合理解说恶的问题有直接关系吗?

义利之辨是先秦儒学的热闹话题,但先秦儒家讨论义利并不以公私为标准。到了宋代的伊川才正式这样做。这种做法危害很大。利合出公自然可以求,但如果出于私,而这种私又不危害社会,为什么不可以求呢?如果人人都不求自己的私利,社会怎么能够发展呢?自伊川之后,以公私论义利成为一个流行的趋势,即使阳明也不能幸免。为了表示这个问题的严重性,我用了"沉疴痼疾"这种说法,直接断言以公私论义利是义利诠释中的沉疴痼疾。就此而言,伊川与明道相比,悟性要差出很多。哲学是需要悟性的。好像弹钢琴一样,有人弹得好,有人弹不好,其中自然有努力程度的差异,但也有天分的因素。哲学与弹琴一样,有些人就适合做,有些人就不适合做。这话不好听,但却是事实。

进一步看,这个环节还可以引申出两个问题。一是孟子是义务论还是后果论的问题。义务论和后果论是西方哲学的一对重要范畴。但如果我们细细分析孟子,不难看到,其思想既不是纯粹的义务论,也不是纯粹的后果论。具体来说,孟子强调做事必须出于义的目的,但他并不完全排斥利,完全不考虑后果。孟子既是义务论也是后果论,是义务论与后果论的统一。如果一定要将孟子判定为义务论或后果论,不仅无法彰显孟子思想的特色,还会在争辩中前后失据,给自己找麻烦。二是恶的起源问题。人人都有仁,都有良心,但为什么后来会有恶呢,恶究竟来自何处?这是一个很大的问题。凡是坚持性善论的,都必须对恶的来源有一个交代,凡是坚持性恶论的,必须对善的来源有一个交代。在孟子性善论系统中,不能将利作为恶的来源。恶是没有按照道德根据的要求而行,选择了小体没有选择大体。虽然选择小体会导致恶,但小体本身不是恶。在孟子思想中,不能直接将利与恶画等号,恶没有独立的来源,只是善的缺乏。在义利之辨中,以公私论义利,以利作为恶的来源,是可亲可爱的先秦儒学到宋代变得有几分面目可憎的重要原因。

第六问:熊十力论本体有将恶实体化的倾向。您是否赞成熊十力的这种看法?

将恶实体化是熊十力的一大失误。熊十力以乾坤讲善恶,乾代表善,是善的根源,坤代表恶,是恶的根源。因为乾坤皆不可去,这样就把恶坐实了。梁漱溟对此有严厉的批评,认为熊十力在这方面最大的失误是把恶坐实了,丢失了儒家学理的根本。这一批评目光敏锐,非常深刻。前面讲了,如何看待恶,说明其来源,一直是令人头痛的问题。而在孟子的学理系统中,恶只是善的缺乏,没有独立的来源。熊十力没有把握住孟子的这种思想,以乾坤讲善恶,把恶坐实了,犯了一个不应该犯的错误,大大减损了其"一体"思想的内在价值。

第七问:谈了"一体"再来谈"两现",首先是第一种呈现,即道德践行的呈现。杨老师非常重视熊十力讲当下呈现,强调这一说法有重要意义,在建构儒家生生伦理学时更将其上升到"内觉"的高度,并借用佛家的自证分对其加以说明。我们对这个过程很感兴趣,杨老师能不能说说这方面的情况?

熊十力做学问、教学生确实有自己的一套。讲良知当下呈现是一个很好的例子。我们知道,熊十力严厉批评过冯友兰,强调良知不是假说,是实在,是当下呈现。牟宗三听到这种说法后,"振聋发聩",很受教育,但当时并不懂,经过后来的不断努力,才掌握了其中的奥秘。由于他的大力宣传,良知是当下呈现已经成为了20世纪著名的学术典故。

在这方面我的经历也比较曲折。我多次讲过,我接触这方面的材料是在读硕士的时候,当时非常好奇,但不了解其中的道理,直到大约过了三年,直升博士后,有一天才突然有了感觉,体会到了自己体内那股道德生命之流,明白了其中的秘密。我常说,我超脱字面理解的阶段,对儒家有了切身体会,踏入儒家的门槛,就是从懂得当下呈现开始的。当下呈现为什么如此重要,这需要从心学的根本义理说起。心学以良知为道德根据,良知不是死物,遇事必然表现自己,告知何者为是,何者为非,同时发出极大的力量,要求人们必须按照它的要求去做。听从了它的要求,就内心愉悦,违逆它的要求,就内心愧怍。也就是说,良知作为道德本体在遇事接物的瞬间一定会跃起身来表现自己。这种表现是在瞬间完成的,故为当下,这种表现是以呈现方式进行的,故为呈现,合而言之,即是当下呈现。熊十力讲当下呈现,就是要告知人们心学的这个道理。毫不夸张地说,只是简单的一句良知是当下呈现,就阐明了心学精髓,恢复了心学的血脉,其功不可谓不大矣。

有了这种进步自然心里高兴,逢人便说,遇人便讲。谁知过了近二十年,直到建构儒家生生伦理学时,我才发现这种理解还远不到位。因为它忽视了一个重要问题:我是怎么知道良知在呈现的。此时,我对佛家见分、相分的思想已经有了一定的了解。佛家认为,认识既有见分,又有相分。见分又叫能取分,是认识的那个行为者。相分又叫所取分,是认识的那个对象物。在见分和相分的划分中蕴含着一个问题:在见分构成相分的过程中,我们是否知道自己正在见分之中呢?为了解决这个问题,唯识宗又讲了一个自证分。自证分是自知的能力。以"听见"为例,"听见"作为一种识,可细分为三个内容:首先是听这种活动,此为见分;其次是所听见的对象,此为相分;第三是对这种活动的自知,此为自证分。换句话说,当我听某一个声音的时候,我不但听见了这个声音,而且这个"听见"自己是知道的,即我知道我听见了一个声音。人的这种自知能力佛家即称为"自证分"。

佛家这一思想帮助我明白了一个道理:良知遇事一定会呈现自身,而人有一种自知的能力,可以知道这种呈现正在进行。这种能力在佛家叫作"自证分",而我以儒家学理为基础称其为"内觉"。"内觉"是儒家生生伦理学的逻辑起点。逻辑起点是一个非常重要的问题。一门学说必须有可靠的逻辑起点,否则其根基就不稳固。过去我们常说,人有感性和理性,这个结论并没有错,但它忽视了我们是怎么知道人是有感性和理性的问题。如果以"内觉"作为儒家生生伦理学的逻辑起点,这个问题就不存在了。正因于此,我通过诠释笛卡尔的"我思故我在",提出"我觉故我在"的命题,将儒家生生伦理学的根基建立在"内觉"的基础上。这个变化是巨大的。传统心学无不以良知作为其学理起点,儒家生生伦理学不是这样,它的逻辑起点是"内觉",不是良知。相对于"内觉",良知是次一等的概念。没有"内觉"就没有良知。这些进步都是受到了熊十力讲当下呈现的启发,可见这个问题是多么重要了。

第八问:熊十力讲的"内缘"是非对象性的,而您讲的"内觉"一定有其对象性,这是什么道理呢?

熊十力讲"内缘"与我说的"内觉"有一定关系,但角度有所不同。当时有一种看法,认为心外缘一物,同时知道这种外缘正在进行,这就是"内缘"。熊十力不赞成这种理解,强调他所说的"内缘"专就证量而言,是本心自知自识,自己知道自己,与"外缘"无涉。而我强调"内觉"有对象性,是说"内觉"就是觉自己的内心。内心是统称,具体可分为欲性、仁性、智性三个方面,这三个方面都为内心这一概念所涵盖。如果没有内心这个对象,"内觉"就成了空的,不再有任何意义了。这个道理其实与熊十力并不矛盾。他强调"内缘"是本心自知自识,自己知道自己,这后一个"自己"不就是一种对象吗?当然,需要特别注意,我说"内觉"有对象性,不是预先设定一个对象等待"内觉"去发现,否则在逻辑上会引出无限倒退的问题。"对象"和"内觉"放在一起,"内觉"是第一性的,"对象"是第二性的。前面我说,"我觉故我在"是儒家生生伦理学的逻辑起点,在"内觉"面前,良知是次一等的概念,就是这个道理。

这又涉及"内识"和"外识"的问题。在儒家生生伦理学系统中,智性是人的一种认知能力,这种能力既可以认识外部对象,又可以认识内部对象,前者称为"外识",后者称为"内识"。"外识"与此处的话题没有直接关系,这里只谈"内识"。"内识"是认识内部对象,也就是认识自己的内心。要认识自己的内心,首先要发现自己的内心,否则认识自己的内心就成了一句空话。发现自己的内心,就是"内觉"。正因于此,我才确定"内觉"一定有其对象性。

第九问: 与道德践行意义的呈现有关,您提出了一个非常重要的概念,叫"仁性遮蔽",特别强调要警惕仁性可能造成的弊端,反对目前过分抬高心学的倾向。您为什么有这种看法?

这是一个很好的问题。我提出这个问题和我的研究方法有直接关系。自我从事儒学研究开始,一个重要的努力方向,就是打破西方哲学感性、理性两分的思维模式,通过对孔子思想的诠释,建立了欲性、仁性、智性三分这一新的思想方法。在三分法中,欲性大致相当于西方哲学的感性,智性大致相当于西方哲学的(道德)理性,仁性则是孔子说的仁,孟子说的良心。我们不能说西方没有这方面的内容,但儒家关于仁性的论述特别丰富,事实上已成为一个独立的系统,远远超过了西方。

在三分法中,最值得关注的是仁性。前面说过,我对仁性有自己的理解。一般认为,仁性是道德本体,道德本体必有发用,其发用即为善,遇事只要善于反求,找到自己的道德本体,忠实按照它的要求去做,就可以成德成善了。这种理解当然是对的,儒家心学一系所强调的无非是这个道理。但在现实中我们会发现问题并非如此简单。我在课上讲过,日本人也有仁,也有良心,但二战时他们杀了那么多中国人,这种现象如何解释?每个学生都有仁,都有良心,但文化大革命中,他们可以打老师,做很多错事,这种现象又如何解释?传统儒学研究很少涉及这些问题,但现实生活迫使我们必须对此有所说明,否则就是失职。根据前面所说,仁也好,良心也罢,一是来自生长倾向,二是来自伦理心境。伦理心境是社会生活和智性思维对内心影响的结晶体,既然如此,如果社会生活和智性思维出现问题,仁和良心也会出现问题。我将这种情况称为"仁性遮蔽"。仁性遮蔽不是说没有仁性了,而是说仁性受到了其他因素的影响,变了形,遮蔽了原先的光彩。就拿文化大革命来说,当时学生们那样做并不认为自己是错的,反而认为自己是革命的,是在捍卫革命路线。经过多年沉淀,社会回归正常后,这些革命小将才明白自己是被人利用了,才后悔,才反省,才道歉。这充分说明,仁性是会随着社会的发展而不断变化的,遮蔽就是这种变化的一种形式。

  正因于此,我对现在过分抬高阳明心学的倾向抱有极强的警觉态度。阳明心学是由孟子思想发展而来的,对于彰显仁性的价值有重要贡献。阳明明确看到他的思想与孟子思想的内在关联,十分自信,但并不了解孟子思想与孔子并非完全一致。照我的一贯思路,孔子思想内部有欲性、仁性、智性三个部分,孟子则只有欲性、仁性两个部分,不自觉地丢掉了智性。这就是我所说的"孔孟心性之学的分歧"。我提出这个看法很久了,但一直没有得到学界的重视。当前过分抬高阳明心学,就是这种情况的一个具体表现。尽管阳明讲知行合一,讲致良知有其合理性,从历史上看也有重要意义,但从根本上说,他的思想只是沿着仁性的路线走,并不重视智性对于成德成善的重要意义,本质上仍是一偏,并不全面。非常可惜,现在很少有人能够清醒地看到这里的问题,加上受政治因素的影响,往往将阳明心学看得太高,甚至直言要以心学救天下。这是一种非常不好的倾向,如果我们现在还不注意这个问题,它的弊端在不久的将来定会重新再现,重演明末清初的教训,重演"文化大革命"的悲剧。

第十问:既然仁性也会出问题,那如何解决呢？您似乎是寄希望于智性,提倡大力启动智性,来一个"二次启蒙"。您能谈谈这方面的问题吗？

仁性会出问题,历史上并非没有人关注。蕺山对阳明心学流弊的警觉,就是由此而来的。明代末期,阳明后学的弊端逐渐显现出来,猖狂者参之以情识,超洁者荡之以玄虚。为解决这些问题,蕺山提出了"意根最微"之说,将意提至超越层,与作为已发的念区别开来,后来又区分了心宗与性宗,希望以性宗作为保障,使心宗不陷于流弊。三百多年后,牟宗三写作《心体与性体》延续的是同样思路。他认为,蕺山学理最有价值之处是既重心体,又重性体。在这种划分中,心体代表主观性,性体代表客观性。一旦心体出现了问题,可以通过性体的客观性加以克治,使其不流于弊端。因为我对仁性有自己的诠释,所以完全不接受这种理解,更不相信这种做法能有实际效应。因为我们很难相信,在社会生活中如果仁性出了问题,有人对他说,这是你心体的错,不是你性体的错,拿出你的性体,挺立性天之尊,你的问题就可以解决了。在当今条件下,能有多少人相信这套说法呢？

要从根本上解决问题,还是要回到三分法。前面讲过,三分法是打破西方感性和理性两分法,将与道德相关的因素划分为欲性、仁性、智性三个部分的一种方法。在三分法中,除欲性外,仁性和智性都是道德的根据,而仁性与智性的作用各不相同,有一个复杂的互动关系。在这个互动关系中,仁性可以为智性提供动力,智性可以对仁性加以再认识。仁性为智性提供动力的问题与此关系不大,暂且不论。这里着重谈智性对仁性的再认识。这种再认识有两种可能。一是看到仁性没有问题,从而使行动更为自觉,目的更为明确。二是看到仁性有问题,内部有缺陷,这时就需要对其加以调整甚至作出重大修改,从而使行动趋于合理。由此可见,儒家生生伦理学虽然来自十力学派,但与熊十力、牟宗三不同,它不持心学的立场,这是需要特别强调的。心学以仁性作为道德根据,而儒家生生伦理学认为,除仁性外,智性同样是道德根据。由仁性而来的是心学,由智性而来的是理学。心学与理学各为一流,但都有失全面。如果仅以仁性为道德根据,必然使其学理陷于偏狭。只有立足于三分法,既承认仁性的作用,又承认智性的作用,才能保证学理的完整。我在《儒学谱系论》中将这一步工作归纳为一句话,这就是:"立法三分,聚合两流。"

正是在这个意义上,我提出了"二次启蒙"的概念。启蒙运动是近代西方文化发展的重大事件,其核心是启用理性从宗教束缚下解放出来。根据我的理解,类似的运动,中国早在先秦时期就已经大致经历过了。周人在推翻殷人统治后面临着其政权的合法性问题,为此他们将德与天联系在一起,提出"皇天无亲,惟德是辅"的口号。随着社会发展出现的问题越来越多,人们渐渐对这种说法产生了怀疑,出现了"怨天""疑天"的思潮。这种思潮的本质是对先前带有原始宗教的精神产生怀疑。正是在这个意义上,我才断言,中国早在两千多年前就基本上完成了第一次启蒙运动。这次启蒙运动给中国文化带来了极为深刻的影响。从历史上看,儒学内部虽然也包含一些类似宗教的因素,但走的始终是人文的路线,而不是宗教的路线;儒学从来不是宗教,从根基上说,就是因为在先秦有过这样一次启蒙运动。放眼世界,这可以说是中华文明最为特殊、最有价值的地方。

但是,这一工作还不够彻底,它还只是对先前宗教精神提出怀疑,开始走向人文的道路,对道德根据尚缺乏真正的理解。自孔子创立仁的学说后,仁就成了儒家道德学说的最重要的根据。为了替这一根据寻找终极来源,至少从孟子开始,人们就开始以天说事了。孟子"天之所与我者"是极为重要的材料。按照这一说法,上天居于最高层次,是一切事物的终极原因,仁性也来自上天的赋予。于是人的道德根据就有了可靠的形上保障,人们只要按照自己的仁性去做就可以了。但如上所说,仁性除生长倾向的基础外,主要来自社会生活和智性思维对内心的影响,而非来自上天的赋予。既然如此,一旦仁性出现问题,就不能指望上天,唯一有效的办法,就是启动智性对仁性加以再认识,查明其来源,肯定其合理之处,明确其问题所在,从而加以调整和修正。动用智性发现仁性的问题,从仁性中解放出来,也是一种启蒙,因为之前已经有过一次启蒙,所以这次启蒙可以称为"二次启蒙"。

当然，这次启蒙不能完全等同于西方近代的那次启蒙。西方近代的启蒙运动对西方社会的发展有着极为重要的意义，尼采、海德格尔的思想都离不开这个背景。然而，西方启蒙运动的问题也不能忽视，根据我的判断，其最大的问题就是过于自信，走过头了。在西方人看来，因为人有理性，理性可以认识一切，改造一切，破除一切。但他们不知道，社会规范不是都能破除的，即使能破除，也不能随意而为。西方社会发展中出现的种种问题，均与此有关。为了避免这一教训，我提出，在"二次启蒙"中需要引进经权智慧。也就是说，破除旧的规范，必须在经权的范式下展开，必须有好的动机，必须充分预估其后果。动用智性对仁加以再认识，也应这样看。智性确实可以对仁性加以再认识，发现有不合理的地方，可以加以调整，但这个过程必须以行权的方式展开，不能胡改乱作，否则就是小人行权，后患无穷。前面讲的仁性和智性的互动关系，就是处理这个问题的。这个问题太大了，《儒家生生伦理学引论》辩证篇第八至十章有详细的分析，有兴趣的不妨一阅。

第十一问：再来看第二个呈现，即道德存有的呈现。您在"牟宗三对熊十力的继承和发展"系列文章中提到，熊十力道德存有的路线是受到了佛教的影响，但佛教唯识与儒家学理明显不同，那么应该如何理解这种意义的呈现呢？

在"两现"中，"道德践行意义的呈现"虽然也很重要，但相对来说还比较好理解。这方面的道理，传统心学早就讲了，熊十力的努力无非是彰显了传统心学的真义，复归了心学的传统而已。"道德存有意义的呈现"就不同了，它更为复杂，可以说是全新的内容，其学理意义也更为重要。前面讲过，我大约经过三年的努力，才了解了熊十力讲当下呈现的用意，非常兴奋。谁知又过了很多年，直到写作《贡献与终结》第三卷存有论时，突然才意识到之前的了解并不全面，之前了解的只是道德践行意义的呈现，除此之外，还有道德存有意义的呈现。也就是说，道德之心创生道德践行是通过当下呈现进行的，道德之心影响宇宙万物的存在，使其成为道德存有的过程，同样是通过呈现进行的。我之前仅仅了解道德践行意义的呈现,不知道呈现还有道德存有的意义。这个发现令我大为震惊,加之后来又明白了不能只讲呈现,还必须讲内觉,只有这样儒家生生伦理学才能找到可靠的逻辑起点,深感儒学研究之难远远超出了想象。

熊十力在道德存有意义上讲呈现,虽然受到了佛教的影响,但与佛教义理又有很大不同。心外无境,三界唯心,宇宙万物只是心的乍现,没有心就没有境,这是佛教唯识思想最重要的内容。佛教这一思想完全建立在缘起性空学理基础之上。儒家不同,儒家重心,心不是空,而是实。熊十力正是看到了这个问题的重要,在引进佛教相关思想的同时,对其进行了重大改造,将佛教的以空为原则,改换为儒家的以实为原则。这个实就是道德之心或道德本心。道德之心或道德本心有一个特点,就是不安分,对外总是要指指点点,表现自己的意见,从而将自己的价值和意义附加其上,使之染上道德的价值和意义。这个过程是通过呈现进行的,而这个过程又可以称为"创生"。道德之心或道德本心创生宇宙万物,是十力学派不变的原则。从特定意义上可以说,创生的过程就是"由无到有"的过程。但这个"无"不是物理意义的,不是说什么都没有,而是说没有道德之心或道德本心的参与,宇宙万物没有任何的价值和意义。没有道德价值和意义即是一种无,受到道德之心或道德本心影响具有了道德价值和意义即是一种有。

第十二问:您非常重视道德存有意义的呈现,以此凸显熊十力在开创道德存有一脉的重要作用,但又说相关义理在横渠、二程、阳明那里已经有所涉及了,既然如此,熊十力的贡献表现在何处呢?

道德存有是儒学的一项重要内容,但相关思想有一个漫长的发展过程。先秦儒家虽然有些话(比如孟子说的"万物皆备于我")好像与此接近,但严格分析,二者讲的并不是同一个问题。到了宋明,情况就不一样了。受佛教影响,一些重要的儒学家已经明白并接受了佛教的这一思想。比如,横渠讲"民胞物与",讲"天地立心",明显已经包含了这方面的内容。明道就更为直接了,他的一些话头,如"仁者,以天地万物为一体","仁者浑然与物同体",表面看十分玄虚,但如果置于道德存有的角度,无非是说,有德的人必然以道德之心观察万物,将自身的价值和意义赋予其上,从而达到与宇宙万物浑然不分的境界。象山的"宇宙便是吾心,吾心便是宇宙",阳明以观岩中花树论"心外无物",将这个道理讲得更加明白了。这充分说明这些思想家已经初步了解了道德存有的道理,但他们的论述还不够系统,多是一些思想碎片,顶多算是一些超人的体悟或天才的猜测而已。

真正把这一内容系统化上升为一种理论的是熊十力。熊十力能够有此贡献,达到前人未能达到的高度,缘于他在南京支那内学院跟随欧阳竟无学习佛学,掌握了唯识论的基本精神。通过这种学习,他明白了万法唯心的道理,虽然后来对佛学有所不满,立志以儒家思想为基础对其进行改造,但他所要阐明的思想其根基仍然是万法唯心,只不过"心"的内含有所不同而已。熊十力这样做的最大意义,是在儒家原有的道德践行的路线之外新辟出了道德存有的路线。我写《儒学谱系论》,一项重要任务就是要阐明两千年儒学发展实际上有两条路线,一条是道德践行的路线,一条是道德存有的路线。道德践行是主线,道德存有是辅线。道德践行之主线自古就有,而道德存有之辅线是宋明之后受到佛教影响逐渐形成、最后由熊十力真正挑明的。这足以说明,阐明道德存有意义的呈现,在道德践行的路线外,开辟出道德存有的路线,完善了儒家一主一辅两条线索的整个格局,这是熊十力学理最大的"学术增量",也是其对儒学发展最大的贡献。我常说,近代以来,其他人不好说,但再过多少年,熊十力还是要讲,甚至大讲特讲,就是基于这个道理。

第十三问:熊十力以体用不二批评唯识学,贤首大师判教也说唯识宗只是大乘始教,大乘起信论达成理事无碍法界方是终教。以此为据,太虚大师批评熊十力不如贤首学。如果这个批评能够成立,熊十力体用不二的"学术增量"就将完全被抹杀了。熊十力对此似乎没有回应,您怎么看这个问题?

这个问题前面已经有所涉及了。上面反复讲过，心外无境，三界唯心是佛教的基本义理，这个义理是建立在缘起性空基础之上的。佛教的这套说法内部隐含着一些学理问题不易解决，佛学界内部对此也多有争论。熊十力在这方面的贡献，是借鉴了唯识学的基本义理，而移动了它的基础，即不再以缘起性空为基础，而是以道德本心为基础。也就是说，熊十力的新唯识论的根基不再是空，而改成了实，不再是缘起性空，而改成了以道德本心为基础的体用不二，大化流行。这就是"学术增量"。不管熊十力如何面对太虚的批评，如何回应佛教界的挑战，这种"学术增量"都是无法否认的。这再次说明，为儒家学理系统增加一点新的内容，提供一点"学术增量"是多么不易，多么宝贵了。

第十四问：最后再谈谈十力学派的前景问题。您为《儒家生生伦理学引论》结语标注的题目是"儒学范式现代转化的完成"。在一般人看来，"现代"这个词语与文化、经济等具体的社会情况相关，而哲学，特别是道德哲学是一种抽象的、理论的事业。您在这里所说的"现代转化"意味着什么？

这里的"现代"是就思想范式而言的。研究任何一门学问，都有自己的范式。儒学研究已有两千多年了，同样有自己的范式。这个范式从历史大视野的角度看，我认为主要有两个。一是孔子创立的礼仁，二是二程提出的天理。礼仁范式是以礼仁为核心，讨论儒学中心问题的一套思想方法。天理范式是以天理为核心，将道德学说上推到天的高度的一套思想方法。这些范式维持了两千多年，发挥了重要作用，至今仍然有效。但它的一些不足也逐渐显现出来了。比如，研究儒学都知道孔子既讲礼，又讲仁，"人而不仁如礼何，人而不仁如乐何"之名言更是世人皆知。但礼和仁究竟是一种什么关系，为什么行礼必须以仁为思想基础，只停留在礼和仁的字面上，很难讲清楚。又如，二程非常重视天理，明言"天理二字是自家体贴出来"，充满着自豪之感。自此之后，儒家学说上升到了天理的高度，这固然有利于应对佛教和道教的挑战，但其学理也渐渐走向了僵化。正因于此，"现代转化"的问题早在二十世纪八十年代就提出来了，很多人都在讲，都在做，提出了各式各样的方案，五花八门，十分热闹。

我所说"儒学范式现代转化的完成"也是在这个大背景下进行的。我的工作主要围绕十力学派的"一体两现"（特别是其中的"一体"）而展开。道德本体人人都讲，但传统的讲法有一个根本性的缺点，就是把它讲死了。按照传统的范式，道德本体来自上天的禀赋，是天理的表现，而在中国思想系统中，天是不变的，即所谓"天不变道亦不变"，因此作为来自天理的道德本体也是不变的，从而使儒家学说失去了应有的活力。为了解决这个问题，我从生长倾向和伦理心境两个角度对道德本体进行了诠释，提出了仁或良心是建基于生长倾向之上的伦理心境的命题。因为生长倾向和伦理心境都有时间性和空间性，所以道德本体也有时间性和空间性。更为重要的是，我坚持认为，并非只有仁性才是道德根据，智性同样是道德根据，仁性和智性的辩证关系同样是有时间性和空间性的，处于一个复杂的发展变化的过程之中。

我将自己的学说概括为"儒家生生伦理学"，特别重视"生生"二字，主要目的就是要凸显这种时间性和空间性，从发展变化的角度看待儒家的道德学说。这种新理解带来的理论效应十分巨大。在传统中，道德本体一定是不变的，而在儒家生生伦理学系统中，道德本体一定是变化的。将时间性和空间性加诸道德学说中，使成德成善成为由曾在到现在再到将在不断流动变化的过程，是儒家生生伦理学带来的最为根本性的改变。这种改变大大超出了固有的思维习惯，有很强的超前性，以至于很多人一时还不能了解它的价值。我在《儒家生生伦理学引论》扉页上标明"献给一百年之后有幸的读者"，即包含着这层用意。但我相信，或许用不了那么久，它的意义就能够显现出来，为人们所广泛接受。

第十五问：刘述先讲过，从熊十力之后，儒学家的身份已经从传统的士大夫变成了专门教师，儒学也从实践的学问变成了象牙塔中的学问。在这种情况下，儒学的学习者和研究者应当如何承担自己的社会责任？您对正在学习中国哲学的研究生有什么建议？

这个话题比较沉重。社会确实发生了很大的变化。在历史上，士人中出众一点的做王者师，像伊川那样，大多数则是自己读书教书，影响乡里。现在不同了，由于职业分工越来越细，儒学研究者一般只是大学的老师，很难直接与社会大众广泛接触，其社会影响力只能通过他的研究成果来实现。

面对这种情况，我们需要给自己一个准确的定位。从事理论研究无非有两类，一类是求庙堂之高，一类是求江湖之阔。求庙堂之高，就是要钻象牙塔，在学理上求得突破。求江湖之阔，就是做好普及工作，扩大影响。能够两者兼顾最好，但绝大多数人没有这种能力，只能顾一头。在我看来，求庙堂之高的路相对来说可能更难走，因为你的书没有多少人去读，更没有多少人能读懂，甚至根本不知道你这个人的存在。但社会的发展离不开这些人。一旦这些人的工作做好了，在理论上有了实质性的突破，自然会有人来学习他们的思想，宣传他们的主张，进而影响社会。

我自己走的是前一条路，这条路不好走，必须甘得了寂寞，坐得了冷板凳，忍受长久的孤独，从事中国哲学研究的人尤其如此。我在《儒家生生伦理学引论》后记中说，"在今天的条件下，对中国哲学的思考可能60岁才算成熟，不管别人怎么看，这话反正我信"，讲的正是这个道理，践行的正是这个夙愿。希望大家能够明白这个道理，找准自己的定位。

Fifteen Questions on "One Body and Two Manifestations" of Shi-li School

Yang Zebo　Ge Lingtong, et al.

Abstract: Among the first generation representatives of modern neo-Confucianism, Xiong Shili successfully founded his own school, Shili School. Tang Junyi, Mou Zongsan and others consciously inherited the thought of their master, which greatly increased the influence of this school, which became a unique scene in the development of modern neo-Confucianism. The core of this school of thought can be summarized as "one body and two manifestations". "One body" refers to the moral noumenon, and "two manifestations" are the presentation of moral practice and that of moral being respectively. It is an important task for the future development of Confucianism to study this school seriously, to understand the core of the thought of "one body and two manifestations", to explore its intrinsic value and to carry it forward.

Keywords: Xiong Shili, Mou Zongsan, Shili School, "one body and two manifestations"

从自由主义到马克思主义
——论新中国成立后沈从文思想裂变的历史与逻辑*

何小平　姚婷婷[**]

[摘　要]　新中国成立前,沈从文是中国现代知识分子中自由主义者的代表人物之一。新中国成立后,沈从文作为旧知识分子接受了新中国政府组织的思想改造,经过系统的政治学习和社会实践的现实教育,接受并学术践行了马克思主义思想。沈从文立足辩证唯物主义和历史唯物主义思想原则,坚持普遍联系观、发展观,采用传统文献、出土文物与图像三者综合比较的"三重证据法",对中国传统图像、图案和文物等形象性历史遗存进行跨学科比较和整体性的研究,学术成就巨大。拟以历史与逻辑结合的方法,考察沈从文学术实践中的唯物主义立场与科学实证精神,梳理其对普遍联系观与

---

* 基金项目:国家社科基金后期资助项目"沈从文的图像实践研究"(20FZWB004);湖南省社会科学成果评审委员会课题"沈从文的'形象史学'实践研究"(XSP20YBZ096)。

** 何小平(1970—　),男,湖南新邵人,哲学博士,吉首大学文学与新闻传播学院教授,主要研究领域为阐释哲学与文艺美学。
　　姚婷婷(1999—　),女,湖南慈利人,吉首大学文学与新闻传播学院硕士研究生,主要研究领域为现当代文学与沈从文研究。

发展观的学术践行情况,分析其"三重证据法"研究方法创新背后的辩证唯物主义与历史唯物主义原则,探讨其跨学科、比较与整体研究的学术特征的表现及形成根源,以整体地认知和历史地理解沈从文的学术思想、学术成就与学术地位。

[关键词]　沈从文;马克思主义;普遍联系观;发展观

　　沈从文是20世纪中国具有世界声誉的文学大家,他在新文化运动与"五·四"运动的精神感召下,早期艺术创作持守自由主义思想,坚持"工具重造"和"经典重造",在中国现代文学史上独具一格。新中国成立后,沈从文经过系统的政治学习和社会实践的现实教育,接受并学术践行了马克思主义思想,从唯心走向了唯物,从一个自由主义者作家裂变成为了一个以马克思主义思想来指导学术实践的学者。沈从文坚持马克思主义发展观、普遍联系观,对中国传统图像、图案和文物等形象性历史遗存进行跨学科比较和整体的研究,学术成就卓著。20世纪上半叶沈从文持守自由主义思想走向了文学创作的艺术巅峰,20世纪下半叶沈从文接受并运用马克思辩证唯物主义和历史唯物主义迈向了物质文化史、纺织考古、图像和"形象史学"等研究的学术殿堂,为这些领域的学术研究增添了许多的亮色,二者之间的机缘巧合,其中的偶然与必然糅合,使得沈从文在中国20世纪的文学史和学术史上成为了一道独特而又靓丽的文化风景线。

　　新中国成立后,沈从文从文学艺术创作走向学术研究,并取得巨大的成就,如此华丽转身,让诸多学人、诸多读者无比感叹。沈从文从唯心走向唯物,从自由主义转向马克思主义,如果他本人内心没有对马克思主义思想全面的理解和认同,这种转变是无法完成的,如果没有马克思辩证唯物主义和历史唯物主义的思想武器,他的学术成就也不可能如此巨大。而我们如果不能实事求是、以普遍联系和发展的观点去全面认识沈从文在新中国成立后对马克思主义思想的接受及学术践行的历史与逻辑,如果对新中国成立后沈从文的学术成就视而不见、充耳不闻,这本身就是唯心主义的表现。本文力图以历史与逻辑相结合的方法,考察沈从文学术实践中的唯物主义立场与科学实证精神,探讨其对普遍联系观与发展观在学术研究中的灵活运用,深入探讨其"三重证据法"研究方法创新背后的辩证唯物主义与历史唯物主义原则,分析其跨学科比较与整体研究的学术特征,以期待学界和广大读者能基于此实事求是地认知和理解沈从文的学术思想、学术特征、学术方法与学术成就,从而重新客观而公正地评价沈从文的学术地位。

一、新中国成立后沈从文自由主义思想的裂变与马克思主义原则的建立

众所周知,沈从文是中国20世纪现代知识分子中自由主义者的突出代表人物之一。新中国成立后沈从文的思想也在发展、变化。新中国成立后沈从文接受并学术践行了马克思主义思想。沈从文对马克思主义思想的接受,有外因和内因的共同驱动。外因和三件事情有关:其一是新中国成立后人民政府对旧知识分子的思想改造。沈从文1950年3月到12月分别在华北大学和华北革命大学集中而系统地学习了马克思主义思想。其二是中国"土改"这一伟大的社会实践。沈从文1951年10月到1952年2月之间参加四川内江土改,接受了社会的现实教育。新中国翻天覆地的变化基本上实现了他早期的社会理想,即社会和平安定,百姓安居乐业,这令沈从文的内心充满了震撼,也点燃了他为人民服务、为国家服务的强烈愿望。其三是"三反""五反"运动。1952年沈从文参加了北京的"三反""五反"运动,其主要工作是清点文物,这让沈从文真正认识到了中国传统文化的博大精深,也意识到了新中国文化建设任务的艰巨,由此坚定了为新中国文化建设而努力工作的决心,自此丹心不改而终不悔。

新中国成立后,沈从文对马克思主义思想的接受的内因则是对自身昔日自由主义思想的反思。沈从文在其1950年2月21日写作的《自传》中有过深刻的剖析,这发生在组织决定让他去华北大学参加学习进行思想改造的前夕。沈从文的自我剖析真实而深刻,更是真诚的。沈从文先分析了自己自由主义思想产生的根源,认为在过去的艺术创作中,大多是从主观出发,而没有从客观社会现实出发,没有能够理解社会发展的规律,而仅只依靠争取思想的独立与自由,认为知识救国、文化救国是社会发展与进步的根本途径。从根本上说,这也是诸多旧知识分子唯心主义思想的表现所在。[①] 此时在沈从文看来,昔日自由主义思想已经不符合新中国的社会现实与社会实践,再持守自由主义思想,就不

---

① 参见沈从文:《自传》,《沈从文全集》第27卷,太原:北岳文艺出版社,2002年,第61页。

能服务国家、服务社会、服务人民,因而不具有合理性,没价值也没意义。沈从文这种自我剖析,是特定历史阶段的产物,反映了他的思想立场从唯心到唯物的变化。从唯心走向唯物,沈从文在1966年写作的《文学创作方面检查》中也有一定的表现。沈从文首先力图剖析自己从文学走向文物和历史研究的心路历程。文学以审美的方式再现外在客观世界与表现内心主观精神世界,有鲜明的主观色彩,唯心因素会多一点;而物质文化史研究工作面对的是与百姓密切相关的物质资料,要求唯物与历史理性,务求科学实证,注重客观分析。在沈从文看来,物质文化史研究,面对的是客观物质而不是主观意识;既然是和物质打交道,搞综合文物研究工作,和自然科学接近,重客观求证,就不容易犯主观方面的错误。历代知识分子的学术选择和意识形态之间存在微妙的关系,此时沈从文的学术选择也自有历史的影子,"原以为搞综合文物研究工作方法,一部分和自然科学比较相近,客观分析重于主观发挥"①。沈从文的自我心理剖析,比较符合他在"文革"初期受到冲击时的心理状况,同时也从侧面反映出沈从文在新中国成立后选择文物研究和历史研究的潜隐动机。

  在上述内外两个因素的共同作用下,沈从文在新中国成立后基本上完成了从唯心到唯物、从自由主义到马克思主义的思想转化,逐步把马克思主义辩证唯物主义和历史唯物主义作为自己学术研究的基本思想原则,并在学术实践中加以灵活运用:"搞文物研究,则重在把客观的一切,先作纵的排列,再作横的会通,再引文献互证,用辩证唯物论的基本观点来作纵的发展,和横的联系,加以判断说明而已!"②对于其学术践行的马克思历史唯物主义和辩证唯物主义原则问题,沈从文在《宋代服装资料》前言中更有清晰的表述:"现在由于有了马列历史唯物主义思想工作方法,有了毛主席《实践论》思想工作方法的指导,能适当结合文物与文献来探索问题,用的工夫虽还不够深入,即得到一些基本认识。这种认识很明显是对全部服装史的研究有极大帮助的。"③以马克思辩证唯物主义和历史唯物主义为学术利器,沈从文针对当时文物工作、历史研究中的唯心主义思想与方法问题,尽力进行纠偏。沈从文在编订《美术史》《工艺美术史》《物质文化史》等工作中,基于最新出土的文物,发现这些研究中还有许多空白

---

① 沈从文:《文学创作方面检查》,《沈从文全集》第27卷,太原:北岳文艺出版社,2002年,第213页。
② 沈从文:《19761012(1)苏州致张宗和》,《沈从文全集》第24卷,太原:北岳文艺出版社,2002年,第495页。
③ 沈从文:《〈宋代服装资料〉前言》,《沈从文全集》第30卷,太原:北岳文艺出版社,2009年,第248页。

地带,认为值得去深入、去探索,这是新中国社会现实和发展实践给广大学者提出的历史任务。但是还有学者依旧从唯心主义出发,而不是从唯物主义出发,导致工作无法深入和全面地开展,这让沈从文非常痛心:"搞文物工作还有唯心主义问题存在,乍一听来似近于有意耸人听闻,而事实上却还相当严重!"①许多研究者,张口闭口唯物主义,而研究实践中又从主观意识出发,而不是从客观现实与历史事实出发,墨守成规,表面唯物,实则唯心。在沈从文看来,唯心主义表现在学术方法上就是单纯依靠文献而孤立于文献典籍中求证,他毫不留情地批评说:"做学问搞研究,都还依旧在玩老把戏,以文献记载为主,引文献证文献,复归于文献,始终在'唯心'方式上绕圈子,做学问。"②沈从文心有柔软,因为有大爱;但亦有刚正,因为有大义!

二、唯物辩证法:沈从文学术实践中科学实证的精神内核

沈从文在马克思历史唯物主义和辩证唯物主义的思想原则下形成了比较鲜明的科学理性,在学术实践中强化了实证精神。科学实证是人类在实践活动中所持理性的必然要求。实证科学的目标即寻求科学规律,"科学的功能就是建立普遍规律来概括科学关注的那些经验事件或者客体行为,从而使得我们能将孤立的已经知道的知识联系起来,并对未知事件做出可靠的预测"③。在马克思唯物辩证法之下,立足于联系观与发展观,沈从文在学术实践中逐步形成并确立了实证精神,这也是其学术研究科学性的基本保证。沈从文学术研究强调科学实证,这也和沈从文从唯心到唯物、从对社会的"思"到"信"的态度的转变有关。沈从文早在1948年就有这种转变的流露,沈从文面对着新社会的到来,也日益意识到自己对于社会的认知,必须从以前主观想象的"思"向客观理智的"信"转变:"人近中年,情绪凝固,又或因性情内向,缺少社交适应能力,用笔方式,二十年三十年统统由一个'思'字出发,此时却必需用'信'字起步,或不容易扭转,过不多久,即未被迫搁笔,亦终得把笔搁下。"④上述文字也反映出了

---

① 沈从文:《51019710609双溪复史树青》,《沈从文全集》第22卷,太原:北岳文艺出版社,2002年,第514页。
② 沈从文:《19770619(1)北京致张香还》,《沈从文全集》第25卷,太原:北岳文艺出版社,2002年,第69—70页。
③ R.J.约翰斯顿:《哲学与人文地理学》,蔡运龙、江涛译,北京:商务印书馆,2010年,第31页。
④ 沈从文:《1948120给一个写文章的青年》,《沈从文全集》第18卷,太原:北岳文艺出版社,2002年,第519页。

沈从文思维方法和行动实践立场的初步变化,即从主观想象的"思"到客观理智的"信"。也就是说,文学创作,基于想象、联想,应该唯心点;而对于社会、历史与文化的研究,应该从唯心走向唯物,学术研究不能从主观意识出发,而是应该从客观实际出发,应该去掉幻想,贴近现实,实事求是,最终才能为人民大众、为国家服务。

　　沈从文作为学者,科学实证也是其学术实践最为基本的专业精神的体现。沈从文在《文史研究必须结合文物》中,再次强调了文史研究结合文物进行文献和文物互证的必要性:"如能试从实物或形象出发,再结合文献,作些探讨分析,所得或将较多些。一面既可证实文献,也可不断丰富以新内容,所得知识将是比较可信的。"①在沈从文看来,任何历史文物、文本图像和历史遗迹、人工实存实物等形象材料,作为人类智慧和生命的象征,都是人类实践的产物,其中的历史规律与生命信息是有迹可循的,因而历史研究也必须依靠这些历史遗存进行比证而展开与深入。沈从文针对文史研究中存在的文献与文物割裂的弊端,旗帜鲜明地提出了文物和文献相结合的研究原则。而事实上这种以文献典籍为史料主体的研究方法仍然在历史研究中占主体地位,所以沈从文非常担心。②在沈从文看来,历史研究,除了大量的文献考据之外,还应该普遍联系,运用出土文物的佐证和比较,才能接近历史真实。文献典籍和文物结合,历史研究应该如此,文物研究也应该如此。在沈从文看来,由于新中国成立后大量文物出土,历史研究和文物研究中也都出现许多空白点。对于这些空白的研究,可用发展观和普遍联系观,将文献和具体实物、图像进行融合性的整体研究,才能得到突破。

　　沈从文学术实践中的实证精神,在其论文《从文物中所见古代服装材料和其他生活事物点点滴滴》中,就有比较明确的反映。在沈从文看来,对古人使用的各种物质的研究,只有基于唯物主义,从其实物形象出发,才能使各种传世文献相关的文字描述得以形象化、具体化。因此历史研究和文物工作,运用传世文献典籍再结合文物,进行文字描述与实物形象的比证,这是学术研究的历史要求。沈从文在学术实践中,立足于文物本身,通过对实物的分析,从具体实物

---

① 沈从文:《关于长沙西汉墓出土丝织物问题》,《沈从文全集》第30卷,太原:北岳文艺出版社,2009年,第88页。
② 参见沈从文:《197706 中旬(1)北京致宋伯胤》,《沈从文全集》第25卷,太原:北岳文艺出版社,2002年,第75—78页。

中去追寻历史,从出土文物、文本图像和历史遗迹等形象性材料中去印证历史,"工作总的看来,大都不过是些七零八碎小问题,始终难登大雅之堂,不过若善于运用,也许在文化史、艺术史,以至于文学史各部门,都可望起点竹头木屑一砖半瓦之用,也说不定。社会既在发展中,以论代史的方法论,终究会失去意义"①。沈从文主张基于文献典籍、出土文物、历史遗迹以及文本图像等形象性史料的相互联系、相互比证,进行历史研究。在沈从文看来,历史研究要从具体的物质或者事实出发,而不是从主观的意识或者观念出发,即应该唯物而不是唯心。总之,任何历史的论断必须靠事实说话,历史研究也应该基于实物说话。

沈从文的学术实践有坚实的历史理性。他认为出土文物、文本图像和各种历史遗迹等形象材料,甚至比传统文献更具实证的力量,这也是对形象材料史源性的强调。比如在沈从文看来,中国关于服饰方面的古代文献非常多,文字形式的文献往往只是停留在文字描述的层面,对实物很难作出具体说明。读者也只能根据文字描述进行想象。所以,对历史的记录、书写和对历史的认识、理解,需要多种历史介质的相互比证、综合运用。而认知与理解历史的介质除了文字性文献典籍之外,还有出土文物和实物形象、图像等形象类视觉性文化遗产。同样,服饰研究也必须和实物形象结合进行互相证明,才能形成完整具体的认识与理解,"本人因在博物馆工作较久,有机会接触实物、图像、壁画、墓地俑较多,杂文物经手过眼也较广泛,因此试从常识出发,排比材料,采用一个以图像为主结合文献进行比较探索、综合分析的方法,得到些新的认识理解,根据它提出些新的问题"②。在沈从文看来,各种出土文物实物形象相较于传世文献典籍中的文字描述更加具体生动。语言文字只是符号化地呈现事物,而基于对客观事物的抽象,就意味着对原本事物的抽离。文字既然可以彰显历史,同样也可以遮蔽历史。因此最可靠的方法就是用实物来呈现,在出土文物实物形象和传世文献典籍的文字描述之间进行相互印证,这才是记录、书写和认识、理解历史的最好办法。显然在记录、承载历史的功能上,出土文物实物形象弥补了文献典籍文字描述之不足。总而言之,强调文献典籍的文字描述与出土文物实物、文本图像中的形象相互比证,这是沈从文物质文化史研究、服饰研究、纺

---

① 沈从文:《扇子考·后记》,《沈从文全集》第29卷,太原:北岳文艺出版社,2009年,第313页。
② 沈从文:《中国古代服饰研究引言》,《沈从文全集》第32卷,太原:北岳文艺出版社,2009年,第5页。

织考古研究、图像研究以及形象史学研究中实证精神的体现。

三、普遍联系观与发展观:沈从文学术实践的主导思想原则

1. 对普遍联系观的学术践行

在马克思主义唯物辩证法中,普遍联系观是重要的构成。唯物辩证法强调事物是普遍联系的,世界是一个相互联系的统一的整体,联系具有普遍性、客观性与多样性,而孤立存在的事物是没有的,事物之间的联系是事物存在和发展的基本条件。另外,事物内部构成部分以及构成要素之间也是相互联系的,这种普遍联系使得事物成为一个有机的整体。① 恩格斯的上述论述是深刻的,在人类社会历史进程中,各种发展因素是彼此联系共同推动社会发展的。因而,普遍联系观是自然科学、社会科学和人文学科的基本原则。对于普遍联系观,沈从文在学术实践中有深刻的认识:"搞文物研究,则重在把客观的一切,先作纵的排列,再作横的会通,再引文献互证,用辩证唯物论的基本观点来作纵的发展,和横的联系,加以判断说明而已!"②沈从文将马克思主义普遍联系观转化成了学术实践的利器。沈从文也认为,凡事不孤立,具有普遍联系特征,在历史研究中,应该坚持普遍联系的原则,上下四处求证,方能研究透彻。沈从文把普遍联系视为学术实践之基本原则。③ 比如,沈从文对陶瓷工艺的形象生产问题的研究。一般都知道,传统民间工艺之间是相互联系、相互影响的,特定工艺形式的发展并不是孤立事件,而是和当时整个社会的工艺生产相关。沈从文认为中国传统图案形象的生产,各种艺术门类之间是相互采借和利用的,也是相互促进发展的,陶瓷图案形象的设计与创造就是如此。比如镇厂所谓"官古器"的形象设计,明显受到北京宫廷收藏官、汝、均、定、哥诸宋瓷的直接影响。在器型构造上,这些陶瓷生产还吸收了明代《宣德炉图谱》或宋代《博古图》等传世文本图像、图册中形象设计元素,陶瓷器型花纹还受到古代铜玉器器型构造的影响。彩色或青花和釉暗花等艺术形式,也反映了当时内务府造办处如意馆宫廷画师

---

① 参见恩格斯:《致约布洛赫(1890年9月21日于伦敦)》,《马克思恩格斯选集》第1卷,北京:人民出版社,1972年,第447页。
② 沈从文:《19761012(1)苏州致张宗和》,《沈从文全集》第24卷,太原:北岳文艺出版社,2002年,第495页。
③ 参见沈从文:《197111月末丹江复熊传薪》,《沈从文全集》第22卷,太原:北岳文艺出版社,2002年,第563页。

的艺术风格,以及造型艺术各方面的影响。在沈从文看来,陶瓷器型的设计甚至还受到明代文人山水花鸟画和明代通俗戏剧小说人物故事版画的影响,而且影响深远。沈从文认为,陶瓷工艺中器型构造和其他传统工艺图案中丝绸、缂丝、刺绣和描金填彩漆雕竹、木、玉、石等等发生密切的联系,当然包括了横向的联系和纵向的联系。沈从文还进一步联系到统治阶级的爱好对于陶瓷生产的影响。比如帝王对特种瓷的爱好,必然会影响瓷器的生产,包括器型本身的设计构造。① 瓷器的形象生产不但与时代审美思想保持高度的一致,也和其他艺术门类之间相互影响,比如文人绘画题材与形象构造风格,和瓷器的形象设计之间保持高度的一致。沈从文举例说,嘉靖、万历间景德镇为北京宫廷生产的五彩瓷或釉色深靓的青花瓷,用淡青画花,这种形象的意蕴多取法于当时知名画家沈周、文徵明、陈道复、徐文长等人的艺术风格,形象设计中故事主题画生活气息很浓,笔墨活泼而潇洒。因此文人画风对瓷器的形象生产影响至关重要。② 显然,上述沈从文对于陶瓷器型构造设计问题,是从联系的普遍性、客观性和多样性来进行研究的,可以说沈从文谙熟唯物辩证法并在学术实践中运用自如。

  中国传统图像、图案、图形、花样等视觉性形象类文化遗产,是中华民族文化重要的构成。沈从文举例,比如春秋战国彩锦花纹图案,常常出现在各种出土文物实物形象里,也出现在出土的各种壁画和帛画中。沈从文认为应该坚持"凡事不孤立存在,和其他事物必有联系,而又在不断发展中"的辩证规律法则,对图像进行纵向和横向双向联系的结合研究,毕竟联系是客观存在的,也呈现多样化特征。沈从文联系传统图像、出土文物和相关文献典籍,在《唐宋以来丝绸彩色加工》中对唐代官服中的"䩞鞢带"问题进行了探讨:"唐初官服必佩'䩞鞢带',附六绦带,各挂一物,如'火石''算袋''契苾真'等等,称'䩞鞢六事'。"③ 唐代初期官服中佩戴"䩞鞢带",用以悬挂各种随身用品。虽然佩戴"䩞鞢带"作为制度在武周时期已经废除,但由于它的实用性,西部边远地区的西夏贵族和元代贵族却一直使用,也一直流传,延续到清代帝王服饰都有体现。"䩞鞢带"在不同历史时期的使用情况,都有出土文物实物以及传世文本图像佐证,比如唐代使用"䩞鞢带"在敦煌壁画的人物服饰形象中有所反映。沈从文采取了普

---

① 参见沈从文:《清初陶器加工》,《沈从文全集》第28卷,太原:北岳文艺出版社,2009年,第109页。
② 参见沈从文:《清初陶器加工》,《沈从文全集》第28卷,太原:北岳文艺出版社,2009年,第109页。
③ 沈从文:《唐宋以来丝绸彩色加工》,《沈从文全集》第30卷,太原:北岳文艺出版社,2009年,第107页。

遍联系观与发展观,对传统服饰"鞊鞢带"进行了历时性与共时性研究,研究透彻、效果突出。

持守普遍联系观对错误的历史书写与历史认知有纠正作用。沈从文以春秋战国以来南、北方之间的工艺的关联性来分析历史文献中对于南方尤其吴越荆楚的文化偏见,堪称经典。号称书写历史客观公正的司马迁在《史记》中描述了吴越荆楚所谓"断发文身与鱼鳖为伍"和"披荆斩棘筚路蓝缕",将当时的吴越荆楚等地方界定为幼稚野蛮状态,生产力水平低下,因此得出有待于开发和教化的结论。在沈从文看来,这是司马迁历史写作中存在的误解和偏见,其实南方尤其是吴越荆楚的生产技术和文化水平并不低,司马迁未能从当时南方尤其是吴越荆楚的工艺水平角度去全面、深入理解这些地方的技术水平和文化发展状况。沈从文认为吴越荆楚等地方"部分特种生产,以及随着特种生产原料发明的高度技术和艺术,却未必即低于当时中原成就"[①]。沈从文联系吴越荆楚等地方的工艺生产与技术,以此来研究这些被历史文献所误读和扭曲的历史发展真实情况,是对司马迁《史记》的补充和修正。

2. 对发展观的学术实施

马克思辩证唯物主义告诉我们,事物之间是普遍联系的,事物也是在不断运动发展的,凡是绝对静止的事物是不存在的。所以我们应从发展的角度去看待事物,去研究和理解事物的存在。沈从文不但坚持普遍联系观,也坚持发展观,强化了历史意识,形成了历史理性,有效运用到学术实践中并取得了巨大的成效。

对于中国古代日常生活世界中的器型构造、人物形象设计,沈从文往往在横向联系比较的同时,也注重其历时性的发展属性,对其发展脉络进行探讨分析。比如沈从文主编的《中国古代服饰研究》,作为中国第一部古代服饰研究专著,是一部"文化史巨著"[②]。沈从文该著述的结构,呈现出网络特征,横向采取的是普遍联系的思想原则,纵向采取的是发展观,一纵一横共同形成了沈从文对中国古代服饰的研究思路。首先,从纵向的历时性结构来说,该巨著每篇可以单独成篇,比较独立地探讨分析了中国某种特定阶段古代服饰的情况。以该

---

① 沈从文:《边远地区少数民族文化与中原文化之关系》,《沈从文全集》第32卷,太原:北岳文艺出版社,2009年,第348页。
② 王任:《沈从文与美术考古研究》,硕士学位论文,山东大学历史系,2009年,第7页。

著作中对春秋战国时期的服饰进行研究的篇目为例,有《六·周代男女人形陶范》《七·战国楚墓漆瑟上彩绘猎户、乐部和贵族》《八·战国帛画妇女》等十一篇,从整体上而言,反映了中国春秋战国时期各阶层、各年龄阶段、各性别、日常生活世界各领域的人物形象情况。以《十四·战国青铜壶上采桑、习射、宴乐、弋猎纹》为例,这幅图为燕乐渔猎攻战纹壶摹本,实物被收藏在故宫博物院。沈从文首先从该摹本的上、中、下内容构成分析。上部为采桑和习射,中部为宴乐,下部为矰缴弋猎天空鸿雁。每一部分的人物身份是不同的,所着服饰也不相同,这摹本图画,牵涉到古代社会生活的各个方面,因此沈从文结合传世文献中的记录与描述对此图进行研究。这些图像材料,可以从横断面角度,比较全面地反映中国春秋战国时期日常生活世界中的劳动实践、物象和人物形象构造的基本情况,都可单独成篇。从沈从文的《中国古代服饰研究》全书来看,这些可单独成篇的篇目,仅仅只是构成沈从文对中国古代各种事象、物象和人物形象构造进行研究的一部分,这些部分共同为沈从文对中国古代服饰研究的整体服务。比如对于汉代的这些事象、物象和人物形象构造问题,沈从文收集、整理了比较齐整的图像、图案等视觉性形象类资料,以时间为维度历史地考察了汉代日常社会空间状况与生活情形,共有《十九·西汉墓壁画二桃杀三士部分》《二〇·汉空心砖持戟门卒》等十二篇进行了历时性的探讨。

《中国古代服饰研究》全部篇目的基本线索也遵循了历时性的纵向结构特征,对中国古代特定历史阶段各种事象、物象和人物形象构造展开了研究,梳理了中国古代各种事象、物象和人物形象构造的历史发展变迁,以试图还原中国古代服饰的整体性面貌,从开篇《一·旧石器时代出现的缝纫和装饰品》《二·新石器时代的绘塑人形和服饰资料》历经商、周、春秋战国、汉代、魏晋南北朝、隋唐宋元明各代,一直到清代,其中清代就有《一六一·清初耕织图》《一六二·清初妇女装束》《一六三·清初回族男女》《一六四·清初藏族男女》《一六五·清初维族男女》《一六六·清初苗族男女》等十九篇。对于中国古代服饰形象的研究,沈从文的整体研究中包含了历时性的研究线索。沈从文对于这个历时性的研究线索,于1981年5月1日在该著作后记中也有说明:"总的要求,是希望能给读者从多方面对于中国古代衣着式样的发展变化,有个比较明确印象。"①

---

① 沈从文:《后记》,《沈从文全集》第32卷,太原:北岳文艺出版社,2009年,第526—527页。

《中国古代服饰研究》历时性的研究结构特征,体现了沈从文对于中国古代图像图案、文本图像和各种历史遗迹等形象材料的研究的时间维度的重视,反映了沈从文在马克思主义发展观下的历时性学术思维特征。沈从文对中国古代服饰进行历时性和共时性的研究,客观而又全面地揭示了中国古代服饰的发展全貌。反过来也可以说,就是基于其历时性和共时性研究思维,《中国古代服饰研究》才呈现出横向和纵向辩证统一的网状结构,其本身就是普遍联系与发展观的文本呈现,也使得沈从文的学术研究呈现出鲜明的整体性研究特征。

四、"三重证据法":沈从文在马克思主义思想原则下的学术方法创新

沈从文基于马克思辩证唯物主义和历史唯物主义基本思想,也根据自己丰富的学术研究实践,在近代王国维"二重证据法"的基础上开拓性地提出了"三重证据法",这是沈从文学术方法上的创新。1963年4月9日,沈从文在北京作致龙潜书,对文物、文献和图像结合的研究方法有明确的界定:"必须充满热情和耐心,就文物、文献及其他相关图像三结合,从联系和发展去综合分析问题,培养训练这种头脑。"①"三重证据法"对学术研究实践来说至关重要:"常识居多是从实物出发,印证文史及图像三结合得来的,对年青人说将是基本功!"②沈从文"三重证据法"的提出,是在王国维等前辈将地下之实物与纸上之遗文相互释证的"二重证据法"的基础上凝练而成的,也是中国传统学术研究方法自身发展的内在逻辑使然,更是社会发展对于学术方法创新的现实诉求。而且学术研究方法必然面对新材料出现的各种要求,特别是新中国成立后,大量的出土文物,成为了新的史料的来源,和各种传世的文献材料一起构成了史料整体,各种史料愈发丰富,史料类型也越来越多,自然而然对这些新史料的研究方法也得更新。各种研究方法本身也是相互联系的,同时也是变化发展的。

首先,沈从文继承了"二重证据法"。沈从文认为,根据不断出土的文物,对各种传世文献典籍材料,要敢于质疑:"对于历史存在应该具有信古、疑古和释

---

① 沈从文:《19630409北京致龙潜》,《沈从文全集》第21卷,太原:北岳文艺出版社,2002年,第312页。
② 沈从文:《19720608北京致杨振亚、陈乔》,《沈从文全集》第23卷,太原:北岳文艺出版社,2002年,第134页。

古的大胆的态度。"①既不能完全信古,也不能完全怀疑,而是要以实证的态度,将出土材料与传世文献相互联系、相互结合和互相比证。在沈从文看来,有些研究者,比较重视文字材料,但往往缺乏在文字文献之外去寻找历史研究材料的自觉意识,尤其对物质性文化遗存的史源性问题认知不明。所以一些学者弄不明白劳动人民如何创造了历史文化,所创造的具体又是些什么,分门别类的发展又如何,等等。而在沈从文看来,事实上这些以千万计的文物蕴含有无比丰富的历史与文化信息,这些恰是文献中容易忽略的问题。这些文物刚好弥补传统历史研究与历史写作的缺陷:"可以对于正统史学者的提法,以为一切发明都是帝王圣贤想出来的,加以纠正。"②所以沈从文明确地说,只有从物质生产出发,从人类日常生活世界中具体使用的各种物质出发,才能深入地理解和阐释中国古代劳动史和各种日常生活史。即,相对于传统文献典籍而言,文物可以证史,也可补史、正史。

其次,沈从文发展了"二重证据法"。相较而言,沈从文将文物、文献和文本图像结合的"三重证据法"更为合理,因为"三重证据法"更强调联系的多样性,极大地拓展了形象类史源性材料的范围。传统史学研究材料包括两个方面:其一,主体材料来源有历史文本文献,传世历史文献典籍构成历史的显性介质。其二,文物与文本图像、历史遗迹等形象资料,大多为与物质性、精神性生活相关的人类历史遗存,在传统史学中被认为只有少数具有历史要素,这些视觉性形象资料构成了历史研究的隐性介质。事实上,这些被传统史学所忽略的视觉性形象材料,同样具有史源性,在史学研究中不可或缺。毕竟,人之生存,或者说与生命共存的物质文化元素,能体现特定生命状态的这些形象材料,是历史的产物,也是历史构成必不可少的内容。少了人类的这些视觉性形象类文化遗存,任何历史写作与历史研究都会形成缺陷。何况,史源性材料的显性介质和隐性介质本身也是一组相对的概念,在特定的条件下是可以相互转换的。在当下的图像时代,视觉文化上升成为文化主型,形象材料从隐性介质转化为显性介质,从历史研究的边缘材料成为了主体材料,这些成为了当代历史学科建设的重要特征。王国维等人的"二重证据法"强调了文物与文献典籍的普遍联系,

---

① 冯友兰:《中国近年研究史学之新趋势》,《冯友兰全集》第14卷,郑州:河南人民出版社,2001年,255页。
② 沈从文:《19740901北京致王序》,《沈从文全集》第24卷,太原:北岳文艺出版社,2002年,第181页。

而沈从文则认为在文物、文献二者的基础上还应该加上中国古代各种出土文物实物、文本图像图案和历史遗存等视觉性形象类材料,这就是沈从文的将文物、文献和图像结合研究的"三重证据法"。也就是在这"三重证据法"的基础上,沈从文主导了当代历史"纺织考古学""形象史学"等学科的建设与发展,成就突出。沈从文以其丰富的形象史学研究实践,坚持普遍联系观和发展观,采取跨学科比较研究的方法,结合出土文物、文献和文本图像对图像等进行整体的综合研究,为新中国成立后的"考古纺织学""形象史学"等学科的建设与发展做出了不可抹杀的历史贡献。

学术实践中,只有结合文献典籍,再联系到出土文物实物本身以及图像等形象材料,三者结合起来,才能研究通透,取得突出的研究成效。以沈从文的《谈步舆》为例。司马迁《史记·夏本纪》有称"禹行四载",其交通工具中有"山行乘樏",什么是"樏"?一般注释停留在文字描述层面,很难说清楚,毕竟年代已久,许多古代交通工具的本形及其以后的发展,用以书注书的方法,难以形象地解释清楚,读者得不到对原来形象的具体知识,只能基于文字想象。沈从文认为,"试从形象出发,结合史志记载,相互印证,看是不是可得到些新的常识"①。也就是说,仅运用相关传世文献,包括传世文本图像也难以得到合理的说明,还必须立足于文物实物。中国古代"山行乘樏"作为一种出行制度,也仅仅出现在传世文献的描述中,一直缺乏实物形象的佐证,直到云南昆明附近石砦山发现了大量青铜器群。在一个铜鼓边缘装饰图像中,有西南夷酋长出行图,该图像中描绘的出行形象对于理解"山行乘樏"有很大的启示。② 沈从文以"山行乘樏"这种出行制度为例,旨在说明物质文化史研究或者说文史研究,用将文献典籍、出土文物和文本图像三者进行联系、相互结合而相互比证的方法,才切实可靠、效果显著。

五、沈从文基于马克思主义思想原则的跨学科比较与整体研究的学术特征

基于马克思唯物辩证法和历史唯物主义的思想原则,立足于事物普遍联系

---

① 沈从文:《谈步舆》,《沈从文全集》第31卷,太原:北岳文艺出版社,2009年,第37页。
② 参见沈从文:《谈步舆》,《沈从文全集》第31卷,太原:北岳文艺出版社,2009年,第38页。

观和发展观,强化历时性与共时性思维,上下求索,普遍联系,进行跨学科比较和整体研究,成为了沈从文学术实践的基本特征。沈从文针对文史、考古研究中持守门户之见、孤立而不做跨界研究、整体研究的现象,展开激烈的批判:"编通史的不搞文物,不懂文学、艺术,那里能有新进展?"①束缚于门户,研究视域狭小,往往孤立求证,缺乏整体思维,其学术效果,让人质疑。文史研究,本身就是一种综合研究和整体研究,人为的学科门户之见,应该清除,这样才有利于文物、文史研究的持续进行。反对文物、文史研究中的学科门户之见及进而导致的孤立研究,实施跨学科整体研究,这就是沈从文的坚持!

1. 跨学科研究

事物是普遍联系的,并不是孤立存在的。文物、历史、艺术、美学与文学等学科研究对象的感性形式和历史内蕴的结合特征就决定了对它们进行跨学科综合研究的必要性。沈从文认为,以运用材料而言,文字文献作为历史研究之主导性材料,这是中国历史学学科发展中的客观事实,毕竟文字是文明、文化和历史记录的主要工具,而我国有文字的历史,延续不断已三千多年,中华民族文化的博大精深在某种程度上也是依靠诸多的传世文献典籍反映出来的。就比如中国古人着装形象问题,中国诸多史学著作中有大量对于服饰及相关制度的记载,正史二十五史诸志中,除《舆服志》不计,还有《兵志》《礼志》《仪卫志》《音乐志》《食货志》《地理志》《百官志》《五行志》,以及《刑罚》《释老》诸志,都有大量关于衣饰的重要记载。另外还有诸史的"会要""九通"一系列辑录。还有大量类书中,服饰方面必另立专章,在各书中占有相当分量,这是我国丰富的史学著述中关于服饰的各种记录。而除了历史文献的记录之外,运用图像图案等作为形象比较材料的,有《三才图会》《图书集成》等,用文图互证方法,仿照《三礼图》的图文结合的方法,设专章为衣服作记载,另有版刻插图书籍以千计,传世历史故事人物画以万计,出土金、玉、木、石、陶、男女俑以万计,明清丝绸实物不同品种且以十万计。沈从文认为,关于服饰研究的材料丰富但是分散,只有将文物、文献和文本图像等结合,消除学科门户之见,进行各种学科的整体研究,才能取得成效。②

---

① 沈从文:《197311(1)北京致吴世昌》,《沈从文全集》第23卷,太原:北岳文艺出版社,2002年,第432—443页。
② 参见沈从文:《〈中国古代服饰资料选辑〉题记》,《沈从文全集》第30卷,太原:北岳文艺出版社,2009年,第239页。

学术研究非常需要打破门户之见,打通各种门类,进行跨学科研究。在中国现代,有很多这样的通才,比如郑振铎、向达、陈梦家等。事实上,践行跨学科比较研究的沈从文,也是属于通才之类。在沈从文看来,文史研究、文物考古研究各个领域,不能单一地守在某一个学科领域内进行单向的孤立研究,如果不能够跨学科研究,即使出土文物再丰富,对于各种图像等形象材料的研究,也只能停留在一般考古报告的水平上。事实上,由于缺乏文物实物,仅仅把图像和文献结合起来进行的跨学科研究的报告只近于提供第一手原料性质,得不到新理解。在沈从文看来,这类束缚于单一学科门户的学术研究,主要在于孤立求证,缺乏普遍联系,更缺乏整体研究的自觉。在沈从文看来,跨学科研究能带来诸多好处,解决的也不仅仅是证明史传文献的是是非非等问题,而是可以起到纠正错误、充实内容的作用,在工艺史、美术史、文学史、乐舞史、兵器史、起居服用发展史等领域,也都能分门别类提出新材料、新见解。

沈从文对于中国传统视觉性形象类文化遗产,包括传世文本图像和各种历史遗迹的形象在内的研究实践,跨学科特征也非常明显。在沈从文那里,只有进行跨学科研究,才能实现整体研究和综合研究。比如说,对中国传统图像的研究,沈从文遵循了审美维度和历史、文化维度相结合原则,进行了对图像的审美和历史的双重维度的综合研究。这种跨学科的比较综合系统研究,沈从文在《从新出土铜镜得到的认识》中就有相关的应用。在沈从文看来,作为中国古代日常生活世界中经常使用的器具,镜子的形象构造,包括其形制与图案花纹本身都是社会现实的审美反映,这些感性形式同社会上层建筑中的文学艺术、音乐、美术以及宗教信仰和仪式等等方面保持着密切的联系。事实上,同样作为人类文化的基本样式,文学艺术、音乐、美术以及宗教信仰和仪式在长期的发展过程中,都不是孤立发展的,而是相互间普遍联系,相互影响,共同促进而发展的:"镜子本身的问题,譬如它在中国青铜工艺和雕刻美术史上的应有的地位,及形成的社会背景,艺术形式背景,我们想深入一些来谈它时,也就势必需要同时从各方面的成就与发展研究,才不至于顾此失彼,孤立片面。"[1]对于传统文本图像和各种历史遗存等视觉性形象类材料,进行文学、音乐、美术以及考古

---

[1] 沈从文:《从新出土铜镜得到的认识》,《沈从文全集》第29卷,太原:北岳文艺出版社,2009年,第166—167页。

学、文物学、文化学等跨学科研究是必然的。

事实上,沈从文的一辈子都在跨界。沈从文具有丰富的跨文化生活经历,其事业也在跨领域,从文学创作跨向了学术研究,其文学创作实践中,总在为表达思想寻求最佳的艺术方式,一直在做跨文体实验,例如其小说诗化的特征,比如《边城》,其散文集《湘西》各篇目具有的人类学民族志特征等等,甚至可以称为民族志诗学。这种打破常规、实施跨学科的自觉意识,使得沈从文在中国现代文学史上独树一帜,颇具独特性。这也使得众多文学爱好者努力学习沈从文,但是真正能学习到其精髓的很少,原因还是在于沈从文的跨界写作和跨界研究,一般人没有超强的毅力是学不会的。从沈从文给人类贡献的智慧成果的类型来看,沈从文对于中国文学事业的贡献不仅仅只是他的文学创作,比如《边城》《湘行书简》《湘行散记》《长河》《湘西》等优秀的文学作品,他还为中国古典文学作品的理解提供注释,尤其是为《三国》《水浒》《西游记》《红楼梦》等作品中所描述的实物与制度等作注,这成为了沈从文跨界研究的经典案例。沈从文在写给老朋友史树青的书信中,有对文学的跨学科研究的倡导,他说:"《三国演义》和《水浒》《西游》《红楼》,虽属小说,但提及的事事物物,还是有不少是可以为作点解释,对读者有方便的。旧批多重欣赏,旧注多重语言,较少对名物制度为作适当说明。这八种书若能为补些新注,工程就已不小!说不定近廿年学习,只能和这些旧书结合,也是意中事!这倒恰恰应了旧小说说的'有心栽花花不开,无意插柳柳成荫'。我一生学习遇合巧处甚多,搞创作收成出人意外,改业学文物也出人意外,试写写诗又出人意外,所以余生能为这八种书作作注,是可能的,甚至于还像是必然的。"①这段论述,沈从文客观地分析了自己为何能够为中国古代上述经典文学作品作注,其中"可能"和"必然"的自我评价是中肯的,并非是沈从文的刻意高调。从文学创作走向文物研究、文化研究和历史研究,突破文史研究的门户之见,打通文史研究,走向融合研究、整体研究之路,成为文史研究之"通家",这是沈从文的卓越不凡处。沈从文的物质文化史、形象史学研究和文学研究实践及其诸多丰硕的学术成果无不说明了这一点。

2. 比较研究

比较研究,是沈从文文学研究、物质文化史研究、纺织考古学研究、形象史

---

① 沈从文:《19710609 双溪复史树青》,《沈从文全集》第22卷,太原:北岳文艺出版社,2002年,第515页。

学研究、图像研究等学术实践的基本方法。比较是认识事物的基础,是人类认识、区别和确定事物异同关系最常用的思维方法。从学理上来说,比较研究法是对事物和事物之间、人与人之间的相似性或者相异程度的研究和判断的方法。比较研究法倡导在研究过程中,根据一定的标准,对两个或者两个以上的事物或者对象加以对比,找出它们之间的相似性和差异性,来探求普遍规律和特殊规律。对于沈从文图像研究的比较方法问题,香港知名编辑家、出版家彦火有深刻的印象:"沈先生在看画的时候,常常和别的画联系起来,一进脑子里就排列了起来,互相比较。他虽然没有学过自然科学,但是他的方法是科学的,把一些问题高度系统化。他往往把新看到的一件文物,放到脑子里一个'坐标'里去衡量,把纵的关系都搞清楚后,便可以做出判断,决定着东西应该排列在哪一个位置上。"[1]沈从文的记忆力惊人,基于他的丰富的视觉经验积累,他的脑海里储存有海量的关于中国传统文化遗产的信息,当然这种记忆方法恰好也是一种形象记忆的方法,这和他因对中国传统形象文化遗产进行研究而受到强化的形象感性思维习惯密切相关。有了这些丰富的知识存储,再加上唯物辩证法下普遍联系的自觉意识,沈从文的比较综合研究才能够水到渠成。

基于马克思主义普遍联系的思想,沈从文在其图像研究实践中,娴熟地运用了比较研究方法,并取得了非常突出的学术效果。首先,是历史文献、出土文物实物和图像之间的联系与比较,这是沈从文"三重证据法"的基本内涵。传世文献对于人类日常生活世界中的形象类文化的文字描述,如果缺乏相关实物和图像的比证,一般是不容易让人明白的。因此,必须在文献的文字描述和文物实物、图像之间进行比较分析,这应该成为文物研究、文史研究的自觉意识。1977年6月中旬,沈从文在北京致文物研究专家宋伯胤的信中,对此有明确表述:"过去无从明确的许多问题,仅凭文献难于解决事情,试用图像比证分析,则所得印象,反而十分具体。"[2]图像研究时应该实施比较研究,沈从文在《中国古代服饰资料选辑》后记中,也有集中的论述,他总结性地归纳说:"惟用比证方法,把近年发现大量出土文物,加以利用和原画并列,再结合文献,相互印证,从服饰式样反映,来试作产生相对年代的判断基础,还是不失为一个比较客观的

---

[1] 彦火:《沈从文——艺海淘珠者》,《长河不尽流——怀念沈从文先生》,长沙:湖南文艺出版社,1989年,第274页。

[2] 沈从文:《197706中旬(2)北京致宋伯胤》,《沈从文全集》第25卷,太原:北岳文艺出版社,2002年,第81页。

新方法,如运用得当,既有助于今后新的中国美术史研究工作的深入,也有助于中国服装史研究工作的进展,则事无可疑。"①比证研究,构成了沈从文"三重证据法"的内核。另外,沈从文图像研究实践中的比较研究方法还包括了横向比较和纵向比较的结合运用,这体现了联系的普遍性与多样性。沈从文用他的学术研究实践,拓展了比较研究方法的丰富内涵。比如,在各种民间工艺的形象构造方面进行的横向比较,对同一工艺在不同历史时期发展情况的纵向比较,使得沈从文对中国古代形象文化遗产的研究具有整体性、系统性;而对共时性横向比较与历时性纵向比较的运用也使得其形象研究具有立体性与综合性。沈从文有相关著述《谈刺绣》②,就近代湘绣与广绣在图案形象设计与构造上的同与异进行比较,这是一种相同类型的民间工艺之间的比较,是一种共时性的横向比较,但沈从文在横向比较中又注意到了它们之间差异产生的历史根源,这本身又属于一种历时性的纵向比较。对湘绣与广绣在图案形象构造上的共时性横向比较和历时性纵向比较的结合,是沈从文在对中国传统视觉性形象类文化遗产进行研究实践的范例。

对于出土文物实物、文本图像和各种历史遗迹中的形象构造或者造型的研究,是沈从文"形象史学"的核心内容。以沈从文对明清绘画的分析为例,沈从文首先历时性地比较研究了明清两代绘画发展情况,深度分析了文人绘画和民间工艺之间的关系。在沈从文看来,工艺装饰相较于文人画,还更多地保持着传统的现实主义艺术风格,也更富创造性,而且又反过来影响文人绘画的艺术风格。元代绘画艺术特征在于强调意蕴韵味,属于文人山水写意范畴,这和宋代以写生为主的现实艺术创作特征大相径庭。自唐宋之后,文人山水画已经独立发展,成为了文人独特的表意系统,更具有象征性,因而在写意和造型上已经构成了内在的矛盾,尤其是在特定的政治黑暗时期,山水画更是文人曲折反映自己思想意识形态的审美方式,造型上的主观色彩更加明显,甚至走向了夸张和变形,对这些饱受现实压制的知识分子来说,这种造型上的夸张与变形,就是他们心理压抑的真实反映。当文人山水画强调浪漫写意而忽略造型的现实主义传统的时候,反倒是中国传统的民间工艺坚守了造型的现实主义精神,强调

---

① 沈从文:《〈中国古代服饰资料选辑〉后记》,《沈从文全集》第30卷,太原:北岳文艺出版社,2009年,第243—244页。
② 沈从文:《谈刺绣》,《沈从文全集》第30卷,太原:北岳文艺出版社,2009年,第50页。

写真写实,因此反过头来又影响乃至纠正了文人写意山水画对现实主义精神的偏离,使得文人山水画又回归到写实原则上。而到了明代,由于生产的发展促进了社会的整体进步,绘画艺术也得到了极大的发展,艺术风格呈现出多样性。

到了清初,文人绘画和民间工艺形象构造之间的相互影响更加明显。而且由于民间工艺形象创造和日常生活世界联系更加紧密,反映出了劳动人民的创造精神,因此更加生动,更加形象,也更具活力。这些充满青春活力的民间工艺形象构造元素进入到了文人绘画形象构造之中,也促进了文人绘画艺术创作的发展,使得明清以来的文人绘画作品不断突破传统,走向艺术革新。[①] 沈从文在民间工艺与文人绘画艺术之间进行比证研究,深入探讨了二者之间长期以来的相互影响、相互促进与共同发展的情况。而且,沈从文通过对文人绘画与中国民间工艺在造型问题上的相互借鉴、共同促进的特征的研究,也反思了中国绘画在浪漫写意和造型写实之间的内在矛盾冲突。而处理绘画艺术创作浪漫写意与造型写实的矛盾问题,刚好又构成了20世纪前叶徐悲鸿所倡导的"艺术革新运动"的思想聚焦点。徐悲鸿认识到了中国文人山水画写意的极端发展走向了现实主义写实的反面,这种只重视写意甚至强调神似而忽略现实主义写实的艺术创作,在面对充满国土危机、文化危机的中国社会现实的时候,是不利于社会发展的。事实上,在危机四伏的现代中国,更需要现实主义。因此,徐悲鸿倡导艺术造型应该坚持现实主义的写实精神带有时代的必然性。沈从文在新中国成立后对历代民间工艺造型和文人山水画的比较研究,实际还是立足于中国传统艺术的写实精神来展开的。而在沈从文看来,正是中国传统民间工艺始终在坚守着历史理性,持守着现实主义的写实精神,这是中国民间工艺所生产出来的各种形象构成了中国传统视觉性形象类文化遗产重要内容的原因所在。沈从文上述对于民间工艺与文人绘画之间的比证研究是何等地深刻!

3. 整体研究

整体研究法是指对一个事物从整体上进行系统性的分析和研究,是社会学最为基础的研究方法,和社会有机体理论有关。社会有机体理论是马克思唯物主义辩证法和整体性原则的出发点,往往把社会视为一个由各种要素构成的庞大的复杂的有机体。马克思在《哲学的贫困》里指出:"每一个社会中的生产关

[①] 参见沈从文:《明清绘画》,《沈从文全集》第28卷,太原:北岳文艺出版社,2009年,第385页。

系都形成一个统一的整体。"①在沈从文看来,新中国文化建设本身就是一个整体。沈从文倡导跨学科比较和整体研究,其目的是打破学科门户之见,这也是针对新中国成立以来文物工作的部门限制、学科限制、专业限制等突出问题提出的。新中国成立后,社会主义建设如火如荼,建筑工地上发现了大量的古墓地,出土了大量的文物。文物之多,令人欣喜,但研究工作远没有跟上,这些文物大多数还处于保存之中,没有能够开放给研究人员使用。在沈从文看来,文物如不能结合文献研究,仅仅只是展览,甚至封存在库房里,文物对于文化传统之认识作用是无法发挥出来的。其次,对文物的研究需要宽阔的理论视野,需要文献和文物的结合,需要善于运用文物提出新的证据,来综合进行研究工作。特别是对于那些物质文化史、文物制度史、工艺美术史等领域的研究来说,离开文物而向文献孤立求证,其研究视域是狭隘的,研究结论也可能是错误的。而新中国又面临着新的历史学科的建设问题,以马克思主义为指导的学科建设,则更应该有科学的研究方法。正如沈从文提出的那样,应该打破部门限制,开拓新的研究方法。但现实中部门之间相互割裂没有形成合作的情况②让沈从文忧心忡忡,因为文化各个部门没有统筹安排,就会造成学科领域之间各自为政,最终导致工作落空。

把文化建设工作视为一个整体,整个社会需要统筹布局,这体现了沈从文对新中国文化建设思想的宏观性视角。而微观层面,沈从文认为文史及文物领域的学术研究应该普遍联系,不能孤立求证于文献典籍,应该突破单一学科门类,做整体研究。这种整体研究的学术自觉意识,始终贯穿了沈从文的学术实践。沈从文在《中国丝绸图案·后记》中,对丝绸图案形象进行了历史的梳理。沈从文不是孤立地探讨丝绸图案,而是把图案形象放在整个丝绸生产发展过程中做整体的分析,甚至立足于对唐代的整个文化气度的探讨,这使得沈从文对于传统图像图案等的分析具有了宏观的历史视野,而不是就事论事束缚于某一视角。比如唐代丝绸图案形象生产在中国历史中具有典型性,只有对于丝绸图像做社会文化的整体分析,才能够准确地说明这些图案形象的审美特征及其形成的历史和文化根源。唐朝兼容并包,以无比开阔的胸襟容纳、吸收并消化了

---

① 马克思:《哲学的贫困》,《马克思恩格斯全集》第 4 卷,北京:人民出版社,1958 年,第 144 页。
② 沈从文:《收拾残破——文物保卫一种看法》,《沈从文全集》第 31 卷,太原:北岳文艺出版社,2009 年,第 298 页。

外来文化,所以文化呈现出恢宏厚重的精神气质,这反映在唐朝工艺生产中的形象生产上,"所以用金技术、图案图像设计和配色结合起来,唐代丝绸或气魄浑厚,色彩典雅,给人以丰满健康的感觉;或纤丽秀美,别有温柔细腻的情趣。部分小簇折枝及大团牡丹花纹,形象既趋向写实,但又不失去图案效果,生动而富有装饰性"①。

  影响形象生产的不仅仅有艺术自身的发展,还有特定时代里的经济与文化,所有这些内外部因素都是沈从文对图像做整体研究时的有机构成内容。比如他在《清初陶器加工》中,对青瓷中的形象生产在康熙年间特别发达的原因进行了深入而全面的分析,研究内容包括了清初陶器加工所立足的整个社会的物质生产基础,也包括其他精神生产状况,比如陶器工艺本身的发展受到明清以来文人绘画方面形成的形象构造风格的影响等等,这就是一种基于普遍联系观、发展观的整体性的研究。沈从文对清初陶器尤其是康熙朝青花瓷艺特别突出的原因进行了解读,在沈从文看来,康熙朝青花瓷艺特别突出,原因在于,清代初期重视农业生产、实施恢复经济的政策,推动了整个社会生产力水平的提高,因此奠定了瓷器生产的物质基础。除了整个社会的物质生产提升之外,还有其他诸多因素,首先是清初期瓷器生产本身,工艺制作继承过去优良传统,是在传统陶器瓷器生产经验的积累基础上的提高。尤其是中国陶器瓷器生产的重要基地——景德镇,本身在青花瓷的烧造方面已经具备了明代三百余年的经验技术。正是这些青花瓷烧造经验,转用到瓷艺上来,就起了决定作用。其次,从瓷器生产的政府组织这个层面来说,清朝政府从政策上非常重视。再次是和明代以来的文人画家的绘画技法有关,应该说正是民间工艺和文人绘画之间在形象构造上的相互影响,才使得整个艺术生产包括瓷器这些民间工艺的生产水平不断提高。沈从文罗列了当时许多优秀的画家以及他们的创作实践,如沈周、文徵明、陆包山、唐寅、张灵、仇英等的山水画,吕纪、林良、边景昭、陆包山、陈白阳、徐青藤等的花鸟画,丁云鹏、尤求、崔子忠、吴彬等的人物画,这些画家在造型上坚守了传统的现实主义写实原则,所以艺术风格大多清新自然,纯粹质朴,这些文人画家的写实精神也深度影响了中国传统民间工艺的现实主义的精神气质。正是这些文人画家的审美趣味、题材选择、绘画技法及艺术风格,影

---

① 沈从文:《中国丝绸图案·后记》,《沈从文全集》第30卷,太原:北岳文艺出版社,2009年,第34页。

响了同时代工艺的形象设计与形象生产,提升了整个社会的形象生产水平和形象消费水准。①

沈从文的物质文化史、纺织考古学、形象史学研究将各种历史遗存中的形象和出土文物、传统文献等历史材料联系起来,构筑了一个完整的证据链条,展开对形象的生产、传播与消费的综合分析。他在研究方法上更加注重科学实证,突破了符号学或阐释学等单一学科的理论维度,更加强调跨学科理论与方法的比较研究和整体研究。也就是因为沈从文跨学科比较和整体研究的实践特征,使得沈从文的"形象史学"实现了对当代"图像证史"的超越。

六、结语:应该客观、合理评价沈从文的学术思想、学术成就与学术地位

沈从文的艺术创作和学术研究,本身也是中国20世纪一种独特的文化现象,值得我们进一步全面而深入地研究。沈从文研究的学术聚焦在于,沈从文从唯心转向唯物,从自由主义转向马克思主义并学术践行之,这对沈从文来说是幸还是不幸?沈从文为什么在特定的历史时期取得的学术成就还如此之巨大?沈从文的物质文化史研究、纺织考古学研究、形象史研究学等学术实践对当代中国史学学科做出的贡献体现在哪些方面?所有这些问题值得学术界进行历史的和逻辑的梳理,然后做出整体分析、深入探讨和客观判断。正如朱光潜1982年在《关于沈从文同志的文学成就历史将会重新评价》②一文中发出的振聋发聩的呼吁一样,我们是不是也应该就沈从文的学术思想、学术成就及其学术地位进行重新评价。不然的话,沈从文这位"寂寞"的作家更加寂寞,学术界的遗憾还继续是遗憾。

笔者认为,沈从文在新中国成立后,完成了一个自由主义者的思想裂变,接受并学术践行了马克思主义思想。沈从文在物质文化史研究、纺织考古学研究、形象史学研究和文学研究等学术实践中持守科学实证的理性精神,灵活地运用了普遍联系观与发展观,凝练出了传统文献、出土文物与图像相互结合的

---

① 参见沈从文:《清初陶器加工》,《沈从文全集》第28卷,太原:北岳文艺出版社,2009年,第113页。
② 朱光潜:《关于沈从文同志的文学成就历史将会重新评价》,见刘洪涛、杨瑞仁:《沈从文研究资料》(上),天津:天津人民出版社,2006年,第431页。

"三重证据法",进行了跨学科比较与整体研究,并取得了丰硕的学术成果。基于此,我们期待在中华民族文化复兴的宏观背景下,立足于沈从文学术实践及其学术成就本身,让广大读者对沈从文为人类所贡献的诸多智慧成果能深入认知和全面理解,让人们实事求是地对沈从文在文学创作、物质文化史研究、纺织考古学研究和形象史学研究等领域取得的成就进行全面的分析,由此做出客观、理性而又公正的历史评价。沈从文不负历史,历史定当不负沈从文。

From Liberalism to Marxism
—— On the History and Logic of Shen Congwen's Thought Fission After the Founding of New China

He Xiaoping   Yao Tingting

Abstract: After the founding of New China, Shen Congwen, as an old intellectual, had accepted the ideological transformation organized by the government. Through systematic political study and realistic education in social activities, he had accepted Marxism and put it into practice. Adhering to the concept of universal connection and development, Shen Congwen adopted the Triple Evidence Method to make comprehensive comparisons among the traditional documents, the cultural relics unearthed and the cultural images. Thus he had made interdisciplinary comparisons and overall researches on the visual historical remains such as the Chinese traditional images, patterns and cultural relics, and had made great academic achievements. With the method of combining history with logic, this paper aims to investigate Shen Congwen's materialist stand and his empirical research spirit in his academic practice, and sort out his academic practice of his view of universal connection and development. This paper analyzes the principle of dialectical materialism and historical materialism behind his innovation of the research method, the Triple Evidence Method, and probes into the origin of the demonstrations of his academic characteristics of the interdisciplinary, comparative and overall researches, in order to comprehensively recognize and historically understand his academic thought, academic achievements and academic status.

Keywords: Shen Congwen, Marxism, Universal connection view, Concept of development, Interdisciplinary comparison and holistic approach

青年学者论坛

探析"沉思传统"对本质主义人性观和技术观的影响

王 婷*

[摘 要] 在探讨人性与技术的关系时,生物保守主义和超人类主义都预设了本质主义的观点,将人类与技术的关系视为截然对立、严格区分的二元关系,具体表现为技术实质论和技术工具论。这种本质主义观点源自沉思传统,其中知识与行动被视为相互分离,并存在一种理论高于实践,实践高于制作的等级秩序。这不仅导致了生物保守主义对侵入人体内部的增强技术表现出反感,担心这些技术会将人性物化,而且也使超人类主义忽略了技术的自主性和心灵的具身性。为了解决这两个问题,未来的研究或许应该探讨如何超越沉思传统,以更加开放、多元的非本质主义的方式来理解人性与技术之间的关系。

[关键词] 生物保守主义;超人类主义;人性;增强技术;本质主义

---

* 王婷(1994—),女,云南大理人,华东师范大学哲学系博士研究生,主要研究领域为西方伦理学。

随着新兴增强技术(以 NBIC 汇聚技术为主)的加速发展,人类对未来的希冀和忧思与日俱增。一方面,增强技术为人类提供了实现巨大潜能的条件;另一方面,深度介入人类身体内部的增强技术已经开始触动自然人性的根基。生物保守主义者担心将增强技术应用于人类会破坏人性,超人类主义者则认为增强技术可以改善人性。关于人性与技术的看法,生物保守主义和超人类主义分别持有技术实质论和技术工具论。有国内外学者论证了两派对人性和技术的观点属于本质主义,并提出了反身性(reflexivity)[①]、关系主义[②]等非本质主义的解决方案。然而,他们并没有充分论述生物保守主义和超人类主义的人性观与技术观如何与本质主义相关联,也没有深究其本质主义的根源是什么。

本文将探讨生物保守主义和超人类主义的人性观和技术观中的本质主义倾向,并将其追溯到古希腊以来的"沉思传统"。

一、本质主义的人性观与技术观

本节分别讨论生物保守主义和超人类主义的人性观与技术观,然后论证本质主义在它们中的体现。

(一)生物保守主义的人性观与技术观

生物保守主义者反对基因增强,主要代表人物包括里昂·卡斯(Leon Kass)、尤尔根·哈贝马斯(Jürgen Habermas)、弗朗西斯·福山(Francis Fukuyama)和迈克尔·桑德尔(Michael Sandel)。他们认为,通过基因技术来改善人类是将人性视为一种工具,而不是目的本身。因此,他们反对在基因层面进行改良。生物保守主义者的论点基于以下理由:人类的尊严和权利来源于自然赋予的人性,而修改人性的物质基础——基因,则会损害人性,并且破坏自然与人为的边界。他们分别从人性是自然赋予的宝贵天赋、人性属于不可侵犯的本体论范畴以及人性是道德的必要条件三个方面来论证。

第一,卡斯和桑德尔从"天赋"角度来批判基因增强技术对人性的伤害。首

---

① Tamar Sharon, *Human Nature in an Age of Biotechnology: The Case for Mediated Posthumanism*, Dordrecht: Springer Netherlands, 2014, p.87.
② 岳兵兵,陈高华:《从本质主义走向关系主义——人类增强技术伦理研究的"本质论"迷失及其理论突围》,《医学与哲学》,2021 年第 42 卷第 7 期,第 25 页。

先,卡斯认为"赋予"(given)意指不可选择,不可随意改变。这意味着,我们的人性是自然赋予的,"我们需要对自己被赋予的自然特殊天赋(以及同伴的天赋)给予特别的关注和尊重"①。他担心基因编辑技术会打破物种之间的界限。其次,桑德尔认同,人类本质在于生命的"天赋性"(giftedness),增强技术"可能会摧毁……对人类力量和成就的天赋特性的欣赏"②。他指出,采用非自然设计的方式来增强人类基因可能会威胁人类伦理的三个关键特征:谦卑、责任和团结。③ 因此,他们反对基因增强,以保护人类生命的天赋禀性。

第二,哈贝马斯从"本体论"角度来批判基因编辑技术对人性的侵害。他认为,人性和人造物在本质上是完全不同的:人造物只有工具价值,可以被随意处置;而人性是目的本身,具有不可侵犯性。然而,基因增强干预了未出生孩子的基因,破坏了人类"物种伦理的自我理解",即认同自己是自己生活历史的唯一作者,承认自己是道德共同体中平等的一员。④ 哈贝马斯反对任何一种超出预防或治疗致命疾病的基因干预,因为这必然会侵犯未出生者遗传起源的完整性,这对孩子的自主性和成为道德共同体中平等的一员至关重要。此外,基因增强技术模糊了生长的东西(自然)和制造的东西(人工)之间的界限,使一个主体能够被另一个主体操纵,从而产生巨大的权力不对称。⑤ 基因增强技术可能破坏一个人的身体与自我之间的关系,被改造的孩子的身体不完全属于自己,而是外来意图的化身、载体,让被改造的孩子和其他自然出生的人之间的关系不再对等。⑥ 因此,哈贝马斯反对基因增强,以保护人类物种伦理的自我理解。

第三,福山从"道德的必要条件"角度来批判基因增强。他认为,对人性的某种理解构成了道德义务的基础。例如,对人类需求的某种理解构成了关于权

---

① Leon Kass, "Ageless Bodies, Happy Souls: Biotechnology and the Pursuit of Perfection," *New Atlantis*, Vol. 1, No. 1(2003):20.
② Michael J. Sandel, *The Case against Perfection: Ethics in the Age of Genetic Engineering*, Cambridge: Harvard University Press, 2007, p.27.
③ Michael J. Sandel, *The Case against Perfection: Ethics in the Age of Genetic Engineering*, p.86.
④ Jürgen Habermas, *The Future of Human Nature*, Wiliam Rehg, Marx Pensky, Hella Beister (trans.), Cambridge, U.K.: Polity Press, 2003, pp.40 – 41.
⑤ Jürgen Habermas, *The Future of Human Nature*, trans. Wiliam Rehg, Marx Pensky, Hella Beister, p.42.
⑥ Bernard Prusak, "Rethinking 'Liberal Eugenics': Reflections and Questions on Habermas on Bioethics," *Hastings Center Report*, Vol. 35, No. 6(2005):36.

利主张的基础,对人类能力大致相当的理解构成了关于平等主张的基础。① 他声称人性"起源于基因而不是环境",是人的权利和尊严的基础。② 基因增强技术在入侵人性的同时破坏了人的权利和尊严。因为精英阶层会利用基因技术固化身体优势,增强竞争力,加剧阶级差异。经过代际积累,阶级差异将转变为物种差异,"基富"(GenRich)阶层可能会演化为后人类,他们与"基贫"(GenPoor)阶层之间将出现无法逾越的鸿沟。③ 自然人则会丧失原有的尊严和权利。因此,福山主张禁止使用基因增强技术,以保护现有的人性,维护人类的尊严和权利等道德价值。

总体而言,这些学者对基因增强技术的批判,基于他们将自然赋予的人性与人为外在的技术视为二元对立关系。卡斯和桑德尔强调尊重自然天赋,哈贝马斯重视自然出生的孩子的基因完整性,福山主张自然人性构成人类道德的基础。他们认为基因编辑技术修改人性的物质基础,会减轻我们对自然的敬畏,破坏我们对物种伦理的自我理解,侵犯人类的尊严和权利。他们预设了主体与客体、自然与人为之间严格区分的二元范式,并且预设了人性是天赋的、固定的、稳定的、不能被掌控和操作的人类本质。他们担心人为的技术将客体化自然的人类主体。这种担忧表达了他们认为技术具有超出人类掌控的强大力量,可能会模糊出生与生产的边界,将人类异化为产品。

生物保守主义者对技术的看法深受 20 世纪批判技术哲学家④的影响,视技术为一种破坏性的力量,悲观地认为技术导致物化和非人化。他们指出,"技术以及支撑技术的理性主义、工具主义的思维方式,鼓励人们把实在(reality)当作原材料,而不是内在的有价值的东西。他们担心,在这种万物齐平的情

---

① Gregory E. Kaebnick, *Humans in Nature: The World As We Find It and the World As We Create It*, Oxford: Oxford University Press, 2013, p.68.
② 弗朗西斯·福山:《我们的后人类未来:生物科技革命的后果》,黄立志译,桂林:广西师范大学出版社,2017年,第130—131页。
③ Lee M. Silver, *Remaking Eden: Cloning and Beyond in a Brave New World*, New York: Avon, 1998, pp.277-279.
④ 20世纪批判技术哲学家,包括雅克·埃卢尔(Jacques Ellul)、马丁·海德格尔(Martin Heidegger)、汉斯·约纳斯(Hans Jonas)以及法兰克福学派的弟子——哈贝马斯,赫伯特·马尔库塞(Herbert Marcuse)等理论家,参见 Tamar Sharon, *Human Nature in an Age of Biotechnology: The Case for Mediated Posthumanism*, p.82.

况下,人类会在大众同质性的文化中失去他们独特的个性"①。在这样的技术观中,技术被视为与人类、自然相对立,需要引起警惕。这样的技术观被技术哲学家阿尔伯特·博格曼(Albert Borgmann)总结为"技术实质论"(substantivist models of technology),即技术不仅是工具,而且是一种自主的、能够与传统价值相抗衡的文化力量。② 生物保守主义的技术观就是一种技术实质论。他们认识到技术不仅是中立的工具,而且还具有意向结构(intentional structures),而任何意向结构都包含特定的价值取向。例如,基因编辑技术具有切割、拼接遗传物质的功能,其意向结构是编辑遗传物质。基因技术的编辑功能蕴含了一切遗传结构都是可以重组的价值取向。因此,人的先天禀赋不再具有在传统看来神圣不可侵犯的特性,原本预设在人与动物之间的不可逾越的鸿沟也随之被抹平。人们对基因技术的选择本身已经体现了某种价值观,即人性的物质基础是可以被干预的。所以生物保守主义反对基因编辑技术增强人类基因,因为基因增强会商品化人类、抹杀个人的独特性,并减损人的尊严。

(二)超人类主义的人性观与技术观

超人类主义者支持使用基因编辑技术来增强人类基因并超越其生物局限,主要代表人物包括尼古拉斯·阿加(Nicholas Agar)、朱利安·萨武勒斯库(Julian Savulescu)以及尼克·博斯特罗姆(Nick Bostrom)。他们认为,增强人的本质属性在根本上是改善人性,并提升人类的尊严。针对生物保守主义者的三个保护人性的论证,超人类主义者从批判传统区分、最大化后代利益以及重新定义尊严,来论证基因增强不会破坏人性,并且具备道德合理性。

第一,阿加通过反对两组塑造人的传统区分,为基因增强辩护。第一组区分是通过改善环境(包括教育)与通过修改基因来增强人类之间的区别;第二组区分是治疗与优生之间的区别。他认为这两组区分都有问题。对于第一组,他认为后天增强和先天基因增强的目的都是为了个人福祉,二者没有本质的区别;对于第二组,他认为治疗和增强的界限过于模糊,在现实中难以

---

① Tamar Sharon, *Human Nature in an Age of Biotechnology: The Case for Mediated Posthumanism*, p. 82.
② Albert Borgmann, *Technology and the Character of Contemporary Life*, Chicago: University of Chicago Press, 1987, p. 9.

区分开来。① 接着,他提出了应该平等看待基因增强与后天教育的观点。他强调"在为一个人分配教育资源时,我们并不局限于避免疾病,还要关注这个人的福祉、福利或生活质量。基因工程也应如此"②。超人类主义者认为,基因不具有神圣不可侵犯性,在塑造人性方面,基因与环境在道德意义上没有本质区别。因此,既然我们接受并支持通过后天教育来增强人类,那么我们也没有理由反对基因增强。

第二,萨武勒斯库认为,人类的本性在于其理性,在于人类具有根据理由(reasons)做出规范判断和行动的能力。他认为,当我们通过生物技术或其他操作来增强我们做出理性和规范判断的能力时,就是在根本上改善人性。③ 他主张,一旦技术赋予了我们改善自身和后代生活的能力,我们就有义务充分发挥技术所赋予的力量。假如我们有能力预防、治疗后代的疾病,却不采取任何行动,那就相当于在伤害他们。同样,如果我们有能力改善后代的体力、智力和精神力量,却不作为,那就相当于在损害他们的利益。因此,我们在道德上有责任去增强人类。④ 超人类主义者认为,基因增强只是提升福祉的手段,不会从根本上改变人性,而是会改善人性。

第三,博斯特罗姆认为,人性是动态发展的,不完全是天生固定的,其中包括很大部分的人为塑造因素。从人类历史的角度来看,现代人的表型⑤与我们的祖先,即狩猎采集者,已经显著不同。相对于我们的祖先,我们可以被称为"后人类",但人类能力的显著提升,并没有让我们失去人性和尊严。⑥ 他进一步指出,被增强的人类或许可以达到更高的道德境界,或在专业领域取得更出色的成就,从而提升人类尊严。"尊严"并非非此即彼,自然人拥有尊严,后人类也可以获得尊严,而且后者不一定就会取代前者的道德地位。从历史的角度来

---

① Nicholas Agar, "Liberal Eugenics" *Bioethics: An Anthology*, H. Kuhse and P. Singer (ed.), Oxford, U.K.: Blackwell, 1999, pp.172-173.
② Nicholas Agar, "Liberal Eugenics" *Bioethics: An Anthology*, H. Kuhse and P. Singer (ed.), p.174.
③ Julian Savulescu, "New Breeds of Humans: The Moral Obligation to Enhance," *Reproductive Biomedicine Online*, Vol.10(2005):38.
④ Julian Savulescu, "Procreative Beneficence: Why We Should Select the Best Children," *Bioethics*, Vol.15 (2001):413-426.
⑤ 表型(phenotype)是由基因和环境相互作用所导致个体表现出的明显特征。
⑥ Nick Bostrom, "In Defense of Posthuman Dignity," *Bioethics*, Vol.19, No.3 (2005):213.

看,我们的"道德圈层"实际上在不断扩大。例如,最初只有成年男性被认为具有道德地位,但之后妇女、儿童、有色人种、残障群体等也逐渐获得了道德地位和法律权利。[①] 超人类主义者认为,随着人性的动态发展,我们的道德圈层也在不断扩展。他们认为,"通过捍卫后人类的尊严,我们将推进一种更具有包容性和人道的伦理,这种伦理将支持用技术改良未来人类以及当代人类"[②]。

总体而言,超人类主义者为增强技术辩护,基于以下观点:人性是动态发展的,增强技术只是改善人性的工具。超人类主义者将内在增强(如基因改良)与外在增强(如教育和体育锻炼)看作是在道德上没有本质区别的手段,都是用来提高人类能力和福祉的工具。他们坚信,修改遗传物质不会破坏人的完整性,因为人性也受到人为因素的塑造,自然与人为之间的区别逐渐消失。此外,他们认为,扩大道德圈层不会削弱现代人的尊严。这种对技术的乐观态度建立在以下信念之上,即人类理性完全能够掌控技术。他们认为,人类从本质上是一种渴望不断完善和增强的有机体,而技术则是实现这一渴望的工具。

超人类主义者将技术视为一种用来达到目的的工具或手段,强调目的和手段相互独立。该技术观被博格曼总结为"技术工具论"(instrumental models of technology),即技术仅仅是提升人类行动效率的工具,本身没有任何内在价值,其向善或向恶取决于使用者。[③] 超人类主义者相信,生命科学和生物技术将会加速智能生命的进化,人类将从自然演化跃升到理性演化(rational evolution),更大效率地改善或增强人类身体和精神机能,更好地发挥人类潜能,提高人类生活质量。

(三) 本质主义在生物保守主义与超人类主义中的体现

人性的本质主义主张,人性是"人类所特有的一组充分必要属性"[④]。这种本质主义观点主要表现为三个方面:物种的特殊性、物种内部的普遍性以及物种属性的目的性。第一,人类在根本上与其他物种不同。第二,人类之间共享某种特有属性。这两个方面互为表里,构成人性,这是人类共有而其他物种所不具备的属性。在生物保守主义者看来,人类有机体层面共享的遗传结构或"自然本质"(natural essence)是人类的典型属性。因为即使基因中有百分之二

---

① Nick Bostrom, "In Defense of Posthuman Dignity," *Bioethics*, Vol.19, No.3(2005):209.
② Nick Bostrom, "In Defense of Posthuman Dignity," *Bioethics*, Vol.19, No.3(2005):213.
③ Albert Borgmann, *Technology and the Character of Contemporary Life*, p.9.
④ Edouard Machery, "A plea for human nature", *Philosophical Psychology*, Vol.21, No.3(2008):322.

的差异也足以将人类与其他物种明显区分开来。① 因此,生物保守主义对基因编辑持谨慎态度。他们赞成使用基因编辑来治疗那些患有严重疾病的人,以帮助他们恢复健康的正常水平。但是,他们反对基因增强,担心这可能导致人类超越正常水平,或被赋予全新的属性,从而使其不再是典型的人类。与此不同,在超人类主义者看来,理性是人类的本质属性。在这种观点下,如果能够无副作用地增强理性能力,那么修改身体中的遗传物质只是一种手段,与道德无关。虽然生物保守主义和超人类主义在具体的人性理解上存在分歧,但他们都认为人类具有某种本质属性。

第三,人性具有一定的目的性。本质主义深受亚里士多德目的论的影响,认为如果只有普遍人类成员表现出某种属性,那么这种属性是因为某种目的而存在的。② 在生物保守主义观点中,人被认为注定要以某种方式存在,不应改变他们原本的存在形式。因此,人的自然出生被认为具有不可侵犯的神圣性和正当性,试图对未出生人进行基因改造被视为不合法。生物保守主义者呼吁我们要敬重、欣赏自然赋予我们的本质。而在超人类主义观点中,人的目的是成为理想的自己。在这种观点下,后天教育对人的培育与修改基因来增强人类在道德上没有本质区别。③ 同样地,治疗与增强也没有本质区别,因为这些手段都是为了实现理想的自己。因此,超人类主义者主张要善于利用技术来提升自己,最大程度地激发潜能,达到人类的完满状态。他们认为人性的动态发展都是为了达到一个圆满、完善、幸福的理想之我的目的。虽然生物保守主义和超人类主义对人性的"目的"的理解有所不同,但他们都相信存在某种目的,前者认为现存的自然人性就是目的本身,后者认为完美的人性目的尚未实现,我们应当继续追求。

在前文中,笔者从三个方面论证了生物保守主义和超人类主义的人性观是

---

① 例如,人类与黑猩猩大约只有2%的基因是相异的,参见 Wu, Qiang, Theresa Zhang, Jan-Fang Cheng, Youngwook Kim, Jane Grimwood, Jeremy Schmutz, Mark Dickson et al. "Comparative DNA sequence analysis of mouse and human protocadherin gene clusters," *Genome research*, Vol. 11, No. 3(2001):389 – 404.

② Douglas Allchin and Alexander Werth, "How We Think about Human Nature: The Naturalizing Error," *Philosophy of Science*, Vol. 87, No. 3(2020):507.

③ Nicholas Agar, *Liberal Eugenics: In Defence of Human Enhancement*, Blackwell Publishing, 2004, p. 112.

本质主义的。现在,让我们转向论证它们的技术观也是本质主义的。本质主义的技术观认为,技术具有固定不变的普遍本质,这一本质是"超越历史的"①。这一观点在生物保守主义者和超人类主义者之间表现出两种不同的理解,分别为技术实质论和技术工具论。在技术实质论中,技术有自己的逻辑和能动性,它独立于人类的价值观和目的,"自主性"就是技术的本质。生物保守主义认为,技术的力量可以脱离人类的掌控。举例来说,对人类身体基质进行直接干预的基因编辑技术,不仅涉及侵犯人类的自然本性,还可能在社会伦理领域引发难以预料的复杂挑战。因此,他们对技术的态度比较悲观,又被称为技术悲观主义。在技术工具论中,技术被视为无价值取向的工具,服务于实现其他价值,"工具性"就是技术的本质。超人类主义认为,在健全的应用技术的制度监管下,成熟的技术有助于人类素质和能力的提升,促进实现完美的理想自我。因此,他们对技术的态度比较乐观,又被称为技术乐观主义。

总之,生物保守主义和超人类主义在人性和技术观上存在分歧。就人性而言,生物保守主义将基因视为人性的物质基础,其人性观念趋向静态,反对技术对人性进行干预;超人类主义将理性视为人的本质,其人性观念趋向动态,欢迎技术改善人性。在技术方面,生物保守主义强调技术的自主性,担心技术脱离人的控制,导致人类异化;超人类主义则认为技术只是中性工具,本身不会侵犯人的价值,问题在于如何约束人对技术的使用,而不是限制技术的发展。尽管存在分歧,二者的人性和技术观念都属于本质主义,即人性与技术具有根本不同的内在本质,二者之间是严格区分的二元对立关系。他们共同预设了人类与技术之间的二元关系,形成了一种张力,值得我们深入探究其根源。

二、本质主义的根源:沉思传统

在上一节中,笔者论述了生物保守主义和超人类主义的本质主义人性观和技术观,以及人性与技术的本质主义关系。在本节中,我们将追溯这些观点的根源,将其溯源至古希腊哲学的沉思传统。这有助于我们更深入地探讨生物保

---

① 葛玉海,易显飞:《论"技术本质主义"的两种主要形式》,《燕山大学学报》(哲学社会科学版),2017年第18卷第2期,第19页。

守主义和超人类主义对于人性和技术的看法,以及它们的症结所在。

(一)沉思传统的概念和历史渊源

沉思传统是郁振华对西方哲学史中理论至上的哲学传统进行的总结,其主旨是理论优先于实践,知识与行动相分离。① 亚里士多德的古典三项体系——理论/理论知识(theoria/episteme)、实践/实践智慧(praxis/phronesis)、制作/技艺(poiesis/techne)——被认为是沉思传统的典范表述。在古典三项体系中,亚里士多德建立了一个等级秩序,即理论优先于实践,实践优先于制作。这个等级秩序的建立可以追溯到原始的人性根蒂:渴望安全、寻求确定性。杜威指出,由于人类生活在变化不定的危险世界中,因此渴望安全、寻求确定性成为人类的本能需求。获得安全有两条途径:一是在感情和观念上改变自我,顺从命运;二是发明技艺,在实践中改变世界。② 然而,在实际生活中,人们在遇到困难时,往往采取行动、发明技术来解决问题,却在心态上轻视实践与制作。

对于这种矛盾,杜威的分析揭示了其根本原因:原始人类在面对无法控制的非常力量时,除了战栗顺从之外别无他法。这种恐惧心理促使了人类发展出对这些力量的敬畏态度,而敬畏的对象势必获得了优越的地位。相反,对于那些可被利用和可被控制的技艺,人类变得熟悉,并且逐渐从熟悉中产生轻视感,将这些技艺归于低下的领域。③ 古希腊哲学承袭了这种原始思想,将世界分为两个对立的领域:一个是亘古不变的高级实在世界,另一个是充满变动和不稳定的低级现象世界。这种分割对应了两种不同的认知方式:理论被用来理解永恒不变的高级实在世界,而实践、制作则被看作是属于偶然和变化的低级现象世界。在这个观点下,实在世界中的理论知识被认为是绝对确定的,因为它们是固定不变的,而现象世界中的实践智慧和技艺则充满了不确定性,因为它们随时都在变化。这导致了一种"旁观者式的认识论"(the spectator theory of knowledge):④认知主体只是被动地瞻仰和凝视实在世界中的固定对象,而认

---

① 郁振华:《沉思传统与实践转向——以〈确定性的追求〉为中心的探索》,《哲学研究》,2017 年第 7 期,第 108 页。
② 约翰·杜威:《确定性的寻求》,傅统先译,上海:华东师范大学出版社,2019 年,第 2 页。
③ 约翰·杜威:《确定性的寻求》,傅统先译,第 9—11 页。
④ 郁振华:《沉思传统与实践转向——以〈确定性的追求〉为中心的探索》,《哲学研究》,2017 年第 7 期,第 110 页。

知活动本身不会对这些对象产生任何影响或变化。

　　古希腊对绝对确定性的寻求以及两个世界的形上学划分，造就了理论知识的绝对优先性。与此同时，实践智慧相对于技艺的优先性则源于共同体内的想象信念体与事实知识体的分离。① 杜威指出，共同体内的想象信念体，包括"道德习惯、感情嗜好和精神慰藉"等，这些都是由统治阶级所掌握和塑造的。② 相比之下，平常的事实知识，例如根据风向来调整船帆的机械原理或通过观察燃烧来烹饪的机械事实，主要由社会地位较低的群体，如工匠和家庭主妇所掌握。在古代社会中，技术局限于专门的、有限的范围，与工匠的特定目的密切相关，因而被视为是次要和卑微的。与之相对，关于宗教、伦理和政治等与人打交道的实践领域被认为高于与物打交道的技术领域。由此可见，杜威从掌握传统信念和事实知识的阶级区分来解释了重实践而轻技艺的原因。

　　总结而言，沉思传统具有三个基本特征：(1)追求绝对确定性；(2)划分两个世界；(3)形成旁观者式的认识论。这三个特征在笛卡尔开创的近代哲学中也有所体现。首先，笛卡尔也追求一种绝对的确定性。为了找到确定无疑的阿基米德点，他采取了怀疑一切的方法，最终得出结论，即唯有人的心灵是确定存在的，而感官所接触到的周遭世界是可疑的。他从三个方面来论证世界是可疑的：感官是可错的、③没有清楚可靠的迹象使人分辨清醒和梦境(梦境论证)④和可能存在一个制造幻象或歪曲人类判断的恶魔。⑤ 而唯一可以明确的是，这个充满怀疑的心灵必定存在。其次，与两个世界的形上学思想相对应的是，笛卡尔将心灵与身体相分离，看重心灵、轻视肉身，暗示了圆满自足的心灵可以脱离有限欠缺的身体的观念。最后，他将"天赋"观念视为绝对的真理，不被后天经验所影响，类似沉思传统中的理论知识。由此可见，沉思传统对近代哲学体系的深刻影响，并形成了实在与现象、知识与行动、知识与技术、实践与技术、心灵与身体等二元对立的概念框架。这些概念框架在西方哲学史中根深蒂固，而生物保守主义和超人类主义关于人类与技术的二元分离框架正是这一传统的

---

① 约翰·杜威：《哲学的改造》，刘华初、马荣译，上海：华东师范大学出版社，2019年，第11页。
② 约翰·杜威：《哲学的改造》，刘华初、马荣译，第11页。
③ 笛卡尔：《第一哲学沉思集》，庞景仁译，北京：商务印书馆，1986年，第15页。
④ 笛卡尔：《第一哲学沉思集》，庞景仁译，第16页。
⑤ 笛卡尔：《第一哲学沉思集》，庞景仁译，第20页。

延续。

(二) 沉思传统对本质主义的人性观和技术观的影响

在前文中,笔者概述了哲学史上沉思传统的人类学起源及其主要特征。现在,我们开始探讨沉思传统对本质主义的人性观和技术观的影响。

第一,两派对人性与技术的观点分别体现了沉思传统的三个特点。首先,他们对人性的总体看法体现了对确定性的追求。生物保守派认为人性是天赋的、固定的、稳定的实体,不管在实然层面还是在应然层面都不被人类实践活动和制作活动所改变。与此不同,超人类主义认为人性是动态的,但仍预设了一种理想的人性,通过不断增强来达到完满自足的本性。前者追求形式上的确定性:人性形式不能改变;后者追求目的上的确定性:不断接近理想圆满的人性。其次,他们对人与技术的关系的看法体现了两个世界的划分。超人类主义将技术仅仅视为工具和手段,不具备异化人的意向性。而生物保守主义认识到技术具有改变人性的力量,但主张技术不应该改变人性,因此将技术对人性的改变定性为"异化"。双方都将人性和技术安置在两个不同的世界中,将人性置于高级的实在世界,而将技术置于低级的现象世界。最后,综合前两个方面,他们对人与技术关系的看法与旁观者式的认识论(知识与行动相分离)的思维方式如出一辙:他们均主张人性与技术之间的分离,认为技术不应该或不会从本质上改变人性。这些观点反映了他们对人与技术关系的特定看法,同时也反映了沉思传统对他们思维模式的深刻影响。

第二,生物保守主义对于人性与技术的关系持有的看法,延续了沉思传统中知识与行动相分离的理念。生物保守主义主张人性应当是不可改变的,这一观点受到沉思传统中将知识视为被凝视而不受行动改变的理念的影响。同时,生物保守主义也承认,人性可以被技术改变的事实。这个事实让他们感到惊恐、反感,甚至"厌恶"[①],从而主张禁止新兴增强技术的发展和应用,尤其是基因增强技术。这种态度的源头可以追溯到亚里士多德的古典三项体系的哲学观念,其中包括人性与实践活动以及制作活动相分离的观念,以及人性高于实践,实践高于技术的等级关系。虽然生物保守主义认为人性不会被实践活动所

---

① Leon Kass, "Ageless Bodies, Happy Souls: Biotechnology and the Pursuit of Perfection," *New Atlantis*, Vol.1, No.1(2003):23.

改变,但他们也承认实践活动毕竟属于与人打交道的领域,人们在实践活动中可以深化对人性的认识,或者实现人性中的潜能。相反,与物打交道的制作领域同与人打交道的实践领域则是两个截然分别的领域。然而,随着现代新兴科学技术的发展,人类逐渐被技术所塑造,原本用于改造自然环境的技术也开始用来改造人类自身。哈贝马斯指出,新兴增强技术跳过实践领域,直接干预人性。[1] 例如基因编辑技术可以在人尚未诞生、未进入实践领域的阶段,编辑遗传结构,改变其本性。这种技术的兴起对生物保守主义的人性观点提出了挑战。一方面,他们继续在无意识层面坚守沉思传统的思维方式,将人性与技术分离,并对技术抱有贬低态度。另一方面,他们发现在现象世界中,原先可控的低级的技术逐渐脱离人类的掌控,开始干涉神圣的、原本不可改变的人性,因此感到人性被矮化。生物保守主义者对于人类被新兴增强技术所改变心生厌恶,并感到原本坚实的"伦理大地摇摇欲坠"[2],但对此又无能为力,从而忧心忡忡。

第三,超人类主义关于身体与心灵的截然二分的认识,根植于深受沉思传统影响的笛卡尔主义的身心二元论。在超人类主义看来,人的本质在于心灵或意识,而肉体可以被改善、替代,只是供心灵驱使的器具。因此,他们热衷于心灵上传(mind uploading)技术的发展,期望通过保存心灵,抛弃肉体,实现永生。[3] 这种思想继承了笛卡尔的身心二元论观点:唯一可以绝对确定存在的是心灵,而肉体感官则具有欺骗性。因此,超人类主义者将身体与心灵割离开来,强调心灵或意识的至关重要性,对身体或物质持贬低态度。在他们看来,身体只是实现心灵圆满的工具,可以在合适的时机被抛弃。基于这种身心二元论观点,雷·库兹韦尔(Ray Kurzweil)及其支持者相信,可以将聚合了记忆、智力和情感的心灵内容扫描并编码为数字信号,摆脱身体这个容易腐坏的生物基底,然后与拥有强大力量和智能的机器结合,从而实现物理上的永生。[4] 基于这一

---

[1] Jürgen Habermas, *The Future of Human Nature*, Wiliam Rehg, Marx Pensky, Hella Beister (trans.), p.45.

[2] Jürgen Habermas, *The Future of Human Nature*, Wiliam Rehg, Marx Pensky, Hella Beister (trans.), p.39.

[3] 计海庆:《增强、人性与"后人类"未来——关于人类增强的哲学探索》,上海:上海社会科学院出版社,2021年,第152页。

[4] 计海庆:《增强、人性与"后人类"未来——关于人类增强的哲学探索》,第152页。

思想,超人类主义者认为,利用基因编辑技术干预人体的遗传物质并不会引发任何道德或伦理问题,因为他们认为人类身体和外在物质之间没有本质上的区别。

由此看来,虽然生物保守主义者和超人类主义者都受到沉思传统中对确定性的追求的影响,形成本质主义的人性观和技术观,但他们发展出了两个截然不同的面向。生物保守主义将人与周遭世界隔离开来,为守护人性的稳定不变,拒绝技术对身体的内部干预。超人类主义则将心灵与身体隔离开来,为追求心灵的永存,欢迎技术对身体进行改造。在追求确定性时,他们采用了不同的二元框架:生物保守主义者将身心一体的人与外部世界区分开来,而超人类主义者将人的内部心灵与身体区分开来。

根据沉思传统的"两个世界"的逻辑,身体在现象界中活动,理论上应该将身体置于现象界,而心灵则负责把握实在世界中不变的实体,身体和心灵应该被截然分开。然而,生物保守主义却坚持着身体与心灵的统一性,并没有贯彻"两个世界"的逻辑:一方面接受了人与技术的二分,另一方面却坚守身心的统一性。因此,当现象界中的技术试图干涉身体时,他们感到排斥和反感。然而,他们对技术具有自主性的洞见值得进一步研究和深化。与此相比,从逻辑上看,超人类主义的观点自洽一致:人类的本质在于心灵,身体只是心灵的工具,技术也只是人类的工具。因此,技术无法支配人类,为了实现心灵的完美,人类可以通过技术不断改造身体,甚至抛弃肉身。然而,他们所依赖的沉思传统,即人与技术、心与身体以及两个世界之间的划分,存在问题,其中心灵的具身性被忽视。超人类主义认为,身体只是装载心灵的器具,等时机成熟就可以抛弃充满缺陷的身体。他们忽略了,身体不仅仅是听从心灵指令的工具,它还具有重要特殊的认知功能,即我们完全依赖于身体的觉知来接触、认识世界。正如迈克尔·波兰尼(Michael Polanyi)指出的,心灵本质上是具身性的,因为心灵只能"活动于、寓居于身体之中"①。人类不可能离开肉体去展开任何认知活动。因此,虽然超人类主义者贯彻了继承沉思传统的笛卡尔身心二元论的逻辑,但这也导致了他们对心灵的具身性的忽略,这是不可取的。

---

① 参见 Michael Polanyi, *Knowing and Being*, Marjorie Grene (ed.), London: Routledge, 1969, p.152,转引自郁振华:《人类知识的默会维度》,北京:北京大学出版社,2022年,第162页。

三、结语

综上所述,生物保守主义和超人类主义在人性与技术的关系问题上均持本质主义观点,认为人与技术具有根本不同的内在本质。这种观点源于沉思传统。沉思传统的三个方面影响了这种观点的形成。首先,沉思传统倾向于追求永恒不变的确定的理念以获得安全感,这影响了生物保守主义将人性视为天赋的、稳定的实体,而超人类主义则预设了一种理想的人性,试图不断增强现实的人性以达到圆满自足的理想本性。其次,沉思传统区分高低两个世界,即实在世界与现象世界,孕育了人性与技术、心灵与身体的二元对立框架,导致了人性与技术相分离。最后,旁观者式的认识论,即先在固定的知识只是供认知主体凝视的、不可被认知活动所改变的对象,孕育了人性不应该被技术操作,也不会被技术操作的认识。总之,沉思传统之理论优先于实践、实践优先于制作的等级秩序导致了生物保守主义对侵入人体内部的增强技术感到厌恶,也造成了超人类主义忽略心灵的具身性与技术的自主性的弱点。未来的研究或许应该探讨如何超越沉思传统,以更加开放、多元的非本质主义的方式来理解人性与技术之间的关系。

Exploring the Impact of the Tradition of Contemplation on Essentialist Views of Human Nature and Technology

Wang Ting

Abstract: When examining the relationship between human nature and technology, both bioconservatives and transhumanists assume essentialist perspectives. They conceive this relationship as a starkly opposed, strictly differentiated binary, manifested as the instrumental and substantive models of technology, respectively. These essentialist viewpoints stem from the tradition of contemplation that separates knowledge from action, and a hierarchical order prevails, with theoria prioritized over praxis and praxis over poiesis. This not only results in bioconservatives expressing aversion toward invasive body-altering technologies, fearing that these technologies may objectify human nature, but also leads transhumanists to overlook the agency of technology and the embodiment of the mind. To tackle these challenges, future research should explore ways to transcend the tradition of contemplation and embrace a more open, diverse, and non-essentialist approach to understanding the relationship between human nature and technology.

Keywords: bioconservatism, transhumanism, human nature, enhancement technology, essentialism

【指导教师评语】

围绕基因增强技术,生物保守主义和超人类主义展开了激烈争论,二者所持的人性观和技术观都具有本质主义倾向。作者认为,本质主义可以追溯至古希腊以来的沉思传统。作者以贯通古今的视野,直面时代困惑,处理的问题重要而紧迫。当然,对于沉思传统如何影响生物保守主义和超人类主义的人性观和技术观,还须做更为细致深入的分析。

(郁振华,华东师范大学哲学系教授)

真理与真诚
——论苏格拉底的哲学教育学

王钧哲*

[摘 要] 苏格拉底对什么样的人生值得过的问题的回答是否定性的——未经反省的人生不值得过,而反省的人生恰恰是一种追求智慧或者真理的人生。反诘法正是苏格拉底通往一种反省人生的哲学方法。在真理这个根本目标的指引下,该方法拥有着为己和为他的双重要求:一方面,对反诘法的践行本身是苏格拉底为了认识自己的目的。另一方面,旨在追求真理或者智慧的反诘法有着帮助他人认识自己的内在要求。正是在这种双重要求中,反诘法得以展开以让刺激对话者双方认识自己的具备遮诠性力量的"难题"出现;同时,难题具备对被动信念和习惯的解构性的同时,还具备了一种伦理建构性:使对话者保持真诚,以获得德性真理。

[关键词] 苏格拉底;反诘法;难题;哲学教育

---

* 王钧哲(1994—),男,江西南昌人,山东大学哲学与社会发展学院在读博士研究生,加州大学圣塔芭芭拉分校联合培养博士,主要研究领域为古希腊哲学。

什么样的人生值得过？这是一个面向人人的问题，人人也都能或多或少对此有所表达，但都莫衷一是。似乎我们无法为它找到一个正面的统一答案。幸运的是，古希腊先贤苏格拉底①仍然以否定的方式告诉了我们不值得过的人生：未经反省的人生(38a)。如何才能让人生并非未经反省？苏格拉底认为作为一门探究真理或者智慧的活动(zētēsis)而非具体学科的哲学可以回答这个问题。② 通过这种探究活动，苏格拉底能够发现适合对话者的哲学教育方法和手段。经由这些特定的教育方法和手段，引领对话者步入独特的对话情景以揭示出对话者的无知，因之引领对方走上通往真理的智慧之路，也是走上值得过的反省之路。在对话中，他不断向对话者提出问题，往返式地考察对话者的态度和信念。通过不断重复发问—质疑—驳斥活动，苏格拉底亦提出并捍卫了自己的主张和看法。这个不断重复问—质疑—驳斥的对话方法被学界称为反诘法(elenchus)③。在反诘法中，苏格拉底激发对方诸多信念之间存在的矛盾，使对方感到羞愧和耻辱，从而感受到自身的无知以为走向真正的智慧之路扫清障碍。因此，我们可以说反诘法集中体现了上面所说的苏格拉底的著名哲学箴言，而这也是苏格拉底哲学教育学④的核心组成部分。

---

① 本文无意讨论发展论或整体论之间的争议。文中苏格拉底皆指柏拉图早期对话作品中的那个名为苏格拉底的哲学形象。本文因循传统，将以下文本看作是柏拉图的早期作品：《欧绪弗洛篇》《申辩篇》《克力同篇》《阿尔基比亚德篇》《卡尔米德篇》《拉凯斯篇》《吕西斯篇》《欧叙德谟篇》《普罗泰戈拉篇》《高尔吉亚篇》《大希庇亚篇》《小希庇亚篇》《伊翁篇》《美涅克塞努篇》《克利托丰篇》。参见，詹文杰：《柏拉图知识论研究》，北京：北京大学出版社，2020年，第7页。本文所依赖的柏拉图的文本是库珀的英译全集本，*Plato, Complete Works*, John M. Cooper and D. Hutchinson(eds.), Indianapolis/Cambridge: Hackett Publishing Company, 1997. 本文希腊原文（拉丁语转写）引自 Plato, *Platonis Opera*, Burnet. J. (ed.), Oxford: Oxford University Press, 1993. 中文译本参考了柏拉图：《柏拉图全集》第1卷，王晓朝译，北京：人民出版社，2002年；柏拉图：《欧悌弗戎》，溥林译，北京：商务印书馆，2021年；柏拉图：《克力同》，溥林译，北京：商务印书馆，2021年。
② Jens K. Larsen and Philipp Steinkrüger, "Ancient Modes of Philosophical Inquiry," *History of Philosophy & Logical Analysis*, Vol. 23(2020): 1.
③ 当然，有部分学者否认存在这样一种方法，认为无法在苏格拉底身上定义出一套独特的方法。本文持有的态度是肯定的，认为可以在苏格拉底身上找到这样一种特殊的哲学方法。篇幅所限，相关讨论不在此展开。更多分析可参见：David T. Hansen, "Was Socrates a 'Socratic Teacher'?," *Educational Theory*, Vol. 38 No. 2(1988): 213-224; Thomas C. Brickhouse and Nicholas D. Smith, *Plato's Socrates*, Oxford: Oxford University Press, 1994; Thomas C. Brickhouse and Nicholas D. Smith, "Socrates' Elenctic Mission," *Oxford Studies in Ancient Philosophy*, Vol. 9(1991): 131-159.
④ 苏格拉底没有一门系统的哲学教育学，此处只是宽松地使用该词，用来指示苏格拉底有关哲学教育的重要探究。

20 世纪古希腊哲学研究专家弗拉斯托斯(Gregory Vlastos)认为,苏格拉底的反诘法是苏格拉底"最大的贡献",也是哲学史中最伟大的创举之一,这项创举深刻影响了西方文化的发展和走向,构成了人类文明的重要底色之一。① 同时,这样一种独特的哲学对话方法渗入在苏格拉底哲学的每一处——对于苏格拉底来说,方法就是一切。然而时至今日,对于反诘法的目的究竟是什么这个问题,学界尚未达成共识。为此,本文通过对苏格拉底反诘法的详细分析,意在回答如下两个问题:1)苏格拉底反诘法的真正目的是什么(后文简称为"目的问题")?2)苏格拉底的反诘法是如何教育对话者的(后文简称为"教育问题")?

本文分为四个部分,在第一部分中扼要综述了学界在"目的问题"上的争论。第二和第三部分则是分别通过对两篇柏拉图早期对话中反诘法实践的要点的分析,力图澄清反诘法的"为己要求"和"为他要求"以及两个目的在追求真理上的一致性。在回答了"目的问题"之后,第四部分致力于对"教育问题"的回答,苏格拉底的反诘法实际上通过暴露出对话者的习以为常的"被动信念"之间的矛盾性以及这种来自习惯的强制性来达到让对话者"自知无知"从而保持真诚同时自我真诚地持续进行自我审查。最终,本文表明,反诘法展示的难题实际上发挥了遮诠的作用,即通过排除事物的不是来否定性地展示真理。这样一种方式也正是苏格拉底不断实践的活动,这也表明了苏格拉底式真理正是伦理性的真理。

一、反诘法的目的

反诘法是在柏拉图早期作品中存在的一种以苏格拉底为主导的对话模式:苏格拉底不断询问对话者,并在对方回答后继续质疑,通过一系列推论相继驳斥对方的诸答案。② 随后,对话者被要求继续回答,新一轮反诘得以重复。然

---

① Gregory Vlastos, *The Philosophy of Socrates*, New York: Anchor Books, 1971, pp.19 – 21.
② 学界一般认为,可以从柏拉图早期作品中归纳出一个反诘法的标准步骤:
 A. 对话者给出了一个观点 p;苏格拉底认为这个观点是错误的并打算反驳它。
 B. 苏格拉底确保对话者同意进一步的前提:q 和 r。这个同意是特设的,也就是以 q 和 r 为前提,而不是为了得到 q 和 r。
 C. 苏格拉底通过论证,并且对话者同意,q 和 r 之中包含着非 p。
 D. 苏格拉底最后说,他已经证明了非 p 是正确的,而 p 则是错误的。

(转下页)

而,发问-质疑-驳斥的往返式考察并未产生任何现成可用的结果。首先,难题(*aporia*)作为对话的一般性结果弱化了反诘法作为方法的现成效用①,反驳或驳斥而非传授构成了反诘法的重心。当对话者最终被驳倒后,陷入了一种强烈的晕眩之中,好似暴风雨中的船只(*cheimazomenoi*)被旋涡控制,来回摇晃,又像代达罗斯的木偶无助地旋转。② 从步骤上看,被驳斥且无法进一步回复是苏格拉底经由反诘法摧毁对话者信念并使之重新审视自身的征兆,是哲学教育的开始。然而,对话在哲学教育继续展开前戛然而止。柏拉图的早期著作中鲜有对话者被说服并改变生活方式的实例。相反,对话者往往仓促地离开讨论,难题成为了大多数对话的最终结果。③ 其次,频繁地宣称一无所知弱化了苏格拉底作为哲学授业者的合理性。④ 无知者无法向对话者提供任何知识。基于上述两点,部分学者认为苏格拉底的反诘法并不是一种积极有效的哲学手段,而仅仅是一种破坏性的方法。喀瓦略(John Carvalho)认为苏格拉底的往返考察和反驳意在提供一种一致性而非确定性。⑤ 本森(Huge Benson)强调,苏格拉底认为他不过是证明了对话者信念之间的不一致性。⑥ 显然,非建构主义者们坚称,反诘法仅仅证明了对话者信念的不一致性,而否定其中存有任何知识论层面上的积极含义。

(接上页)更多分析参见: Gregory Vlastos, *Socratic Studies: The Socratic elenchus: method is all*, Cambridge: Cambridge University Press, 1993, p.11; Huge Benson, "Problems with Socratic Method," *Does Socrates Have a Method*, Gary A. Scott(ed.), Pennsylvania State University Press, 2002, pp.101 – 113.

① 在如何翻译 *aporia* 问题上,中文学界的不同学者持有不同看法。例如苏峻和葛天勤将之翻译为"难题"(参见珀力提:《柏拉图早期对话中的探究结构》,苏峻,葛天勤译,北京:北京大学出版社,2020 年,第 1 页),而先刚则将其翻译为"疑难"(先刚:《苏格拉底的"无知"与明智》,《哲学研究》,2017 年第 8 期,第 61—68 页)。"疑难"凸显不出关于 *aporia* 的专题性,而"难题"可以,故而本文采用"难题"翻译。而难题的出现意味着对话者被断定无法就所讨论的哲学议题给出一个合适的回答,对话陷入了一种僵局之中。

② 《拉凯斯篇》194b – c 和《欧绪弗洛篇》11d。

③ 譬如在《欧绪弗洛篇》15C;《卡尔米德篇》169d;《拉凯斯篇》194a;《普罗泰戈拉篇》361d;《大希庇亚篇》289e 和《高尔吉亚篇》461c 等。

④ 如《申辩篇》21b;《欧绪弗洛篇》5a – c 和《国家篇》337e 等处。

⑤ John M. Carvalho, "Certainty and Consistency in the Socratic Elenchus," *Does Socrates Have a Method*, Gary A. Scott(ed.), Pennsylvania State University Press, 2002, pp.266 – 280.

⑥ Hugh Benson, "The Problem of the Elenchus Reconsidered," *Ancient Philosophy* 7, No.1(1987): 67 – 85.

然而，我们又在多处能看到一个积极发表意见和看法的苏格拉底：

"我完全知道（oida schedon），我的行为让我不受欢迎。"（《申辩篇》24a）

"我确实知道（oida），做错事，不服从我的上司，无论神还是人，都是邪恶（kakon）和不光彩的（aiskhron）。"（《申辩篇》29b）

"我清楚知道（eu iod），只要你同意我的灵魂所认可的东西，那么就一定知道这些一定是完全真实的。"（《高尔吉亚篇》486e）

因此有学者强调，苏格拉底的无知性主张不过是他教学上的一种诡计——通过不断宣称自己的无知来诱惑对话者参与到对话中。[1] 还有学者通过划分苏格拉底无知和有知的知识范围以赋予无知在苏格拉底哲学中的特定作用。[2] 与此同时，难题的积极性也不断得到讨论：苏格拉底通过反驳使对话者对自己的无知感到羞愧，进而激发他们做哲学，以纠正这种羞愧，[3]"苏格拉底采用了一种更复杂的策略，它的关键步骤是使用哲学……为了使他有某种情感体验，这种体验可以有效地改变他关于如何更好地生活的信念"[4]。珀力提（Vasilis Politis）认为难题不仅仅刺激了知识，而且自身就是知识的一部分。[5] 福特（Dylan Futter）则认为在柏拉图早期对话中，能够区分出三种不同类型的难题，这三种难题构成了哲学对话的关键部分以及苏格拉底哲学实践的基础。[6] 经由难题，苏格拉底能够帮助对话者"重新发现已经遗忘的知识"。因此，建构主义者们将难题和无知主张视为苏格拉底刻意选择的手段，构成哲学教育的步骤

---

[1] Terence Irwin, *Plato's Moral Theory: The Early and Middle Dialogues*, Oxford: Oxford University Press, 1977, pp. 39 - 40.

[2] Thomas C. Brickhouse and Nicholas D. Smith, "Vlastos on the Elenchus'," *Oxford Studies in Ancient Philosophy*, No. 2(1984): 185 - 196.

[3] Thomas C. Brickhouse and Nicholas D. Smith, *Plato's Socrates*, p. 25.

[4] Jacob Stump, "On Socrates' Project of Philosophical Conversion," *Philosophers' Imprint*, Vol. 20 No. 32 (2020): 2.

[5] Vasilis Politis, "Aporia and searching in early Plato," *Remembering Socrates: Philosophical Essays*, Lindsay Judson & Vassilis Karasmanis (ed.), Oxford: Oxford University Press, 2006, p. 89.

[6] Dylan Futter, "Socrates' Human Wisdom," *Dialogue*, Vol. 52(2013): 65.

之一,反诘法是获得真理的方法。①

然而,苏格拉底不仅认为最终战胜对话者意味着真理的重现②,而且多次强调合作在反诘法中的作用:"我不是在假装知识,而是在和你一起寻找。"(《高尔吉亚篇》506a)因此,对话的最终目的是真理,并且体现在"为己"和"为他"两个方面,这是建构主义和非建构主义的观点都忽略的一点。此外,建构主义和非建构主义仍然忽略的要点是,苏格拉底所指示的哲学知识或者真理并不一定是现成的语言命题,更可能是一种持续的认识状态。因此,非建构主义正确地指出了苏格拉底没有给出一个正面的现成的知识或者真理,但是错误地判定了该活动一无所获;而建构主义正确指出反诘法不仅能够证明对话者诸多信念的不一致性,而且确实能获得一种知识,但是建构主义错误地将这样一种知识当作了命题知识。不同于二者,本文认为反诘法并不带来任何现成的知识,而是为对话者带来一种真诚面对自身的无知以及保持真诚的伦理态度,从而培养出伦理德性以至于可以和"德性即知识"的主张兼容。

下面,让我们从苏格拉底反诘法的为己要求开始。

二、反诘法的为己要求

苏格拉底在《申辩篇》中告诫民众,最值得关注的事情不是肉体和财富,而是灵魂的最好状态(23b‐c;28e;30a‐b)。这种状态对苏格拉底而言,就是服从神谕,证明他人所拥有的错误知识状态(23b;41b)并以哲学的方式度过一生(28e;29c),"未经思考的人生不值得过"(38a)。多数学者认为,柏拉图的早期对话描绘了苏格拉底践行上述哲学目标的实例。③ 而上述哲学目标又源于苏格拉底对德尔菲神谕的理解和诠释(《申辩篇》19b‐22e)。④ 为此,苏

---

① Laszlo Versenyi, *Socratic Humanism*, New Haven, Connecticut: Yale University Press, 1963, p.74.
② George M. Ross, "Socrates versus Plato," *Thinking: The Journal of Philosophy for Children*, Vol.12 No.4(1996):3.
③ 对学界上述看法更为详细的讨论参见 Hugh Benson, *Socratic Wisdom: The Model of Knowledge in Plato's Early Dialogues*, Oxford: Oxford University Press, 1999, pp.24‐26. 和 Roslyn Weiss, *The Socratic Paradox and Its Enemies*, University of Chicago Press, 2006, pp.243‐255.
④ 虽然《申辩篇》中苏格拉底没有使用 aporia 这个术语来直接为自己申辩,但是他在谈及德尔菲神谕所面临的谜题时(21b),使用了 aporein 这个词语。有理由相信,《申辩篇》为我们理解苏格拉底的难题提供了养分。

格拉底很可能在对神谕的询问、审查和反驳中,将自身作为反诘法的对象置入考察中。① 苏格拉底通过对自身观点的往返性考察以测试并反思自身观点的正确性。然而,由于《申辩篇》19b‑22e中并没有直接的对话者以构成反诘法的问答结构,并且对话者的知识和反诘法的前提也并未得到讨论,故本森反对将之视为反诘法的实例。② 在本部分,笔者将通过对苏格拉底考察德尔菲神谕过程的展开,重现其中反诘法的结构,并揭示出隐藏在其中的反诘法的目的。

《申辩篇》19b‑22e可分为两个部分。

第一部分是考察的起源(19b‑21c):苏格拉底首先明确提出他所面临的两个旧的指控(19b‑c)。他认为,正是他的智慧导致了错误的污名和指控(20d‑20e)。而这种智慧并非是一般的智慧,而是一种特殊的智慧:人类智慧(human wisdom)。随后,苏格拉底转引了德尔菲神谕——"没有人比他更聪明"(21b)来为自己辩护。然而,苏格拉底强调,听到神谕时他几乎无法理解神谕。因为他认为自己无论在大事还是小事上面一点智慧都没有(21b‑c)。但是,神不会骗人(21b)。为此,他不得不询问自己神谕的真正含义(21c),以理解为何没有人比苏格拉底更聪明。

按照反诘法的一般结构将之重构如下③。

苏格拉底对"没有人比苏格拉底更聪明"中的聪明/智慧首先的理解是:在大事小事上,没人比苏格拉底更聪明。

1. 苏格拉底给出了一个观点,p(在大事小事上,有人比苏格拉底更聪明)。苏格拉底认为这个观点(可能)需要被考察。

2. 苏格拉底给出理由:a. (苏格拉底认为自己完全没有智慧(21b3))和 b. (神不会骗人(21b5))。

3. 然而,a、b 和 p 无法同时为真。

4. 苏格拉底必须发现,a、b 和 p 中哪一个为假。

---

① 令大量学者所不解的是,苏格拉底如何能够从寥寥数语——"没有人比苏格拉底更智慧"(21a)的神谕中,必然地推论出后面一系列关于使命的论述。很多学者对苏格拉底是否成功地解释了德尔菲神谕和神圣使命之间的关系持有怀疑意见。限于篇幅,本文不予展开。
② Hugh Benson, *Socratic Wisdom: The Model of Knowledge in Plato's Early Dialogues*, p.36.
③ 沿用了上文中谈及的反诘法的标准模型,但是略有修改。

第二部分是苏格拉底为证伪神谕而开始对他人的考察(21c-22e):苏格拉底先后考察了诗人、政治家和工匠,并最后证明非 p'(在大事小事上,政治家、诗人和工匠都不比苏格拉底更聪明)为真(神谕是不能被驳倒的(22b))。

按照反诘法的一般结构将之重构如下①。

1. 苏格拉底给出了一个观点,p(在大事小事上,有人比苏格拉底更聪明)。苏格拉底认为这个观点(可能)是错误的并打算反驳它。

2. 苏格拉底提出另一组他认可的前提:q(在大事小事上,比苏格拉底更聪明的人一定能够通过苏格拉底的考察(21c3))、r(在大事小事上,比苏格拉底更聪明的人一定能够传授苏格拉底知识(22b-c))和 s(在大事小事上,知道苏格拉底不知道的知识(22d))。

3. 苏格拉底通过考察政治家、诗人和工匠,q、r 和 s 中包含着非 p'(在大事小事上,政治家、诗人和工匠都不比苏格拉底聪明)。

4. 苏格拉底最后说,他虽然证明了非 p' 是正确的,但为了证明非 p(在大事小事上,没人比苏格拉底更聪明)是正确的,他不得不继续考察任何那些声称比苏格拉底更聪明的人,进而确证非 p(2b)。

实诚,经验的不可穷尽使得苏格拉底无法确证非 p。而当苏格拉底肯定他拥有人类智慧时,他是在没有穷尽经验性考察(考察所有人)的基础上,给出了一个关于人类智慧的一般性结论——在大事小事上,没有人比苏格拉底更聪明。故此,他就如同那些被考察的对话者一样,犯了相同的错误——声称拥有一些实际上自己并不拥有的知识。因而,苏格拉底不得不放弃对 p 含义的进一步分析,转而延伸出对智慧的另一种理解:自知无知。在此意义上,存在着非 p"(因为自知无知,没人比苏格拉底更聪明)为真,且 p 被证伪。② 通过考察和理解,非 p" 被苏格拉底证明和接受,同时 a.(苏格拉底认为自己完全没有智慧(21b3)和 b.(神不会骗人(21b5))可以和非 p" 同时为真。

上述分析表明,苏格拉底对神谕的理解是部分性成功的。部分性在于,他并没有证伪 p,而仅仅证伪了 p'(在大事小事上,政治家、诗人和工匠都不比苏格拉底聪明)和证明了非 p"(因为自知无知,没人比苏格拉底更聪明)。同时,

---

① 沿用了上文中谈及的反诘法的标准模型,但是略有修改。
② 因为 p'是基于不同的智慧概念对 p 的重塑。

由于他意识到在对神谕的考察中无法避免的自我矛盾,故而不得不放弃对智慧固有的理解,重新将人类智慧定义为自知无知——苏格拉底之所以是人类中最智慧的人,就在于他从不声称自己拥有实际上并不拥有的知识。正是因为苏格拉底坚持在实际上并不拥有的知识面前持有无知的态度,才使得"没人比苏格拉底更聪明"。

通过对《申辩篇》中反诘法的重构和分析,可以将下列目的归于以自己作为对象的反诘法。

1. 考察自己的知识状态:从不声称自己拥有实际上并不拥有的知识。
2. 为自己提供一些新的知识:非 p"(因为自知无知,没人比苏格拉底更聪明)。

当苏格拉底面对矛盾,意识到论点双方都自行成立且为真时,一个特殊的哲学探究方式或者方法就开始了。在这个反诘性探究中,探索的目的是帮助自己正确地理解矛盾中的双方——双方彼此矛盾,但矛盾双方都是真的。只要我们适当地区分这两类真值的适用范围,难题中的两个均为真的矛盾就可以被克服。我们可以获得新的知识。

此外,考虑到苏格拉底多次提及他是在考察人①、神谕要求他"考察自己和他人"(28e),并且苏格拉底总是以一个对话者而非演讲者的角色出现在柏拉图早期对话作品中,因此,反诘法不仅是为己的,而且还是为他的。

三、反诘法的为他要求

在《拉凯斯篇》中,苏格拉底曾三次替换概念。在三次概念替换中,苏格拉底凭借反诘法潜在地向对话者提供了积极的知识线索。这些积极的线索同样证成了反诘法的上述目的。

第一次替换始于苏格拉底和拉凯斯的对话。在《拉凯斯篇》192a – 193e,苏格拉底首先将专家知识(*techné*)和智慧(*phronesis*)概念互换,将没有专家知识的坚定等同于没有智慧的坚定。随后在和尼西亚斯的对话中(194d),苏格拉底继续将尼西亚斯的智慧(*sophos*)替换为专家知识中的一种知识(*epistémé*)。在

---

① 如在《申辩篇》21c;23b;23c;28e;29e 和 38a 等多处位置。

《拉凯斯篇》198b-c，苏格拉底认为"恐惧是对于未来的恶的预料(198b)，而希望就是未来的善的预料(198c)"，因此，勇气就是关于未来的恶和未来的善的知识(198c)。将对未来的恶的预料等同于未来的恶，将对未来的善的预料等同于未来的善，是苏格拉底做出的第二次替换。第三次替换发生在《拉凯斯篇》198c-199a处，苏格拉底将"勇气就是关于未来的恶和未来的善的知识(198c)"等同于"勇气就是在任何时候，关于善恶的知识(199a)"。此处，苏格拉底将关于未来的善恶的知识等同于任何时候关于善恶的知识。虽然苏格拉底的对话者并未意识到三次概念替换，但苏格拉底通过这三次替换向他的对话者传递了一些积极的知识线索。

首先，通过第一次概念替换，苏格拉底和两位将军都否认了将勇气定义为一种专家知识。但是，这却没有拒绝将勇气定义为智慧的可能性。

其次，在后两次概念替换中，苏格拉底把对未来的恶的预料等同于未来的恶并将关于未来的善恶的知识等同于任何时候关于善恶的知识，随后否证了尼西亚斯关于勇气的看法。同时，他也就否证了把未来的恶的预料等同于未来的恶以及关于未来的善恶的知识等同于任何时候关于善恶的知识的定义。这对于尼西亚斯而言是积极的。因为，尼西亚斯在对话中所声称的那些主张可能并不是他自己真实的看法。本尼茨(Eugenio Benitez)认为，尼西亚斯此刻就仅仅是他人的传话筒，完全没有自己的看法。① 米泽茂(Shigeru Yonezawa)认为，不能将尼西亚斯的看法等同于苏格拉底。② 学者琼斯(Emlyn Jones)认为，尼西亚斯的看法表明，他受智者的影响较为深远(200a-b)。③ 苏格拉底通过反诘法，在否定了尼西亚斯关于勇气已有定义的同时，也否定了上述两种概念替换的可能。这些对于尼西亚斯的信念重建来说显然是积极的，他得以重视生活信念的不协调部分，审视自己生活的基础。

再次，通过概念替换，苏格拉底成功地否证了勇气就是"智慧的坚定"

---

① Eugenio Benitez, "Cowardice, Moral Philosophy and Saying What You Think," *Who Speaks for Plato*, Gerald Press(ed.), Savage MD: Rowman and Littlefield, 2000, pp.83-98.

② Shigeru Yonezawa, "Socratic Courage in Plato's Socratic Dialogues," *British Journal for the History of Philosophy*, Vol.20 No.4(2012):651.

③ Emlyn Jones, "Dramatic Structure and Cultural Context in Plato's Laches," *Classical Quarterly*, Vol.49 (1999):127.

(192d10)和"勇气就是在任何时候关于善恶的知识"(199a)这两个定义。虽然从逻辑层面而言,通过概念替换实现的否证,并不具有绝对的合法性。但是,从反诘法的哲学教育意义来说,这样一种凭借概念替换而实现的否证是积极的。因为它最低限度地打破了对话者对错误定义的认可。在193—194中,当拉凯斯放弃寻求勇气的定义后,尼西亚斯参与到对话中。苏格拉底说"让我们在寻求上不让步,继续坚守,如此一来勇气就不会取笑我们不继续勇敢地寻求它,坚守究竟是否是勇气"(194a)。或许苏格拉底就在暗示对话者,勇气就是在某种意义上坚守。

因此,可以将下列目的归于以他人作为对象的反诘法。

1. 为对话者提供一些积极的知识线索:这些线索不仅能够帮助对话者重新思考相关伦理命题的真正定义,而且能够帮助他们重思那些悖谬的生活信念,帮助他们过上一种经过审查的生活。

2. 考察对话者的信念,证明诸信念间的不一致性(无知)。①

通过反诘性考察,苏格拉底考察了对话者的知识状态和信念,证明了对话者诸多信念间的不一致性,并消除了对话者拥有的虚假知识。通过消除虚假的知识,苏格拉底证明了对话者在相关问题上的无知。而苏格拉底否证的那些知识和信念并不是完全命题性的,更是和主体的日常生活息息相关。苏格拉底通过展现对话者信念的不一致性以证明对话者关于生活信念的不一致性,并指引对话者重新审视自己的生活。同时,苏格拉底通过对话为对话者提供了一些积极的知识线索。

通过上述对以自己为对象的反诘法和以他人为对象的反诘法的分析,我们看到,苏格拉底的反诘法存在以下目的:

首先,考察对话者(和自己)的信念和知识状态,证明其间的不一致性(无知);

其次,为对话者(和自己)提供一些积极的知识线索。

通过反诘法考察自己和他人两个实例的分析,我们至少能够看到反诘法内在的一种积极性。通过这种积极性,无论是苏格拉底自己还是对话者,都能够获得一些积极的知识线索。而这些线索有助于对话者重新思考相关伦理命题

---

① 反诘法证明对话者信念之间不一致性已是学界共识,故此略去更多说明。

的真正定义,而且有助于重思那些相互悖谬的生活信念,帮助他们过上一种经过审查的生活。审视别人的同时苏格拉底也在审视自己(《申辩篇》28e;《卡尔米德篇》166c),反诘法既是考察他人的哲学教育手段也是自我考察的方法。

然而,柏拉图早期对话中的探究往往终结于难题。难题的存在似乎相左于反诘法的上述积极效果。那么对话中频现的难题意在何为呢?

四、难题的遮诠作用

现代科学拒斥难题(*aporia*)的出现,因为难题的出现往往意味着方法的不当或径路的错误。但是,对于苏格拉底的哲学教育而言,这样的难题却大有裨益,甚至是必要的。因为任何哲学的教育都不是一蹴而就的过程——习惯的力量阻碍了人们对真理的追求,而难题的存在正是对习惯信念以及任何关于真理或知识的现成规定的破除。①

让我们首先反思惯性的力量:生活的习惯阻碍对话者接受新的理由。② 惯于声望和财富的人难以在声望之外为行为奠基,声望和财富作为最终目的建构了他们的行为动机,任何关于善和美德的态度亦然服务于这个动机。因此,任何哲学的教育都必须以此为基础,塑造新的理由重构对话者行为动机的基础。③ 习惯凭借显现的效果(power of appearance)使得同一个事物近大远小,前者通过"改变事物的大小",经常性地将我们"引上歧途"或使我们"陷入混乱"(《普罗泰戈拉篇》356e – d)。因此,基于一个相同的前提,并将对话者真正关心之物作为默许之物放置在反诘法的考察范围之外是苏格拉底精心选择的对话手段。在对话中,将对话者关心之物作为诱饵以便于说服对话者。苏格拉底要求对话者必须只说出自己相信之事正是苏格拉底意识到习惯力量的结果。④

---

① 至少柏拉图认为人类性格的转换并不是一个突变的过程。更多分析参见 Gary A. Scott, *Plato's Socrates as Educator*, New York: State University of New York Press, 2000。
② 即便是苏格拉底的老朋友克力同也无法幸免。为了说服他,苏格拉底不得不引入一个模拟的法律人来作为潜在的对话对象。
③ 例如在说服吕西斯关于知识的作用时,苏格拉底用以论证的论点是如果吕西斯拥有了知识,那么下至邻居上至波斯大王都会给予他信任,并且他能够因此获得大量的财富。(《吕西斯篇》207a – 210d)
④ 弗拉斯托斯在他的论文中将这个标准看作是反诘法的重要前提,详见 Gregory Vlastos, "The Socratic Elenchus," *Journal of Philosophy*, Vol. 79 No. 11(1982):712。

有学者注意到,苏格拉底有两次曾经直接地和对话者冲突,试图挑战对话者关于生活最为基础的信念以改变他们对于最好生活方式的选择。但最终失败的结果证明,直接挑战最根本的信念并不能够真的说服对话者。① 此外,由于惯性的存在,一个拥有自知的无知态度的人仍旧存在着滑落到不自知的无知态度的可能。② 为此,对话者的主张或意见作为探究的对象而被置于反诘法的审视和考察之下,苏格拉底不断地考察自己和他人以避免这种自大。

而难题正是苏格拉底精心选择的应对手段之一。难题是一种被动的状态,苏格拉底有意地将对话者带入这种状态中,在这个被动的停滞中,对话者对于谈论的问题感到茫然甚至痛苦,意识到自己的无知,只能任苏格拉底摆布:

"我对无法用语言正确地表达我的想法而感到痛苦……我不知道是怎么回事,所以我无法用语言来把握它,说它是什么。"(《拉凯斯篇》194a-b)

"依我看啊,苏格拉底,你才是代达罗斯③。要是我的话,它们早就安顿下来了。"(《欧绪弗洛篇》11d)

随后,苏格拉底试图将他们从中拯救出来:

"我不要代达罗斯的智慧,也不要坦塔洛斯的财富,而宁愿让我的话稳下来,别再打转。"(《欧绪弗洛篇》11d)

在说服过程中,苏格拉底通过论证智慧的工具性价值来激励人们对智慧和知识的追求:苏格拉底在《吕西斯篇》中表示,智慧之所以是有用的,因

---

① Jacob Stump, "On Socrates' Project of Philosophical Conversion," *Philosophers' Imprint*, Vol. 20 No. 32 (2020):11-13.
② Shigeru Yonezawa, "Socrates's Conception of Philosophy," *British Journal for the History of Philosophy*, Vol. 12 No.1(2004):2.
③ 代达罗斯是古希腊时期最为知名的艺术家,他善于做人偶,这些人偶四肢可以运动。在这里,欧绪弗洛将自己比作是代达罗斯的木偶,而苏格拉底则是操控他的代达罗斯。

为它能够帮助希波泰勒斯追求吕西斯,而吕西斯也能因为智慧为所欲为——被父母重视,甚至被波斯大王重视并获得财富的回报(《吕西斯篇》207d-210c)。在上述情况中,苏格拉底都将对话者重视之物当作说服对方的手段。但是,这种重视是暂时的,是为了说服而设立的暂时性联盟。反诘法的最终目的在于破坏对话者错误的知识,重新修复相关事物所应然的工具性价值。但是,被修复的工具性价值并不是苏格拉底哲学教育的最终目的。作为工具价值依附的价值观——那种建构习惯的基础性力量,才是反诘法的最终目的。为了让对话者在哲学教育中重思生活信念——或者是其他信念,苏格拉底必须不断通过对话揭示对话者信念间的更多矛盾。难题正是开启审视和重思的钥匙。一旦人们意识到通过修正对智慧和知识的错误认识,意识到智慧和知识作为工具性手段的价值时,一些非外部性的问题同时被置入反诘法之中。而在对这些非外部性问题的回答中,苏格拉底将自己心理上的准备和对话者共享,鼓励对话者不因这种潜在的可能性而放弃对话并不断探索新的可能。

而通过对神谕的考察和理解,苏格拉底认为神期望人类成为更有德性的生物——不断突破有限的知,从而步入一种无穷尽的探索中。但人类的"升级"需要别人的帮助,并且哲学能够滋养这样一种"升级"。哲学滋养的方式是首先使人们意识到这样一种智慧仅仅属于神,而后是一种承诺,即人像神一样不断地追求智慧和德性。因而,哲学不是苏格拉底自私的事业。同时,苏格拉底将他的哲学分为考察和劝告[1],这至少表明,考察并不是他的最终目的,他的目的在于培育人们对于知识和德性的看法。当苏格拉底开展哲学教育时,通过考察判断对方的知识状态/德性的理解/技艺/日常经验,而后通过展示/劝告的方式告诉对方,他们错误的信念状态,进而展示出正确的结果——这就是反诘法的最终目的。苏格拉底通过考察使得他的对话者意识到自己的无知并靠近人类智慧。人类智慧的作用在于消除对话者对于自知有智慧的错误知识状态,后者是获取真正智慧的阻碍。但是仅凭考察获得的对人类智慧的部分认知并不足以帮助对话者获得智慧。苏格拉底需要劝告人们追求智慧以寻求关于如何生活

---

[1] 在《申辩篇》28d-29a 中,苏格拉底谈到神对他行为的督促,其中'and'的两个主体并不是并列关系,而是用后者解释前者。在随后 29c-d 的解释中,苏格拉底认为,哲学伴随着"exhorting"(劝告)和"showing"(展示)。因此,考察和劝告在苏格拉底处是两个不同的阶段。

的更好信念。因此,人类智慧并不仅仅是纯粹的认知状态,而是对智慧的爱和欲求状态,也就是哲学(philosophia)。

在考察和劝告中,苏格拉底向对话者提供了质疑的权威以及多元主义能够合理存在的理由。对话者应当自己学会如何使用自身的理性能力以及相应的哲学方法——反诘法。冲突双方也不必然地二选其一,新的知识线索能够在对立中被重新确立。人类的智慧不仅仅能够发现难题——更在于通过重新的自我审视,将难题重新构建在新的认识和考察基础之上。显然,这样一种建构是有序的。因此,我们有理由相信,"难题"并不是苏格拉底提问的最终结果;相反,这是一种有意为之,以对抗人类惯性的手段。

通过考察神谕,苏格拉底意识到两种无知概念的存在:自知的无知和不自知的无知。不自知的无知源自在一些事情上错误地自认为有知,也正是不自知的无知使得政治家、诗人以及工匠在最重要的事情上自以为有知。而自知的无知,作为一种有益的无知,使得苏格拉底能够看清邦民的错误知识状态、理解神谕乃至为度过一生提供指引。正是第二种无知使得苏格拉底获得了"没有人比他更智慧"的名声。因此,苏格拉底是无知且智慧的。苏格拉底也明白,他作为人类中最有智慧之人,无法靠近属于神的真理。但是,他能够持有一种开放和质疑的态度,无限向神靠近。显然,人类智慧并不是任何现成的命题知识或者信念;相反,它是一种解构性或者遮诠性力量,它能破除人们的傲慢和偏见,让人们反省生活并对新的可能持有开放态度。而当苏格拉底考察和审视他人时,与其说反诘法考察的是他人的知识命题,毋宁说是在考察对话者的灵魂道德状态。显然,任何固定的命题知识或者习惯性的偏见都不应当阻碍主体对更好生活方式的反思。或许有固定的命题知识或者习惯性的偏见则有分别,有分别则必不可少地存在冲突,有冲突的人生则必然是不幸福的人生,而没有分别的"无知识"的人生,才是智慧的人生。

结语

综上所述,我们可以将这样一种最低限度的真理观赋予苏格拉底:真理必然具备一种全时空的同一性,即它必须遍布于所有事物之中;真理是知识诉求或教育的最终目的,我们必须追求它。① 然而这样的一种具备普遍性的知识,无法被某个命题和信念固定住。因此,至少在人类世界中,我们只能通过被告知真理不是什么,而无法传达真理是某个什么。因此,被德尔菲神谕宣告最有智慧的苏格拉底便宣示了唯一的否定性箴言,即,他一无所知。这种一无所知正是反省的力量,而苏格拉底的任务就是在各种情况下不遗余力地向不同的人应机施教。教法也正是具备破除人们深以为然的那些来自被动信念和习性的知识(实际上是意见($doxa$)),以让人们能够达到对自身无所知的状态的认识。因此,难题的出现并不意味着对话一无所得,而是代表着对话者对一种自以为是真理或者知识的悖论和冲突的识别,从而放弃傲慢的态度,而开始不再带有来自那些习惯和信念的判断及认知,从而保持对生活的真诚。有了真诚,对话者的认识才能不被任何一种偏见和视角捆住,才能对所有人事都保持谦卑,继而对真理敞开。因为真理无法被某一知识命题限制住,所以真理是一种在难题出现之时,对话者被推入的一种状态,经由此,人们必然受到真理的指引,但并不受到单一目标的指引,它是一种必然的实践应当!反诘法则给出了否定性通往这种目标的方式,尽管它看起来是离经叛道且无所给予的。因此,人们对于哲学教育的期待不再是诉求某一个现成的共同真理——一个所有人都认可的真理陈述,而是立足于自身生活情景自我判断自我选择的经过审视的最为合适的生活状况。这种状况正是在不断的自我反思和自我重建中成为有德性的持续实践。②

那么,苏格拉底在不断施教中完成了对自身真理和最值得过的人生的践行,因此反诘法有着为己的目的;同时,苏格拉底在反诘法中通过"难题"的遮诠让受教的人自我觉察到"一无所知"这项真理以及相应的人生态度——反省,故而反诘法有着为他的目的。这样,"目的问题"和"教育问题"在苏格拉底的哲学教育学中都有着真诚而融贯的答案,答案中也彰显着真理或智慧之光。

---

① 王钧哲:《再思苏格拉底的理性与信仰的关系:以〈欧绪弗洛篇〉中的虔敬为切入点》,《中外人文精神研究》第十六辑,第95—115页。
② 而柏拉图似乎就放弃了这样一种调节性真理观,他认为理念作为一个共同的真理而成为所有人欲求的最终对象。

Truth and Sincerity: On Socrates' Philosophical Pedagogy

Wang Junzhe

Abstract: Socrates' answer to the question of what kind of life is worth living is negative: an unexamined life is not worth living, but an examined life is precisely a life that pursues wisdom or truth. The method of *elenchus* is Socrates' philosophical approach to an examined life. Guided by the fundamental goal of truth, *elenchus* has the dual requirement of being for oneself and for others: on the one hand, the practice of *elenchus* is itself Socrates' aim to know himself, and on the other hand, *elenchus*, which aims at truth or wisdom, has the inherent requirement of helping others to know themselves. It is in this dual requirement that the *elenchus* unfolds in order to allow for the emergence of '*aporia*' that have the power of negation to stimulate both interlocutors to know themselves; at the same time, the *aporia* possesses a deconstructive character of passive beliefs and habits, but also an ethical constructive character: it keeps the interlocutor *sincere* in order to obtain virtuous truths.

Keywords: Socrates, elenchus, aporia, philosophical education

【指导教师评语】

　　文章主题鲜明,视野开阔,比较熟悉已有研究历史和成果,论述连贯、富有层次,注重文本解释与思想重构的适当结合,其结论亦颇具积极的现实意蕴。

　　有待于进一步提升和优化的探究方面包括:一者是,文章区分了苏格拉底哲学教育过程中不同的"真诚"类型,这是富有见地的做法,但对于"真诚与难题"等概念可以进行更加清晰的辨析和阐述;二者是,文章对于有关苏格拉底反诘性哲学教育模式的诸种消极评论可以进行更加明确和细致的回应,从而进一步优化文章的论证力量。

(陈治国,山东大学哲学与社会发展学院教授)